ବଜାର ଯୁଦ୍ଧ

ବଜାର ଯୁଦ୍ଧ

ଡକ୍ଟର ତପନ କୁମାର ପଣ୍ଡା

ବ୍ଲାକ୍ ଇଗଲ୍ ବୁକ୍ସ

ଭୁବନେଶ୍ୱର, ଓଡ଼ିଶା

BLACK EAGLE BOOKS
Dublin, USA

ବଜାର ଯୁଦ୍ଧ / ଡକ୍ଟର ତପନ କୁମାର ପଣ୍ଡା

ବ୍ଲାକ୍ ଈଗଲ୍ ବୁକ୍ସ : ଭୁବନେଶ୍ୱର, ଓଡ଼ିଶା • ଡବ୍ଲିନ୍, ଯୁକ୍ତରାଷ୍ଟ୍ର ଆମେରିକା

BLACK EAGLE BOOKS

USA Address:
7464 Wisdom Lane
Dublin, OH 43016

India Address:
E/312, Trident Galaxy, Kalinga Nagar,
Bhubaneswar-751003, Odisha, India

E-mail: info@blackeaglebooks.org
Website: www.blackeaglebooks.org

First International Edition Published by
BLACK EAGLE BOOKS, 2023

BAZAAR YUDDHA
by **Dr. Tapan K Panda**

Cover & Interior Design: Ezy's Publication

ISBN- 978-1-64560-421-1 (Paperback)

Printed in the United States of America

ଦୈନିକ ଖବରକାଗଜ 'ଧରିତ୍ରୀ'ର ସମ୍ପାଦକ ତଥା ବିଶିଷ୍ଟ
ଚିନ୍ତାନାୟକ ଓ ଦଳିତ, ଅବହେଳିତ ମଣିଷର ସ୍ୱରକୁ ନିର୍ଭୀକ
ଭାବରେ ଉପସ୍ଥାପିତ କରିବାର ପ୍ରବୀଣ ସ୍ଥପତି
ଶ୍ରୀ ତଥାଗତ ସତପଥୀଙ୍କୁ

ମୁଖବନ୍ଧ

ପ୍ରଗତି ଓ ଅବଗତି :

ସମାଜ ଓ ସଭ୍ୟତା ପରି ଅର୍ଥନୈତିକ ବ୍ୟବସ୍ଥା ମଧ୍ୟ ପରିବର୍ତ୍ତନଶୀଳ। ସରକାର (Government), ବ୍ୟବସାୟ (Business) ଓ ସମାଜ (Society) ଅର୍ଥନୈତିକ ପ୍ରଗତିର ତିନୋଟି ସ୍ତମ୍ଭ ବୋଲି ଧରାଯାଇପାରେ। କୌଣସି ଦେଶର ଗଠନ, ପ୍ରଗତି ଓ ଅଧୋଗତିର ଯେପରି ସାମାଜିକ, ସାଂସ୍କୃତିକ ଓ ଐତିହାସିକ ଦିଗ ରହିଛି ସେହିପରି ଅର୍ଥନୈତିକ ବ୍ୟବସ୍ଥାର ମଧ୍ୟ ଏକ ପ୍ରମୁଖ ଭୂମିକା ରହିଛି। କୌଣସି ଦେଶର ପ୍ରାରମ୍ଭରେ ଯେଉଁ ଆଦର୍ଶବାଦ (Ideology) ଦ୍ୱାରା ଅର୍ଥନୈତିକ ଭିତ୍ତିଭୂମି ପ୍ରତିଷ୍ଠା ହୋଇଥାଏ, ସମୟକ୍ରମେ ଏହାର ପରିବର୍ତ୍ତନ ଘଟିଥାଏ। ଉଦାହରଣ ସ୍ୱରୂପ ଆମେ ପ୍ରତ୍ୟେକ ଦେଶର ଅର୍ଥନୈତିକ ଇତିହାସକୁ ତର୍ଜମା କଲେ ଜାଣିପାରିବା ଯେ ଜୀବନଚକ୍ର ପରି ଅର୍ଥନୈତିକ ଚକ୍ରର ଅଭ୍ୟୁଦୟ, ବିକାଶ ଓ ଅବଗତି (ସ୍ଥୁଳ ବିଶେଷରେ ଧ୍ୱଂସ ମଧ୍ୟ ହୋଇଥାଏ)।

ଊନବିଂଶ ଶତାବ୍ଦୀର ଆରମ୍ଭରେ ଏବର ମ୍ୟାଁମାର (ପୁରାତନ ବର୍ମା) ସମଗ୍ର ଦକ୍ଷିଣ ଏସିଆରେ ଏକ ଧନଶାଳୀ ରାଷ୍ଟ୍ର ଥିଲା।

ପରବର୍ତ୍ତୀ ସମୟରେ ରାଜନୈତିକ ଅସ୍ଥିରତା, ଦୂରଦୃଷ୍ଟିର ଅଭାବ ଏବଂ ସାମରିକ ଶାସନ ହେତୁ ଏଇ ଦେଶଟି ପ୍ରାୟତଃ ରୁଗ୍‌ଣ ଅବସ୍ଥାରେ ପହଞ୍ଚିଯାଇଛି। ଏପରି ଅବଗତି ପାଇଁ କିଛି ଅର୍ଥନୈତିକ ବିଶାରଦ ଗଣତାନ୍ତ୍ରିକ ଓ ସାମରିକ ବ୍ୟବସ୍ଥା ମଧ୍ୟରେ ଦୀର୍ଘଦିନ ଧରି ଲାଗିରହିଥିବା ବିବାଦ ମୁଖ୍ୟ କାରଣ ବୋଲି ବିବେଚନା କରନ୍ତି। କିନ୍ତୁ ଦକ୍ଷିଣ କୋରିଆରେ ସାମରିକ ଶାସକମାନେ ଏଲ୍‌ଜି, ସାମ୍‌ସଙ୍ଗ ପରି ପାରିବାରିକ ବ୍ୟବସାୟ (କୋରିଆରେ ଏମାନଙ୍କୁ ଚ୍ୟବଲ୍ ବୋଲି କୁହାଯାଏ) ଗୋଷ୍ଠୀଙ୍କ ସାହାଯ୍ୟରେ ଦକ୍ଷିଣ କୋରିଆ ପରି ଏକ ଅନୁନ୍ନତ ଦେଶକୁ ଏକ ପ୍ରମୁଖ ଅର୍ଥନୀତି ଭାବରେ ବିଶ୍ୱଦରବାରରେ ପ୍ରତିଷ୍ଠିତ କରିପାରିଥିଲେ।

କୌଣସି ଶାସନ ବ୍ୟବସ୍ଥା (Governace System) ଯେ ଏକ ଶ୍ରେଷ୍ଠ ବ୍ୟବସ୍ଥା, ଏକଥା କୁହାଯାଇପାରିବ ନାହିଁ। ଗଣତନ୍ତ୍ର ସର୍ବଶ୍ରେଷ୍ଠ ଶାସନ ବ୍ୟବସ୍ଥା ନୁହେଁ। ଦକ୍ଷିଣ ଏସିଆର ପ୍ରାୟତଃ ଦେଶମାନଙ୍କରେ ଗଣତାନ୍ତ୍ରିକ ବ୍ୟବସ୍ଥା ରହିଥିଲେ ବି ବିଶ୍ୱର ପ୍ରମୁଖ ଗରିବ ଦେଶମାନଙ୍କ ମଧ୍ୟରେ ଅନେକ ଦକ୍ଷିଣ ଏସୀୟ ରାଷ୍ଟ୍ର ଗଣା ହୁଅନ୍ତି। ଏଥିପାଇଁ ଅର୍ଥନିତୀଜ୍ଞମାନେ ଜନସଂଖ୍ୟା ବୃଦ୍ଧି, ବେକାରୀ ଓ ବେରୋଜଗାରୀ, ଦୁର୍ନୀତିକୁ ଦାୟୀ କରନ୍ତି କିନ୍ତୁ ଶାସନ ବ୍ୟବସ୍ଥା ହିଁ ମୂଖ୍ୟତଃ ଏହାର ମୂଳ ସ୍ରୋତ। ଜନସଂଖ୍ୟା ବୃଦ୍ଧି, ବେକାରୀ, ହିଂସା, ଜାତିଗତ ଦଙ୍ଗା ହେବାର ମୁଖ୍ୟ କାରଣ ଦୁର୍ବଳ ଶାସନ ବ୍ୟବସ୍ଥା। ଧନୀ-ଗରିବ ମଧ୍ୟରେ ବିଭେଦ (Ginni Coefficient) ଏହାର ଏକ ପ୍ରମୁଖ ସୂଚନାଙ୍କ।

ସାମାଜିକ ବ୍ୟବସ୍ଥାଟି କେତେ ମାତ୍ରାରେ ଦାୟୀ ବୋଲି କ'ଣ କୁହାଯାଇପାରିବ ? ଅର୍ଥନୈତିକ ବିକାଶର ମାପକାଠି ସାମାଜିକ ପରିବର୍ତ୍ତନ ଉପରେ ନିର୍ଭରଶୀଳ। କେତେ ମାତ୍ରାରେ ଜନସଂଖ୍ୟା ବୃଦ୍ଧି ହେଉଛି- ଏହା ରାଷ୍ଟ୍ରୀୟ ସଂସାଧନ (Resource) ଉପରେ କେତେ ଗୁଣ ପ୍ରଭାବ ପକାଏ ଏକଥା ସମସ୍ତେ ଊଣା ଅଧିକେ ଜାଣନ୍ତି। ଜନସଂଖ୍ୟା ବୃଦ୍ଧିହେଲେ ଅଧିକ ଲୋକଙ୍କ ପେଟକୁ ଦାନା ଦରକାର, ଦେହକୁ କନା ଦରକାର ଓ ମୁଣ୍ଡ ଉପରେ ଛାତ ଦରକାର।

ବସ୍ତୁବାଦୀ ଦୁନିଆଁରେ ଏଇ ତିନୋଟି ଆବଶ୍ୟକତା ପୂରଣ କରିବାପାଇଁ ଲୋକଙ୍କୁ ରୋଜଗାର (Employment) ଦରକାର। ରୋଜଗାରର ଅଧିକ ମାଧ୍ୟମ ପ୍ରସ୍ତୁତ କରିବାପାଇଁ ବୈଷୟିକ, ବ୍ୟବସାୟିକ ଅଭିବୃଦ୍ଧି ଓ ଉଦ୍‌ଭାବନ ହେବା ଦରକାର। ବାଣିଜ୍ୟିକ ବୃଦ୍ଧି ଓ ଦୃତତର ଶିଳ୍ପାୟନ ଦ୍ୱାରା ଅଧିକ ରୋଜଗାର ସୃଷ୍ଟି ହୋଇପାରିବ ଏବଂ ଦେଶରେ ଶାନ୍ତି ବଜାୟ ରହିବ। ଅର୍ଥନୈତିକ ଇତିହାସକୁ ଅନୁଶୀଳନ କଲେ ଜାଣିହେବ ଯେ ବେରୋଜଗାରୀ ଓ ଅଶିକ୍ଷା ହିଁ ହିଂସା, ଉଗ୍ରବାଦ ଓ ଅନ୍ୟାନ୍ୟ ଅସାମାଜିକ କାର୍ଯ୍ୟଚଳନର ଜନ୍ମଦାତା।

ଜନକଲ୍ୟାଣକାରୀ ଯୋଜନା : ଏକ ଭେଳିକି ?

ଅନେକ ଲୋକଙ୍କ ମତରେ ଜନକଲ୍ୟାଣ କାର୍ଯ୍ୟକ୍ରମ (Welfare Programme) ଦେଶରେ ସୁଖଶାନ୍ତି ଆଣିଥାଏ। କିନ୍ତୁ ଏପରି ଚିନ୍ତାଧାରାଟି ଠିକ୍ ନୁହେଁ। ବିଭିନ୍ନ ପ୍ରକାରର ଜନକଲ୍ୟାଣ କାର୍ଯ୍ୟକ୍ରମ ସ୍ୱଳ୍ପ ସମୟ ପାଇଁ ଲୋକଙ୍କୁ ଆନନ୍ଦ ଦେଇଥାଏ (ଏବଂ ଅନେକ ସରକାରଙ୍କୁ ନିର୍ବାଚନ ଜିତାଇବାରେ ସାହାଯ୍ୟ କରିଥାଏ)। ମାତ୍ର ଏହା ପ୍ରଗତିର ପ୍ରତୀକ ନୁହେଁ; ବରଂ ଏହିପରି ଜନାଭିମୁଖୀ କାର୍ଯ୍ୟକ୍ରମ କରି ଅନେକ ଦେଶର ଆର୍ଥିକ ପରିସ୍ଥିତି ଗମ୍ଭୀର ହୋଇପଡ଼ିଛି। ଅବଶ୍ୟ ଅର୍ଥନୈତିକ ଅବସାଦ ଓ ଅଧୋପତନ

ପାଇଁ ରାଜନୈତିକ ନେତାମାନେ ଜାତିଗତ ଦଂଗା, ଧର୍ମାନ୍ଧତା ଏବଂ ଅନ୍ୟାନ୍ୟ ଅନୈତିକ ମାର୍ଗରେ ଗତି କରିଥାନ୍ତି।

ଅନେକ ଆଫ୍ରିକୀୟ ଦେଶ, ପାକିସ୍ତାନ, ସିରିଆ ଓ ଆଫଗାନିସ୍ଥାନ ଏପରି ଧାର୍ମିକ ଅନ୍ଧତ୍ୱର ନମୂନା। ଏହି ଦେଶମାନଙ୍କରେ ସାଧାରଣ ଜନତା ଦୁଃଖକଷ୍ଟରେ କାଳାତିପାତ କରୁଥିଲାବେଳେ, ଅପରାଧପ୍ରବଣ ଓ ଭ୍ରଷ୍ଟାଚାରୀ ଶାସକମାନେ ପ୍ରଚୁର ଅର୍ଥ ବିଦେଶୀ ବ୍ୟାଙ୍କ୍‌ରେ ଗଚ୍ଛିତ ରଖିଥାନ୍ତି। ଦୁର୍ଭାଗ୍ୟବଶତଃ ଏହି ଦେଶମାନଙ୍କରେ ପ୍ରାୟତଃ ଗଣତାନ୍ତ୍ରିକ ବ୍ୟବସ୍ଥାର ପ୍ରଚଳନ ଦେଖିବାକୁ ମିଳେ। ତେଣୁ ପ୍ରକୃତ ବିକାଶର ମାପକାଠି ହେଲା ପ୍ରତିଯୋଗିତାମୂଳକ ପ୍ରଭାବ (Competetive Influence)। ଯେଉଁ ଦେଶରେ ଏହି ପ୍ରଭାବର ମାତ୍ରା ଅଧିକ, ସେମାନଙ୍କର ପ୍ରଗତି ବହୁଦୂରଗାମୀ। ଚୀନ୍ ଏହାର ଏକ ପ୍ରମୁଖ ଉଦାହରଣ।

ଯୁକ୍ତରାଷ୍ଟ୍ର ଆମେରିକାର ଉତ୍ପାଦକତା (Productivity) ଚୀନଠାରୁ ବହୁଗୁଣରେ ଅଧିକ କିନ୍ତୁ ଚୀନର ଅର୍ଥନୈତିକ ବିକାଶ ପଛରେ ପ୍ରତିଯୋଗିତାମୂଳକ ଭାବନାଟି ମୁଖ୍ୟ କାରଣ। ଏକକ ଶ୍ରମ ମୂଲ୍ୟ (Unit Labor Cost) ଯୁକ୍ତରାଷ୍ଟ୍ର ଆମରିକା ତୁଳନାରେ କମ୍ ହୋଇଥିବାରୁ ଚୀନର ପ୍ରାଧାନ୍ୟ ସମଗ୍ର ବିଶ୍ୱ ବଜାରରେ ଦେଖିବାକୁ ମିଳେ। ପ୍ରକୃତ ଶାସନ ବ୍ୟବସ୍ଥା ସାଧାରଣ ନାଗରିକଙ୍କ ପାଇଁ ଶ୍ରମ ନିୟୋଜନ ସୁନିଶ୍ଚିତ କରିବା ଉଚିତ୍ ଏବଂ ଏଥିପାଇଁ ଶିଳ୍ପ ବିକାଶ ଓ ଏକ ସ୍ଥିର ଓ ମଜବୁତ୍ ବଜାରର ଗଠନ ପ୍ରମୁଖ ଆୟୁଧ ବୋଲି ଧରାଯାଇପାରେ।

ରବର୍ଟ ମାଲଥସ୍ : ବ୍ୟାଖ୍ୟା ନା ଆକ୍ଷେପ ?

ଏହି ଆଲେଖ୍ୟଟି ଲେଖିଲାବେଳେ ଅଠରଶହ ଶତାବ୍ଦୀର ପ୍ରସିଦ୍ଧ ଅର୍ଥନୈତିକ ବିଶାରଦ ରବର୍ଟ ମାଲଥସ୍‌ଙ୍କର ଅନେକ ଲେଖା ମନକୁ ଆସୁଛି। ତାଙ୍କ ମତରେ ପ୍ରାୟ ସତରଶହ ଶତାବ୍ଦୀ ପର୍ଯ୍ୟନ୍ତ ପୃଥିବୀର ସମସ୍ତ ଦେଶ ଏକ ପ୍ରକାରର ଥିଲେ। ଏଥିରେ ଧନୀ ଓ ଗରିବ ମଧ୍ୟରେ ସେତେ ପାର୍ଥକ୍ୟ ନଥିଲା। ମାଲଥସଙ୍କ ମତରେ ଯୁଦ୍ଧ, ପ୍ଲେଗ ପରି ବେମାରୀ ଏବଂ ପ୍ରାକୃତିକ ଦୁର୍ବିପାକ ଏକ ସୁସ୍ଥ ଅର୍ଥନୈତିକ ବ୍ୟବସ୍ଥା ପାଇଁ ଉତ୍ତମ। ଆପଣ ନିଶ୍ଚୟ ଆଶ୍ଚର୍ଯ୍ୟ ହେଉଥିବେ।

ମାଲଥସ୍ ହୁଏତ ଯୋଗାଣ (Supply) ଦିଗ ପ୍ରତି ଦୃଷ୍ଟି ନଦେଇ ଲୋକଙ୍କର ଦାବି (Demand) ଦିଗ୍‌କୁ ଅଧିକ ଧ୍ୟାନ ଦେଇଥିଲେ। ଯୋଗାଣ ପକ୍ଷଟି ଯାନ୍ତ୍ରିକ କୌଶଳର ପ୍ରୟୋଗ ଦ୍ୱାରା ଅଧିକ ସଂଖ୍ୟକ ଓ ପ୍ରକାରର ବସ୍ତୁ ବଜାରରେ ଉପଲବ୍ଧ କରିବା ଦିଗରେ ଦୃଷ୍ଟି ଦିଏ। ଯେହେତୁ ସେହି ସମୟରେ ଯାନ୍ତ୍ରିକ କୌଶଳ ଓ ବୈଜ୍ଞାନିକ ଚିନ୍ତାଧାରାକୁ ଶିଳ୍ପାୟନରେ ରୂପାନ୍ତରିତ କରିବାର ପ୍ରକ୍ରିୟାଟି ଆରମ୍ଭ

ହେଉଥିଲା, ମାଲଥସ୍ ସମାଜ ଓ ଦେଶର ପ୍ରଗତି ପାଇଁ ଯୁଦ୍ଧ, ଗଣପ୍ରସାରୀ ପ୍ଲେଗ୍ ପରି ରୋଗ ଓ ପ୍ରାକୃତିକ ବିପ୍ରାତ ଦ୍ୱାରା ଅଧିକ ସଂଖ୍ୟକ ମୃତ୍ୟୁ ଉପରେ ଧ୍ୟାନ ଦେଇଥିଲେ ଏବଂ ଏଭଳି ବିପ୍ରାତ ଦ୍ୱାରା ଦାବି (Demand) ଦିଗଟି ସରକାର ନିୟନ୍ତ୍ରଣ କରିପାରିବେ ବୋଲି ମତ ରଖିଥିଲେ।

ଅବଶ୍ୟ ଏବର ଜନକଲ୍ୟାଣକାରୀ ଶାସକମାନେ ଏପରି ଚିନ୍ତାଧାରା ରଖିଲେ ଏକ ବିରାଟ ସାମାଜିକ ବିପ୍ଲବର ଆରମ୍ଭ ହୋଇଯିବ ବୋଲି ମୋର ଆଶଙ୍କା। କିନ୍ତୁ ରବର୍ଟ ମାଲ୍‌ଥସଙ୍କର ଅନ୍ୟାନ୍ୟ ଯୁକ୍ତିଯୁକ୍ତ ତର୍କ ସମଗ୍ର ବିଶ୍ୱକୁ ତିନିପ୍ରକାର ଅର୍ଥନୈତିକ ବ୍ୟବସ୍ଥାରେ ରୂପାନ୍ତରିତ କରିବାରେ ଅନେକ ସାହାଯ୍ୟ କରିଥିଲା।

ନୂତନ ବିଶ୍ୱର ମାନଚିତ୍ର

ଏହି ଆଲେଖ୍ୟର ଆରମ୍ଭରୁ 'ବିକାଶ' ଓ ପିରବର୍ତ୍ତନ'ର ସାମାଜିକ, ଆର୍ଥିକ ଓ ସାଂସ୍କୃତିକ ପ୍ରଭାବ ଉପରେ ଦୃଷ୍ଟି ରଖିବା ଅତ୍ୟନ୍ତ ଜରୁରୀ ବୋଲି ମୁଁ ଲେଖିଛି। ଅର୍ଥନୈତିକ ଇତିହାସକୁ ଆଲୋଚନା କଲାବେଳେ ଆମେ ଶିଳ୍ପାୟନର ପ୍ରଭାବ ଓ ଶିଳ୍ପ ବିପ୍ଲବ (Industrial Revolution) ବିଷୟରେ ସମ୍ୟକ୍ ଦୃଷ୍ଟି ଦେବା ଆବଶ୍ୟକ। 'ଚକ'ର ଉଦ୍‌ଭାବନ ଓ ଅଗ୍ନିର ବ୍ୟବହାର ମାନବ ସମାଜକୁ ବିକାଶ ପଥରେ ଆଗେଇ ନେଇଛି। ଏହା ପୂର୍ବରୁ ଯଦିଓ ମାନବ ସଭ୍ୟତା ଥିଲା; ଲୋକମାନେ ସଂଗଠିତ ହୋଇ ବସବାସ କରୁଥିଲେ ଏବଂ ଦଳଗତ ଭାବରେ ବାହ୍ୟ ଆକ୍ରମଣରରୁ ନିଜକୁ ଓ ପରିବାରକୁ ରକ୍ଷା କରିପାରୁଥିଲେ କିନ୍ତୁ ପ୍ରଗତିର ବିକାଶଧାରା ବୋଲି କିଛି ନଥିଲା। ଛାପାଖାନା, ଲୁଗାକଳ ଓ ରେଳରାସ୍ତାର ନିର୍ମାଣ ଓ ପ୍ରଚଳନ ହେତୁ ଆର୍ଥିକ ବିକାଶ ତ୍ୱରାନ୍ୱିତ ହୋଇଥିଲା। ଏହାକୁ ଶିଳ୍ପ ବିପ୍ଲବର ପ୍ରଥମ ଭାଗ ବୋଲି କୁହାଯାଏ।

ପ୍ରାୟ ୧୭୬୦ ରୁ ୧୮୪୦ ମଧ୍ୟରେ ଏହି ବିପ୍ଲବ ଆସିଥିଲା ଫଳସ୍ୱରୂପ ଯନ୍ତ୍ରର ବ୍ୟବହାର, ବିଶ୍ୱ ବାଣିଜ୍ୟ ବ୍ୟବସ୍ଥାର ସ୍ଥାପନା ଦ୍ୱାରା ଦକ୍ଷତା (Capability), କାର୍ଯ୍ୟ କ୍ଷମତା (Efficiency) ଓ ଗୁଣବତ୍ତା (Quality)ର ଅପାର ବୃଦ୍ଧି ହୋଇଥିଲା। ବିଶ୍ୱ ବାଣିଜ୍ୟ ମାନଚିତ୍ରରେ ଇଂଲଣ୍ଡ, ଫ୍ରାନ୍ସ ପରି ଦେଶମାନଙ୍କର ଆର୍ଥିକ ପ୍ରଗତି ବହୁଗୁଣରେ ବୃଦ୍ଧିପାଇବାର ଏହା ପ୍ରମୁଖ କାରଣ।

ଦ୍ୱିତୀୟ ଶିଳ୍ପ ବିପ୍ଲବର ଆରମ୍ଭ ୧୮୭୦ରୁ ହୋଇଥିଲା। ଏହା ୧୯୧୪ ପର୍ଯ୍ୟନ୍ତ ଚାଲିଥିଲା। ପ୍ରଥମ ଶିଳ୍ପ ବିପ୍ଲବ ବେଳେ ରେଳରାସ୍ତା (Rail Road)ର ଅୟମାରମ୍ଭ ହୋଇଥିଲେ ମଧ୍ୟ ସେପରି ବିକାଶ ହୋଇନଥିଲା। ରେଳରାସ୍ତାର ନିର୍ମାଣ ଓ ବ୍ୟବସାୟୀକରଣ ଦ୍ୱିତୀୟ ଶିଳ୍ପ ବିପ୍ଲବ ବେଳେ ଦେଖାଯାଇଥିଲା। ଦ୍ୱିତୀୟ ଶିଳ୍ପ ବିପ୍ଲବକୁ ଯାନ୍ତ୍ରିକ ବିପ୍ଲବ (Technological Revolution) ବୋଲି ମଧ୍ୟ କୁହାଯାଏ। ଏହି

ସମୟରେ ପ୍ରଗତିଶୀଳ ଉଦ୍‌ଭାବନ ଏବଂ ଏମାନଙ୍କର ବଜାର ବ୍ୟବହାରିକତା ହେତୁ ଉତ୍ପାଦମାନଙ୍କର ସମାନତା (Standardization), ଗୁଣ ଉତ୍ପାଦନ (Mass Prodcution) ଏବଂ ବିଶ୍ୱର ବିଭିନ୍ନ ଦେଶମାନଙ୍କୁ ଆୟାତ (Export) ହେତୁ ସମୁଦାୟ ବିଶ୍ୱକୁ ପ୍ରଥମଥର ପାଇଁ ଏକକ ବଜାର (Market) ହିସାବରେ ଦେଖାଗଲା।

ଦ୍ୱିତୀୟ ଶିଳ୍ପ ବିପ୍ଳବ ବେଳେ ରେଳରାସ୍ତାର ପ୍ରସାର ଓ ବହୁଳ ବ୍ୟବହାର; ଲୁହା ଓ ଆଲୁମୁନିୟମର ଉତ୍ପାଦନ, କାର୍‌ର ନିର୍ମାଣ ଏକ ବହୁପ୍ରସାରୀ ଓ ପରିପକ୍ୱ ଆର୍ଥିକ ବ୍ୟବସ୍ଥା ପ୍ରତିଷ୍ଠା କରିପାରିଥିଲା। ଇଉରୋପ ଓ ଯୁକ୍ତରାଷ୍ଟ୍ର ଆମେରିକାକୁ ଛାଡ଼ିଦେଲେ, ଅନ୍ୟ ରାଷ୍ଟ୍ରମାନଙ୍କରେ ଦ୍ୱିତୀୟ ଶିଳ୍ପ ବିପ୍ଳବର ସେପରି ପ୍ରଭାବ ଦେଖିବାକୁ ମିଳେନାହିଁ। ଏପରିକି ୟୁରୋପରେ ମଧ୍ୟ ପୋଲାଣ୍ଡ, ହଙ୍ଗେରୀ ପରି ଦେଶମାନଙ୍କର ଆର୍ଥିକ ବିକାଶର ଧାରା ସେମିତି ଆଖି ଦୃଶିଆ ବଦଳିନଥିଲା।

ଭାରତ ପରି ଦେଶଗୁଡିକ ବ୍ରିଟିଶ୍ ଉପନିବେଶବାଦ ଅଧୀନରେ ଥିବାରୁ ସମ୍ୟକ ପ୍ରଭାବିତ ହୋଇଥିଲେ। ବିଶ୍ୱ ବଜାର ବ୍ୟବସ୍ଥାରେ ଧୀରେ ଧୀରେ ଧନଶୀଳ ରାଷ୍ଟ୍ର, ପ୍ରଗତିଶୀଳ ରାଷ୍ଟ୍ର ଓ ଅତ୍ୟନ୍ତ ଗରିବ ରାଷ୍ଟ୍ର ଭାବରେ ତିନି ପ୍ରକାର ରାଷ୍ଟ୍ରପୁଞ୍ଜର ଗଠନ ପ୍ରକ୍ରିୟା ଆରମ୍ଭ ହୋଇଯାଇଥିଲା। ମୁଖ୍ୟତଃ ରେଳଯାତ୍ରା ଓ ମାଲ୍ ପରିବହନରେ ଭଡ଼ା ଓ ଦର ଆଦାୟ ହୋଇପାରିବ, ଗୋଜାତୀୟ (Bovine Population) ବ୍ୟବସାୟ ଓ ମାଂସ ରପ୍ତାନୀ ମଧ୍ୟ ଅଷ୍ଟ୍ରେଲିଆ, ନ୍ୟୁଜିଲ୍ୟାଣ୍ଡ ପରି ଦେଶ ଓ ଯୁକ୍ତରାଷ୍ଟ୍ର ଆମେରିକାର ଟେକ୍ସାସ ପରି ରାଜ୍ୟମାନଙ୍କୁ ବିଶ୍ୱ ବଜାରର ବୃଦ୍ଧିର ଫାଇଦା ମିଳିଥିଲା। ଦୁଇ ଦୁଇଟି ବିଶ୍ୱଯୁଦ୍ଧ ଓ ପରିବର୍ତ୍ତନ ସମୟରେ ଶୀତଳ ଯୁଦ୍ଧ ଲାଗିରହିଥିଲେ ବି ଆର୍ଥିକ ଉନ୍ନତିର ଧାରା ପ୍ରବାହ ଯୁକ୍ତାତ୍ମକ ରହିଥିଲା।

ତୃତୀୟ ଶିଳ୍ପ ବିପ୍ଳବ ଆମମାନଙ୍କ ସମସାମୟିକ ଘଟଣା। ଏହାକୁ ଡିଜିଟାଲ ବିପ୍ଳବ ବୋଲି ମଧ୍ୟ କୁହାଯାଇପାରିବ। ଯାନ୍ତ୍ରିକ ବ୍ୟବସ୍ଥା (Mechanical System) ଓ ଆନାଲଗ ଇଲେକ୍‌ଟ୍ରୋନିକ ବ୍ୟବସ୍ଥାରୁ ଉନ୍ନତି ହୋଇ ଆମେ ଡିଜିଟାଲ ବ୍ୟବସ୍ଥାରେ ପହଞ୍ଚି ପାରିଛେ। ଏହା ପ୍ରାୟ ୧୯୫୦ରୁ ଆରମ୍ଭ ହୋଇ ୨୦୨୦ ପର୍ଯ୍ୟନ୍ତ ଚାଲିଛି ବୋଲି କୁହାଯାଇପାରିବ। ଏହି ସମୟରେ ଡିଜିଟାଲ୍ ଇଲେକ୍‌ଟ୍ରୋନିକ୍ସ, ସୂଚନା ଓ ପ୍ରଯୁକ୍ତିବିଦ୍ୟାର ବହୁ ପ୍ରଚଳନ, ନାନୋ ଟେକ୍‌ନୋଲୋଜି, ଥ୍ରିଡି ପ୍ରିଣ୍ଟିଂ, ଖାଦ୍ୟ ପ୍ରକ୍ରିୟାକରଣ ଶିଳ୍ପର ବିକାଶ ତଥା ମୋବାଇଲ ଫୋନ୍‌ର ବହୁଳ ବ୍ୟବହାର ସହ 'ଇଣ୍ଟରନେଟ୍'ର ପ୍ରଚଳନ ମୁଖ୍ୟ ପରିବର୍ତ୍ତନ ବୋଲି ଜଣାପଡ଼େ।

ସାଧାରଣ ସୂଚନା ପ୍ରଦାନ କରିବା ପାଇଁ ଆରମ୍ଭ ହୋଇଥିବା ଇଣ୍ଟରନେଟ୍ ପରବର୍ତ୍ତୀ ସମୟରେ ବ୍ୟବସାୟର ଏକ ପ୍ରମୁଖ ଅଙ୍ଗରେ ପରିବର୍ତ୍ତିତ ହୋଇଗଲା।

ଇ-କମର୍ସ ବ୍ୟବସାୟର ବହୁ ପ୍ରଚଳନ ହେତୁ ଆମାଜନ୍, ଗୁଗୁଲ ଏବଂ ଆପଲ୍ ପରି କମ୍ପାନୀମାନେ ବିଶ୍ୱର ଶ୍ରେଷ୍ଠ କମ୍ପାନୀମାନଙ୍କ ମଧ୍ୟରେ ଗଣା ହେଲେ। ଫୋର୍ବସ ପତ୍ରିକାରେ ପ୍ରକାଶିତ ବିତ୍ତଶାଳୀ କମ୍ପାନୀମାନଙ୍କର ପ୍ରଥମ ଦଶଟି ନାମ ଭିତରେ ପ୍ରାୟତଃ ଛ'ଟି କମ୍ପାନୀ ସୂଚନା ପ୍ରଯୁକ୍ତି ବିଦ୍ୟା ଓ ଇ-କମର୍ସ କମ୍ପାନୀ ବୋଲି କହିପାରିବା।

ସମ୍ପ୍ରତି ଆମେମାନେ ଚତୁର୍ଥ ଶିଳ୍ପ ବିପ୍ଳବର ଦ୍ୱାରଦେଶରେ ପହଞ୍ଚି ସାରିଛେ। କମ୍ପ୍ୟୁଟର ଓ ପ୍ରଯୁକ୍ତି ବିଦ୍ୟାରେ ଦ୍ରୁତ ବିକାଶ ଓ ବ୍ୟବସାୟରେ ଉପଯୋଗ ହେତୁ ସାମଗ୍ରିକ ଭାବରେ ବ୍ୟବସାୟ କରିବାର ମାତ୍ରା, ଧାରା ଓ ପ୍ରକ୍ରିୟାରେ ବ୍ୟାପକ ପରିବର୍ତ୍ତନ ଆସିବ। ବ୍ଲକ୍‌ଚେନ୍ ଟେକ୍‌ନୋଲୋଜୀ, ଅପ୍ରାକୃତିକ ଜ୍ଞାନ (Artificial Intelligene), ରୋବୋଟିକ୍‌ସ, ଭର୍ଚୁଆଲ ରିଏଲିଟି ଓ ମେଟାଭର୍ସ (Metaverse) ଆମମାନଙ୍କ ଜୀବନ ଓ ବ୍ୟବସାୟର ଶୈଳୀରେ ବ୍ୟାପକ ପରିବର୍ତ୍ତନ ଆଣିବ। ଏହାକୁ ଚତୁର୍ଥ ଶିଳ୍ପ ବିପ୍ଳବ ବୋଲି କୁହାଯାଉଛି।

ଅଧିକରୁ ଅଧିକ ମାତ୍ରାରେ କମ୍ପ୍ୟୁଟର ପ୍ରୋଗ୍ରାମ, ସୂଚନା ଓ ପ୍ରଯୁକ୍ତି ବିଦ୍ୟାର ପ୍ରୟୋଗ ତଥା ଅପ୍ରାକୃତିକ ପ୍ରଜ୍ଞା (Artificial Intelligene) ହିଁ ଏହି ବିପ୍ଳବର ମୂଳ ଆଧାର ହେବ। ଏହି ଅଂଶଟି ପଢ଼ିଲାବେଳେ ଆପଣଙ୍କ ମନରେ ପ୍ରଶ୍ନ ଆସିପାରେ - ପୃଥିବୀର କେତେ ପ୍ରତିଶତ ଲୋକ ଏପରି ଶିଳ୍ପ ବିପ୍ଳବର ଲାଭ ନେଇପାରୁଛନ୍ତି ? ଏହି ବିପ୍ଳବ ବୃହତକାୟ ବ୍ୟବସାୟ (Large Corporation) ପ୍ରତିଷ୍ଠା କରି ଧନୀ ଓ ଗରିବ ମଧ୍ୟରେ ଅଧିକ ଅନ୍ତର ସୃଷ୍ଟି କରୁନାହିଁକି ? ଏହାର ଉତ୍ତର ବୋଧହୁଏ - 'ହଁ'।

ବ୍ୟବସାୟର ଅତ୍ୟଧିକ ବିସ୍ତାର ଏବଂ ଏହାର ସାମାଜିକ, ସାଂସ୍କୃତିକ ଓ ଜଳବାୟୁ ଉପରେ ବିଯୁକ୍ତାତ୍ମକ ପ୍ରଭାବ ଚିନ୍ତାର ଏକ ପ୍ରମୁଖ କାରଣ। ଦ୍ରୁତ ଶିଳ୍ପାୟନ ହେତୁ ଜଙ୍ଗଲ ଓ ଜମିର ଅବକ୍ଷୟ, ବାୟୁମଣ୍ଡଳରେ ଅଙ୍ଗାରକାମ୍ଳ ବାଷ୍ପର ମାତ୍ରା ବୃଦ୍ଧି ହେତୁ ତାପମାନରେ ବୃଦ୍ଧି ଏକ ଅସନ୍ତୁଳିତ ବ୍ୟବସ୍ଥା ଆଡ଼କୁ ଗତି କରୁଛି। ଅତ୍ୟଧିକ ତାପମାତ୍ରା ବୃଦ୍ଧି ହେତୁ ବିଶ୍ୱର ପ୍ରମୁଖ ଜଳସ୍ରୋତ 'ଗ୍ଲାସିୟର' ମାନଙ୍କର ଦୃତ ବିନାଶ ଲାଗିରହିଛି; ନଦୀ ଓ ସମୁଦ୍ରର ଉଚ୍ଚତା ବଢ଼ିବାରେ ଲାଗିଛି; ବର୍ଜ୍ୟପଦାର୍ଥମାନଙ୍କର କୁପରିଚାଳନା ଓ ପ୍ଲାଷ୍ଟିକର ବ୍ୟବହାର ଲାଗି ପୃଥିବୀ ଧିରେ ଧିରେ ଏକ 'କବାଡ଼ିଖାନା'ରେ ବଦଳୁଛି।

ପ୍ରକୃତିର ପ୍ରକୋପରୁ ଅତ୍ୟଧିକ ଉତ୍ତାପ ଜନିତ ଗ୍ରୀଷ୍ମଋତୁ, ବର୍ଷାଋତୁ, ବର୍ଷା ଋତୁର ସମୟ ସାରଣୀରେ ପରିବର୍ତ୍ତନ ଓ ଏହାର କୃଷି ଉପରେ ବିଯୁକ୍ତାତ୍ମକ ପ୍ରଭାବ, ବାରମ୍ବାର ସୁନାମି, ଭୂମିକମ୍ପ ଏବଂ ଭୂସ୍ଖଳନ ହେତୁ ଅନେକ ଧନଜୀବନ ହାନି ହେଉଛି। ଏଥିପାଇଁ ବିଭିନ୍ନ ରାଜନୈତିକ ଦଳ, ସରକାର ଓ ଅମଲାତନ୍ତ୍ର ଏବଂ ବିଶ୍ୱ ବାଣିଜ୍ୟିକ ସଙ୍ଗଠନମାନେ ଚିନ୍ତା ପ୍ରକଟ ନକରିବା ଏବଂ ଏକ ବୈକଳ୍ପିକ ବ୍ୟବସ୍ଥା

ପ୍ରତି ଧ୍ୟାନଶୀଳ ନ ହେବା ଅତ୍ୟନ୍ତ ଦୁର୍ଭାଗ୍ୟର ବିଷୟ। ତେବେ ଆମେ ପୁନର୍ବାର ବିଶ୍ୱ ବ୍ୟବସାୟରେ ରାଷ୍ଟ୍ରମାନଙ୍କ ପୁଞ୍ଜୀକରଣ (Grouping) କରିବାର ବ୍ୟବସ୍ଥାକୁ ଆସିବା।

ସାମୁଦାୟିକ ଘରୋଇ ଉତ୍ପାଦ (Gross Domestic Product), ପ୍ରତିବ୍ୟକ୍ତି ଆୟ (Per Capita Income), ଜିନି କୋ-ଏଫିସିଏଣ୍ଟ, ଦେଶର ଜନ୍ମ-ମୃତ୍ୟୁହାର ଏବଂ ମାନବ ସମ୍ବଳ ସୂଚନାଙ୍କକୁ ଆଧାର କରି ବିଶ୍ୱରେ ତିନିପ୍ରକାର ଦେଶ ଦେଖାଯାଏ; ବିକଶିତ ଦେଶ, ବିକାଶଶୀଳ ଦେଶ ଓ ସାମାନ୍ୟ ବିକଶିତ ଦେଶ। ଯୁକ୍ତରାଷ୍ଟ୍ର ଆମେରିକା, ବ୍ରିଟେନ, ଫ୍ରାନ୍ସ, ଜର୍ମାନୀ, ଜାପାନ ପରି ଦେଶମାନେ ଏହି ସୂଚନାଙ୍କର ଊର୍ଦ୍ଧ୍ୱରେ ରହି ବିକଶିତ ଦେଶ ହିସାବରେ ପରିଗଣିତ ହୁଅନ୍ତି। ଏମାନଙ୍କର ଆର୍ଥିକ ସାମର୍ଥ୍ୟ, ସ୍ୱାତନ୍ତ୍ର୍ୟ ଓ ପରିପକ୍ୱ ବ୍ୟାଙ୍କିଙ୍ଗ୍ ବ୍ୟବସ୍ଥା ହେତୁ ବିଶ୍ୱ ବାଣିଜ୍ୟରେ ଏହି ଦେଶଗୁଡ଼ିକର ପ୍ରଭୂତଃ କ୍ଷମତା ରହିଛି।

ଏମାନଙ୍କ ପରେ ପ୍ରଗତିଶୀଳ ଦେଶମାନେ ଆସନ୍ତି। ଏମାନଙ୍କୁ 'ଏମର୍ଜିଂ ମାର୍କେଟ' ବୋଲି କୁହାଯାଏ। ବ୍ରାଜିଲ, ଋଷିଆ, ଭାରତ, ଚୀନ ଏବଂ ଦକ୍ଷିଣ ଆଫ୍ରିକା (BRICS) ଦେଶ ସମୂହଙ୍କୁ ଏହି ଗୋଷ୍ଠୀରେ ଦେଖାଯାଏ। ଇଉରୋପୀୟ ସାମ୍ରାଜ୍ୟବାଦରୁ ମୁକ୍ତ ହୋଇ, ପ୍ରବଳ ଜନସଂଖ୍ୟା ବିସ୍ଫୋରଣ (Population Explosion)ରୁ ବର୍ତ୍ତିଯାଇ, ନିୟୋଜିତ ଅର୍ଥ ବ୍ୟବସ୍ଥା (Planned Economy) ଦ୍ୱାରା ଦେଶରେ ଥିବା ସଂସାଧନ (Resource)ର ପ୍ରାୟ ସଫଳ ବିନିଯୋଗ ଦ୍ୱାରା ଏହି ଦେଶଗୁଡ଼ିକର ବିକାଶ ହୋଇଛି।

ଆର୍ଥିକ ଉଦାରୀକରଣର ପ୍ରଭାବ ହେତୁ ଏହି ଦେଶମାନଙ୍କର ଅର୍ଥନୀତି ଜାଗତିକ ଅର୍ଥନୀତି (Global Economy) ସହ ସମ୍ମିଳିତ ହୋଇପାରିଛି। ଭାରତ ଏହିପରି ଦେଶମାନଙ୍କ ମଧ୍ୟରେ ଏକ ପ୍ରମୁଖ ଅର୍ଥନୀତି କହିଲେ ଅତ୍ୟୁକ୍ତି ହେବନାହିଁ।

ତୃତୀୟ ଦେଶ-ପୁଞ୍ଜୀମାନଙ୍କ ସର୍ବନିମ୍ନ ଉନ୍ନତଶୀଳ ଦେଶ Least Developed Countries ହିସାବରେ ଗଣାଯାଏ। ପ୍ରାୟତଃ ଆଫ୍ରିକୀୟ ଦେଶ, ଦକ୍ଷିଣ ଏସିଆର କିଛି ରାଷ୍ଟ୍ର ଏବଂ ଦକ୍ଷିଣ ଆମେରିକାର ବହୁତ ଦେଶ ଏହି ଶ୍ରେଣୀରେ ଆସନ୍ତି। ସମୁଦାୟ ଘରୋଇ ଉତ୍ପାଦ, ପ୍ରତି ବ୍ୟକ୍ତି ଆୟ ଏବଂ ଜୀବନ ପ୍ରତ୍ୟାଶା (Average Life Expectancy) ପରି ସୂଚନାଙ୍କରେ ଏହି ଦେଶମାନେ ସର୍ବନିମ୍ନରେ। ସ୍ୱାସ୍ଥ୍ୟସେବା, ଗମନାଗମନର ବିକାଶ, ଶିକ୍ଷା ବ୍ୟବସ୍ଥା ଏବଂ ସର୍ବୋପରି ଶାସନ ବ୍ୟବସ୍ଥାର ସୁଦୃଢ଼ୀକରଣ ନହେବାରୁ ଏହି ଦେଶର ଜନସାଧାରଣ ବିକାଶ ଧାରାରେ ଏ ପର୍ଯ୍ୟନ୍ତ ସାମିଲ ହୋଇପାରିନାହାନ୍ତି।

ଯଦିଓ ଏହି ଦେଶମାନଙ୍କରେ ପ୍ରାକୃତିକ ସମ୍ପଦ ବହୁମାତ୍ରାରେ ଗଚ୍ଛିତ ରହିଛି

ତଥାପି-ଦୁର୍ବଳ ଶାସନ ବ୍ୟବସ୍ଥା, ଅମଲାତନ୍ତ୍ରର ବ୍ୟଭିଚାର, ଅରାଜକତା, ପକ୍ଷପାତି ନ୍ୟାୟିକ ବ୍ୟବସ୍ଥା, ଭ୍ରଷ୍ଟାଚାରର ବହୁଳ ପ୍ରଚଳନ ହେତୁ ଏହି ଦେଶମାନେ ଭୋକ, ଭୟ ଓ ରୋଗ ବୈରାଗ୍ୟରୁ ମୁକ୍ତ ହୋଇପାରିନାହାନ୍ତି। ଏପରି ତ୍ରିସ୍ତରୀୟ ବିଭେଦୀକରଣ ସମଗ୍ର ବିଶ୍ୱ ପାଇଁ ଏକ ମଙ୍ଗଳକାରୀ ବ୍ୟବସ୍ଥା ନୁହେଁ। କିଛି ଲୋକ / ଦେଶ ହାତରେ ଅତ୍ୟଧିକ ଆର୍ଥିକ ସ୍ୱଚ୍ଛଳତା ଓ ପ୍ରାକୃତିକ ସମ୍ବଳର ଅଧିକାର ରହିବା ଓ ବହୁତ ଦେଶମାନଙ୍କ ହାତରେ ଭିକ୍ଷା ମାଗିବା ଛଡ଼ା ଅନ୍ୟ କିଛି ବିକଳ୍ପ ନରହିବା ଏକ ଦୁର୍ଭାଗ୍ୟର କଥା !

ଭାରତବର୍ଷ : ପରିବର୍ତ୍ତନ ଓ ବିକାଶ

ଏହି ପୁସ୍ତକରେ ସ୍ଥାନିତ ବିଷୟମାନଙ୍କୁ ଅନୁଶୀଳନ କଲେ ଜଣେ ଜାଣିପାରିବ ଯେ, ମୁଁ ମୁଖ୍ୟତଃ ଭାରତୀୟ ଅର୍ଥନୈତିକ ବ୍ୟବସ୍ଥା, ଭାରତୀୟ ବଜାର (Market) ଓ ଉପଭୋକ୍ତାମାନଙ୍କ (Consumer) ଉପରେ ମୋର ମତ ଦେଇଛି। ନବେ ଦଶକର ଆର୍ଥିକ ଉଦାରୀକରଣ ପରେ ଭାରତ ପରି ଏକ ବିକାଶଶୀଳ ରାଷ୍ଟ୍ରର ଆର୍ଥିକ ବ୍ୟବସ୍ଥାକୁ ବିଶ୍ୱ ଆର୍ଥିକ ବ୍ୟବସ୍ଥା ଓ ବିଶ୍ୱ ବାଣିଜ୍ୟ ସମ୍ବନ୍ଧୀୟ ଦୃଷ୍ଟିପଟଳ ବାହାରେ, ସ୍ୱତନ୍ତ୍ର ଭାବରେ ଆଲୋଚନା କରିହେବ ନାହିଁ। ସ୍ୱାଧୀନତା ପରେ ଭାରତୀୟ ଅର୍ଥଶାସ୍ତ୍ରୀମାନେ ଏକ ସାମାଜିକ-ଦାୟିତ୍ୱବୋଧ ଭିତ୍ତିକ ଅର୍ଥ ବ୍ୟବସ୍ଥାର ସୃଜନ କରିଥିଲେ।

ସ୍ୱାଧୀନୋତ୍ତର ପଚାଶ ବର୍ଷର ଆର୍ଥିକ ପରିଚାଳନାକୁ ଅନୁଧ୍ୟାନ କଲେ ଜାଣିହେବ ଯେ ଏହି ବ୍ୟବସ୍ଥାଟି ଶାସନକଳ ଅଧୀନରେ ଓ ଅମଲାତନ୍ତ୍ରର ଶୃଙ୍ଖଳ ଭିତରେ ଗଢ଼ାଯାଇଥିବା ଅର୍ଥନୈତିକ ବ୍ୟବସ୍ଥା ଯେଉଁଥିରେ ଉତ୍ପାଦନ କ୍ଷମତା (Productivity) ପ୍ରତିଯୋଗିତାମୂଳକ ଭାବ (Competitiveness) ଏବଂ ବ୍ୟବସାୟ ପରିଚାଳନାର ଦକ୍ଷତା (Public Sector)ର କୌଣସି ମୂଲ୍ୟ ନଥିଲା। ରାଜନୈତିକ ଆଶୀର୍ବାଦ, ଲାଇସେନ୍‌ସରାଜ ଜନିତ ଭ୍ରଷ୍ଟାଚାର ଏବଂ ସାର୍ବଜନିକ କ୍ଷେତ୍ରର ବ୍ୟାଙ୍କିଙ୍ଗ୍ (Public Sector Banking)ର ସୁବିଧା ପାଇପାରୁଥିବା ବ୍ୟକ୍ତି ଓ ସଂସ୍ଥାମାନେ ଏହି ସମୟରେ ଅତ୍ୟନ୍ତ ବିତ୍ତଶାଳୀ ଓ ବଳଶାଳୀ ହୋଇଥିଲେ।

୧୯୯୦-୯୧ ମସିହା ଭାରତର ଅର୍ଥନୈତିକ ଇତିହାସର ଏକ ସନ୍ଧିକ୍ଷଣ। ଏହି ସମୟରେ ହିଁ ଭାରତର ଆର୍ଥିକ ଉଦାରୀକରଣ ନୀତିର ପ୍ରଚଳନ ହୋଇଥିଲା। ଫଳସ୍ୱରୂପ ଅନେକ ବହୁଦେଶୀୟ କମ୍ପାନୀ ଓ ବିଦେଶାଗତ ପୁଞ୍ଜିର ଭାରତୀୟ ପ୍ରତିଭୂତି ବଜାରରେ ପ୍ରଚଳନ ହେତୁ ଦ୍ରୁତ ଆର୍ଥିକ ଓ ଶିଳ୍ପ ବିକାଶ ସମ୍ଭବ ହୋଇଥିଲା।

ଏହି ଆର୍ଥିକ ଉଦାରୀକରଣ ବ୍ୟବସ୍ଥାର ପ୍ରଭାବ ବିଗତ ତିରିଶବର୍ଷ ଧରି ଭାରତୀୟ ଜନଜୀବନରେ ଅନେକ ପରିବର୍ତ୍ତନ ଆଣିଛି। ବିଦେଶୀ କମ୍ପାନୀମାନେ ଭାରତୀୟ

ବଜାରରେ ପ୍ରବେଶ କରିଥିବାରୁ ଭାରତୀୟ ଗ୍ରାହକମାନେ ଲାଭବାନ ହୋଇଛନ୍ତି। ବିଦେଶୀ ପୁଞ୍ଜିର ସଫଳ ବିନିଯୋଗ ହେତୁ ଭାରତୀୟ ପ୍ରତିଭୂତି ବଜାରର ସୂଚନାଙ୍କ ବହୁମାତ୍ରାରେ ବୃଦ୍ଧିପାଇଛି। ଆୟାତ-ନିର୍ଯ୍ୟାତ ଆଇନ୍‌ରେ ପରିବର୍ତ୍ତନ ହେତୁ ଭାରତୀୟ କମ୍ପାନୀମାନେ ବିଶ୍ୱ ବଜାରରେ ନିଜର ଉତ୍ପାଦ ବିକିବା ସହ ନୂତନ ଜ୍ଞାନକୌଶଳ ଆହରଣ କରି ବିଦେଶୀ କମ୍ପାନୀମାନଙ୍କୁ କିଣିବାରେ ସକ୍ଷମ ହୋଇଛନ୍ତି।

ଆର୍ଥିକ ଉଦାରୀକରଣର ଏହିଗୁଡ଼ିକ ହେଲା ଯୁକ୍ତାତ୍ମକ ପ୍ରଭାବ। ସମାଜରେ ବଢୁଥିବା ଧନୀ-ଗରିବର ତାରତମ୍ୟ, ଭ୍ରଷ୍ଟାଚାର, ସର୍ବସାଧାରଣ ସମ୍ପତ୍ତି ଉପରେ ପ୍ରମୁଖ ଭାରତୀୟ ନିଜ କ୍ଷେତ୍ର କମ୍ପାନୀମାନଙ୍କର ଲୋଲୁପଦୃଷ୍ଟି ଏବଂ ସାଂସ୍କୃତିକ ପ୍ରଦୂଷଣ ସହ ଯୌଥ ପାରିବାରିକ ବ୍ୟବସ୍ଥାର ଭଙ୍ଗୁରତା ବୃଦ୍ଧିପାଇବା ଅତ୍ୟନ୍ତ ଚିନ୍ତାର ବିଷୟ।

ନବେ ଦଶକର ଆରମ୍ଭରୁ ମୋର ଧ୍ୟାନ, ଅନୁଶୀଳନ ଓ ଗବେଷଣା ଭାରତର ଅର୍ଥନୈତିକ ବ୍ୟବସ୍ଥା, ବଜାର ଓ ଏହାର ପ୍ରଭାବ ଏବଂ ଗ୍ରାହକୀୟ ବ୍ୟବହାର (Consumer Behavior) ଉପରେ ରହିଛି। ବଜାର ବ୍ୟବସ୍ଥା ଓ ଗ୍ରାହକ ବ୍ୟବହାରର ଛାତ୍ର ଏବଂ ପରବର୍ତ୍ତୀ ସମୟରେ ଶିକ୍ଷକ ହୋଇଥିବାରୁ ମୁଁ ବିଭିନ୍ନ ସମୟରେ ସାଧାରଣ ପାଠକମାନଙ୍କ ପାଇଁ ବୋଧଗମ୍ୟ ଭାଷାରେ 'ବଜାର ଯୁଦ୍ଧ' ନାମରେ ବିଭିନ୍ନ ଖବରକାଗଜ ଓ ପତ୍ରପତ୍ରିକାରେ ଲେଖିବା ଆରମ୍ଭ କରିଥିଲି। ଅର୍ଥନୀତିର ଜଟିଳ ଗଣିତ ଓ ବ୍ୟାଖ୍ୟାରୁ ମୁକ୍ତ କରି ବଜାର ଓ ବ୍ରାଣ୍ଡ ସମ୍ବନ୍ଧୀୟ ବିଭିନ୍ନ ରୋଚକ ତଥ୍ୟମାନଙ୍କୁ ସାଧାରଣ ପାଠକ ସାମ୍ନାରେ ପ୍ରସ୍ତୁତ କରିଥିଲି।

ଏପରି ଏକ ସ୍ତମ୍ଭ ପ୍ରକାରାନ୍ତରେ ଓଡ଼ିଶାର ଖବରକାଗଜ ଜଗତରେ ଏକ ସଫଳ ପରୀକ୍ଷା ବୋଲି ଅନେକ ମତ ଦେଇଥିଲେ। ଯଦିଓ ବ୍ୟବସାୟ ପରିଚାଳନା ଶିକ୍ଷାର ଆଦ୍ୟଗୁରୁ ପ୍ରଫେସର ସୂର୍ଯ୍ୟକାନ୍ତ ଦାସ 'ବେପାର ବଣିଜ' ପରି ଏକ ସ୍ତମ୍ଭ ଲେଖି ଅର୍ଥନୀତି ସମ୍ପର୍କିତ ଆଲୋଚନାକୁ ସାଧାରଣ ଜନତାଙ୍କ ପଠନ ପାଇଁ ଆଣିପାରିଥିଲେ, ମୁଁ ଆଉ ଏକ ପାଦ ଆଗକୁ ଯାଇ ଅର୍ଥନୀତି, ଗ୍ରାହକୀୟ ବ୍ୟବହାର, ବଜାର ବ୍ୟବସ୍ଥା ଓ ବ୍ରାଣ୍ଡମାନଙ୍କ ଉପରେ ଆଲୋଚନା କରିଥିଲି। ସମୟାନୁକ୍ରମେ ଏହି ସ୍ତମ୍ଭରେ ବ୍ୟବସାୟର ବିଭିନ୍ନ ଦିଗ ବିଷୟରେ ଆଲେଖ୍ୟ ରହିଛି।

ରାଜନୈତିକ ଓ ସାମାଜିକ ସ୍ପର୍ଶକାତର ଦିଗପ୍ରତି ସମ୍ବାଦପତ୍ର ମାନେ ସଚେତନ। ଅର୍ଥନୀତି, ବଜାର ବ୍ୟବସ୍ଥା ପରି ବିଷୟରେ ଅଧିକାଂଶ ପାଠକ ଅଜ୍ଞ ଏବଂ ବୀତସ୍ପୃହ। ସେମାନଙ୍କର ଯଦିଓ ବ୍ୟବସାୟ, ଅର୍ଥନୀତି ଓ କମ୍ପାନୀମାନଙ୍କର ବଜାର ପରିଚାଳନା ଉପରେ ଜାଣିବା ଏକ ଅଧିକାର ତଥାପି ଏକ ଅହେତୁକ କାରଣ ହେତୁ ସେମାନଙ୍କୁ ଏଥିରୁ ଦୂରରେ ରଖାଯାଇଥିଲା।

'ବଜାର ଯୁଦ୍ଧ' ପରି ଏକ ସ୍ତମ୍ଭ ପ୍ରକାଶ କରିବାର ସାହାସ ଓ ସାମର୍ଥ୍ୟ କେବଳ 'ଧରିତ୍ରୀ'ର ସମ୍ପାଦକ ଶ୍ରୀ ତଥାଗତ ସତପଥୀ କରିପାରନ୍ତି। ତାଙ୍କ ସହ ହୋଇଥିବା ଅନେକ ଆଲୋଚନା ଏବଂ ତର୍କ ସଙ୍ଗତ ଦୃଷ୍ଟିକୋଣ ମୋର ଲେଖାମାନଙ୍କୁ ସମୃଦ୍ଧ କରିଛି। ସେଥିପାଇଁ 'ବଜାର ଯୁଦ୍ଧ' ନାମରେ ଆସୁଥିବା ଏହି ପୁସ୍ତକଟି ତାଙ୍କୁ ହିଁ ଉତ୍ସର୍ଗ କରିଛି। 'ଧରିତ୍ରୀ'ର ତତ୍କାଳୀନ ବାର୍ତ୍ତା ସମ୍ପାଦକ ଶ୍ରୀ ଗୋପାଳ ମହାପାତ୍ର ଅନେକ ସମୟରେ ମୋ ତର୍କରେ ସମତୁଲ୍ୟତା (Balance) ରଖିବା ସହ 'ଡାଟା' ଦ୍ୱାରା ପ୍ରମାଣ କରିବାର ଆହ୍ୱାନ ଦେବା ହେତୁ ପରବର୍ତ୍ତୀ ସମୟରେ ମୋର ଗବେଷଣା ମଧ୍ୟ ସମୃଦ୍ଧ ହୋଇଛି। ତାଙ୍କୁ ମଧ୍ୟ ଅଶେଷ ଧନ୍ୟବାଦ।

ବିଭିନ୍ନ ସମୟରେ ପ୍ରକାଶିତ ଏହି ଆଲେଖ୍ୟମାନଙ୍କର ନକଲ ମୋ ପାଖରେ ନଥିଲା। ବିଗତ ପଚିଶ ବର୍ଷ ଧରି ଓଡ଼ିଶା ବାହାରେ ରହୁଥିବାରୁ ସେମାନଙ୍କୁ କୌଣସି ଲାଇବ୍ରେରୀ କିମ୍ବା ଆର୍କାଇଭ୍‌ରୁ ଆଣିବା ମୋ ପାଇଁ ସମ୍ଭବ ନଥିଲା।

ଏଥିପାଇଁ ମୁଁ ବହୁ ବନ୍ଧୁ ଓ ପ୍ରକାଶକଙ୍କୁ ଅନୁରୋଧ ମଧ୍ୟ କରିଥିଲି। ମୋ ପାଖରେ ହାତଲେଖା କପି ନଥିବାରୁ ସମ୍ବାଦପତ୍ର ମାନଙ୍କରେ ମୋ ଲେଖା ଖୋଜିବା, ସେମାନଙ୍କୁ ସ୍କାନ କରି ଏକାଠି କରିବା ଏକ କଷ୍ଟକରବ୍ୟାପାର। କିନ୍ତୁ ସ୍ୱଇଚ୍ଛାରେ ଏପରି ଏକ କଷ୍ଟକର କାର୍ଯ୍ୟର ଦାୟିତ୍ୱ ନେଇଥିଲେ ମୋର ଅନ୍ତରଙ୍ଗ ବନ୍ଧୁ ଶ୍ରୀ କମଳାକାନ୍ତ ମହାନ୍ତି। ରାଜ୍ୟ ଆର୍କାଇଭ୍‌କୁ ଯାଇ, ସେଠାରୁ ଅନୁମତି ନେଇ ବିଗତ ପଚିଶବର୍ଷର ଖବରକାଗଜମାନଙ୍କ ମଧ୍ୟରୁ ଏହି ସ୍ତମ୍ଭଟି ଖୋଜି ବାହାର କରିବା କେତେ ଯେ କଷ୍ଟକର ବ୍ୟାପାର ଏକଥା ପାଠକ ବୁଝିପାରୁଥିବେ।

ବିଭିନ୍ନ ସମୟରେ ଶ୍ରେଣୀ ଗୃହରେ ଏବଂ ସଭାସମିତିରେ ଭାଷଣ ଦେଲାବେଳେ ମୁଁ ଏହି ସ୍ତମ୍ଭ ଓ ଆଲେଖ୍ୟ ବିଷୟରେ ବାରମ୍ବାର ଉଲ୍ଲେଖ କରିଛି। ଏହାକୁ ଏକ ପୁସ୍ତକ ଆକାରରେ ପ୍ରକାଶିତ ହେଉ ବୋଲି ଅନେକ ମତ ଦେଇଛନ୍ତି। ସେଇ ଆଗ୍ରହ ହେତୁ ଏହି ସଙ୍କଳନଟି 'ବଜାର ଯୁଦ୍ଧ' ଶୀର୍ଷକରେ ପ୍ରକାଶିତ ହେଉଛି।

ଖବରକାଗଜରେ ପ୍ରକାଶିତ ଆଲେଖ୍ୟମାନଙ୍କୁ ବହି ଆକାରରେ ପ୍ରକାଶ କରିବାରେ ପ୍ରମୁଖ ଭୂମିକା ଗ୍ରହଣ କରିଛନ୍ତି 'ବ୍ଲାକ୍ ଈଗଲ ବୁକ୍‌ସ'ର ଶ୍ରୀ ଅଶୋକ ପରିଡ଼ା। ତାଙ୍କର ପ୍ରରୋଚନା ଓ ଉତ୍ସାହ ସହ ସମଗ୍ର ବହିର ସୃଜନ ପ୍ରକ୍ରିୟାର ମୁଖ୍ୟ ବିନ୍ଧାଣୀ ହେଉଛନ୍ତି ଶ୍ରୀ ପରିଡ଼ା। 'ବ୍ଲାକ୍ ଈଗଲ୍ ବୁକ୍‌ସ'ର ନିର୍ଦ୍ଦେଶକ ଶ୍ରୀ ସତ୍ୟ ପଟ୍ଟନାୟକଙ୍କୁ ମଧ୍ୟ ଅନ୍ତରରୁ ଧନ୍ୟବାଦ। ମୋର ସହକର୍ମୀ, ସହଧର୍ମୀ ଓ ଛାତ୍ରଛାତ୍ରୀମାନଙ୍କୁ ମଧ୍ୟ ଅଶେଷ ଧନ୍ୟବାଦ।

- ଡକ୍ଟର ତପନ କୁମାର ପଣ୍ଡା

ସୂଚିପତ୍ର

ମୂଲ୍ୟ ଶିକୁଳି ଓ ଏସିଆର ବାଘ

ସମଗ୍ର ବିଶ୍ୱରେ 'ଗ୍ୟାଟ୍ ରାଜିନାମା' କାର୍ଯ୍ୟକାରୀ ହୋଇଯାଉଛି। ଏଇ ଚୁକ୍ତିଟି କାର୍ଯ୍ୟକ୍ଷମ ହେଲା ପରେ ବିଗତ ବର୍ଷ ମାନଙ୍କରେ ପୃଥିବୀର ବ୍ୟବସାୟିକ ମାନଚିତ୍ରରେ ଏକ ବିରାଟ ପରିବର୍ତ୍ତନ ଆସିଛି। ଭାରତୀୟ ହିସାବରେ ଆମମାନଙ୍କର ମନରେ ନିଜ ଦେଶର ଆର୍ଥିକ ଓ ବାଣିଜ୍ୟିକ ପରିସ୍ଥିତିକୁ ନେଇ ଶଙ୍କା ଜାତହେବା ସ୍ୱାଭାବିକ। ଏସିଆରେ ଥିବା ଛୋଟ ଛୋଟ ଦେଶଗୁଡ଼ିକ ବିଗତ କିଛିବର୍ଷ ଭିତରେ ଯେପରି ସଫଳତା ଲାଭ କରିଛନ୍ତି ତାହା ଦେଖିଲେ ଭାରତୀୟ ଅର୍ଥନୀତିର ଗତି ବିଷୟରେ ମନରେ ସନ୍ଦେହ ଆସେ।

ଏଇ ସମସ୍ତ ସନ୍ଦେହକୁ ଅମୂଳକ ପ୍ରମାଣ କରିଛନ୍ତି ବିଶ୍ୱର ଖ୍ୟାତନାମା ଖବରକାଗଜ 'ଦି ଇକୋନୋମିଷ୍ଟ', ଲଣ୍ଡନର ସମ୍ପାଦକ। ଏକ ଅଗ୍ରଲେଖାରେ ସେ ଲେଖିଛନ୍ତି ଯେ, **'ଯଦି ଭାରତୀୟମାନେ ପରସ୍ପର ପ୍ରତି ଥିବା ରାଗ ବା କ୍ରୋଧକୁ ଅବଦମିତ କରିପାରିବେ ଏବଂ ଏହା ପରିବର୍ତ୍ତେ ଆନୁଷଙ୍ଗିକ ଜ୍ଞାନକୌଶଳର ବ୍ୟବହାରଦ୍ୱାରା ସାଧାରଣ ଗରିବ ପ୍ରତି ଯତ୍ନ ନେଇପାରିବେ, ଯେଭଳି ସରକାର ସେମାନେ ଚାହାଁନ୍ତି, ସେପରି ଦାବି କରିବେ, ତେବେ ସେମାନେ ଏକ ସୁସ୍ଥ, ଉନ୍ନତ ଓ ଶିକ୍ଷିତ ଦେଶ ଗଢ଼ିପାରିବେ, ଯେଉଁଠି ଦୁର୍ନୀତିହୀନ ରାଜନୀତି ଏବଂ ବଜାରଭିତ୍ତିକ ଅର୍ଥନୀତି ପ୍ରତିଷ୍ଠା ହୋଇପାରିବ, ତେବେ... କେବଳ ଏହି ନୂତନ ବାଘକୁ କେହି ଅଟକେଇ ପାରିବେ ନାହିଁ।'**

ଆଗରୁ ବିଶ୍ୱ ବାଣିଜ୍ୟିକ ବ୍ୟବସ୍ଥା, ବିଶେଷତଃ ଗୋଟିଏ ଦେଶର ବହିର୍ବାଣିଜ୍ୟ ବ୍ୟବସ୍ଥା ଅର୍ଥନୀତି କମ୍; ରାଜନୈତିକ ଅଭିସନ୍ଧିକୁ ଆଖିରେ ରଖି କାର୍ଯ୍ୟକାରୀ ହେଉଥିଲା । ଫଳସ୍ୱରୂପ ସବୁଠାରୁ ସକ୍ଷମ ଓ ଉନ୍ନତ ଦେଶମାନେ ଅଧିକରୁ ଅଧିକ ଧନୀ ହେଉଥିଲେ ଓ ଗରିବ ଦେଶମାନେ ଏକ ଅପରିପକ୍ୱ ଶାସନ ପ୍ରଣାଳୀ, ଅତି ଦ୍ରୁତଗତିରେ ବଢୁଥିବା ଜନସଂଖ୍ୟା ଓ ତତ୍‌ଜନିତ ସମସ୍ୟାର ଘେରରେ ରହି ନିଜର ଆର୍ଥିକ କ୍ଷମତାର ସଠିକ୍ ବିନିଯୋଗ କରି ପାରୁନଥିଲେ । ଦେଶର ଖର୍ଚ୍ଚ ଭରଣା ପାଇଁ ଏମାନେ ଉନ୍ନତ ଦେଶମାନଙ୍କର ଶରଣାପନ୍ନ ହେଉଥିଲେ । ତେଣୁ ଯୁକ୍ତରାଷ୍ଟ୍ର ଆମେରିକା ପରି ଦେଶମାନେ ବିଶ୍ୱ ବାଣିଜ୍ୟରେ ନିଜର ବଡଭାଇ ପଣିଆ ଜାହିର କରୁଥିଲେ ମାତ୍ର ଗ୍ୟାଟ୍ ଚୁକ୍ତି ଫଳରେ ସମ୍ପ୍ରତି ସମଗ୍ର ବିଶ୍ୱ ଗୋଟିଏ ବଜାରରେ ପରିଣତ ହୋଇଛି । ରାଜନୈତିକ ଫାଇଦା ପାଉନଥିବା ଦେଶ ବିରୁଦ୍ଧରେ ତାରିଫ୍‌ଜନିତ ବାଧା ଲଗେଇ ନିଜର ମନ୍ଦ ଉଦ୍ଦେଶ୍ୟ ଚରିତାର୍ଥ କରିବାର ସମୟ ଶେଷ ହୋଇଯାଇଛି ।

ବର୍ତ୍ତମାନ ପ୍ରତ୍ୟେକଟି ଦେଶ ନିଜର ପ୍ରତିଯୋଗିତାମୂଳକ ପ୍ରାଧାନ୍ୟ [(competitive) advantage] ଖୋଜି ବାହାର କରିବାରେ ଲାଗିଛନ୍ତି । ଏହି ପ୍ରାଧାନ୍ୟ ବାହାର କରିବା ପରେ ଯେଉଁ ଜିନିଷଟି ମୁଖ୍ୟ ତାହାକୁ ଆମେ ମୂଲ୍ୟ ଶିକୁଳି (Value Chain) ବୋଲି କହିଥାଉଁ । ଏ ବିଷୟଟିକୁ ଦୁଇଟି ଉଦାହରଣ ସହ ବୁଝାଯାଇପାରେ ।

ଏବେ ସମଗ୍ର ବିଶ୍ୱରେ କାରାଭାନ୍ ନାମରେ ଗୋଟିଏ ସାର୍ଟ ଚହଳ ପକାଇ ଦେଇଛି । ପ୍ରତ୍ୟେକ ଦେଶର ଯୁବସମ୍ପ୍ରଦାୟ ଏପରି ଏକ ଡିଜାଇନର ସାର୍ଟ ପିନ୍ଧିବା ପାଇଁ ଆଗ୍ରହୀ । ଏହି ସାର୍ଟର ମୂଲ୍ୟ ଷାଠିଏ ଡଲାର ରଖାଯାଇଛି । ଏପରି ସାର୍ଟ ବିକ୍ରୀ ପଛରେ ମୂଲ୍ୟ ଶିକୁଳି କିପରି କାର୍ଯ୍ୟ କରୁଛି ଦେଖିବା । ଏହି ସାର୍ଟ ପାଇଁ ଯେଉଁ ତୁଳା ଓ ସୂତା ଦରକାର ତାହା ଭାରତ ଓ ମିଶରରୁ ସଂଗ୍ରହ କରାଯାଉଛି । ଏପରି କୃଷିଭିତ୍ତିକ ଅର୍ଥନୀତିର କୃଷକ ଏଥିପାଇଁ ପାଏ ମାତ୍ର ଏକ ଡଲାର । ବିଶ୍ୱର ସବୁଠାରୁ ଦାମୀ ଡିଜାଇନରମାନେ ପ୍ୟାରିସରେ ରୁହନ୍ତି । ତେଣୁ ସେମାନେ ଡିଜାଇନ କରିବା ପାଇଁ ସାର୍ଟ ପିଛା ଛଅ ଡଲାର ପାଆନ୍ତି । ସବୁଠାରୁ ଅଧିକ ସଂଖ୍ୟକ ଦରଜି ହଂକଂ ଓ ସିଙ୍ଗାପୁରରେ ମିଳନ୍ତି । ପ୍ରାୟତଃ ବିଶ୍ୱରେ ବିକ୍ରୀ ହେଉଥିବା ବଡ଼ ବଡ଼ କମ୍ପାନୀର ଜିନ୍ ପ୍ୟାଣ୍ଟ ଓ ସାର୍ଟ ଏହି ଦେଶମାନଙ୍କରେ ସିଲେଇ ହୁଏ । ତେଣୁ ଏହି ସାର୍ଟକୁ ସିଲେଇ କରିବା ପାଇଁ ହଂକଂର ଦରଜି ପାଏ ଚାରି ଡଲାର । ଗୋଟିଏ ସୁନ୍ଦର କାଗଜର ପ୍ୟାକେଟ୍‌ରେ ସଜା ହେବା ପାଇଁ ସାର୍ଟଟି ଯାଏ ଆମେରିକା କୂଳରେ ଥିବା ନିଉଫାଉଣ୍ଡଲ୍ୟାଣ୍ଡ ନାମକ ଦ୍ୱୀପକୁ । ବାଉଁଶରୁ କାଗଜ ଖୋଳ ତିଆରି କରି କାରାଭାନ୍ ସାର୍ଟଟିକୁ ତା' ଭିତରେ ରଖିବା ପାଇଁ ସେ ପାଏ ଦୁଇ ଡଲାର । ଆନୁଷଙ୍ଗିକ ଖର୍ଚ୍ଚ ପାଞ୍ଚ

ଡଲାର ହୁଏ। ସମୁଦାୟ ସାର୍ଟଟି ବଜାରରେ ପହଞ୍ଚିଲାବେଳକୁ ଖର୍ଚ୍ଚ ହୋଇଥାଏ ଅଠର ଡଲାର। ଅଥଚ ବଜାରେ ବିକ୍ରୀ ହୁଏ ଷାଠିଏ ଡଲାରରେ। ତେବେ ଏହି ଲାଭ ପାଆନ୍ତି କିଏ ?

ନା ଭାରତର କୃଷକ, ନା ପ୍ୟାରିସର ପୋଷାକ ଡିଜାଇନର, ନା ହଂକଂର ଦରଜି, ନା ନିଉଫାଉଣ୍ଡଲ୍ୟାଣ୍ଡର ବାଉଁଶ କଳ ମାଲିକ, କେହି ହେଲେ ଲାଭ ପାଆନ୍ତି ନାହିଁ। ଅଥଚ ସେଇ ଦେଶର କଞ୍ଚାମାଲ, ଜନଶକ୍ତି, ଜ୍ଞାନକୌଶଳ ଇତ୍ୟାଦି ବ୍ୟବହାର ହୋଇଥାଏ। ଲାଭ ପାଆନ୍ତି ଆମେରିକାର ବ୍ୟବସାୟୀ କାରଣ ସେମାନେ ଏହି ମୂଲ୍ୟ ଶିକୁଳିର ସୂତ୍ରଧର।

ପୁଣି ଏହି ସାର୍ଟଟି ବିକ୍ରୀ ହୁଏ ଯୁକ୍ତରାଷ୍ଟ୍ର ଆମେରିକାର ବଡ଼ ବଡ଼ ଷ୍ଟୋରରେ, ଯାହାଙ୍କୁ 'ମଲ୍' ବୋଲି କୁହାଯାଏ। ମଲ୍‌ରେ ଛୁଞ୍ଚିଠାରୁ ଆରମ୍ଭ କରି ହୀରା ପର୍ଯ୍ୟନ୍ତ ସମସ୍ତ ଜିନଷ ବିକାକିଣା ହୁଏ। ଏହି ସାର୍ଟଟି ଦୋକାନର ମୁଖ୍ୟ ଜାଗାରେ ରୁହେ ପନ୍ଦର ଦିନ। ଯଦି ବିକ୍ରୀ ନ ହୋଇପାରେ ତେବେ ସବାତଳ ମହଲାରେ ରୁହେ ଗୋଟିଏ ମାସ। ତଳ ମହଲାର ବିକ୍ରୀଦର ଥାଏ ତିରିଶ ଡଲାର। ଏହାପରେ ସାର୍ଟଟି ପୁଣି ଫେରିଆସେ ଭାରତ ପରି ଉନ୍ନତଶୀଳ ଦେଶମାନଙ୍କୁ ଏବଂ ଆନୁମାନିକ ଏକ ହଜାର ଟଙ୍କାରେ କିଣି ଭାରତୀୟଟିଏ ପିନ୍ଧେ ଏବଂ ବାହାଦୂରୀ ନିଏ ଯେ ସେ, ବିଦେଶରେ ତିଆରି କାରାଭାନ୍ ସାର୍ଟ ପିନ୍ଧିଛି। ତେଣୁ ଏ ଦେଶର କୃଷକ ପାଏ ଚାଳିଶ ଟଙ୍କା ଓ ଧନୀକ ବର୍ଗ ଦିଅନ୍ତି ଏକ ହଜାର ଟଙ୍କା, ସାର୍ଟର ମୂଲ୍ୟ ହିସାବରେ। ଅଥଚ ଆମେରିକୀୟ ବେପାରି ମଝିରେ ପାଏ ନଅଶହ ଷାଠିଏ ଟଙ୍କା !

ସେହିପରି ଆଉ ଦୁଇବର୍ଷ ପରେ ଭାରତର ବଜାରରେ ପ୍ରବେଶ କରିବ ଏକ ବହୁରାଷ୍ଟ୍ରୀୟ କମ୍ପାନୀ ଯାହାର ନାମ 'ଚିକିଟା'। ଏହି କମ୍ପାନୀ ସମଗ୍ର ବିଶ୍ୱରେ କେବଳ ବିକେ ଗୋଟିଏ ଜିନିଷ। ତାହା ହେଉଛି ସତେଜ, ତଟକା କଦଳୀ! ଆଶ୍ଚର୍ଯ୍ୟର ବିଷୟ ନିଶ୍ଚୟ। ଏହି କମ୍ପାନୀ ଆପଣଙ୍କୁ ବର୍ତ୍ତମାନର ବଜାରଦର ଅନୁସାରେ ପାଚିଲା କଦଳୀ ବିକ୍ରୀ କରିବ ଏବଂ ଏହି କଦଳୀ ମାତ୍ର ଚବିଶଘଣ୍ଟା ଭିତରେ ଗଛରୁ ତୋଳାହୋଇଥିବ। ସଫାସୁତୁରା ହୋଇ ଜରିରେ ଭାକମ୍ ପ୍ୟାକ୍ ହୋଇ, ପିଠିରେ ଚିକିଟାର ଷ୍ଟିକର ନେଇ ଯଦି ଏମିତି ସୁନ୍ଦର କଦଳୀ ବଜାରକୁ ଆସେ ତେବେ ଆପଣ ରାସ୍ତା କଡ଼ରେ ବୁଲା ବିକାଳିଠାରୁ ଆଉ କଦଳୀ କିଣିବେ ତ ?

ହୁଏତ ଉତ୍ତର 'ହଁ' କାରଣ ଚିକିଟା କମ୍ପାନୀ ବାସି କଦଳୀ ବିକେ ନାହିଁ। ତେଣୁ ବୁଲାବିକାଳିମାନେ ବାସି କଦଳୀ ହିଁ ବିକିବେ ଯାହା ଚିକିଟା କମ୍ପାନୀ ସେମାନଙ୍କୁ ବିକିଥିବ। ଏମିତି ହେଉ ହେଉ ଆପଣ ନିଜର ସାମାଜିକ ସ୍ଥିତି (ଷ୍ଟାଟସ୍) ପାଇଁ

କେବଳ ଚିକିଟା ହିଁ ଖାଇବେ। ତା'ପରେ ଦରବୃଦ୍ଧି ହେବ ଅଥଚ ଆପଣ ଚିକିଟା କିଣିବେ। ଏହି କମ୍ପାନୀ କେରଳ, ପଶ୍ଚିମବଙ୍ଗ ଓ ଓଡ଼ିଶାର ଉପକୂଳରେ ଏବେଠାରୁ କଦଳୀ ଚାଷ ଆରମ୍ଭ କଲାଣି। କୃଷକ କମ୍ପାନୀର ଆର୍ଥିକ ସାହାଯ୍ୟରେ ଚାଷ କରୁଥିବାରୁ ନିଶ୍ଚୟ ଅଳ୍ପ ଦରରେ ବିକିବ। ଆପଣ ସତେଜ ଓ ସଫା କଦଳୀ ଅଧିକ ଦରରେ କିଣିବେ। ଲାଭ ପାଇବ ବ୍ରାଜିଲର ବ୍ୟବସାୟୀ। ତେଣୁ ଏହି ମୂଲ୍ୟ ଶିକୁଳିର ଲାଭ ନେବାପାଇଁ ବିଦେଶୀ କମ୍ପାନୀମାନେ ଭାରତ ପରି ଏକ ଜନବହୁଳ ଦେଶକୁ ଲକ୍ଷ୍ୟ କରିଛନ୍ତି।

ଥରେ ହାଇଦ୍ରାବାଦ ରେଳ ଷ୍ଟେସନ୍‌ରେ ବୁଲିବାବେଳେ ଶୁଦ୍ଧ ତେଲୁଗୁରେ କଥା ହେଉଥିବା ଜଣେ ଜାପାନୀ ଭଦ୍ରଲୋକକୁ ଭେଟିଲି। ଆଶ୍ଚର୍ଯ୍ୟ ହୋଇ ଆମେ ଦୁଇବନ୍ଧୁ (ମୁଁ ଓ ଉତ୍କଳ ବିଶ୍ୱବିଦ୍ୟାଳୟର ଆଉ ଜଣେ ଅଧ୍ୟାପକ ବନ୍ଧୁ) ତାଙ୍କ ବିଷୟରେ ଓଡ଼ିଆରେ କଥାବାର୍ତ୍ତା ହେଉଥିଲୁ। ହଠାତ୍ ଉକ୍ତ କମ୍ପାନୀ ଭଦ୍ରବ୍ୟକ୍ତି ଆମ ସହ ଓଡ଼ିଆରେ କଥା ହେଲେ। ଆମେ ଆଶ୍ଚର୍ଯ୍ୟରେ ପଚାରୁ ପଚାରୁ ବୁଝିଲୁ ଯେ ସେ ପ୍ରାୟ ପଚାଶବର୍ଷ ହେବ ହୁଣ୍ଡାଇ କମ୍ପାନୀର ଭାରତୀୟ ପ୍ରତିନିଧି ହିସାବରେ ଅଛନ୍ତି। ହୁଣ୍ଡାଇ କମ୍ପାନୀର ହାଇଦ୍ରାବାଦ ଅଫିସ୍ ଅଠରଶହ ନବେରେ ଖୋଲି ଥିଲା। ସେମାନେ ଭାରତରୁ ଲୁହା ଆମଦାନୀ କରନ୍ତି। ଲୁହାପଥର ଟନ୍ ପିଛା ଚାଳିଶ ଟଙ୍କାରେ କିଣନ୍ତି ଓ ଜର୍ମାନୀକୁ ଲୁହା ଟନ୍ ପିଛା ନଅ ହଜାର ଟଙ୍କାରେ ବିକ୍ରୀ କରନ୍ତି। ଜର୍ମାନୀର କମ୍ପାନୀ ଲେଦ୍ ମେସିନ ତିଆରି କରି ଭାରତକୁ ପ୍ରାୟ ଏକଲକ୍ଷ ଟଙ୍କାରେ ବିକ୍ରୟ କରେ। ତେଣୁ ମୂଲ୍ୟ ଶିକୁଳି କିପରି ଦେଶ ଓ ବ୍ୟବସାୟ ପାଇଁ ଲାଭଜନକ ଏଥିରୁ ଅନୁମେୟ।

ବିଶ୍ୱ ଦରବାରରେ ପ୍ରତିଯୋଗିତାମୂଳକ ପ୍ରାଧାନ୍ୟ (competitive advantage) ପାଇଁ ଯେଉଁ ଭିତ୍ତିଭୂମି ଦରକାର, ଭାରତ ପାଖରେ ସେସବୁ ରହିଛି। ମାତ୍ର ଅଭାବ ରହିଛି ସଫଳ ଉଦ୍‌ଯୋଗର ମାନ ନିର୍ଦ୍ଧାରଣ ମୂଳକ ଏକ ଜାତୀୟ ଚରିତ୍ର। ଏପରି ଏକ ପରିବର୍ତ୍ତନ ଆସିଲେ ଏସିଆର ବାଘ ଯେ, ଦିନେ ସମଗ୍ର ବିଶ୍ୱରେ ନିଜର ସାମ୍ରାଜ୍ୟ କରିପାରିବ ଏଥିରେ ସନ୍ଦେହ ନାହିଁ।

ଗଙ୍ଗା ଓ ଗୋବିନ୍ଦା

ଛୋଟ ପିଲାଟିଏ ଗୁଣୁ ଗୁଣୁ ହୋଇ ଗୀତ ଗାଉଛି, "ହୈ, ହୈ, ଜବତକ ହୈ ଗଗାଁ ମେ ପାନୀ, ତେରି ମେରି ପ୍ରୀତ କି....' ବାପା ଡାକି ପଚାରିଲେ 'କିରେ, ତୁ ଛୋଟପିଲା, ଏ ଗୀତ କୋଉଠୁ ଶିଖିଲୁ?' ପୁଅ ଉତ୍ତର ଦେଉଛି 'ବାପା, ଯେ ଗୀତ ଟିଭିରେ ଗୋବିନ୍ଦା ଗାଉଛି।' ଆଉଜଣଙ୍କ ଘରେ ବାପା ଅଫିସରୁ ଫେରି ମା'ଙ୍କୁ ଚା' ମାଗୁଛନ୍ତି ଓ ବଡ଼ଜୋର୍‌ରେ ଭୋକଲାଗୁଛି ବୋଲି କହୁଛନ୍ତି। ପାଞ୍ଚବର୍ଷର କୁନିପୁଅ ଆସି ପଚାରୁଛି 'ବାପା କ'ଣ ମ୍ୟାଗି ଖାଇବେ।' ଏଇ ଦୁଇଟି ଘଟଣା ବିଷୟରେ ଲେଖିବାର କାରଣ ହେଉଛି ଆମ ଉପରେ ସମ-ସାମୟିକ ବିଜ୍ଞାପନର ପ୍ରଭାବ। କେଉଁ ସମୟରେ ବିଜ୍ଞାପନକୁ ଏକ ଗଣଯୋଗାଯୋଗ ବ୍ୟବସ୍ଥାରେ ଖବର ଦେବାର ମାଧ୍ୟମ ବୋଲି ଧରାଯାଉଥିଲା। ମାତ୍ର ସୃଜନ ଓ ନାଟକୀୟତାର ପ୍ରୟୋଗ ହେତୁ ଏମାନେ ମଧ୍ୟ ଗଣମାନଙ୍କୁ ଆନନ୍ଦ ଯୋଗାଇବାରେ ସମର୍ଥ ହୋଇପାରିଛନ୍ତି। ଛୋଟ ଛୋଟ ପିଲାମାନେ ଟିଭିରେ ଆସୁଥିବା ଧାରାବାହିକମାନଙ୍କୁ ମନେରଖି ପାରୁନାହାଁନ୍ତି ଅଥବା ଏଗୁଡ଼ିକୁ ଦେଖିବା ପାଇଁ ଆଗ୍ରହ ପ୍ରକାଶ କରୁନାହାଁନ୍ତି ଅଥଚ ବିଜ୍ଞାପନମାନଙ୍କୁ ଦେଖି- ମନେ ପକେଇବା ସହ ଏହି ପଦାର୍ଥମାନଙ୍କୁ ବ୍ୟବହାର କରିବାକୁ ଜିଦ୍ କରୁଛନ୍ତି।

ଆମେ ଯେଉଁ ବିଜ୍ଞାପନଟିର ଅବତାରଣା କରିଥିଲେ ତାହା ଗୋଟିଏ ପ୍ରସିଦ୍ଧ କମ୍ପାନୀ 'ଗୋଦ୍‌ରେଜ'ର ସାବୁନ 'ଗଙ୍ଗା'ର ବିଜ୍ଞାପନରେ ବ୍ୟବହୃତ ହୋଇଥିବା

ଗୀତର ଧାଡ଼ି । ଗୋଦ୍‌ରେଜ କମ୍ପାନୀ ଭାରତରେ ନାନାପ୍ରକାର ପଦାର୍ଥ ଉତ୍ପାଦ କରିଥାଏ । ଏହା ସମଗ୍ର ଏସିଆରେ ସର୍ବାଧିକ ଉତ୍ପାଦର ମିଶ୍ରଣ (Product Mix) ଯୋଗାଉଥିବା କମ୍ପାନୀ ହିସାବରେ ଜଣାଶୁଣା । ପ୍ରାୟ ଶହେ ବର୍ଷତଳେ ଏହି କମ୍ପାନୀର ପ୍ରତିଷ୍ଠାତା ଫିରୋଜସା ଗୋଦ୍‌ରେଜ ବମ୍ବେର ଏକ ଛୋଟିଆ ଗଳିରେ କାଠକ୍ୟାବିନ ପକାଇ ନିଜ ହାତରେ ତାଲା ତିଆରି କରୁଥିଲେ । ଏହି ତାଲାକୁ 'ନବ୍‌ତାଲ' ନାଁରେ ବିକ୍ରୟ କରୁଥିଲେ ।

ମାତ୍ର ଶହେବର୍ଷ ମଧ୍ୟରେ ଅଧ୍ୟବସାୟ ଓ ପ୍ରଜ୍ଞାର ପ୍ରୟୋଗ ବଳରେ ଏହି କମ୍ପାନୀ ଏବେ ଦୁଇହଜାର କୋଟି ଟଙ୍କାରୁ ଊର୍ଦ୍ଧ୍ୱ ପୁଞ୍ଜିର କମ୍ପାନୀ । ଗୋଦ୍‌ରେଜ କମ୍ପାନୀ ଖାଇବା ତେଲଠାରୁ ଆରମ୍ଭ କରି ତାଲା, ଫ୍ରିଜ୍, ଏପରିକି କ୍ଷେପଣାସ୍ତ୍ରମାନଙ୍କରେ ବ୍ୟବହୃତ ହେଉଥିବା ନିରୋଧକ (Register) ପରି ଧୀସମ୍ପନ୍ନ ପଦାର୍ଥ (Intelligent Product) ପ୍ରସ୍ତୁତ କରୁଛି । ଏହି କମ୍ପାନୀ ହେଉଛି ଭାରତୀୟ ବଜାରରେ ସାବୁନ ସମ୍ରାଟ । ଗୋଦ୍‌ରେଜ ସୋପ୍‌ସ ଲିମିଟେଡ୍ ନାଁରେ ଏହି କମ୍ପାନୀ ବିଭିନ୍ନ ପ୍ରକାର ଗାଧୁଆ ସାବୁନ ତିଆରି କରି ବଜାରରେ ବିକ୍ରୟ କରୁଛି । ସବୁଠାରୁ ମଜାଦାର କଥା ହେଉଛି ଏହି କମ୍ପାନୀ ଯେତେ ବ୍ରାଣ୍ଡର ସାବୁନ ତିଆରି କରୁଛି ଏହାର ମୁଖ୍ୟ ପ୍ରତିଯୋଗୀମାନେ ମିଳିମିଶି ମଧ୍ୟ ସେତିକିଟି ବ୍ରାଣ୍ଡର ସାବୁନ ତିଆରି କରୁନାହାଁନ୍ତି । ସ୍ୱଭାବତଃ ପ୍ରଶ୍ନ ଉଠିପାରେ ଯଦି ଗୋଟିଏ କମ୍ପାନୀ ଏକାବେଳେ ଏତେ ପ୍ରକାର ସାବୁନ ତିଆରି କରୁଛି ତେବେ ଏମାନେ ପରସ୍ପର ଭିତରେ ପ୍ରତିଯୋଗିତା (Inter-brand competition) ସୃଷ୍ଟି କରୁଥିବେ । ମାତ୍ର ଆଶ୍ଚର୍ଯ୍ୟର ବିଷୟ ଏପରି ପ୍ରତିଯୋଗିତାର ଅନୁଭବ ଜମାରୁ ହୁଏନାହିଁ । ଭାରତରେ ଗାଧୁଆ ସାବୁନର ଶିଳ୍ପକୁ ଦେଖିଲେ ସାଧାରଣତଃ ତିନିପ୍ରକାରର ସାବୁନ ଦେଖିବାକୁ ମିଳେ । ପ୍ରଥମ ଧରଣର ସାବୁନକୁ ମିତବ୍ୟୟୀ ଉତ୍ପାଦ (Economy Produce) କୁହାଯାଏ । ଏମାନଙ୍କ ଦାମ ପ୍ରାୟତଃ ପାଞ୍ଚଟଙ୍କାରୁ କମ୍ ଥାଏ । ଗୋଦ୍‌ରେଜର ଭିଜିଲ୍ ସାବୁନ ଏହି ପ୍ରକାରର ।

ଏହି ଉତ୍ପାଦ ନିମ୍ନମଧ୍ୟବିତ୍ତ ଗ୍ରାହକମାନଙ୍କ ପାଇଁ ଉଦ୍ଦିଷ୍ଟ । ଏହି ଶ୍ରେଣୀର ଉତ୍ପାଦର ଗୁଣମାନ ସାଧାରଣ ଥାଏ ଓ ପ୍ୟାକେଜିଂ ବି ଚଳନୀୟ । ସବୁଠାରୁ ବଡ଼ ବଜାର ହେଉଛି ଜନପ୍ରିୟ ଉତ୍ପାଦ (Popular Produce) । ଏହି ସାବୁନମାନଙ୍କର ଦର ପାଞ୍ଚଟଙ୍କାରୁ ଆରମ୍ଭ କରି ଦଶଟଙ୍କା ପର୍ଯ୍ୟନ୍ତ ରଖାଯାଇଥାଏ । ଏହି ଉତ୍ପାଦମାନଙ୍କରେ ବିଭିନ୍ନତା (Variation) ଅଣା ଯାଇଥାଏ । ଉଦାହରଣସ୍ୱରୂପ ଗୋଦ୍‌ରେଜର ସିନ୍ଥଲ ସାବୁନରେ ଲେମ୍ବୁର ଗୁଣ, ଏଭିଟା ସାବୁନରେ ଭିଟାମିନ୍-ଇ

ଇତ୍ୟାଦି ଦିଆଯାଇଥାଏ। ଯେହେତୁ ଏହି ସାବୁନମାନଙ୍କର 'ବ୍ରାଣ୍ଡ ପୋଜିସନ' ଏକକ ବିକ୍ରୟ ସର୍ତ୍ତୋଲ୍ଲେଖ (Unique Selling Proposition) ଅଲଗା। ତେଣୁ ଏମାନଙ୍କର ପରସ୍ପର ଭିତରେ ପ୍ରତିଯୋଗିତା ହୁଏ ନାହିଁ। ତୃତୀୟ ଶ୍ରେଣୀର ବଜାରଟି ଉଚ୍ଚବର୍ଗର ଗ୍ରାହକମାନଙ୍କ ପାଇଁ ଉର୍ଦ୍ଦିଷ୍ଟ। ଏହି ଉତ୍ପାଦକୁ ପ୍ରିମିୟମ ଶ୍ରେଣୀଭୁକ୍ତ କରାଯାଇଅଛି। ଏମାନଙ୍କ ଦର ଦଶ ବାର ଟଙ୍କାରୁ ଆରମ୍ଭ କରି ଶହେ ଟଙ୍କାରୁ ଉର୍ଦ୍ଧ୍ୱ ହୋଇପାରେ। ଉଚ୍ଚ ଗୁଣମାନ, ତ୍ୱଚାର ଯତ୍ନ ନେବାରେ ସାହାଯ୍ୟ କରିବା ତଥା ଗ୍ରାହକର ସାମାଜିକ ମର୍ଯ୍ୟାଦା ବୃଦ୍ଧିକରିବାରେ ଏହି ବ୍ରାଣ୍ଡ ସାହାଯ୍ୟ କରିଥାଏ ବୋଲି ବିଜ୍ଞାପନ ମାଧ୍ୟମରେ ଧାରଣା ସୃଷ୍ଟି କରାଯାଏ। ମୋତି, ଡୋଭ୍ ଇତ୍ୟାଦି ଏହି ଶ୍ରେଣୀର ସାବୁନ।

'ଗଙ୍ଗା' ସାବୁନଟି ଗୋଦ୍‌ରେଜର ଏପରି ଏକ ଉତ୍ପାଦ ଯାହା 'ଜନପ୍ରିୟ ଉତ୍ପାଦ' ଭାବରେ ଗଣା ହେଉଛି। ଗଙ୍ଗା ସାବୁନରେ ସ୍ୱାତନ୍ତ୍ର୍ୟ ହେଉଛି ଏହାର ନାମକରଣ। କମ୍ପାନୀର କହିବା କଥା ଯେ, ପ୍ରତ୍ୟେକ ଗାଧୁଆ ସାବୁନରେ ଶତକଡ଼ା ବାରଭାଗ ଜଳ ଅଛି। ଗଙ୍ଗା ସାବୁନରେ ଥିବା ଏହି ବାରଭାଗ ଜଳ ଗଙ୍ଗାନଦୀରୁ ସଂଗୃହୀତ ହୋଇଛି। ତେଣୁ ଆପଣ ଗଙ୍ଗା ସାବୁନରେ ଗାଧୋଇବାର ଅର୍ଥ ଗଙ୍ଗାଜଳରେ ସ୍ନାନ କରିବା। ଏଥିପାଇଁ ଉତ୍ତରପ୍ରଦେଶର ଏକ ଛୋଟିଆ ଜାଗାରେ କମ୍ପାନୀ ଏକ ଜଳ ବିଶୋଧନ କେନ୍ଦ୍ର ପ୍ରତିଷ୍ଠା କରିଛି। ବିଶୋଧିତ ଜଳକୁ ସାବୁନ ପାଇଁ ବ୍ୟବହାର କରାଯାଉଥିବାବେଳେ ଗଙ୍ଗାରେ ହୋଇଥିବା ପ୍ରଦୂଷଣକୁ କମ କରିବାରେ କମ୍ପାନୀ ସାହାଯ୍ୟ କରୁଛି। ପ୍ରଦୂଷିତ ଜଳକୁ ସିଧା ପାଇପ୍ ସାହାଯ୍ୟରେ କାରଖାନାକୁ ଅଣାଯାଉଛି ଓ ପ୍ରଦୂଷିତ ପଦାର୍ଥମାନଙ୍କୁ ବାହାର କରି ଉତ୍ତରପ୍ରଦେଶର କୃଷକମାନଙ୍କୁ ସାର ଆକାରରେ ମାଗଣା ବଣ୍ଟାଯାଉଛି।

ସୂର୍ଯ୍ୟମୁଖୀ ଫୁଲର କିଆରୀରେ କୃଷକମାନେ ଏହି ସାର ପ୍ରୟୋଗ କରି ଅଧିକ ଉତ୍ପାଦ କରିଥାନ୍ତି। ଗୋଦ୍‌ରେଜ କମ୍ପାନୀ ସେମାନଙ୍କଠାରୁ ଫୁଲ କିଣି ଖାଇବାତେଲ ପ୍ରସ୍ତୁତ କରନ୍ତି। ତେଣୁ କମ୍ପାନୀ ସାବୁନ ବିକିବା, ଗଙ୍ଗାରେ ପ୍ରଦୂଷଣ ରୋକିବା ଓ ଚଷ ଜମିରେ ଜୈବିକ ସାର ପ୍ରୟୋଗ କରି ଖାଇବା ତେଲ ଉତ୍ପାଦନ କରିବା ପରି ତିନୋଟି କାମ ସହଜରେ କରିପାରୁଛି। ପୁନଶ୍ଚ ଏହି ସାବୁନ ସାଧାରଣ ବର୍ଗର ଲୋକମାନଙ୍କ ପାଇଁ ହୋଇଥିବାରୁ ଖ୍ୟାତନାମା ବ୍ୟକ୍ତିଙ୍କୁ ନେଇ ଏହାର ବିଜ୍ଞାପନ ପ୍ରସାରଣ କରାଯାଉଛି। ପ୍ରଥମେ ଋଷି କାପୁର ଏବଂ ସଫଳ ଚିତ୍ରନାୟକ ଗୋବିନ୍ଦାଙ୍କୁ ନେଇ ଏହି ଦୁଧଗଙ୍ଗା ସାବୁନର ବିଜ୍ଞାପନ ପ୍ରସ୍ତୁତ ହୋଇଛି। ଭାରତୀୟ ଜୀବନରେ ଗଙ୍ଗାନଦୀର ଭୂମିକା ଅତ୍ୟନ୍ତ ଐତିହ୍ୟମୟ। ତେଣୁ ତ ପ୍ରେମ ଓ ତ୍ୟାଗର ନିଦର୍ଶନ

ଗଙ୍ଗାନଦୀ । ଏହି ସାବୁନର ପରୀକ୍ଷାମୂଳକ ବଜାର ପରିଚାଳନା (Test Marketing) ଆନ୍ଧ୍ରପ୍ରଦେଶ ଓ ତାମିଲନଡୁର ଗ୍ରାମାଞ୍ଚଳରେ କରାଯାଇଥିଲା । ଏଠାରେ ଗୋଦାବରୀ ପରି ନଦୀ ଥାଇ ମଧ୍ୟ ଗଙ୍ଗା ନାମର ମହତ୍ତ୍ୱ ବଳରେ ଏହି ସାବୁନର ସଫଳ ବଜାର ପ୍ରବେଶ ହୋଇଥିଲା । ତେଣୁ ଲକ୍ସ, ଡୋଭ ଇତ୍ୟାଦି ସାବୁନମାନଙ୍କ ଗହଳିରେ ଗୋବିନ୍ଦାଙ୍କ ପ୍ରିୟ ସାବୁନ ହେଉଛି ଗଙ୍ଗା ।

ଅନ୍ତରଙ୍ଗ ଶତ୍ରୁ

ଆମ ସମୟର ବୁଢ଼ାଙ୍କଠାରୁ ଆରମ୍ଭ କରି ପିଲା ଛୋଟ ପର୍ଯ୍ୟନ୍ତ ସର୍ଭିଙ୍କର ଉପଭୋଗର ମାଧ୍ୟମ ଏବେ ଟେଲିଭିଜନ। ଏକ ନିର୍ଦ୍ଦିଷ୍ଟ ଗବେଷଣାରୁ ଜଣାପଡ଼ିଛି ଯେ, ଭାରତର ପ୍ରମୁଖ ସହର ଯଥା ଦିଲ୍ଲୀ, ମୁମ୍ବାଇ, କଲିକତା, ମାଡ୍ରାସ, ବାଙ୍ଗାଲୋର ଓ ହାଇଦ୍ରାବାଦ ଇତ୍ୟାଦିରେ ଜଣେ ସାଧାରଣ ମଧ୍ୟବିତ୍ତ ପରିବାର ଲୋକ ଦିନକୁ ହାରାହାରି ଛଅଘଣ୍ଟା ଟେଲିଭିଜନ ସାମ୍ନାରେ କାଟନ୍ତି। ମାତ୍ର ତେତିଶବର୍ଷ ମଧ୍ୟରେ ଟେଲିଭିଜନ୍ ଆମର ଜୀବନଧାରାକୁ ଏପରି ଭାବରେ ଆଚ୍ଛନ୍ନ କରିଛି ଯେ, ଲୋକେ ସକାଳ ହେବାମାତ୍ରେ ମୁହଁ ଧୋଇବା ପରିବର୍ତ୍ତେ ପ୍ରଥମେ ଟିଭି ଦେଖନ୍ତି। ବାଥ୍‌ରୁମ୍‌ରୁ ବାହାରି ସତୁରି ଦଶକରେ ଲୋକେ ଖବର କାଗଜ ପଢୁଥିଲେ, ଅଥଚ ଏବେ ସେମାନେ ଟିଭି ସାମ୍‌ନାରେ; ତେଣୁ ସକାଳର ଟିଭିକୁ ବ୍ରେକ୍‌ଫାଷ୍ଟ ଟେଲିଭିଜନ୍ କୁହାଯାଉଛି।

ପ୍ରସିଦ୍ଧ ଚଳଚ୍ଚିତ୍ର 'ସ୍ପିଡ'ର ଖଳନାୟକ କଥା ମାଧ୍ୟମରେ କହୁଛି ଯେ, ମଣିଷ ତା'ର ଶ୍ରେଷ୍ଠ ଶତ୍ରୁକୁ ଜନ୍ମଦେଇ ସାରିଲାଣି। ଆପଣମାନଙ୍କ ମଧ୍ୟରୁ ଅନେକ ହୁଏତ ଭାବୁଥିବେ ପରମାଣୁ ବୋମା, ଉଦ୍‌ଜାନ ବୋମା କିମ୍ବା ସେହିପରି କିଛି ବିନାଶକାରୀ (Fatal) ଅସ୍ତ୍ର ବିଷୟରେ ସେ କହୁଛି। ହେଲେ ସେହି ଖଳନାୟକ ଉକ୍ତିଟିକୁ ଏପରି ଭାବରେ ଟିଭି ପାଇଁ ବ୍ୟବହାର କରିଛି। ଏଇ ସ୍ତମ୍ଭରେ ପାଠକ ବଜାର ବିଦ୍ୟାର ଉପକାର ଓ ଅପକାର ବିଷୟରେ ପଢ଼ିଆସୁଥିଲେ ମଧ୍ୟ ଏହି

ଫଳାଫଳର ମାଧ୍ୟମ ବିଷୟରେ ଏବେ ଆଲୋଚନା ହେଉ। ଏପରି ଭାବରେ କାର୍ଯ୍ୟକ୍ଷମ ମାଧ୍ୟମଟି ହେଲା ଟିଭି, ଯାହାଦ୍ୱାରା ଉତ୍ପାଦନକାରୀ ସହଜରେ ଗ୍ରାହକକୁ ତା'ର ଉତ୍ପାଦ ବିଷୟରେ ଜ୍ଞାନ ଦେଇପାରୁଛି। ମଣିଷର ହାବଭାବକୁ ପରିବର୍ତ୍ତନ କରିବାରେ ଟିଭି ଏକ ବିରାଟ ଭୂମିକା ଗ୍ରହଣ କରୁଛି।

୧୯୭୦ ଦଶକରେ ଯେତେବେଳେ ଭାରତରେ ଦୂରଦର୍ଶନ କିମ୍ବା ଅନ୍ୟାନ୍ୟ ବିଦେଶୀ ଚ୍ୟାନେଲର ସୁବିଧା ନ ଥିଲା ସେତେବେଳେ ଲୋକମାନଙ୍କର ଜୀବନ ଶୈଳୀ ଓ ସାମ୍ପ୍ରତିକ ସମୟର ଜୀବନଧାରାର ଏକ ତୁଳନାତ୍ମକ ଅଧ୍ୟୟନ କଲେ ସାମଗ୍ରିକ ଜନ ମାନସିକତାର ଯେଉଁ ପରିବର୍ତ୍ତନ ହୋଇଛି, ତାହା ଜଣାପଡ଼େ।

ସତୁରି ଦଶକରେ ଗୋଟିଏ ସାଧାରଣ ଗ୍ରାହକ ପାଇଁ ବଜାରରେ ଯେଉଁ ପସରା ମେଳୁଥିଲା ସେଗୁଡ଼ିକ ଭିତରେ ଲାଇଫବୟ ସାବୁନ୍, ଟାଟା କିମ୍ବା ସନ୍‌ଲାଇଟର ଲୁଗାଧୁଆ ସାବୁନ, ଘୋଡ଼ାମୁହଁ ଦିଆସିଲି, ଅମୁଲ ସ୍ପ୍ରେ, ପଣ୍ଡସ୍ ପାଉଡ଼ର, କୋଲଗେଟ୍ କିମ୍ବା ପ୍ରମିସ୍ ଟୁଥ୍‌ପେଷ୍ଟ ଅନ୍ୟତମ ଥିଲା। ଯେହେତୁ ଭାରତୀୟ ସମାଜରେ ମଧ୍ୟବିତ୍ତ ପରିବାରମାନଙ୍କର ଭାଗ (Share) କମ୍ ଥିଲା ଓ ଅଧିକାଂଶ ଲୋକ ଗ୍ରାମ୍ୟଭିତ୍ତିକ କୃଷି ସମ୍ବନ୍ଧୀୟ ଅର୍ଥ ବ୍ୟବସ୍ଥା ଉପରେ ନିର୍ଭରଶୀଳ ଥିଲେ, ଏପରି ଉତ୍ପାଦମାନଙ୍କର ଚାହିଦାର ଅଭିବୃଦ୍ଧି ହାର କମ୍ ଥିଲା; ମାତ୍ର ଅଶୀ ଦଶକର ମଧ୍ୟଭାଗରେ ଗଣଯୋଗାଯୋଗ ବ୍ୟବସ୍ଥାରେ ବ୍ୟାପକ ପରିବର୍ତ୍ତନ ଆସି ଟେଲିଭିଜନ୍ ଘରେ ଘରେ ପହଞ୍ଚିଗଲା। ଯେଉଁ ଗ୍ରାହକ ସତୁରି ଦଶକରେ ଏକ ଅନିଶ୍ଚିତ ଭବିଷ୍ୟତ ପାଇଁ ସଞ୍ଚୟାଭିମୁଖୀ (Savings Oriented) ଥିଲା, ଅଶୀ ଦଶକର ମଧ୍ୟଭାଗରେ ଉତ୍ପାଦମାନଙ୍କର ବ୍ୟାପକ ବଜାର ପ୍ରବେଶ ହେତୁ ଖର୍ଚ୍ଚାଭିମୁଖୀ (Spending Oriented) ହୋଇଗଲା। ଏପରି ହାବଭାବ ପରିବର୍ତ୍ତନ (Attitudinal Change) ହେବା ପଛରେ ଟିଭି ପ୍ରମୁଖ ଭୂମିକା ଗ୍ରହଣ କରିଥିଲା।

ରେଡ଼ିଓର ବ୍ୟାପକ ପ୍ରସାର ଷାଠିଏ ଦଶକରୁ ହୋଇଥିଲା ଅଥଚ ରେଡ଼ିଓ କେବଳ ଶବ୍ଦ ଓ ସ୍ୱରାଭିମୁଖୀ ହୋଇଥିବାରୁ ଏହା ଉତ୍ପାଦମାନଙ୍କ ବିଷୟରେ ଏକ ସୁନ୍ଦର ଚିତ୍ର ପ୍ରଦାନ କରିବାରେ ଅସମର୍ଥ ଥିଲା। ଅନ୍ୟ ଗଣମାଧ୍ୟମ ଯଥା ଖବରକାଗଜ ଓ ପତ୍ରପତ୍ରିକାମାନେ କେବଳ ପଢ଼ିପାରୁଥିବା ଶିକ୍ଷିତମାନଙ୍କ ମଧ୍ୟରେ ସୀମାବଦ୍ଧ ହୋଇଥିଲା। ଗ୍ରାମାଞ୍ଚଳରେ ରାସ୍ତାଘାଟ ଓ ଡାକ ବ୍ୟବସ୍ଥାରେ ଉନ୍ନତି ନ ହୋଇଥିବାରୁ ଏମାନେ ଉତ୍ପାଦକମାନଙ୍କର ବିଜ୍ଞାପନକୁ ସାଧାରଣ ଗ୍ରାହକମାନଙ୍କ ପାଖରେ ପହଞ୍ଚାଇ ପାରୁନଥିଲେ। ଏସବୁ ସମସ୍ୟାର ସମାଧାନ ଆଣିଲା ଟେଲିଭିଜନ।

ଟେଲିଭିଜନର ପ୍ରସାର ସହିତ ଅନ୍ୟ ଯେଉଁ ଜିନିଷଟିର ଦ୍ରୁତ ବିଘଟନ ଘଟିଲା

ତାହା ହେଲା ମାନବିକ ମୂଲ୍ୟବୋଧ। ଏକ ମାନସିକ ଆବେଗ ପ୍ରବଣତାରୁ ସ୍ୱାଧୀନତା ଲାଭ କରିଥିବା ଭାରତବର୍ଷ ମାତ୍ର କୋଡ଼ିଏ / ବାଇଶ ବର୍ଷ ମଧ୍ୟରେ ଏହି ଉଚ୍ଚ ମାନବିକ ମୂଲ୍ୟବୋଧର ସିଂହାସନରୁ ଖସିପଡ଼ି ପୁଣି ବ୍ୟକ୍ତିଗତ ସ୍ୱାର୍ଥ ଜନିତ ସଂଘର୍ଷରେ ଜଡ଼ିତ ରହିଲା। ଅନେକ ବଜାର ଗବେଷଣାବିତ୍‌ମାନେ ଏଥିପାଇଁ ରାଜନୈତିକ ନେତାମାନଙ୍କୁ ଦାୟୀ କରନ୍ତି। ୧୯୬୯/୭୦ରେ କଂଗ୍ରେସରେ ହୋଇଥିବା ଗୋଷ୍ଠୀ କନ୍ଦଳ ଓ ଭାରତର ରାଜନୈତିକ ମାନଚିତ୍ରରେ ଆସିଥିବା ଅବକ୍ଷୟ ଏହି ଧାରାକୁ ଜନ୍ମ ଦେଇଥିଲା।

ସେହିପରି ଯୋଜନାର ବିନିଯୋଗ ଓ ସମନ୍ୱୟ ନିର୍ଭର କରୁଥିବାରୁ ଏମାନଙ୍କୁ ସାଧାରଣରେ ନ୍ୟାୟ ବଣ୍ଟନ ଜନିତ କ୍ଷମତାରୁ କଳାଧନ ଉପାର୍ଜନ କରିବାର ସୁଯୋଗ ମିଳିଲା। ଏହି ସାଧାରଣ ରୋଗଟି ଅଶୀ ଦଶକର ଆରମ୍ଭରେ ଏକ ଅର୍ଥନୈତିକ ଅପରାଧ ନ ହୋଇ ସାମାଜିକ ବ୍ୟବସ୍ଥାରେ ପରିଣତ ହେଲା। ତେଣୁ ଧଳା ଯୁକ୍ତ କଳାଟଙ୍କା ଓ ଏକ ସ୍ଥିର ରୋଜଗାର ଜନିତ ବ୍ୟବସ୍ଥା ହେତୁ ବେତନଭୋଗୀ ମଧ୍ୟବିତ୍ତ ଶ୍ରେଣୀଟି ଭାରତର ସାମାଜିକ ଗଠନ (Social Fabric)ରେ ମୋଟୋଇବାରେ ଲାଗିଲା। ଟେଲିଭିଜନର ବ୍ୟାପକ ପ୍ରସାରଣ ହେତୁ ଉତ୍ପାଦନକାରୀମାନେ ଏହି ଶ୍ରେଣୀମାନଙ୍କୁ ଲକ୍ଷ୍ୟ ରଖି ନାନାପ୍ରକାର ପଦାର୍ଥ ଉତ୍ପାଦନ କଲେ। ଅନ୍ୟପଟେ ପ୍ରାୟ ତେୟାଅଶୀରୁ ପଞ୍ଚାନବେ ପର୍ଯ୍ୟନ୍ତ ମୌସୁମୀବାୟୁ କାଁ ଭାଁ କେତେ ଜାଗା ଛାଡ଼ିଦେଲେ ଭାରତ ପାଇଁ ସଦୟ ରହିଥିଲା। ଏହା ଫଳରେ ଗ୍ରାମ୍ୟ ଅର୍ଥନୀତି ମଧ୍ୟ ସୁଧୁରିବାରେ ଲାଗିଲା। ଗ୍ରାମ୍ୟ ଅର୍ଥନୀତିରେ ସାଧାରଣ କୃଷକ ଓ ଗ୍ରାମ୍ୟ କାରିଗରର କ୍ରୟ କ୍ଷମତା ବୃଦ୍ଧି ପାଇଲା। ସାଧାରଣତଃ ଭବିଷ୍ୟତ ପ୍ରତି ବିପଦସଙ୍କୁଳ ଚିନ୍ତାଧାରା ରଖୁଥିବା ଭାରତୀୟମାନଙ୍କ ପାଖରେ ଥିବା ବଳକା ଅର୍ଥକୁ ବିନିଯୋଗ ଉଦ୍ଦେଶ୍ୟରେ ବ୍ୟବହାର କରିବାପାଇଁ ବ୍ୟାଙ୍କ ଓ ଅନ୍ୟାନ୍ୟ ଆର୍ଥିକ ସଂସ୍ଥାମାନେ ଆଗଭର ହେଲେ ନାହିଁ। ଜାତୀୟକରଣ ହୋଇଯିବାରୁ ବ୍ୟାଙ୍କଗୁଡ଼ିକୁ ରାଜନୈତିକ ସମର୍ଥନ ଲାଭ ଆଶାରେ କେବଳ ଋଣପ୍ରଦାନକାରୀ ସଂସ୍ଥା ଭାବରେ ରହିଗଲେ।

ସାଧାରଣରେ ରହିଥିବା ଅର୍ଥର ବିନିଯୋଗ ପାଇଁ ସେପରି ଦୂରଦୃଷ୍ଟି ଥିବା ଯୋଜନା କରାଗଲା ନାହିଁ। ତେଣୁ ଏହାର ଫାଇଦା ନେଇ ଭାରତୀୟ ଓ ବହୁଦେଶୀୟ କମ୍ପାନୀମାନେ ବଜାରରେ ନାନା ପ୍ରକାର ଉତ୍ପାଦ ପ୍ରବେଶ କରାଇ ପାରିଲେ। ଅଧିକାଂଶ ଦର୍ଶକଙ୍କ ଶିକ୍ଷାଗତ ଯୋଗ୍ୟତା ବିଷୟରେ ସନ୍ଦିହାନ ହେଉଥିବା ଉତ୍ପାଦକ ହଠାତ୍ ତା'ର ଉତ୍ପାଦକୁ ଟିଭି ବିଜ୍ଞାପନ ମାଧ୍ୟମରେ ଦେଖେଇ ବଜାରରେ ନିଜର ଭାଗ (Share) ବୃଦ୍ଧି କରିପାରିଲା। ଏକ ଗ୍ରାମ୍ୟ ଅଞ୍ଚଳରେ ବଜାର ଗବେଷଣା ପାଇଁ

ବୁଲୁଥିଲାବେଳେ ଜଣେ ଗ୍ରାହକ ନାଲି ସାବୁନ୍ ମାଗିଲେ। ନାଲି ସାବୁନ୍ ଅର୍ଥାତ୍ ଲାଇଫ୍‌ବୟ। ମାତ୍ର ଶିକ୍ଷାର ସ୍ୱଳ୍ପତା ହେତୁ ଟିଭିରୁ କେବଳ ସାବୁନ ଖୋଳର ରଙ୍ଗ ମନେରଖି ସେ ମାଗିଥିଲେ। ଅଥଚ ଦୋକାନୀ ତାଙ୍କୁ ଯାହା ଦେଲା ତାହା ପ୍ରକୃତ ଲାଇଫବୟ ନ ଥିଲା; ଏହାର ଏକ ନକଲ ଥିଲା। ତେଣୁ ଏପରି ଦର୍ଶନୀୟ ମାଧ୍ୟମ (Visual Medium) ଯେ ଗ୍ରାହକମାନଙ୍କ ଭିତରେ ଏକ ଅଜ୍ଞତା ଜନିତ ମିଥ୍ୟା ଚାହିଦା ସୃଷ୍ଟି କରିପାରୁଛି; ତାହା ସହଜରେ ଅନୁମେୟ।

ସବୁଠାରୁ ଚିନ୍ତାର ବିଷୟ ହେଉଛି ଟେଲିଭିଜନ୍‌ର ସାମାଜିକ ପ୍ରଭାବ। ଅଧିକାଂଶ ସମୟ ଟେଲିଭିଜନ୍ ସାମ୍ନାରେ କାଟୁଥିବାରୁ ମଣିଷର ସାମାଜିକ ସ୍ୱାଚ୍ଛନ୍ଦ୍ୟ ଓ ଗତିଶୀଳତା (Mobility) କମିଗଲାଣି। ଦ୍ୱିତୀୟତଃ ଅଯଥା ଉତ୍ପାଦମାନଙ୍କର ବିଜ୍ଞାପନ କରି ମନୁଷ୍ୟ ଭିତରେ ଏକ ଜାଗତିକ ପ୍ରତିଯୋଗିତା ସୃଷ୍ଟି କରାଯାଉଛି, ଯାହା ତାକୁ ଶାନ୍ତି ବଦଳରେ ଯନ୍ତ୍ରଣା ହିଁ ଦେଉଛି; ସମାଜରେ ପରସ୍ପର ପ୍ରତି ଥିବା ସହନଶୀଳତା, ବନ୍ଧୁତ୍ୱର ମାତ୍ରା କମ୍ କରିବାରେ ଓ ହିଂସା ତଥା ଯୌନତା ପ୍ରଚାର କରିବାରେ ଟେଲିଭିଜନ ଏକ ମୁଖ୍ୟ ଭୂମିକା ଗ୍ରହଣ କରିଛି। ଆମେରିକାରେ ଗୋଟିଏ କିଶୋର ଦିନରେ ଆନୁମାନିକ ଶହେଟି ହିଂସା ଓ ଯୌନତା ପୂର୍ଣ୍ଣ ଚିତ୍ର ଟେଲିଭିଜନ ମାଧ୍ୟମରେ ଦେଖୁଛି। ତେଣୁ ତ' ସ୍ପିଡ୍‌ର ଖଳନାୟକ ଭାଷାରେ ଟେଲିଭିଜନ ମଣିଷର ଅନ୍ତରଙ୍ଗ ଶତ୍ରୁ!

■

ସ୍ୱପ୍ନର ସୌଦାଗର

ସେତେବେଳକୁ ବୋଧହୁଏ ୧୦ଟା ବାଜି ଥିଲା । ଭୁବନେଶ୍ୱରର ମଥା ଉପରେ କଳାମେଘର ଓଢ଼ଣୀ । ଥଣ୍ଡା ପବନ ଘୂରି ବୁଲୁଥିଲା ଚଉରିଆଡ଼େ । ବଡ଼ ବଡ଼ ଟୋପା ପଡ଼ି ବର୍ଷାର ଆଗାମୀ ସୂଚନା ଦେଉଥିଲା । ଲୋକମାନଙ୍କ ପାଇଁ ଦିନ ଦଶଟାର ବର୍ଷା ଭାରି ଅସୁବିଧାଜନକ । ଏଇଟା ଅଫିସ୍ ବେଳ, ତେଣୁ ସ୍ୱାଭାବିକ ଭାବରେ ଛତା ଆଣି ନଥିବା ଓ ବର୍ଷା ପାଇଁ ଅପ୍ରସ୍ତୁତ ଥିବା ଲୋକଙ୍କ ମୁହଁରେ କେମିତି ଗୋଟେ ବିକଳ ଭାବ । ରସୁଲଗଡ଼ ଛକ ପାଖରେ, ଯେଉଁଠି ଏବେ ଆକାଶକୁ ଆଙ୍ଗୁଠି ଦେଖେଇ ସୁଭାଷ ବୋଷ ଠିଆ ହୋଇଛନ୍ତି, ସେଇଠି ଲିଫ୍‌ଟ ପାଇଁ ହାତ ଦେଖେଇଲେ ଜଣେ ବୟସ୍କ ଭଦ୍ରବ୍ୟକ୍ତି । ସାଦାସିଧା ମଣିଷଟି ଧୋତି ଓ ପଞ୍ଜାବି ଭିତରେ ନିଜକୁ ସଙ୍କୁଚିତ କରି, ନିଜ ବୟସର ପାକଳପଣକୁ ଖାତିର ନ କରି କେମିତି ବିକଳ ଆଖିରେ ଟିକେ ଆଗକୁ ଯିବା ପାଇଁ ଲିଫ୍ଟ ମାଗିଲେ । ସ୍ୱଭାବତଃ ଭୁବନେଶ୍ୱରର ଅପରାଧ ମାତ୍ରାକୁ ଦେଖି କାହାକୁ ଲିଫ୍ଟ ଦେବା ବିପଜ୍ଜନକ ମାତ୍ର ବୟସ ଦୃଷ୍ଟିରୁ ସେ ଜଣେ ଅପରାଧୀ ନୁହନ୍ତି ବୋଲି ଧାରଣା ହେଲା ।

ରାସ୍ତାରେ ଗଲାବେଳେ, ଯାହା କଥାବାର୍ତ୍ତା ହେଲା ତାହାହିଁ ଏ ବିଷୟର ଅବତାରଣା । ଭଦ୍ରବ୍ୟକ୍ତିଙ୍କର ଘର ଗଡ଼ଗୋପୀନାଥ ପ୍ରସାଦରେ ଏବଂ ସେ ଏଗାର ତାଲା ଯାଉଥିଲେ । ଏଗାର ତାଲା କହିଲେ ହାଉସିଂବୋର୍ଡ଼ କାର୍ଯ୍ୟାଳୟକୁ ବୁଝାଏ ।

ପ୍ରାଥମିକ ସ୍କୁଲ ଶିକ୍ଷକ ଚାକିରିରୁ ଅବସର ନେଲା ପରେ ଚନ୍ଦ୍ରଶେଖରପୁର ଫେଜ୍-୧ରେ ଘର କିଣିବା ପାଇଁ ମନ ବଳାଇଥିଲେ। ଏହି ସମୟରେ ଗୃହ ନିର୍ମାଣ ବୋର୍ଡ଼ କିଛି ଖାଲିଥିବା ଘର ବିକ୍ରୀ କରିବା ପାଇଁ ବିଜ୍ଞାପନ ଦେଲେ। ସରକାରୀ ସଂସ୍ଥା ହୋଇଥିବାରୁ ପ୍ରଥମରୁ ସବୁ ଅର୍ଥ ଦେଲା ପରେ ଯାଇ ଘର ମିଳିବା କଥା। ଏହି ମହାଶୟ ସମୁଦାୟ ଟଙ୍କା ଜମା ଦେବା ପରେ ମଧ୍ୟ ବିଗତ ତିନିମାସ ଧରି ଦୌଡୁଛନ୍ତି ଅଥଚ ଘର ମିଳୁନାହିଁ। ପ୍ରତିଦିନ ସକାଳୁ ଖାଇ ପିଇ ଗଡ଼ଗୋପୀନାଥ ପ୍ରସାଦରୁ ଚାଲି ଚାଲି ରସୁଲଗଡ଼ ଆସନ୍ତି। ସେଇଠୁ ଗାଡ଼ିରେ କିମ୍ବା ଅନ୍ୟ ଲୋକର ସାହାଯ୍ୟ ନେଇ ଆଚାର୍ଯ୍ୟ ବିହାର। ସେଇଠାରୁ ଗୃହନିର୍ମାଣ ଭବନରେ ଥିବା 'ଆଲଟ୍‌ମେଣ୍ଟ କିରାଣୀ' ସାମ୍‌ନାରେ ଗୋଡ଼ଭାଙ୍ଗି ଠିଆ ହେବା ତାଙ୍କର ଏକ ରୁଟିନ୍ ହୋଇଗଲାଣି। ପ୍ରତିଦିନ ନୂଆ ନୂଆ ବାହାନା କରି କିରାଣୀ ତାଙ୍କୁ ହଇରାଣ କରିସାରିଲାଣି ବୋଲି ତାଙ୍କର କ୍ଷୋଭ। ଏପରି ଘଟଣା ଯେ ବିରଳ ନୁହେଁ ତାହା ଆମର ଦୁର୍ଭାଗ୍ୟ। ଅଥଚ ସବୁଠାରୁ ଦୁଃଖର କଥା ଆମେ ଏହା ବିରୁଦ୍ଧରେ ପ୍ରତିବାଦ ନ କରିବା ବା କୋର୍ଟ କଚେରିକୁ ନ ଯିବା କାରଣ ଆମେମାନେ ଗ୍ରାହକର ଅଧିକାର (Consumer rigths) ବିଷୟରେ ସଚେତନ ନୋହୁଁ।

ବଜାର ପରିଚାଳନା ନିୟମ ଅନୁସାରେ ବଜାର ସାଧାରଣତଃ କ୍ରେତାବଜାର (Consumer Market) ଓ ବିକ୍ରେତା ବଜାର (Sellers Market) ହିସାବରେ ବିଭାଗୀକରଣ ହୋଇଛି। ଗୋଟିଏ ବଜାରରେ ଯଦି କୌଣସି ଉତ୍ପାଦର ଚାହିଦା ଅଧିକ ଓ ଉତ୍ପାଦର ଯୋଗାଣ କମୁଥାଏ ତେବେ ଆମେ ଏହାକୁ ବିକ୍ରେତାର ବଜାର କହୁ। ସେହିପରି ଉତ୍ପାଦ ବିଭିନ୍ନ ପ୍ରକାରର ଥିଲେ ଓ ଗ୍ରାହକମାନଙ୍କ ସଂଖ୍ୟା କମ୍ ଥିଲେ ଆମେ ଏହାକୁ କ୍ରେତାର ବଜାର କହୁ। ମଧ୍ୟବିତ୍ତ ଲୋକଟିର ଜୀବନରେ ଯେଉଁ ସବୁ ସ୍ୱପ୍ନ ସାଇତା ହୋଇଥାଏ ତାହା ମଧ୍ୟରେ ମଥା ଉପରେ ଛାତ ଅନ୍ୟତମ କାରଣ ଏଇ ଛାତତଳେ ସେ ନିଜର ଆଗାମୀ ଭବିଷ୍ୟତ ପାଇଁ ଦାନାବାନ୍ଧେ। ମଧ୍ୟବିତ୍ତ କାହିଁକି ପ୍ରତ୍ୟେକ ଲୋକର ସ୍ୱପ୍ନ ଯେ ତା'ର ଛୋଟ ହେଉ ପଛେ ସୁନ୍ଦର ଘରଟିଏ ଥାଉ। ଘର ଆଗ ଅଗଣାରେ ସୁଖ ଫସଲ ହେଇ ଖେଳୁ ଓ ନିତି ରାତିରେ ଛାତ ଉପର ଆକାଶରେ ଜହ୍ନ ବିଞ୍ଛି ଦେଉ ଜୀଇଁବାର ଜହ୍ନରାତି ଅଥଚ ସେ ସୌଭାଗ୍ୟ କେତେଜଣଙ୍କର ହୁଏ ? ଗ୍ରାହକୀୟ ଅସାମର୍ଥ୍ୟ ଓ ସଂସାର ଜଞ୍ଜାଳର ଧୂ ଧୂ ଖରାବେଳ ଚୋରେଇ ନେଇ ଯାଏ ଏଇ ସ୍ୱପ୍ନମାନଙ୍କୁ।

ସେମିତି ସ୍ୱପ୍ନଟିଏ ଜୀବନର ଅପରାହ୍ନରେ ଦେଖୁଥିଲେ ସେଇ ଭଦ୍ରବ୍ୟକ୍ତି ଅଥଚ ପହଞ୍ଚ ଅଧିକାର (Acquired right) ପ୍ରତିଥର ତାଙ୍କଠାରୁ ଦୂରେଇ ଯାଉଥିଲା ଏକ

ବର୍ଷାଋତୁ ପରି। ଭୁବନେଶ୍ୱରରେ ଗୃହ ନିର୍ମାଣ ବ୍ୟବସାୟକୁ ଅନୁଧ୍ୟାନ କଲେ ଦେଖିବା ଏଠି ତିନି ପ୍ରକାର ଲୋକ ଘର ନାଁରେ ସ୍ୱପ୍ନ ବିକନ୍ତି। ସରକାରଙ୍କଦ୍ୱାରା ପ୍ରତିଷ୍ଠିତ ଗୃହନିର୍ମାଣ ବୋର୍ଡ଼ ଓ ଭୁବନେଶ୍ୱର ଉନ୍ନୟନ କର୍ତ୍ତୃପକ୍ଷ ପ୍ରାୟତଃ ନିମ୍ନ ମଧ୍ୟବିତ୍ତ ଓ ମଧ୍ୟବିତ୍ତମାନଙ୍କ ପାଇଁ ଗୃହନିର୍ମାଣ କରନ୍ତି। ଏହା ଛଡ଼ା ତୃତୀୟ ସଂସ୍ଥାଗୁଡ଼ିକ ହେଲେ ନିଜସ୍ୱ ଗୃହ ନିର୍ମାଣ ସଂସ୍ଥା।

ନିଜସ୍ୱ ଗୃହନିର୍ମାଣ ସଂସ୍ଥାମାନଙ୍କର ଦୁଇ ପ୍ରକାର ବ୍ୟବସାୟ। ସହରର ମଧ୍ୟସ୍ଥଳୀରେ ସେମାନେ ତିଆରି କରନ୍ତି ଉଚ୍ଚ ମଧ୍ୟବିତ୍ତ ଓ ଉଚ୍ଚ ବର୍ଗର ଲୋକମାନଙ୍କ ପାଇଁ ପ୍ରାସାଦୋପମ ଫ୍ଲାଟ ଯାହାର ଦାମ୍ ଆନୁମାନିକ ପଚାଶ ଲକ୍ଷ ଟଙ୍କାରୁ କମ୍ ନୁହେଁ। ସହରଠାରୁ ଅଳ୍ପଦୂରରେ ନିର୍ମାଣ କରନ୍ତି ଲନ୍ ଓ ବଗିଚା ଥିବା ଏକୁଟିଆ ଘର ଯେଉଁମାନଙ୍କ ଦାମ୍ ଏକ କୋଟି ଟଙ୍କା। ବିଭିନ୍ନ ସମବାୟ ସମିତିମାନେ ମଧ୍ୟ ଗୃହୋପକରଣୀୟ ଜାଗା ବିକ୍ରୟ କରୁଛନ୍ତି। ମଧ୍ୟବିତ୍ତ ଶ୍ରେଣୀର ଲୋକମାନଙ୍କ ପାଇଁ ମୁଖ୍ୟତଃ ବି.ଡି.ଏ ଓ ହାଉସିଂ ବୋର୍ଡ଼ ଗୃହନିର୍ମାଣ କରିଥାନ୍ତି। ନିଜସ୍ୱ ନିର୍ମାଣକାରୀ ସଂସ୍ଥାମାନେ ନିମ୍ନ ଓ ମଧ୍ୟବିତ୍ତ ପାଇଁ ଗୃହ ନିର୍ମାଣ ନ କରିବାର କାରଣ ହେଉଛି ଲାଭର ମାତ୍ରା।

ଅଳ୍ପ ଲାଭ ରହୁଥିବାରୁ ସେମାନେ ଅଧିକ ଉପାର୍ଜନ ଆଶାରେ ଋଷଜମି ନଚେତ୍ ଖାଲି ପଡ଼ିଥିବା ଜାଗାକୁ କଳେବଳେ କିଣି ଫ୍ଲାଟ ନିର୍ମାଣ କରିଥାନ୍ତି। ସରକାରୀ ସଂସ୍ଥା ହିସାବରେ ବି.ଡି.ଏ. ଓ ହାଉସିଂବୋର୍ଡ଼ ସହରଠାରୁ ଅନତି ଦୂରରେ ଗୃହ ନିର୍ମାଣ କରିଥାନ୍ତି। ଏଠି ଲାଭ ମୁଖ୍ୟ ଲକ୍ଷ୍ୟ ନ ହୋଇ ଆବାସିକ ସୁବିଧା ଯୋଗାଣ ହେଉଛି ଲକ୍ଷ୍ୟ। ତେଣୁ ବେତନଭୋଗୀ ମଧ୍ୟବିତ୍ତ ଶ୍ରେଣୀ ପାଖରେ ନିଜର ପସନ୍ଦ (Choice) ବୋଲି କୌଣସି ବିକଳ୍ପ (Alternative) ନାହିଁ। ତାକୁ ଯେପରି ଗୃହ, ସେ ଯେଉଁ ମାନର ହୋଇ ଥାଉନା କାହିଁକି ଦିଆଯିବ। ସେ ଛାତଟିଏ ପାଇବାର ଆଶାରେ ତାକୁ ଗ୍ରହଣ କରିବ। ତେଣୁ ଖରାଦିନେ ପବନ ଆତଯାତ ନ ହେଲେ ବି ଚଳିବ। ବର୍ଷାଋତୁରେ ଛାତଫାଟି ପାଣି ଗଳିଲେ ପିଲାମାନେ ଘର ଭିତରେ ଜାଗଜଡଙ୍ଗା ଭସାଇଲେ ହେବ ଏବଂ ଶୀତରାତିରେ ସହରଠାରୁ ଦୂରରେ ଥିବା ଘରକୁ ଥରି ଥରି ଫେରିଲେ ବି ଚଳିବ। ନିଜକୁ ଚଳେଇ ନେଇପାରିବା ହେଉଛି ମଧ୍ୟବିତ୍ତର ସବୁଠାରୁ ବଡ଼ ଅପାରଗପଣିଆ।

ଅକ୍ଷମ ଶ୍ରେଣୀର ସ୍ୱପ୍ନ ନ ଥାଏ; ତେଣୁ ସେମାନେ ବର୍ତ୍ତମାନରେ ସନ୍ତୁଷ୍ଟ। ଏକ ଗ୍ରାହକଭିତ୍ତିକ ସମାଜର ମୂଳଦୁଆ ପଡ଼ିସାରିଥିବାରୁ ସକ୍ଷମ ଓ ଧନୀବ୍ୟକ୍ତି ଏପରି ରାଜକୀୟ ବିଳାସ ପାଇଁ କ୍ଷମତାନୁସାରେ ପ୍ରାସାଦ ଖରିଦ୍ କରିପାରିବ। ଖାଲି ଅପାରଗ

ପଣିଆରେ ସଢ଼ିବ ମଧ୍ୟବିତ୍ତ କାରଣ ତା'ର ଗୋଟିଏ ସବୁଜ ସ୍ୱପ୍ନ ପାଇଁ ଅଜାଡ଼ି ହୋଇ ପଡୁଛି ଚେନାଏ ଚେନାଏ ଅସାମର୍ଥ୍ୟ। ସେଥିପାଇଁ କଳାବଜାରୀ ଓ ଲାଞ୍ଚଖୋର କର୍ମଚାରୀମାନେ ଏହାର ଫାଇଦା ନେଉଛନ୍ତି।

ସରକାର ଓ ଗ୍ରାହକ ସୁରକ୍ଷା ନିୟମ ପ୍ରଣୟନ କରିଦେଲେ। ମାତ୍ର ଅନିୟମିତତା, ଟାଳଟୁଳ ନୀତି ତଥା ଚୁକ୍ତିର ଖିଲାପ ପାଇଁ ଏହାର ବ୍ୟବହାର କରିବାର ଅଧିକାର ପ୍ରତ୍ୟେକ ମଣିଷର। ଥରୁଟିଏ ପଇସା ଦେଇସାରିଲା ପରେ ବିକ୍ରେତାଠାରୁ ନିଜର ଜିନିଷ ପାଇବା ହେଉଛି ହକ୍, ଦୟା ନୁହେଁ। ବିକ୍ରେତା ସରକାରୀ ସଂସ୍ଥା ହୁଅନ୍ତୁ ବା ବେସରକାରୀ ମାତ୍ର ଗ୍ରାହକର ଦାବିପୂରଣ ନ କଲେ ସୁରକ୍ଷା ଆଇନ ଅନୁସାରେ ଗ୍ରାହକ ଦାବି ପାଇଁ କୋର୍ଟର ଦ୍ୱାରସ୍ଥ ହୋଇପାରିବ। ଯେଉଁଦିନ ଗ୍ରାହକ ନିଜର ଅଧିକାର ବିଷୟରେ ସଚେତନ ହେବ ଓ ନ୍ୟାୟ ମଗିବ, ସେଦିନ ହିଁ ଏଇ ସ୍ୱପ୍ନର ସୌଦାଗରମାନଙ୍କର ମୋହଭଙ୍ଗ ହେବ। ଅବଶ୍ୟ ଏଥିପାଇଁ ଆମ୍ଭମାନଙ୍କର ଶାପମୁକ୍ତ ହେବାର ସଚେତନତା ଆବଶ୍ୟକ !

■

ପ୍ରାଚୁର୍ଯ୍ୟର ଅସାମର୍ଥ୍ୟ

ଆମ ଆଖପାଖରେ ଏପରି କେତେକ ଘଟଣା ଘଟିଯାଉଛି ଯେ, ଆମମାନଙ୍କ ପାଖରେ ନିର୍ବେଦ ହୋଇ ରହିବା ପ୍ରାୟତଃ ସମ୍ଭବ ନୁହେଁ। ଅବଶ୍ୟ ରାଜନୈତିକ ଓ ସାମାଜିକ ପ୍ରକ୍ରିୟାରେ ଏପରି ଘଟଣାମାନ ଆମ ମନରେ ଗଭୀର ଭାବରେ ପ୍ରଭାବ ପକାଇ ପାରୁନାହିଁ। ମାତ୍ର ସତ୍ୟକୁ ସାମ୍ନା କରିବାକୁ ପଡ଼ିବ ଦିନେ ନା ଦିନେ, ଏବେ ହୁଏତ କେଇଟି ମୁହୂର୍ତ୍ତ ପାଇଁ ଆମେ ମୁହଁ ଫେରେଇ ନେଇପାରେ। ସମସ୍ୟାଟି ଯେ ନୂତନ ଭାବରେ ହଠାତ୍ ଫୁଟି ଉଠିଛି ଏପରି ବି ନୁହେଁ କାରଣ ଏକ ବଜାରଭିତ୍ତିକ ଅର୍ଥ ବ୍ୟବସ୍ଥା ଉପରେ ନିର୍ଭର କରି ମାନବ ସଭ୍ୟତା ଯେ ଏପରି ସମସ୍ୟାର ସାମ୍ନା କରିବ ଏକଥା କୁହାଯାଇଛି। ବଜାର ଭିତ୍ତିକ ବ୍ୟବସ୍ଥା ହେତୁ ମନୁଷ୍ୟର ଆଙ୍ଗିକ ଜୀବନଧାରାରେ ବ୍ୟାପକ ପରିବର୍ତ୍ତନ ଆସିଛି।

ସୃଜନ ଓ ବିଜ୍ଞାନର ଅଭୁତ ସଙ୍ଗମରେ ପ୍ରତ୍ୟେକ ଦିନ କିଛି ନା କିଛି ନୂଆ ଉତ୍ପାଦ ବାହାରୁଛି; ଯାହା ମଣିଷକୁ ଦୁଇଟି ସୁବିଧା ଦେଉଛି। ପ୍ରଥମଟି ତାହାର କାର୍ଯ୍ୟଶୈଳୀକୁ ପରିବର୍ତ୍ତନ କରୁଛି ଫଳସ୍ୱରୂପ ଯେଉଁ କାମ ତାକୁ ଅନେକ ସମୟ ଧରି ମାନସିକ ଓ ଶାରୀରିକ ପରିଶ୍ରମଦ୍ୱାରା ସାଧନ କରିବାକୁ ପଡୁଥିଲା ଏବେ ତାହା ମେସିନ୍ ସାହାଯ୍ୟରେ କେଇ ମୁହୁର୍ତ୍ତରେ ଶେଷ ହୋଇପାରୁଛି। ତେଣୁ ମାନସିକ ଓ ଶାରୀରିକ କାର୍ଯ୍ୟପୋଯୋଗିତା ମଣିଷଠାରୁ ଆଶା କରାନଯାଇ ବରଂ କେତେଶୀଘ୍ର ଧୀ

(Intellect)ର ପ୍ରୟୋଗ ହେତୁ କାମଟି ସରିପାରିବ, ସେ କଥାକୁ ବାହାଦୂରି ଦିଆଯାଇପାରୁଛି । ଦ୍ୱିତୀୟଟି ହେଲା ସମୟ ଅଧିକ ହେବାରୁ ଏକା ସମୟରେ ଏକରୁ ଅଧିକ କାର୍ଯ୍ୟ କରିପାରୁଛି ମଣିଷ; ଯାହାଫଳରେ ତା'ର ବ୍ୟକ୍ତିଗତ ଓ ସାମାଜିକ ଦାୟିତ୍ୱ ସମ୍ପାଦନ ହୋଇପାରୁନାହିଁ । ଉଭୟଦ୍ୱାରା ତା'ର ଏକମାତ୍ର ଲାଭ ହୋଇଛି ପ୍ରାଚୁର୍ଯ୍ୟ । ଆର୍ଥିକ ସ୍ୱଚ୍ଛଳତା ହେତୁ ସେ ନାନାଦି ପ୍ରକାରର ମନୋରଞ୍ଜନ ଓ ଉପଭୋଗର ସାମଗ୍ରୀ କିଣିପାରୁଛି । ତେଣୁ ତ ଅନେକ ଏହାକୁ 'ମଣିଷର ସଭ୍ୟତା' ନ କହି 'ଉପଭୋକ୍ତା'ର ସଭ୍ୟତା ବୋଲି କହୁଛନ୍ତି ।

ସମୟର ପ୍ରାବଲ୍ୟ ଓ ଅଭାବ ଜନିତ ଦ୍ୱନ୍ଦ୍ୱ ଓ ଆର୍ଥିକ ସ୍ୱଚ୍ଛଳତା ମଣିଷ ମଧ୍ୟରେ ଏକ ଭୟଙ୍କର ତଥା ଅହେତୁକ ଶୂନ୍ୟତା ସୃଷ୍ଟି କରିଛି । ସବୁ ଅକ୍ତିଆର କରି କିଛି ନ ପାଇବାର ଯନ୍ତ୍ରଣାରେ ଜର୍ଜରିତ ମଣିଷ ଅନେକ (ଅ) ବିଶ୍ୱସନୀୟ ବିଶ୍ୱାସରେ ସଢ଼ିବାରେ ଲାଗିଛି । ଆମେରିକା ଓ ଜାପାନ ଉଭୟେ ପାର୍ଥିବ ଦୃଷ୍ଟିକୋଣରୁ ଏବେ ବିଶ୍ୱର ଶ୍ରେଷ୍ଠ ସ୍ଥାନ ପାଇଁ ପ୍ରତିଯୋଗିତା କରୁଛନ୍ତି । ଅଥଚ ଏହାର ନାଗରିକମାନେ ଏତେ ପ୍ରାଚୁର୍ଯ୍ୟ ମଧ୍ୟରେ ଥାଇ ଏକ ଅକଥନୀୟ ଶୂନ୍ୟତା (Halucination)ର ଯନ୍ତ୍ରଣାରେ ସଢୁଛନ୍ତି । ଘଟିଯାଇଥିବା ଦୁଇଟି ଦୁର୍ଘଟଣା ବିଷୟରେ ଆଲୋଚନା କଲେ ପୃଥିବୀରେ ବିଫଳତା, ବିଷାଦ ଶୂନ୍ୟତା ଓ ବସ୍ତୁବାଦର ଚରମ ବ୍ୟବହାର ଜନିତ କ୍ରୋଧ ହେତୁ ନୂଆ ପ୍ରକାରର ଧର୍ମମତ ପ୍ରକାଶ ପାଉଛି । ଏହାକୁ ସର୍ବନାଶୀ ଧର୍ମମତ (Dooms Cult) ବୋଲି କୁହାଯାଉଛି ।

୧୯୯୫ ମସିହାରେ ଟୋକିଓ ସହରର ଏକ ସବ୍‌ୱେରେ ହଠାତ୍ ବିଷାକ୍ତ ବାଷ୍ପର ପ୍ରୟୋଗ ହେତୁ ବାରଜଣ ବ୍ୟକ୍ତିଙ୍କର ମୃତ୍ୟୁ ହୋଇଥିଲା ଓ ଶତାଧିକ ଆହାତ ହୋଇ ହସ୍‌ପିଟାଲରେ ଚିକିତ୍ସିତ ହେଉଛନ୍ତି । ଅନୁସନ୍ଧାନରୁ ଜଣାପଡ଼ିଲା ଯେ, ଏପରି ବିନାଶକାରୀ ମତବାଦ ପ୍ରଚାର କରୁଥିବା ଧାର୍ମିକ ଗୁରୁଙ୍କ ନାମ ଓସାରା । ସମଗ୍ର ଜାପାନରେ ତଥା ବିଦେଶରେ ତାଙ୍କର ଲକ୍ଷ ଲକ୍ଷ ଭକ୍ତ ଅଛନ୍ତି । ଶୋକା ଆସାରାଙ୍କ ଦୃଢ଼ଧାରଣା ଯେ ସମଗ୍ର ସୃଷ୍ଟି ଧ୍ୱଂସ ହେବାକୁ ଯାଉଛି । ତେଣୁ ସେ ସ୍ୱର୍ଗୀୟ ଦୂତ ହିସାବରେ ଏହି ଧ୍ୱଂସର ପ୍ରକ୍ରିୟାକୁ ତ୍ୱରାନ୍ୱିତ କରିବା ପାଇଁ ଆସିଛନ୍ତି । ନିଜକୁ ତଥା ସମାଜକୁ ଧ୍ୱଂସ କଲେ ଯାଇ ପୁନର୍ବିନ୍ୟାସ ସମ୍ଭବ ହେବ ।

ପ୍ରାଚୁର୍ଯ୍ୟ ଓ ଆର୍ଥିକ ଶକ୍ତି ବଳରେ ସାଧାରଣ ମଣିଷ ଏ ବିଷୟରେ ସଚେତନ ହୋଇପାରୁନାହିଁ । ତେଣୁ ଉପଭୋକ୍ତା ସଂସ୍କୃତି (Consumer Culture) ଏପରି ନୂତନ ସର୍ଜନାର ପ୍ରଧାନ ଅନ୍ତରାୟ । ଏହି ବିନାଶକାରୀ ଧର୍ମଦ୍ୱାରା ପରିଚାଳିତ ଲୋକମାନେ ସାମାଜିକ ଦୃଷ୍ଟିକୋଣରୁ ସମ୍ଭ୍ରାନ୍ତ, ଗାଡ଼ିଘୋଡ଼ା, ମୋଟର ଓ ଅଚଳାଚଳ ସମ୍ପତ୍ତିର

ଅଧିକାରୀ ଅଥଚ ମାନସିକ ଦୃଷ୍ଟିକୋଣରୁ ଏମାନେ ଜଣେ ଜଣେ ବ୍ୟକ୍ତିଗତ ବ୍ୟକ୍ତି (Individualistic Individual)। ଯେଉଁଠି ସମ୍ପର୍କ, ଆବେଗ ଓ ସ୍ୱୀକୃତିର ଅଭାବ ସେଠାରେ ଏପରି ବିକୃତ ଚୈତନ୍ୟର ପ୍ରଚାର କରୁଥିବା ଲୋକମାନେ ଜଣେ ଜଣେ ମହାପୁରୁଷ ବା ଭଗବାନଙ୍କ ଅବତାର। ବ୍ୟକ୍ତିକୈନ୍ଦ୍ରିକ ଅହଙ୍କାର, ଅନ୍ୟକୁ ଜିତି ଯିବାର ନିଶା ଓ ଆବେଗଜନିତ ବିଫଳତା ହେତୁ ମଣିଷ ଏପରି ଧର୍ମଗୁରୁମାନଙ୍କର ଶରଣାପନ୍ନ ହୁଏ। ଏହି ଧର୍ମଗୋଷ୍ଠୀର ପ୍ରାକ୍ତନ୍ ସଭ୍ୟ କାଜୁଓ କୋନ୍ନୟା ଆହୁରି କହିଛନ୍ତି ଯେ, ଏପରି ଗୋଷ୍ଠୀରେ ସାମିଲ ହେବା ପାଇଁ ତାଙ୍କୁ ରକ୍ତପାନ କରିବାକୁ ପଡ଼ିଛି। ୧୯୮୮ ମସିହାରେ ତାଙ୍କୁ ଏହି ରକ୍ତ ଦିଆଯାଇ ଗୁରୁ ଆସାରାଙ୍କ ରକ୍ତ ନାଁରେ ପ୍ରାୟ ଦୁଇହଜାର ଚାରିଶହ ପ୍ରକାର ଦାନ ଦେବା ପାଇଁ କୁହାଯାଇ ଥିଲା। ସେ ପିଇ ସାରିଲା ପରେ ଏହା ଲୁଣିଆ ଲାଗୁଥିଲା ଓ 'ଓମ୍' ଗୋଷ୍ଠୀର ଏହା ସବୁଠାରୁ ଦାମିକା ପୂଜା ଥିଲା। ପ୍ରାଚୁର୍ଯ୍ୟ ଶିଖରରେ ଶୂନ୍ୟତାବୋଧରେ ସଢୁଥିବା ମଣିଷ ହିଁ ଏପରି ବିନାଶକାରୀ ଧର୍ମର ପ୍ରଚାର କରିପାରେ।

କାଲିଫର୍ଣ୍ଣିଆରେ ରାଙ୍କୋ ସାନ୍ତା ଫେ ଠାରେ ଅଣଚାଳିଶ ଜଣ ଲୋକ ସାମୁହିକ ଭାବରେ ଆତ୍ମହତ୍ୟା କରିଥିଲେ। ଏମାନଙ୍କର ଧର୍ମଗୁରୁ ମାର୍ଶାଲ ଆପଲ୍ ହ୍ୱାଇଟ ଜଣେ ପଞ୍ଚଷଠୀ ବର୍ଷ ବୟସ୍କ ସଙ୍ଗୀତ ଶିକ୍ଷକ ଯିଏ କି ସମଲିଙ୍ଗୀ ଯୌନ ବ୍ୟବହାର ଯୋଗୁଁ ତାଙ୍କ ଚାକିରିରୁ ବରଖାସ୍ତ ହୋଇଥିଲେ। ଲଣ୍ଡିତ ମସ୍ତକ ଏହି ଧର୍ମଗୁରୁ ଭିଡ଼ିଓ କ୍ୟାସେଟ୍ ମାଧ୍ୟମରେ ଆସି ଲୋକମାନଙ୍କୁ ତାଙ୍କର ସନ୍ଦେଶ ଦେଇଛନ୍ତି। ଏହି ଅଣଚାଳିଶ ଜଣଯାକ ବ୍ୟକ୍ତି ଦୀର୍ଘ ତିନିଦିନ ଧରି ଜଣକ ପରେ ଜଣେ ଆତ୍ମହତ୍ୟା କରିଛନ୍ତି। ଭୋଦ୍କା ସହ ବିଷ ଓ ଗଳାରୁଦ୍ଧ କରି ଏମାନେ ନିଜକୁ ନିଃଶେଷ କରିଦେଇଛନ୍ତି। ଏପରି ବିନାଶ ଦିବସ ଗୋଷ୍ଠୀ (Dooms Day Cult)ର ଜନ୍ମ ସତୁରୀ ଦଶକରେ ହୋଇଥିଲା। ସେମାନଙ୍କୁ UFO Cult ନାମରେ ଅଭିହିତ କରାଯାଇଥିଲା ଏବଂ କିଛି ବର୍ଷତଳେ (Heavens Gate Cult) ସ୍ୱର୍ଗଦ୍ୱାର ଗୋଷ୍ଠୀ ନାମରେ ସେମାନେ ଲୋକପ୍ରିୟ ହୋଇଥିଲେ। ନିଜକୁ ପ୍ରଥମେ 'ବୋ' ଓ ଜଣେ ଭଦ୍ରମହିଳାଙ୍କୁ 'ବିପ୍' ଓ ପରେ 'ଡୁ' ଓ 'ତି' ନାମରେ ଏମାନେ ଏକ ସ୍ୱର୍ଗୀୟ ଯାତ୍ରା କରିବା ପାଇଁ ଲୋକମାନଙ୍କୁ ପ୍ରବର୍ତ୍ତାଇ ଥିଲେ।

ବିଜ୍ଞାନ ଓ ବଜାର ବିଦ୍ୟାର ଉନ୍ନତି ହେତୁ ମଣିଷ ଇଣ୍ଟରନେଟ୍ ବ୍ୟବସ୍ଥା ବାହାର କରିଛି, ଯାହାଫଳରେ ବିଭିନ୍ନ ପ୍ରକାର ଖବର ଗୋଟିଏ ସ୍ଥାନରୁ ଅନ୍ୟ ସ୍ଥାନକୁ ଅତି କମ୍ ସମୟରେ ଯାଇପାରିବ। ଅଥଚ ଯେପରି ଇଣ୍ଟରନେଟ୍ ମାଧମରେ ଯୌନ ସାହିତ୍ୟକୁ ପ୍ରୋତ୍ସାହନ ଦିଆଯାଉଛି ସେହିପରି ଆପଲହ୍ୱାଇଟ୍‌ଙ୍କ ଧର୍ମଗୋଷ୍ଠୀ ୱେବ୍‌ସାଇଟ୍

(Website) ମାଧ୍ୟମରେ ଏହି ଅପାର୍ଥିବ ଯାତ୍ରା ବିଷୟରେ ଭକ୍ତମାନଙ୍କୁ ଜଣାଇଥିଲେ। ଏପରି ଗଣମୃତ୍ୟୁ ବା ଗଣ ଆତ୍ମହତ୍ୟା ଓ ବିକୃତ ମାନସିକତାର ପରିଚୟ ଦିଏ, ଏହାଛଡ଼ା ଯେଉଁ ନୂତନ ଦିଗଟି ଉନ୍ମୋଚିତ ହୋଇଛି ତାହା ଅତ୍ୟନ୍ତ ବିସ୍ଫୋରକ।

ଆପଲହ୍ୱାଇଟ୍‌ଙ୍କର ଭକ୍ତ ଥିବା ପ୍ରାୟ ପ୍ରତ୍ୟେକ ଆତ୍ମହତ୍ୟାକାରୀ / କାରିଣୀମାନେ ଜୀବନରେ ସଫଳ ହୋଇଥିଲେ। ଅଥଚ ସେମାନଙ୍କର ପାରିବାରିକ ଓ ସାମାଜିକ ଜୀବନ ନଷ୍ଟ ହୋଇଯାଇଥିଲା। ନାନ୍‌ସୀ ବ୍ରାଉନ୍ ନାମରେ ଜଣେ ମା'ଙ୍କର ପୁଅ ଏକୋଇଶ ବର୍ଷ ହେଲା ନିଖୋଜ ହୋଇଯାଇ ଥିଲା ଓ ତା'ର ମୃତ୍ୟୁ ପରେ ସେ ଖବର ପାଇଲେ ! ଏଇ ଘଟଣାକୁ ତର୍ଜମା କଲେ ଆମେ ବୁଝିପାରିବା ଅର୍ଥନୈତିକ ପ୍ରାଚୁର୍ଯ୍ୟ ଓ ମାନସିକ ଏକାକିତ୍ୱ ହେତୁ ଏପରି ଉଦ୍‌ଭଟ ଚେତନାର ଧର୍ମଗୋଷ୍ଠୀ ବାହାରୁଛନ୍ତି। ତେଣୁ ବଜାର ପରିଚାଳନାରେ ଆର୍ଥିକ ଲାଭ ତ ହୁଏ ମାତ୍ର ଆଙ୍ଗିକ ଦୃଷ୍ଟିକୋଣରୁ ମନୁଷ୍ୟର ସଂପର୍କକୁ ଛିନ୍ନ କରାଇ ତାହାକୁ ଜଣେ ବ୍ୟକ୍ତି (Individual) କରି ତା' ମଧ୍ୟରେ ସୁପ୍ତ ଇଚ୍ଛା (need)କୁ ଜଗାଇ ଓ ନୂତନ ଇଚ୍ଛାମାନଙ୍କୁ ରୋପଣ କରି ବଜାର ପରିଚାଳକମାନେ ଯେଉଁ ପ୍ରାଚୁର୍ଯ୍ୟର ଘୋଡ଼ାଦୌଡ଼ ଲଗାଇଛନ୍ତି ତାହାର ଶେଷ ଯେ କେତେ ବିକୃତ ଓ ଭୟଙ୍କର ତାହା ଆସାରା ଓ ଆପଲହ୍ୱାଇଟ୍‌ଙ୍କ ପରି ଧର୍ମଗୁରୁ ଚେତେଇ ଦେଉଛନ୍ତି। ଏପରି ଘୋଡ଼ା ଦୌଡ଼ରେ ସାମିଲ ଭାରତୀୟମାନେ ଯେ ଏମିତି ନୂତନ ସ୍ୱର୍ଗକୁ ଯାତ୍ରା ନ କରିବେ କିଏ କହିପାରିବ ? ବାଙ୍ଗାଲୋର ତ ଦକ୍ଷିଣ ଏସିଆର ସର୍ବାଧିକ ଆତ୍ମହତ୍ୟାର ସହର !

■

ଧଳାହାତୀ ଓ କାଗଜବାଘ ପ୍ରସଙ୍ଗ

ଧଳାହାତୀ ବିଷୟରେ ଶୁଣି ଆପଣ ହୁଏତ ଆଶ୍ଚର୍ଯ୍ୟ ହୋଇପାରନ୍ତି କାରଣ ଓଡ଼ିଶା ପରି ରାଜ୍ୟ ଧଳାବାଘ ପାଇଁ ସମଗ୍ର ବିଶ୍ୱରେ ପ୍ରସିଦ୍ଧ । ତେଣୁ ଧଳାହାତୀ ମିଳିଗଲେ ଧଳାବାଘ ସାଙ୍ଗରେ ମିଶି ସମଗ୍ର ନଭୋମଣ୍ଡଳରେ ଓଡ଼ିଶା ପ୍ରସିଦ୍ଧ ହୋଇଯିବ ବୋଲି ଅନେକ ଲୋକ ଗୁଲିଗପ କରୁଛନ୍ତି । ଅବଶ୍ୟ ଆଜିକାଲି ବିଭିନ୍ନ କମ୍ପାନୀମାନେ ଯେଉଁସବୁ ରଙ୍ଗ ବାହାର କରୁଛନ୍ତି ଗୋଟିଏ ସାଧାରଣ ହାତୀକୁ ରଙ୍ଗ କରିଦେଲେ ବି ଆମେମାନେ ସହଜରେ ବିଶ୍ୱାସ କରିଯିବା । କାଗଜ ବାଘ ହେବା ପାଇଁ କିଏ ନ ଚାହେଁ ? ଆଗକାଳରେ କାଗଜରେ ମହାପୁରୁଷ, ଦେଶସେବା ଓ ସମାଜ ସଂସ୍କାରକମାନଙ୍କ ବିଷୟରେ ବାହାରୁଥିଲା । ସେମାନେ ନୂଆ ପ୍ରକାରର ଚେତନା, ଦର୍ଶନ ଇତ୍ୟାଦି ସମାଜକୁ ପ୍ରଦାନ କରୁଥିଲେ । ଫଳସ୍ୱରୂପ ସମାଜର ଆର୍ଥିକ ଉନ୍ନତି ସମ୍ଭବ ହୋଇପାରୁଥିଲା ।

ଏବେକାର କଥା ଦେଖାଯାଉ; ହତ୍ୟା, ଧର୍ଷଣ, ଚୋରି, ଧପ୍ପାବାଜି, ରାଜନୈତିକ କେଳଙ୍କାରୀ କରି କାଗଜବାଘ ହେବାକୁ ଲୋକମାନଙ୍କର ଯେଉଁ ଭିଡ଼ ଲାଗିଛି ସେଥିରେ ସାଧାରଣ ପ୍ରଜା କଣ୍ଠାଗ୍ରତ । ସପ୍ତାହକର କାଗଜ ଖୋଲିଲେ ନେତାଙ୍କର ରାଜକୀୟ ଜେଲଯାତ୍ରା, ସ୍ତ୍ରୀମାନଙ୍କ ଓଢ଼ଣା ତଳୁ ଶାସନ, ନେତାଙ୍କୁ ପୁଣି ବନ୍ଧୁକ ଉଠେଇବା ପାଇଁ ପାର୍ଲାମେଣ୍ଟ ଭିତରେ ଆହ୍ୱାନ, ଇନ୍ଦ୍ରଜିତ୍ ରାୟଙ୍କ

ଦୁଃଶାସନୀୟ କାରବାର, କେଶରୀଙ୍କର ଦୁର୍ନୀତି ବିଷୟରେ ଗାଲୁଆମୀ, ନୟାଗଡ଼ ଅଞ୍ଚଳରେ ମନ୍ଦିର ଭିତରେ ପୂଜକର ଧର୍ଷଣ ଇତ୍ୟାଦି ଖବର ପ୍ରମୁଖ ଆକର୍ଷଣ। ଏପରି ଖବରଗୁଡ଼ିକ ସଞ୍ଜବେଳ ଖଟିରେ, ଗାଧୁଆ ତୁଠରେ, ଚ' ଦୋକାନରେ ଆଲୋଚନାର ଭଲ ଖୋରାକ ଯୋଗାଏ ସିନା ସମାଜର ବୌଦ୍ଧିକ ପରିବର୍ତ୍ତନ କରିପାରେନାହିଁ। ଅବଶ୍ୟ ନିଷ୍କ୍ରିୟ ଶାସନ ବ୍ୟବସ୍ଥା, ସ୍ଥାଣୁ ଅମଲାତନ୍ତ୍ର ଓ ପଙ୍ଗୁ ପୋଲିସ ବ୍ୟବସ୍ଥା ବିଷୟରେ ଲୋକମାନଙ୍କୁ ସଚେତନ ନିଶ୍ଚୟ କରାଉଥିବ। ପଚାଶ ଦଶକରେ ଲୋକମାନେ ଅର୍ଥନୈତିକ ବିକାଶ ବିଷୟରେ କଥା ହେଉଥିଲେ। ଗ୍ରାମ୍ୟ ଉନ୍ନୟନ, ହାସ୍‌ପାତାଳର ସୁବିଧା, ନୂଆ ଶିଳ୍ପର ବିକାଶ ଇତ୍ୟାଦି ବିଷୟ ସାମାଜିକ ଚିନ୍ତନ ଭିତରେ ପରିଗଣିତ ହେଉଥିଲା। ହେଲେ ଅର୍ଥନୈତିକ ଉନ୍ନତିର ଡିଣ୍ଡିମ ସଭା ଉପର ସ୍ତରରେ ପିଟା ଯାଉଛି। ତଳସ୍ତରରେ କେବଳ ରାଜନୈତିକ ପଶାଖେଳ ଓ ଅପରାଧ ବିଷୟ ହିଁ ଆଲୋଚନା ହେଉଛି। ଏହାର ଫାଇଦା ନେଉଛନ୍ତି ଶାସନ ବ୍ୟବସ୍ଥା। ଏକ ଲକ୍ଷ୍ୟହୀନ ଶାସନ ବ୍ୟବସ୍ଥା ପରସ୍ପର ମଧ୍ୟରେ ଥିବା କଳହ ଓ ଦୁର୍ନୀତି କରିବା ଭିତରେ ଗଣତନ୍ତ୍ରର ଚେହେରାକୁ ଝାପ୍ସା କରିସାରିଲେଣି।

ଏତେ ସବୁ ଅବତାରଣା କରିବାର କାରଣ ହେଉଛି ଆମର କିଛି ବନ୍ଧୁଙ୍କର ଏହି ବ୍ୟାପକ ସାମାଜିକ ଅବକ୍ଷୟ ବିଷୟରେ ଆତଙ୍କିତ ଚିନ୍ତା। ହେଲେ ଏପରି ସାମାଜିକ ଅବକ୍ଷୟର ମୂଳାଧାରଟି ଯେ ଅର୍ଥନୈତିକ ଏଥିରେ ସନ୍ଦେହ ନାହିଁ। ଅର୍ଥନୈତିକ ଉନ୍ନତିର ଧାରାଟି ଯଦି କ୍ରମବର୍ଦ୍ଧିଷ୍ଣୁ (Incremental) ହୋଇଥାନ୍ତା ତେବେ ସ୍ୱତଃ ଜନମାନସ ତଥା ଶାସନ ବ୍ୟବସ୍ଥାଟି ଗତିଶୀଳ ହୋଇପାରିଥାଆନ୍ତା। ହେଲେ ଦୁର୍ଭାଗ୍ୟକୁ ଏକ ଜନହିତକାରୀ ସରକାର ଉନ୍ନୟନର ସମସ୍ତ ଦିଗକୁ ନିଜ ଇଚ୍ଛାଶକ୍ତିଦ୍ୱାରା ଚବିମୋଡ଼ିବା ହେତୁ ଆମେମାନେ ଏପରି ତ୍ରିଶଙ୍କୁ ସମୟର ସାମ୍ନା କରିବାକୁ ବାଧ୍ୟ ହେଉଛୁ। ଅର୍ଥନୈତିକ ପ୍ରଗତିଟି କିପରି ଅଣାଯାଇପାରିବ ବୋଲି ଗୋଟିଏ ପ୍ରଶ୍ନର ଉତ୍ତର ଦେବା ପୂର୍ବରୁ ଏହା କିପରି ହୋଇଛି ଦେଖିବାକୁ ପଡ଼ିବ। ସାଧାରଣତଃ ଶିଳ୍ପାୟନ ପାଇଁ ସରକାରର ଭୂମିକାଟିକୁ ଦେଖାଯାଉ।

ସରକାର ଏଥିପାଇଁ ସୁବିଧା ପ୍ରଦାନକାରୀ (Facilitator), ଆଇନ ପ୍ରଣୟନକାରୀ (Legistator), ଭୁଲ ସୁଧାରକାରୀ (Corrector), ପ୍ରତିଯୋଗୀ (Competitor) ଇତ୍ୟାଦି ଭୂମିକା ନେଇଥାଆନ୍ତି। ଏଥି ମଧ୍ୟରୁ ପ୍ରତିଯୋଗୀ ଭୂମିକାଟି ସବୁଠାରୁ ଗୁରୁତ୍ୱପୂର୍ଣ୍ଣ। କମ୍ୟୁନିଷ୍ଟ ଓ ସମାଜବାଦର ଖେଚେଡ଼ି ବ୍ୟବସ୍ଥାରେ ସରକାର ଯେଉଁ ଗଣ ଉଦ୍ୟୋଗ (Public Sector)ଗୁଡ଼ିକ ପ୍ରତିଷ୍ଠା କଲେ ସେମାନେ ଲାଭ ଅପେକ୍ଷା ସାମାଜିକ ନ୍ୟାୟ ପ୍ରଦାନ କରିବା ମୁଖ୍ୟଲକ୍ଷ୍ୟ ବୋଲି ଘୋଷଣା କଲେ।

ଏତେବର୍ଷର ସ୍ୱାଧୀନତା ପରେ ଏହି ସାମାଜିକ ନ୍ୟାୟର ସ୍ୱରୂପ କ'ଣ ହୋଇଛି ତାହା ସମସ୍ତଙ୍କୁ ଜଣା।

କେନ୍ଦ୍ରସ୍ତରରେ ଥିବା ଗଣଉଦ୍ୟୋଗମାନଙ୍କ ମଧ୍ୟରୁ ନବରତ୍ନ ଉଦ୍ୟୋଗମାନଙ୍କୁ ଛାଡ଼ିଦେଲେ ଅନ୍ୟମାନେ ସମସ୍ତେ ଗୋଟିଏ ବୃହତ୍ ବୋଝ ପାଲଟିଯାଇଛନ୍ତି। ଜନସାଧାରଣଙ୍କ ଖଜଣାରେ ଭର୍ତ୍ତି ହେଉଥିବା ରାଜକୋଷ ଉପରେ ଏମାନେ ଦିନକୁ ଦିନ ନିଜର ଭାଗ ବଢ଼େଇବାରେ ଲାଗିଛନ୍ତି। ସମାନନ୍ତର ଶାସନ ବ୍ୟବସ୍ଥା ପ୍ରଚଳିତ ଥିବା ସ୍କାଣ୍ଡିନେଭିଆନ୍ ଦେଶମାନଙ୍କରେ ଗଣଉଦ୍ୟୋଗମାନଙ୍କର ସଫଳତା ଅତ୍ୟନ୍ତ ଈର୍ଷଣୀୟ କାରଣ ଏହି ଗଣଉଦ୍ୟୋଗଗୁଡ଼ିକ ବହୁ ଦେଶୀୟ କମ୍ପାନୀମାନଙ୍କର ବ୍ୟବସାୟକୁ ରୋକିବାରେ ସମର୍ଥ ହୋଇପାରିଛନ୍ତି।

ଓଡ଼ିଶା କଥା ଦେଖାଯାଉ। ଏଠିତ ଶିଳ୍ପ ବ୍ୟବସ୍ଥା କେବଳ କାଗଜପତ୍ରରେ। ମାତ୍ର ଗଣଉଦ୍ୟୋଗ ପ୍ରତିଷ୍ଠା କ୍ଷେତ୍ରରେ ଆମ ରାଜ୍ୟ ପଛରେ ପଡିନାହିଁ। ଏଥି ମଧ୍ୟରୁ ଦୁଇତିନୋଟି ସାମ୍ବିଧାନିକ ବ୍ୟବସ୍ଥା (Legislative Procedure)ଦ୍ୱାରା ସୃଷ୍ଟି ହୋଇଥିଲାବେଳେ ଅନ୍ୟଗୁଡ଼ିକ କମ୍ପାନୀ ଆଇନ, ୧୯୫୬ ଅନୁସାରେ ଗଢ଼ାଯାଇଛି। ଏଥିମଧ୍ୟରୁ ଅଧିକାଂଶ ମୃତପ୍ରାୟ। ଏମାନଙ୍କର କାର୍ଯ୍ୟକ୍ଷମଶୀଳତାକୁ ଅନୁଧ୍ୟାନ କଲେ ଆମେ ଯେଉଁ ଧଳାହାତୀର ଅବତାରଣା କରିଥିଲୁ ତାହା ଆପଣ ବୁଝିପାରୁଥିବେ। ଏଗୁଡ଼ିକୁ କର୍ପୋରେସନ ଆଖ୍ୟା ଦିଆଯାଇଥିଲେ ମଧ୍ୟ ଅଧିକାଂଶ କମ୍ପାନୀ ଆଇନଦ୍ୱାରା ଗଢ଼ାଯାଇଛନ୍ତି। ଏମାନେ ରାଜ୍ୟର ଅଭିବୃଦ୍ଧିରେ ସହାୟକ ହେବା ଦୂରେ ଥାଉ ହତାଶ୍ ରାଜନୈତିକ ବ୍ୟକ୍ତିବିଶେଷଙ୍କର ଥଇଥାନ ଓ ରାଜନୈତିକ ଅଭିଳାଷ ଚରିତାର୍ଥ ପାଇଁ ବ୍ୟବହୃତ ହୋଇଛନ୍ତି। ଏହି କର୍ପୋରେସନଗୁଡ଼ିକର ମୁଖ୍ୟମାନେ ସାଧାରଣତଃ ରାଜନୈତିକ ଚମଚା ଯେଉଁମାନଙ୍କର ବ୍ୟବସାୟ ପରିଚାଳନା ବିଷୟରେ ସାମାନ୍ୟ ଜ୍ଞାନ ମଧ ନଥାଏ। ଏହାଛଡ଼ା ଦରକାରଠାରୁ ଅଧିକ ଲୋକଙ୍କର ନିଯୁକ୍ତି, ୟୁନିୟନ ବାଜି ଓ ଦଳୀୟ ଛକାପଞ୍ଝା ମଧ୍ୟରେ ଏହି ଗଣଉଦ୍ୟୋଗଗୁଡ଼ିକ କ୍ଷତିରେ ଚାଲୁଛନ୍ତି। ଅବସ୍ଥା ଏପରି ହେଲାଣି ଯେ, କ୍ଷତିରେ ଚାଲିବା ଏମାନଙ୍କର ପ୍ରବୃତ୍ତି ହୋଇଗଲାଣି। କ୍ଷତିର କାରଣ ସମ୍ପୂର୍ଣ୍ଣ ଭାବରେ ବ୍ୟବସାୟିକ ନୁହେଁ।

ଉଦାହରଣସ୍ୱରୂପ ଓଡ଼ିଶା କୃଷିଶିଳ୍ପ ବିକାଶ ନିଗମ କଥା ବିଚାରକୁ ନିଆଯାଉ। ଏହା ସିଧାସଳଖ କୃଷକମାନଙ୍କର ସେବା ଓ ଆଧୁନିକ କୃଷି ଉପକରଣ ଯୋଗାଇଦେବା ସହ ସାର, ଯନ୍ତ୍ରପାତି ଓ ଅନ୍ୟାନ୍ୟ କୃଷି ଉପକରଣର ବ୍ୟବହାର ପାଇଁ କାର୍ଯ୍ୟ କରିବା କଥା। ହେଲେ ଦୁର୍ନୀତିର ମାତ୍ରା ଏତେ ମାଡ଼ିଯାଇଛି ଯେ, ଏହି ଉଦ୍ୟୋଗ ସାର ଓ ଅନ୍ୟାନ୍ୟ ଯନ୍ତ୍ରପାତି ଅତ୍ୟଧିକ ଦରରେ କିଣୁଛି ଓ କୃଷକମାନଙ୍କୁ କ୍ରୟଶୀଳ ଦରରେ

ବିକ୍ରୀ କରୁଛି । ଫଳସ୍ୱରୂପ ଏହି ଗଣଉଦ୍ୟୋଗ କ୍ଷତିରେ ଚାଲିଛି । ଏହା ରାଜନୈତିକ ଅଭିଳାଷର ଚରିତାର୍ଥ ନୁହେଁ ତ ଆଉ କ'ଣ ? ନିଜି ଉଦ୍ୟୋଗର ପ୍ରତିଷ୍ଠା ବିଷୟରେ ମଧ୍ୟ ଚିନ୍ତା କଲେ ଦେଖିପାରିବା ଯେ, ଓଡ଼ିଶାରେ ବୃହତ୍ ଶିଳ୍ପର ସଂଖ୍ୟା ବହୁତ କମ। ଯେଉଁ କ୍ଷୁଦଶିଳ୍ପଗୁଡ଼ିକ ପ୍ରତିଷ୍ଠିତ ହୋଇଛି ସେଗୁଡ଼ିକ ଉପଯୁକ୍ତ ବଜାର ଗବେଷଣା କରି ପ୍ରସ୍ତୁତ ପଦାର୍ଥର ଚାହିଦା ଅଛି କି ନାହିଁ ନ ଜାଣି କେବଳ ସରକାରଙ୍କ ପ୍ରଦତ୍ତ ସବ୍‌ସିଡ଼ି ଓ ନାନା ସୁବିଧା ହେତୁ ପ୍ରତିଷ୍ଠିତ ହୋଇଛି । ତେଣୁ କିଛିବର୍ଷ ପରେ ଏଗୁଡ଼ିକ ଧୀରେ ଧୀରେ ବନ୍ଦ ହୋଇଯାଉଛି । ଯେକୌଣସି ଶିଳ୍ପାୟନ (Industrial Estate)କୁ ବୁଲିଗଲେ ଏହି ଶୂନ୍ୟ ଘରଗୁଡ଼ିକ ମୂକ ହୋଇ ଆମର ଦୁର୍ଭାଗ୍ୟ ବିଷୟରେ ଚେତେଇ ଦିଅନ୍ତି ।

ଗଣ ଉଦ୍ୟୋଗରେ ହେଉଥିବା ବ୍ୟାପକ ଅବ୍ୟବସ୍ଥା ଓ ଦୁର୍ନୀତିକୁ ରୋକିବା ପାଇଁ ଯେଉଁ ଅଡିଟ୍ ବ୍ୟବସ୍ଥା ରହିଛି ତାହା କ୍ୟାଗ୍‌ଙ୍କଦ୍ୱାରା ହୋଇଥାଏ । କମ୍ପ୍‌ଟ୍ରୋଲର ଆଣ୍ଡ ଅଡ଼ିଟର ଜେନେରାଲ (କ୍ୟାଗ୍) ତାଙ୍କର କର୍ମଚାରୀମାନଙ୍କୁ ପଠାଇ ଏଗୁଡ଼ିକର ଅଡ଼ିଟ୍ କରିଥାନ୍ତି ଓ ସରକାରଙ୍କୁ ରିପୋର୍ଟ ପ୍ରଦାନ କରିଥାନ୍ତି । ଷାଠିଏ ଦଶକରେ କ୍ୟାଗ୍‌ର ରିପୋର୍ଟକୁ ଅତ୍ୟନ୍ତ ଗୁରୁତ୍ୱ ଦିଆଯାଉଥିଲା । ବିଭିନ୍ନ ଗଣଉଦ୍ୟୋଗରେ ହେଉଥିବା ଅନିୟମିତତା ପଦାରେ ପଡ଼ିବା ଫଳରେ ସରକାର ଅପଦସ୍ତ ହେଉଥିଲେ କାରଣ ସଚେତନ ଜନସାଧାରଣ ଓ ଖବରକାଗଜ ସଂସ୍ଥାମାନେ ଏହା ବିରୁଦ୍ଧରେ ପ୍ରତିବାଦ କରୁଥିଲେ । ଏବେ କ୍ୟାଗ୍ କେବଳ କାଗଜବାଘ ହୋଇ ରହିଯାଇଛି । ନା' ସରକାର ଏହାର ରିପୋର୍ଟକୁ ନେଇ ଚିନ୍ତିତ ନା ଏହି ସରକାରୀ ଉଦ୍ୟୋଗର କର୍ମକର୍ତ୍ତାମାନେ ଆତଙ୍କିତ । ଏହି ସର୍ବେକ୍ଷଣରୁ ଜଣାଯାଇଛି ଓଡ଼ିଶାର ପ୍ରମୁଖ ସାତୋଟି କର୍ପୋରେସନର ପ୍ରାୟ ପାଞ୍ଚବର୍ଷ ଧରି ଲାଭକ୍ଷତିର ହିସାବ ଓ ବାଲାନ୍‌ସ ସିଟ୍ ତିଆରି ହୋଇନାହିଁ । ରାଜନୈତିକ ଛତ୍ରଛାୟା ତଳେ ପରିପୁଷ୍ଟ ଏହି କର୍ମକର୍ତ୍ତାମାନେ ଯେଉଁ ଧଳାହାତୀ ଦ୍ୱାରା ପୋଷି ହେଉଛନ୍ତି, ସେମାନେ କ୍ୟାଗ୍‌ରୂପୀ କାଗଜବାଘକୁ ବା ଭୟ କରନ୍ତେ କାହିଁକି ? ଦୁଃଖ ଯାହା ଆମେମାନେ ନିଜ ଅର୍ଥ ଓ ସମ୍ପଦର ଅପଚୟ ବିଷୟରେ ସଚେତନ ନୋହୁଁ ।

ଶୋଇଲା ପୁଅର ଭାଗ

ଓଡ଼ିଆରେ ଗୋଟିଏ ପ୍ରବାଦ ଅଛି ଶୋଇଲା ପୁଅର ଭାଗ ନ ଥାଏ। ଏ କଥା କେବଳ ମଣିଷ ଜୀବନରେ କାହିଁକି, ବେପାର ବଣିଜରେ ମଧ ବାରମ୍ବାର ପ୍ରମାଣିତ ହୋଇଛି। ଏବେ ବଜାରରେ ଗ୍ରାହକ ହେଉଛି ରଜା। ତେଣୁ ନାମୀଦାମୀ କମ୍ପାନୀମାନେ ବିଭିନ୍ନ ପ୍ରକାରର ପଦାର୍ଥ ଉତ୍ପାଦନ କରି ଓ ସେମାନଙ୍କୁ ସୁନ୍ଦର ଭାବରେ ସଜେଇ ବଜାରକୁ ଛାଡନ୍ତି। ବଜାର ସମ୍ବନ୍ଧୀୟ ଗବେଷଣାରୁ ଜଣାଯାଇଛି ଯେ ଥରୁଟିଏ ମାତ୍ର ଗ୍ରାହକକୁ କୌଣସି ବସ୍ତୁ ବା ସେବା ବିକ୍ରୀ କରିସାରିଲା ପରେ ମଧ୍ୟ କମ୍ପାନୀମାନେ ବିକ୍ରୟ ପର ସେବା (Alter Sales Service) ପ୍ରଦାନ କରନ୍ତି। ବେଶି କରି ଟି.ଭି., ଲୁଗାସଫା ମେସିନ୍, ରେଫ୍ରିଜରେଟର ଇତ୍ୟାଦିରେ ଏହି ସେବାର ବହୁଳ ପ୍ରୟୋଜନ ଦେଖାଯାଏ, କାରଣ ଏଗୁଡ଼ିକର ଦାମ ଅଧିକ, ଏମାନଙ୍କ ଗ୍ରାହକ ସଂଖ୍ୟା କମ୍ ଓ ଜୀବନ ଟିକେ ଲମ୍ବା। ତେଣୁ ପରିବର୍ତ୍ତିତ ଚାହିଦା (Replacement Demand) ପାଇଁ କମ୍ପାନୀମାନେ ଗ୍ରାହକଙ୍କୁ ସେବା ଦେଇ ଥାଆନ୍ତି।

ଟେଲିଭିଜନର ବଜାର କଥା ଚିନ୍ତା କଲେ ସ୍ୱତଃ ଯେଉଁ ନାଁ'ଗୁଡ଼ିକ ଆସେ ସେମାନେ ହେଲେ ଭିଡିଓକନ, ଏଲ୍‌ଜି ଓ ଆମର ସାମ୍‌ସଙ୍ଗ ଟି.ଭି.। ବିଦେଶୀ କମ୍ପାନୀମାନେ ଯଥା ସୋନି, ପାନାସୋନିକ୍ ପରି ନାମଜାଦା କମ୍ପାନୀମାନେ ଭାରତ ବଜାରରେ ପ୍ରବେଶ କରିସାରିଲେଣି। ତେଣୁ ଏତେଜଣ ପ୍ରତିଯୋଗୀମାନଙ୍କ ମଧରେ

ଭାରତୀୟ ଗ୍ରାହକ କାହାକୁ ବାଛିବ ଏବେ ତା'ପାଇଁ ଚିନ୍ତାର ବିଷୟ। ହିସାବ ଅନୁଯାୟୀ ସମୁଦାୟ ଟେଲିଭିଜନ ବଜାରର ଆକାର ପ୍ରାୟ ଆଠ ହଜାର କୋଟି। ସେଥିମଧ୍ୟରୁ ରଙ୍ଗୀନ ଟେଲିଭିଜନର ବଜାର ଆକାର ହେଉଛି ତିନିହଜାର ସାତଶହ କୋଟି। କଳାଧଳା ଓ ସହଜବାହ୍ୟ (Portable) ଟିଭି ବଜାରର ଆକାର ଚାରିହଜାର ତିନିଶହ କୋଟି ପାଖାପାଖି। ଏତେ ବିଶାଳ ବଜାରରେ ନିଜର ଆଧିପତ୍ୟ ଜାହିର କରିବା ପାଇଁ କମ୍ପାନୀମାନେ ପରସ୍ପର ମଧ୍ୟରେ ଲଢ଼େଇ ଆରମ୍ଭ କରିଦେଇଛନ୍ତି।

ଆଗ କାଳରେ ଯଦି ଜଣେ ଗ୍ରାହକକୁ ପଚରାଯାଉଥିଲା, ଆପଣ ମାର୍ଗୋ ସାବୁନ୍ କାହିଁକି ଲଗାନ୍ତି ? ଉତ୍ତରରେ ସେ ଏଥିରେ ନିମପତ୍ରର ଗୁଣ ଅଛି ବୋଲି କହୁଥିଲେ। ଏହାକୁ ଆମେ ଅନନ୍ୟ ବିକ୍ରୟ ସର୍ବୋଲ୍ଲେଖ (Unique Selling Proposition) ବୋଲି କହୁ। ମାତ୍ର ଟିଭି ଦୁନିଆରେ ଏପରି କିଛି USP ନାହିଁ। ପ୍ରଥମେ କମ୍ପାନୀମାନେ ରିମୋଟ୍ ଦେଲେ ଓ ବିଜ୍ଞାପନରେ ଏହାକୁ USP ବୋଲି କୁହାଗଲା। ମାତ୍ର ଏବେ ସବୁ ଟିଭିରେ ତ ରିମୋଟ୍ କଣ୍ଟ୍ରୋଲର ସୁବିଧା। ତେଣୁ ଗ୍ରାହକ କେଉଁ ଟିଭି କିଣିବ ?

କମ୍ପାନୀମାନେ ଏପରି ପ୍ରତିଯୋଗିତାରେ ସଫଳ ହେବା ପାଇଁ ଯେଉଁ ନୂଆ ଫର୍ମୁଲା ବାହାର କରିଛନ୍ତି ତାକୁ ଆମେ ଅତିରିକ୍ତ ମୂଲ୍ୟ ସର୍ବୋଲ୍ଲେଖ (Extra Value Proposition) ବୋଲି କହୁ। ଉଦାହରଣତଃ ସାମସଙ୍ଗ୍ ଆପଣଙ୍କୁ ଗୋଟିଏ ଟିଭି ବିକ୍ରୀ କରୁଛି ଯେଉଁଥିରେ ଦୃଶ୍ୟ ଭିତରେ ଦୃଶ୍ୟ (Picture in Picture), ଶହେ ତିରିଶଟି ଚ୍ୟାନେଲର ସୁବିଧା, ଟପ୍ ଡୋମ୍ ସୁବିଧା ଓ କାରୋକେ ସୁବିଧା ଦେଉଛି। ତେଣୁ କେବଳ ଚିତ୍ର ଦେଖିବା ପାଇଁ ଆପଣ ଟିଭିର ମୂଲ୍ୟ ଦେଉଛନ୍ତି ଅଥଚ ମାଗଣାରେ ଏତେସବୁ ଆଧୁନିକ ଓ ଅଧିକ ସୁବିଧା ପାଉଛନ୍ତି। ତେଣୁ ସେଇ କମ୍ପାନୀର ବଜାର ଚାହିଦା ଭଲ।

ଭାରତ ସରକାର ଅଶୀ ଦଶକରେ ଇଲେକ୍ଟ୍ରୋନିକ୍ସ ଶିଳ୍ପରେ ଯେଉଁ ବୈପ୍ଳବିକ ପରିବର୍ତ୍ତନ ଆଣିଲେ ତାହା ଫଳରେ ବହୁତ ନୂଆ ଓ ନାମୀ କମ୍ପାନୀମାନେ ଭାରତର ଟିଭି ବଜାରରେ ପ୍ରବେଶ କଲେ। ନବେ ଦଶକର ଆରମ୍ଭରେ ମୁକ୍ତ ଅର୍ଥନୀତିର ପ୍ରଭାବରେ ଭାରତ ବଜାରରେ ଟିଭିର ଚାହିଦା ଦେଖି ବହୁ ରାଷ୍ଟ୍ରୀୟ କମ୍ପାନୀଙ୍କର ବଜାର ପ୍ରବେଶ ଘଟିଲା। ତେଣୁ ବଜାର ଭାଗ (Market Share)ର ବ୍ୟାପକ ପରିବର୍ତ୍ତନ ଆସିଲା।

ଅଶୀ ଦଶକର ଆରମ୍ଭରେ ଆମ ଓଡ଼ିଶାରେ କୋଣାର୍କ ଟେଲିଭିଜନର ନିର୍ମାଣ ଆରମ୍ଭ ହେଲା, ଯଦିଓ ୧୯୭୩-୭୪ରେ ଏହା ଓଡ଼ିଶା କ୍ଷୁଦ୍ରଶିଳ୍ପ ନିଗମର ଏକ ୟୁନିଟ୍ ହିସାବରେ ଆରମ୍ଭ ହୋଇଥିଲା ତେବେ ୨୬ ଜୁନ୍ ୧୯୮୨ରେ ଏହା

କୋଣାର୍କ ଟେଲିଭିଜନ ଲିମିଟେଡ଼ ନାଁରେ ସ୍ୱତନ୍ତ୍ରଭାବେ ଆତ୍ମପ୍ରକାଶ କଲା। ପ୍ରଥମେ ପ୍ରାୟ ଅଢ଼େଇ ହଜାର କଳାଧଳା ଟିଭିର ଉତ୍ପାଦନ ଲକ୍ଷ୍ୟ ନେଇ ଆରମ୍ଭ ହୋଇଥିବା କମ୍ପାନୀ ନେବ ଦଶକରେ ଏକଲକ୍ଷ ସେଟ୍ ଉତ୍ପାଦନର ଲକ୍ଷ୍ୟ ରଖିପାରିଥିଲା।

ଓଡ଼ିଶା, ପଶ୍ଚିମବଙ୍ଗ ଓ ବିହାର ତଥା ଆନ୍ଧ୍ରପ୍ରଦେଶରେ ଏହି କମ୍ପାନୀ ଭଲ ବ୍ୟବସାୟ କରୁଥିଲାବେଳେ କେତେକ ନିର୍ଦ୍ଦିଷ୍ଟ କାରଣ ଯୋଗୁଁ ଏବେ ମୃତପ୍ରାୟ ହୋଇଗଲା। ଏଭଳି ଦେବାଳିଆ ପରିସ୍ଥିତିରେ ବିଚରା ରୁଗ୍ଣ ସନ୍ତାନଟି ମୋଟାମୋଟା କମ୍ପାନୀ ଭିଡିଓକନ୍, ଏଲଜି ଓ ସାମ୍‌ସଙ୍ଗ ସହ ଲଢ଼େଇ କରିବ ବା କିପରି ?

କୌଣସି କମ୍ପାନୀ ସାଧାରଣତଃ ଦୁଇଟି କାରଣରୁ କ୍ଷତିରେ ପଡ଼ିଥାଏ। ନିଜର ଅତୀତକୁ ଭୁଲି ନ ପାରିବା ଓ ଭବିଷ୍ୟତ ପ୍ରତି ସମ୍ବେଦନଶୀଳ ନ ହେବା। ଏକ ସରକାରୀ ଉଦ୍ୟୋଗ ହୋଇଥିବାରୁ ଯଦିଓ ପ୍ରାରମ୍ଭିକ ବଜାର ଚାହିଦାନୁଯାୟୀ ଟେଲିଭିଜନ ସେଟ୍ ବିକ୍ରୟ ହେଲା ତଥାପି କମ୍ପାନୀ ବିକ୍ରୟ ପରବର୍ତ୍ତୀ ସେବା ଦେବାରେ ଓ ଖୁଚୁରା ଯନ୍ତ୍ରାଂଶ ଯୋଗାଣରେ ଅବହେଳା କରି ଗ୍ରାହକମାନଙ୍କ ରୋଷର ଶିକାର ହେଲା। ପୁନଶ୍ଚ ରାଜନୈତିକ ବ୍ୟକ୍ତିମାନେ ଏହାର ପରିଚାଳନା ମୁଖ୍ୟ ହେବାରୁ ବିଜ୍ଞାପନ ନିମିତ୍ତ ସ୍ଥିର ହେଉଥିବା ଆକଳନ ଅଯଥାରେ ଅପଚୟ ହେଲା। ରଙ୍ଗୀନ ବଜାରରେ ପ୍ରବେଶ ପାଇଁ ଏହି କମ୍ପାନୀ ଗାଲାକ୍‌ସି ୭ ନାମକ ଏକ ଟିଭି ବାହାର କରିଥିଲା। ମାତ୍ର ଏହାର ଅସଫଳତା ହିଁ କମ୍ପାନୀର କଫିନ୍‌ରେ ଶେଷକଣ୍ଟା ପରି କାର୍ଯ୍ୟ କଲା।

ଟିଭି ବଜାର ଅତ୍ୟଧିକ ପ୍ରତିଯୋଗିତାମୂଳକ ହୋଇଯିବାରୁ ଏଲ୍‌ଜି ଓ ସାମ୍‌ସଙ୍ଗ ପରି କମ୍ପାନୀମାନେ ବଡ଼ ବଡ଼ ସହରମାନଙ୍କରେ କେବଳ ବିକ୍ରୟ ନ କରି ସମଗ୍ର ଭାରତରେ ବିକିବା ଆରମ୍ଭ କଲେ। ତେଣୁ କୋଣାର୍କ, ଟେକ୍‌ସଲା ପରି ଟିଭି ଏତେ ଦ୍ରୁତ ପରିବର୍ତ୍ତନକୁ ସମ୍ଭାଳି ପାରିଲେ ନାହିଁ। ନିଜର ଆର୍ଥିକ ସନ୍ତୁଳନରେ ପରିବର୍ତ୍ତନ କରି ଏହି ସ୍ୱକୀୟ କମ୍ପାନୀମାନେ ଆକ୍ରମଣାତ୍ମକ ବିଜ୍ଞାପନ, ଉତ୍ତମ ଗ୍ରାହକସେବା ଓ ମୂଳବସ୍ତୁ (Core product)ରେ ପରିବର୍ତ୍ତନ ଆଣି ସଫଳ ହୋଇପାରିଲେ।

ତେଣୁ ଉପଯୁକ୍ତ ଦୂରଦୃଷ୍ଟିର ଅଭାବରୁ ଓ ରାଜନୈତିକ ପ୍ରଭାବରୁ ମୁକୁଳି ନ ପାରି ଆମର କୋଣାର୍କ ଟିଭି ଶୋଇଲା ପୁଅ ଭୂମିକାରେ। ଅଥଚ ଦିନେ ଅଜଣା, ଅଶୁଣା ଥିବା କମ୍ପାନୀମାନେ ଏବେ ଗ୍ରାହକମାନଙ୍କର ଗେହ୍ଲାପୁଅ।

ଚକୋଲେଟମନା ବୟସ୍କ

ଛୋଟ ପିଲାଟିଏ ବାପାମା'ଙ୍କ ସାଙ୍ଗରେ ଦୋକାନକୁ ଯାଉଛି । ଧାଡ଼ିଧାଡ଼ି କରି ସଜା ହୋଇଛି ଜିନିଷ । ଚଲାଖ ଦୋକାନୀ ସାମ୍ନା ଧାଡ଼ିରେ ରଖିଛି ନାନା ରଙ୍ଗର ଚକୋଲେଟ । କାଚ ଜାର ମଧ୍ୟଦେଇ ବିଭିନ୍ନ ରଙ୍ଗର ଓ ସ୍ୱାଦର ଚକୋଲେଟ ହାତ ଠାରି ଡାକୁଛି ପିଲାଙ୍କୁ । ସୁନାପିଲାଟି ବି ଜିଦ୍ କରୁଛି ଚକୋଲେଟ ଖାଇବା ପାଇଁ । ମା'ଟି ଘରକାମ କରୁ କରୁ ପିଲାଟିକୁ ଖୁସି କରିବା ପାଇଁ ଚକୋଲେଟଟିଏ ଧରେଇ ଦେଉଛି । ତେଣୁ ତ ଚକୋଲେଟକୁ 'ଚୁଚୁମା' କୁହାଯାଏ । ପିଲାମାନଙ୍କ ଜନ୍ମଦିନରେ କି ବୁଲିଗଲାବେଳେ ଆପଣ ଉପହାରସ୍ୱରୂପ ଚକୋଲେଟ ନେଇଯାଉଛନ୍ତି । ତେଣୁ ନବେ ଦଶକର ଆରମ୍ଭ ପର୍ଯ୍ୟନ୍ତ ଚକୋଲେଟର ଗରାଖ ହେଉଛନ୍ତି ଛୋଟ ପିଲାମାନେ । କମ୍ପାନୀମାନଙ୍କ ମଧ୍ୟରେ ଏହି ବଜାର ଲକ୍ଷ୍ୟ (Traget Market) ପୂରଣ କରିବା ପାଇଁ ନାନା ପ୍ରକାର କୌଶଳ ପ୍ରୟୋଗ ହେଉଛି । ମାତ୍ର ଛୋଟ ପିଲାଟି କେଉଁ ପ୍ରକାର ଚକୋଲେଟ ଖାଇବ, ସେଥିରେ କ'ଣ ଉପାଦାନ (Ingredient) ରହିବ ଇତ୍ୟାଦି ଯାବତୀୟ ସିଦ୍ଧାନ୍ତ ନିଅନ୍ତି ମା'ମାନେ । ସେମାନେ ପ୍ରଭାବ ବିସ୍ତାରକାରୀ (Influencer) ଭୂମିକାରେ ରୁହନ୍ତି ।

ଭାରତୀୟ ଚକୋଲେଟ ବଜାରରେ ବାର୍ଷିକ ପ୍ରାୟ ଦୁଇହଜାର କୋଟି ଟଙ୍କାର ବ୍ୟବସାୟ ହୁଏ । ଏହି ବଜାରଟି ଦୁଇ ହଜାର ତିରିଶ ମସିହା ବେଳକୁ ପ୍ରାୟ ଚାରି ହଜାର କୋଟି ଟଙ୍କାର ହେବ ବୋଲି ଆକଳନ କରାଯାଉଛି । ଏଠି ପ୍ରଶ୍ନ ଉଠେ ଯେ,

ମାତ୍ର ସାତବର୍ଷ ଭିତରେ ଏହି ବଜାର ଦୁଇଗୁଣ ବୃଦ୍ଧି ପାଇବ କିପରି ? ଏହାର ଉତ୍ତର ଭାରି ସରଳ । ବଜାରୀକରଣର କୌଶଳ (Marketing Strategy)ର ଏକ ଅସ୍ତ୍ର ହେଉଛି ବଜାର ବୃଦ୍ଧି (Market Expanision) । ଏହା କରିବା ଅତି ସହଜ । ପ୍ରଥମରେ ଯେଉଁମାନଙ୍କୁ କୌଣସି ବସ୍ତୁ ବିକ୍ରୟ କରାଯାଉଥାଏ, ସେମାନଙ୍କର ବ୍ୟବହାର ଦର (Usage Rate) ବୃଦ୍ଧି କରିବା ପାଇଁ ଚେଷ୍ଟା କରାଯାଏ । ଅଥବା ଯେଉଁମାନେ କିଣୁନାହାନ୍ତି ସେମାନଙ୍କୁ କିଣିବା ପାଇଁ ବିଜ୍ଞାପନ ମାଧ୍ୟମରେ ଆମନ୍ତ୍ରଣ କରାଯାଏ । ଭାରତର ଚକୋଲେଟ ବଜାରରେ ଏଇ ଦ୍ୱିତୀୟ କୌଶଳଟିର ପ୍ରୟୋଗ ସଫଳ ହୋଇଛି ।

ବର୍ତ୍ତମାନ ଚକୋଲେଟ ଉତ୍ପାଦନକାରୀ ସଂସ୍ଥାମାନେ ଆଉ କେବଳ ଛୋଟ ପିଲାମାନଙ୍କୁ ବିକ୍ରୟ କରିବାପାଇଁ ରହୁଁନାହାନ୍ତି । ପାଞ୍ଚବର୍ଷ ତଳେ ଜଣେ ଯଦି ଆପଣଙ୍କୁ ଚକୋଲେଟ୍ ଯାଚୁଥିଲା, ତେବେ ଆପଣ ପ୍ରଶ୍ନ କରୁଥିଲେ, "ମୁଁ କ'ଣ ଛୋଟ ପିଲା ହୋଇଛି ?" ଏପରି ପ୍ରଶ୍ନଟିଏ ଆସିବା ସ୍ୱାଭାବିକ କାରଣ ଚକୋଲେଟ ବିକ୍ରେତାମାନେ କେବଳ ପିଲାଙ୍କୁ ହିଁ ଲକ୍ଷ୍ୟବଜାର କରିଥିଲେ । ପାର୍ଲେ କମ୍ପାନୀ ଏବେବି ତା'ର ଚକୋଲେଟ ପିଲାମାନଙ୍କୁ ବିକୁଛି ।

ରାଭାଲଗନ କମ୍ପାନୀ ପ୍ରଥମେ ବଡ଼ମାନଙ୍କୁ ଚକୋଲେଟ୍ ବିକ୍ରୀ କରିବା ପାଇଁ ସ୍ଥିର କଲା, ତାହା ପୁଣି ବାଧ୍ୟବାଧକତାରେ । ଏହି କମ୍ପାନୀ ଅଠାଅଶି ମସିହାରେ 'ପାନପସନ୍ଦ' ଚକୋଲେଟ ତିଆରି କଲା ମାତ୍ର ନବେ ବେଳକୁ ସେମିତି ଆଖିଦୃଶିଆ ବ୍ୟବସାୟ କରିପାରିଲା ନାହିଁ । ଏକ ସର୍ଭେରୁ ଜଣାପଡ଼ିଛି ଯେ, 'ପାନ' ପରି ବାସ୍ନା ହେଉଥିବାରୁ ମା'ମାନେ ଛୁଆଙ୍କୁ ଏହି ଚକୋଲେଟ୍ ଖାଇବାରୁ ବାରଣ କରିଥିଲେ । ତେଣୁ କମ୍ପାନୀ ତା'ର ବିଜ୍ଞାପନର ଧାରା ବଦଳାଇ ହାସ୍ୟରସାତ୍ମକ ବିଷୟ ବ୍ୟବହାର କରି ବିକ୍ରୀ ବଢ଼ାଇପାରିଲା । 'ଶାଦୀ ଔର ତୁମ ସେ, କଭି ନହିଁ' ଓ 'ଭାଡ଼ା ନେହିଁ ଦେନା ହୈ ତୋ ଘର ଖାଲି କର ଦୋ' ଇତ୍ୟାଦି ସ୍ଲୋଗାନ ଅତ୍ୟନ୍ତ ଲୋକପ୍ରିୟ ହେଲା ।

ଏପରି ସଫଳତା ପଛକୁ ହଜମ କରିବା ପାଇଁ 'ସ୍ୱାଦ୍' ନାମକ ଚକୋଲେଟର ସଫଳତା ଅନ୍ୟ କମ୍ପାନୀମାନଙ୍କୁ ମଧ୍ୟ ବୟସ୍କମାନଙ୍କ ବଜାରରେ ଚକୋଲେଟ ବିକ୍ରୟ କରିବା ପାଇଁ ଉତ୍ସାହିତ କଲା । କେରଳର ସମବାୟ ସଂସ୍ଥାଦ୍ୱାରା ପ୍ରତିଷ୍ଠିତ 'କ୍ୟାମ୍ପ୍‌କୋ' ଚକୋଲେଟ ପ୍ରଥମେ ଏହି ପଦାର୍ଥକୁ ଏକ ସୌଖୀନ ଉପହାର ଭାବରେ ପ୍ରସ୍ତୁତ କଲା । ଆକର୍ଷଣୀୟ ପ୍ୟାକେଜିଂ ଓ ବିଭିନ୍ନ ସ୍ୱାଦରେ ବଜାରରେ ପ୍ରବର୍ତ୍ତନ କଲା । ତେଣୁ ଉପହାର ସାମଗ୍ରୀ ହିସାବରେ ଚକୋଲେଟ ଗ୍ରହଣୀୟ ହେଉଥିବାର ଜଣାପଡ଼ିଲା ।

ଗୁଜୁରାଟର ଚାଷୀ ଓ ଗୋପାଳକମାନଙ୍କ ଦ୍ୱାରା ଘରେ ଘରେ ପରିଚିତ 'ଅମୁଲ' ବ୍ରାଣ୍ଡ ବିଭିନ୍ନ ସ୍ୱାଦରେ ବଜାରରେ ଆତ୍ମପ୍ରକାଶ କଲା। କ୍ରିସ୍‌ପ, ବାଦାମ୍‌, ପିସ୍ତା ଓ କ୍ଷୀର ମିଶା ଚକୋଲେଟ୍‌ ରାତାରାତି ସଫଳତା ଆଣିଲା। 'ଏ ଗିଫ୍‌ଟ ଫର ସମୱାନ ୟୁ ଲଭ୍‌' ତ ସ୍କୁଲ ପିଲା ଓ ବଡ଼ମାନଙ୍କ ମୁହଁରେ ପ୍ରତି କଥାରେ ବ୍ୟବହୃତ ହେଲା। ସବୁଠାରୁ ସଫଳତା ପାଇଲା କ୍ୟାଡ୍‌ବରିଜ କମ୍ପାନୀ। ଏହା ନିଜର ପୂର୍ବ ଅଭିଜ୍ଞତାକୁ ବ୍ୟବହାର କରି ଓ ଭାରତର ପ୍ରସିଦ୍ଧ ବିଜ୍ଞାପନ ପରାମର୍ଶଦାତା ପୀୟୁଷ ପାଣ୍ଡେଙ୍କ ଚମତ୍କାର ସ୍ୱଜନକୁ ପାଥେୟ କରି ବିଜ୍ଞାପନ ପ୍ରସାରଣ କଲା। କ୍ରିକେଟ ମ୍ୟାଚରେ ଖେଳାଳି ଅନେଶତ ରନ କରିଛନ୍ତି। ବୋଲର ବଲ ପକେଇଲେ। ଷ୍ଟାଡ଼ିୟମରେ ଦର୍ଶକମାନଙ୍କ ଭିତରେ ବସିଥିବା ଖେଳାଳିଙ୍କ ପ୍ରେମିକା ଆତଙ୍କରେ ଆଖି ବୁଜିଦେଲେ ଓ ତାଙ୍କ ମୁହଁରେ କ୍ୟାଡ୍‌ବରିଜ। ଏ ପଟେ ଚୌକା, ଶତକ ପୂରି ଯାଇଛି। ପୋଲିସକୁ ଝଲକ ଦେଖାଇ ପଡ଼ିଆରେ ନାଚୁଛନ୍ତି ପ୍ରେମିକା, ହାତରେ କ୍ୟାଡ୍‌ବରିଜ। ମନେପଡିଲା ନା ଏ ବିଜ୍ଞାପନ ?

୧୯୯୫ର ଶ୍ରେଷ୍ଠ ବିଜ୍ଞାପନ ପୁରସ୍କାର ପାଇବା ସହ ଚକୋଲେଟ୍‌ ହୋଇଗଲା 'ଯୁବବର୍ଗ'ଙ୍କ ଆନନ୍ଦର ମାଧ୍ୟମ। ଖାଇବା ପାଇଁ ଧାଡିରେ ଠିଆ ହେଇଥିବା ଝିଅଟି ହଠାତ୍‌ ବଡ଼ 'ପର୍କ' ଚକୋଲେଟ୍‌ଟିଏ ଖାଉଛି ଓ ଜଣେ ମଧ୍ୟବୟସ୍କ ମଧ୍ୟ ନିଜର ମଧ୍ୟାହ୍ନ ଭୋଜନ ଭୁଲି ପର୍କ ଖାଉଛନ୍ତି। ଝିଅଟିଏ ନାଚୁ ନାଚୁ ତା'ର ତାଳ ରହୁନି, ଖାଉଛି ଫାଇଭ୍‌ ଷ୍ଟାର ଓ ଚମତ୍କାର ନୃତ୍ୟ ପରିବେଷଣ କରୁଛି ଅଥବା ଆପଣଙ୍କ ସବୁ କାର୍ଯ୍ୟ ମଧ୍ୟରେ ଆପଣ ନଉଛନ୍ତି 'ବ୍ରେକ', ଖାଉଛନ୍ତି 'କିଟ୍‌କାଟ'। ଏବେ ଚକୋଲେଟ ବଜାରର ଲକ୍ଷ୍ୟ ବୟସ୍କମାନେ ଯେଉଁମାନେ କି ଅଧିକା ପଇସା ଦେଇ ଦାମୀ ଚକୋଲେଟ ଖାଇପାରିବେ। ଖାଇବାର ପୁଣି କୌଣସି ସ୍ୱତନ୍ତ୍ର ସମୟ ନାହିଁ। ଯାହା ଜଣାପଡୁଛି ଧୀରେ ଧୀରେ ଚକୋଲେଟ ଏକ ଆନନ୍ଦ ହେଉ ହେଉ ଆମର ଆବଶ୍ୟକତା ହୋଇଯିବ। ତେଣୁ ତ ଚକୋଲେଟ ବଜାର ଏତେ ଦ୍ରୁତଗତିରେ ବୃଦ୍ଧି ପାଉଛି।

ଡଙ୍ଗରର ଭଅଁର

ଶୀତଦିନ ହେଲେ ଭୁବନେଶ୍ୱରର ଛକ ଜାଗାମାନଙ୍କରେ କମଳା ସବୁ ପାହାଡ଼ ଆକାରରେ ଗଦାହୁଏ। ସେଇ କିଛିଦିନ ପାଇଁ ବିଚରା ମଧ୍ୟବିତ୍ତ ଭୁବନେଶ୍ୱରିଆଟି କମଳା ଖାଇବାଜନିତ ରାଜକୀୟ ବିଳାସଟିଏ ପ୍ରତିପୋଷଣ କରିପାରେ। ଶୀତଦିନିଆ ଖରାକୁ ପିଠି କରି ବିକ୍ରେତାଟିକୁ କିଲୋ ପିଛା ପାଞ୍ଚଟଙ୍କାରୁ ସାତ ଟଙ୍କାରେ ବିକ୍ରୀ କରିବାରେ ଫୁରୁସତ ନ ଥାଏ। ହେଲେ କେହି ଗରାଖ କମଳା କେଉଁ ଜାଗାରୁ ଆସେ ପଚାରନ୍ତି ନାହିଁ। ବ୍ୟବସାୟ ପରିଚାଳନାର ଅଧ୍ୟାପକ ହୋଇଥିବାରୁ ଛାତ୍ରମାନଙ୍କ ସହ ଏହି ଆଦିବାସୀ ଉତ୍ପାଦର ବିକ୍ରୟ ଓ ବଜାର ସମ୍ବନ୍ଧୀୟ ଗବେଷଣା (Research on Tribal Produce Marketing) କରିବାର ସୁଯୋଗ ମିଳିଥିଲା।

ଆମ ଆଖି ଆଗରେ ଆଦିବାସୀ କହିଲେ କିଛି ଲୋକମାନଙ୍କୁ ବୁଝାଏ ଯେଉଁମାନେ ଦେଖିବାକୁ କଳା, ସଫାସୁତୁରା ହୋଇ ନ ଥିବେ ଓ ଆମମାନଙ୍କର ଭାଷାକୁ ଅବୋଧ୍ୟ ଢଙ୍ଗରେ ପଢୁଥିବେ। ଅଥଚ ଆପଣ ଥରେ ରାୟଗଡ଼ା ପାଖରେ ଥିବା ଚଟିକୋଣା ବୋଲି ଗୋଟିଏ ଜାଗାକୁ ଯାଆନ୍ତୁ। ସେଠାରୁ କିଛି ଦୂରରେ ରାଜ୍ୟର ଏକ ବଡ଼ ଉଦ୍ୟୋଗ ଇମ୍ଫାର ଥେରୁବାଲି ସହର। ଏଇ ଜାଗାରେ ଆପଣ ଓଡ଼ିଶାର ଏକ ପ୍ରମୁଖ ଆଦିବାସୀ ଡଙ୍ଗରିଆ କନ୍ଧମାନଙ୍କୁ ଭେଟିବେ।

ଡଙ୍ଗରିଆ କନ୍ଧମାନେ ତିରିଶି / ଚାଳିଶ ବର୍ଷ ତଳେ ଡଙ୍ଗରରେ ପୋଡୁଚାଷ

କରୁଥିଲେ। ଅଜ୍ଞାନତା ହେତୁ ବହୁ ଜଙ୍ଗଲ ନଷ୍ଟ କରିଦେଉଥିଲେ। ଷାଠିଏ ଦଶକରେ ଏମାନଙ୍କ ପାଇଁ ଡଙ୍ଗରିଆ କନ୍ଧ ଉନ୍ନୟନ ସଂସ୍ଥା / ଡି.କେ.ଡି.ଏ. ଗଠନ କରାଗଲା। ଆଦିବାସୀ ଉତ୍ପାଦର ବଜାର ପରିଚାଳନା ବିଷୟରେ ଜାଣିବା ପୂର୍ବରୁ କୃଷିଭିତ୍ତିକ ବଜାର ପରିଚାଳନା (Agricultural Marketing) ବିଷୟରେ ଆଲୋଚନା କରିବା। କୃଷି କରିବା ପାଇଁ ନାନା ପ୍ରକାରର କୃଷିଭିତ୍ତିକ ପଦାର୍ଥ (Agricultural Input) ଯଥା ମଞ୍ଜି, ଚାରା, ସାର, ଇତ୍ୟାଦିର ଆବଶ୍ୟକତା ଅଛି। ସେମିତି କୃଷି କାର୍ଯ୍ୟ ପାଇଁ ଶାରୀରିକ ବଳ, ମାନସିକତା, ଜ୍ଞାନ ଇତ୍ୟାଦିକୁ ଆମେ କୃଷି କର୍ମ ପ୍ରକ୍ରିୟା ବ୍ୟବସ୍ଥା କହୁ। ସେହିପରି କୃଷି ଉତ୍ପାଦର ବଣ୍ଟନ, ବିକ୍ରୟ ସଂରକ୍ଷଣ ଇତ୍ୟାଦିକୁ କୃଷି ଉତ୍ପାଦର ବିକ୍ରୟ ବ୍ୟବସ୍ଥା (Agricultural Output Marketing System) କହୁ। ଏହି ତିନୋଟି ବ୍ୟବସ୍ଥା ପରସ୍ପର ପରିପୂରକ। ଏମାନେ ରକ୍ତବାହୀ ନଳୀ ପରି ଜଣେ ଅନ୍ୟଜଣକୁ ଆର୍ଥିକ ଶକ୍ତି ଓ ସମୟୋପଯୋଗୀ ସଫଳତା ଯୋଗାନ୍ତି। ଆଦିବାସୀ ସମାଜର ବିପଣୀ ଏହି ବ୍ୟବସ୍ଥାର ଏକ ନମୁନା।

ଆମେ ପୁଣି ଫେରିଯିବା ଡଙ୍ଗରିଆମାନଙ୍କ ପାଖକୁ। ଏମାନେ ଚଟିକୋଣା ନିକଟସ୍ଥ ନିୟମଗିରି ପାହାଡ଼ ପୁଞ୍ଜରେ ରୁହନ୍ତି। ଘଞ୍ଚ ଜଙ୍ଗଲ ହେତୁ ଏକ ଚିର ପ୍ରବାହୀ ଝରଣା ଏଇ ଗାଁମାନଙ୍କ ପାଖ ଦେଇ ବହିଯାଉଛି। ଷାଠିଏ ଦଶକର ଉନ୍ନୟନମୂଳକ ଯୋଜନାର କାର୍ଯ୍ୟକାରିତା ହୋଇ ଏହି ଅଞ୍ଚଳର ଜୀବନଧାରଣରେ ଏକ ବ୍ୟାପକ ପରିବର୍ତ୍ତନ ଆସିଛି। ରେଳ ଫାଟକ ପାର ହେଲା ପରେ ଆପଣ ଦେଖିବେ ଝରଣାର ଧାରେଧାରେ ପାହାଡ଼ର ପାଦଦେଶରେ ସପୁରୀ, କଦଳୀ, କମଳା ଓ ଅମୃତଭଣ୍ଡାର ଉଦ୍ୟାନମାନ। ଭୁବନେଶ୍ୱରରେ ବିକ୍ରୟ ହେଉଥିବା ପାହାଡ଼ ପ୍ରାୟ କମଳା ହେଉ କିମ୍ବା ସାବିତ୍ରୀ ବେଳର ସପୁରୀ, କଦଳୀ ଇତ୍ୟାଦି ଆସେ ଏଇ ଆଦିବାସୀମାନଙ୍କର କଠିନ ପରିଶ୍ରମରୁ। ମାତ୍ର ଓଡ଼ିଶାର ଏକମାତ୍ର ଉଦ୍ୟାନ୍‌ବିତ୍ ଆଦିବାସୀ (Horticultural tribe) ହୋଇ ମଧ୍ୟ ଏମାନଙ୍କର ଉନ୍ନତି ହୋଇ ପାରିନାହିଁ।

ଉପର ବର୍ଣ୍ଣିତ ତିନୋଟି ବ୍ୟବସ୍ଥା ମଧ୍ୟରୁ ମଞ୍ଜି ଓ ଚାରା ଯୋଗାଣ, ସାର ଓ ଖତ ପ୍ରୟୋଗ ବିଷୟରେ ଜ୍ଞାନକୌଶଳ ଓ କୀଟନାଶକ ଔଷଧର ପ୍ରୟୋଗ କରନ୍ତି ଡଙ୍ଗରିଆ ଉନ୍ନୟନ ଯୋଜନାର ଅଧିକାରୀମାନେ। ଦ୍ୱିତୀୟ ବ୍ୟବସ୍ଥା (ଏ.ପି.ଏସ୍)ର ଦାୟିତ୍ୱ ନିରୀହ ଆଦିବାସୀମାନଙ୍କ ଉପରେ। ଝରଣାଟି ଏକମାତ୍ର ଉତ୍ସ ହୋଇଥିବାରୁ ଆଦିବାସୀମାନେ, ବିଶେଷତଃ ମହିଳାମାନେ ଅତ୍ୟନ୍ତ କଠିନ ପରିଶ୍ରମ କରି ପୁରୁଣାକାଳିଆ ପ୍ରଥାରେ ପାଣି ମଡ଼ାନ୍ତି ଓ ସେମାନଙ୍କ ଆରାଧ୍ୟ ଦେବତାର ଦୟାରେ

ଭଲ ଫସଲ ଆମଦାନୀ କରନ୍ତି। ଅସୁବିଧାଟି ହୁଏ ଉତ୍ପାଦର ବିକ୍ରୀ ବ୍ୟବସ୍ଥାରେ। ହାଟ ପାଳିରେ ସ୍ତ୍ରୀ ପୁରୁଷ ସଭିଏଁ କାନ୍ଧରେ ବୋହି ଆଣନ୍ତି ସେମାନଙ୍କର ଲହୁ ଲୁହର ହିସାବ। ଅଥଚ ହାଟରେ ଜଗି ବସିଥାନ୍ତି ଦେଶୀୟା କନ୍ଧ, ଶୁଣ୍ଢି, ତେଲି ମହାଜନମାନେ। ଏମାନେ ଅସୁଲ କରନ୍ତି ତାଙ୍କର ହିସାବ। ହିସାବ ସରିଲାବେଳକୁ ମେଞ୍ଚାଏ ଅବଶୋଷ ଓ ହତାଶା ନେଇ ହାଟରୁ ଫେରୁଥିବା ଡଙ୍ଗର ରଜା ଶୋଷଣ ହୁଏ ଦେଶୀମଦ ଓ ହାଣ୍ଡିଆ ବେପାରିଙ୍କର।

ଯଦିଓ ଫଳଜାତ ଦ୍ରବ୍ୟମାନଙ୍କର ଚାହିଦା ଅଧିକ ତଥାପି ସରକାରୀ କଳ ଓ ସମବାୟ ଉଦ୍ୟୋଗଦ୍ୱାରା ଉତ୍ପାଦ ସଂଗ୍ରହର ପ୍ରଚେଷ୍ଟା ବିଫଳ ହୋଇଛି। ଗବେଷଣାରୁ ଜଣାପଡ଼ିଲା ଯେ ଏହି କୃଷିଭିତ୍ତିକ ବ୍ୟବସ୍ଥାଟି ମଧ୍ୟରେ ଏକ ଅନ୍ତଃସ୍ରୋତ ରୂପରେ ଏକ ଦୀର୍ଘସ୍ଥାୟୀ ଋଣ ବ୍ୟବସ୍ଥା କାମ କରୁଛି। ଫସଲ ଅମଳ ହେବା ପୂର୍ବରୁ ତଥା ବର୍ଷର ବିଭିନ୍ନ ସମୟରେ ନିରୀହ ଆଦିବାସୀଟିର ଅର୍ଥ ଦରକାର। ସାଧାରଣତଃ ପର୍ବପର୍ବାଣୀ ଓ ପରମ୍ପରାଗତ ଆଦିବାସୀ ସମାଜ ହୋଇଥିବାରୁ ଡଙ୍ଗରିଆମାନେ ସଞ୍ଚୟର ମାଧ୍ୟମ ଓ ଉପଯୋଗିତା ବିଷୟରେ ଅଜ୍ଞ। ଦ୍ୱିତୀୟତଃ ଡଙ୍ଗରିଆ ମହିଳାମାନେ ଅଧିକ କର୍ମଠ ହୋଇଥିଲାବେଳେ ପୁରୁଷମାନେ ଟିକେ ରସିକ ପ୍ରକୃତିର। ନାରୀମାନଙ୍କ ପରି ବାଳରଖିବା, ନାକରେ ନୋଥ ନାଇବା, ବେଣୀରେ କ୍ଲିପ୍ ଓ ପାନିଆ ମାରିବା ତାଙ୍କର ସଉକି। ବ୍ୟାପକ ଧୂଆଁପତ୍ର ଚାଷ ହେତୁ ଚୁରୁଟ ପରି ମୁହଁରେ ଲମ୍ବା ପିକା। ଏପରି ରସିକ କୃଷକଟି ଫସଲ ଅମଳର ବହୁ ପୂର୍ବରୁ ଏକ ଅଳ୍ପଦରରେ ବେପାରିମାନଙ୍କ ସହ ସାଲିସ କରିଦେଇଥାଏ। ନିଜେ ଶିକ୍ଷିତ ନ ହୋଇଥିବାରୁ ଏହି ଋଣ ବ୍ୟବସ୍ଥା ଓ ସୁଧ ପ୍ରକ୍ରିୟାରେ ତା'ର ସମସ୍ତ ପରିଶ୍ରମ ନଷ୍ଟ ହୋଇଯାଏ।

ଏଥର ସରକାରୀ ଓ ଋଣ ପ୍ରଦାନକାରୀ ବ୍ୟାଙ୍କମାନଙ୍କ କଥା ଦେଖିବା। ସରକାରୀ ଋଣ ବ୍ୟବସ୍ଥାରେ ଅନେକ ଜଟିଳତା ଥାଏ। ଠିକ୍ ସମୟରେ ଋଣ ପରିଶୋଧ କରି ନ ପାରିବାର ଆଶଙ୍କା ହେତୁ ଋଣର ପରିମାଣ କମ ହୁଏ। ପୁଣି ଚାଷୀର ବିଭିନ୍ନ ସମୟରେ ଦରକାର ହେଉଥିବା ଅଣଚାଷଜନିତ ଋଣ ଯାହାକି ପର୍ବପର୍ବାଣୀ, ଶୁଦ୍ଧି, ଶ୍ରାଦ୍ଧ ଓ ବିବାହ ଇତ୍ୟାଦିରେ ଆଦିବାସୀଟି ଖର୍ଚ୍ଚ କରେ। ବ୍ୟାଙ୍କ ଓ ସରକାରୀ ସଂସ୍ଥା ଏପରି ପରିବର୍ତ୍ତନଶୀଳ ଋଣ (Variable Loan) ଦେବା ସପକ୍ଷରେ ନୁହେଁ। ପୁନଶ୍ଚ ଋଣ ପାଇଁ ଚାଷୀର ସମ୍ପତ୍ତି, ଖଇତାନ, ଜଣେ ପ୍ରତିଭୂର ଆବଶ୍ୟକତାଜନିତ ଭୟ ଆଦିବାସୀଟିକୁ ସରକାରଙ୍କ ପ୍ରଦତ୍ତ ସୁବିଧାର ବ୍ୟବହାର କରିବାକୁ ପ୍ରବର୍ତ୍ତାଏ ନାହିଁ। ଚଟିକୋଣା ହାଟ ନିକଟରେ ଦୁଇଟି ଖାଦ୍ୟ ପ୍ରକ୍ରିୟାକରଣ

ଶିଳ୍ପ ପ୍ରତିଷ୍ଠିତ ହେବାର ଅଛି । ଗୋଟିଏ ରାଜ୍ୟସରକାରଙ୍କର କୃଷିଭିତ୍ତିକ ଶିଳ୍ପୋଦ୍ୟୋଗ ପ୍ରତିଷ୍ଠାନ ଓ ଅନ୍ୟଟି ନିଜସ୍ୱ ଶିଳ୍ପ ଭାବରେ କାର୍ଯ୍ୟ କରିବ । ଏହି ଅଞ୍ଚଳରେ ପ୍ରଚୁର ଆମ୍ବ, ସପୁରୀ, ପଣସ, କଦଳୀ, କମଳା ତଥା ଅମୃତଭଣ୍ଡାର ଉତ୍ପାଦନ ହେଉଛି । ନିରୀହ ଆଦିବାସୀ ତା'ର ଉତ୍ପାଦର ମୂଲ୍ୟ ପାଉ ନାହିଁ, ଅନ୍ୟପକ୍ଷରେ ଆମେ ସହରରେ ଅତ୍ୟଧିକ ଦରରେ ଏହି ସବୁ ଜିନିଷ କିଣୁଛୁ । ମଝିରେ ଲାଭବାନ ହେଉଛି ବେପାରି । ସରକାରୀ କଳର ଅପାରଗତା, ଋଣଜନିତ କ୍ଲିଷ୍ଟତା ଓ ମନଯୋଗର ଅଭାବ ହେତୁ ଆଦିବାସୀ ଉତ୍ପାଦକ ତା'ର ସଠିକ୍ ମୂଲ୍ୟ ପାଇପାରୁନାହିଁ । ସ୍ୱେଚ୍ଛାସେବୀ ଅନୁଷ୍ଠାନ କିମ୍ବା ବ୍ୟକ୍ତିବିଶେଷ ସାମାନ୍ୟ ପ୍ରଚେଷ୍ଟା କଲେ ଏକପକ୍ଷରେ କଠିନ ପରିଶ୍ରମ କରୁଥିବା ଆଦିବାସୀ ଉଚିତ ମୂଲ୍ୟ ପାଇପାରନ୍ତେ ଓ ଅନ୍ୟ ପକ୍ଷରେ ବେପାରିର ଋଣଯନ୍ତାରୁ ମୁକ୍ତ ହୋଇ ପୁଣି ପ୍ରକୃତି କୋଳରେ ମାତି ଯାଆନ୍ତା ଡଙ୍ଗର ରାଜା ।

■

ଗତି କୁଆଡ଼େ ?

ଗୋଟିଏ କାନ୍ଥ ତିଆରି କରିବା ପୂର୍ବରୁ ଜାଣିବା ପାଇଁ ପଚାରିବି ଯେ ମୁଁ କ'ଣ ନିଜକୁ କାନ୍ଥ ଭିତରେ ରଖୁଛି ନା ବାହାରକୁ କାନ୍ଥ ଦେଉଛି- ଏଇ ଧାଡ଼ିଟି ବିଖ୍ୟାତ କବି ରବର୍ଟ ଫ୍ରଷ୍ଟଙ୍କର ଏକ ପ୍ରସିଦ୍ଧ କବିତାରୁ ଉଦ୍ଧୃତ । ଭାରତ ପରି ଏକ ବିକାଶଶୀଳ ରାଷ୍ଟ୍ର ଏଥିରୁ ଉଦ୍ଧାର ପାଇବ କିପରି ? ଭାରତର ଅର୍ଥନୀତିରେ ଉଦାରୀକରଣ କରାଯାଇଛି, ବିଦେଶାଗତ ପୁଞ୍ଜିର ସଫଳ ବିନିଯୋଗ ପାଇଁ ପ୍ରକୃଷ୍ଟ ଭିତ୍ତିଭୂମିର ନିର୍ମାଣ ପାଇଁ ସରକାର ଚେଷ୍ଟିତ । ପ୍ରଶ୍ନଉଠେ ଏହି ଉଦାରୀକରଣ ଓ ମୁକ୍ତ ଅର୍ଥନୀତିଗତ ବ୍ୟବସ୍ଥା ସ୍ୱତଃ ସ୍ୱୀକାର କରାଯାଇଛି ନା ଆମ୍ଭେମାନେ ବାଧ୍ୟ ହୋଇଛୁ ?

ଏକ ରକ୍ଷାକାରୀ ଅର୍ଥନୀତି (Protective Economy) ଗଠନ କରିବାପାଇଁ ଆମର ରାଷ୍ଟ୍ରନାୟକମାନେ ଇଚ୍ଛା କରିଥିଲେ । ଏହାର ପ୍ରମୁଖ କାରଣ ହେଲା କୃଷିଭିତ୍ତିକ ଅର୍ଥନୀତି । ଯଦିଓ ସହର ଅଞ୍ଚଳରେ କିଛିମାତ୍ରାରେ ଶିଳ୍ପାୟନ ହୋଇଥିଲା ମାତ୍ର ସ୍ୱାଧୀନତା ସମୟରେ କ୍ଷୁଦ୍ରଶିଳ୍ପ ଓ କୁଟୀରଶିଳ୍ପ ହିଁ ଦେଶର ଶିଳ୍ପ ମାନଚିତ୍ରକୁ ସମୃଦ୍ଧ କରୁଥିଲା । ଏହି ଶିଳ୍ପମାଧ୍ୟମରେ କେବଳ ଯେ, ଏକ ଜନବହୁଳ ଦେଶରେ ବହୁ ବ୍ୟାପୀ ଯୋଗାଣ (Mass Distribution) ସମ୍ଭବ ହେଉଥିଲା ତାହା ନୁହେଁ ବରଂ ସ୍ଥାନୀୟ ସମ୍ପଦର ବିନିଯୋଗ ହୋଇପାରୁଥିଲା । ଯଦିଓ ଏକ ମିଶ୍ର ଅର୍ଥନୀତିମୂଳକ ଉନ୍ନତିର ଲକ୍ଷ୍ୟ ରଖାଯାଇଥିଲା ତଥାପି ପ୍ରଚ୍ଛନ୍ନରେ ଏହା ପ୍ରରୋଚିତ କରିଥିଲା ।

୧୮୭୨ ମସିହାରେ ଲିଖିତ କାର୍ଲମାସର୍କସ ଓ ଫ୍ରେଡରିକ ଏଙ୍ଗେଲସ୍‌ଙ୍କର ଦଶଟି ଯାକ ନିୟମକୁ ଆଲୋଚନା କରାଯାଉ। ୧. ସମ୍ପତ୍ତିର ଲୋପ, ୨. ଉଚ୍ଚ ରୋଜଗାର କର, ୩. ଉତ୍ତରାଧିକାର ସୂତ୍ରର ଲୋପ, ୪. ସମସ୍ତ ବିଦ୍ରୋହୀ ଓ ଦେଶାନ୍ତରୀ ମାନଙ୍କର ସମ୍ପତ୍ତି ବ୍ୟାଜାପ୍ତୀକରଣ, ୫. ଏକ ଜାତୀୟ ବ୍ୟାଙ୍କଦ୍ୱାରା ଦେଶର ସମସ୍ତ ଋଣର କେନ୍ଦ୍ରୀକରଣ, ୬. ଯୋଗାଯୋଗ, ପରିବହନ ବ୍ୟବସ୍ଥାର ସରକାରଙ୍କଦ୍ୱାରା କେନ୍ଦ୍ରୀକରଣ, ୭. ଉତ୍ପାଦନର ମାଧ୍ୟମ ଗୁଡିକରେ ସରକାରର ଅଂଶ ଗ୍ରହଣ, ୮. କୃଷି ଓ ଶିଳ୍ପ ବାହିନୀର ଗଠନ, ୯. କୃଷି ଓ ଶିଳ୍ପ କର୍ମର ସମ୍ମିଶ୍ରଣ ଓ ୧୦. ମାଗଣା ଶିକ୍ଷା। ଏହି ୧୦ଟି ସୂତ୍ର ମଧ୍ୟରୁ ଆମ ଦେଶରେ ମାଗଣା ଶିକ୍ଷା, କୃଷି ଶିଳ୍ପର ମିଶ୍ରିତ ଅର୍ଥନୀତି, ସରକାରୀ ଉଦ୍ୟୋଗ ଗଠନ, ଜାତୀୟ ବ୍ୟାଙ୍କ (ରିଜର୍ଭ ବ୍ୟାଙ୍କ) ଗଠନ ଓ ଯୋଗାଯୋଗ ମାଧ୍ୟମରେ ସରକାରଙ୍କର କଟକଣା ଇତ୍ୟାଦି ସାମ୍ୟବାଦୀ ଚିନ୍ତାଧାରାକୁ ଅଗ୍ରାଧିକାର ଦିଆଯାଇଥିଲା। ଅନ୍ୟପକ୍ଷରେ ଆମେରିକା, ଜାପାନ ଓ ଅନ୍ୟାନ୍ୟ ପାଶ୍ଚାତ୍ୟ ରାଷ୍ଟ୍ରସମୂହ ପୁଞ୍ଜିବାଦୀ ଅର୍ଥନୀତିର ପ୍ରଚଳନ ବ୍ୟବସ୍ଥାକୁ ଆଦରି ନେଇଥିଲେ।

୧୭୭୬ ମସିହାରେ ଆଦାମ୍ ସ୍ମିଥଙ୍କର ରାଷ୍ଟ୍ରର ସମ୍ପତ୍ତି (The Wealth fo the Nation) ପୁସ୍ତକଟି ପ୍ରକାଶିତ ହେଲା ପରେ ଏହା ପୁଞ୍ଜିବାଦୀ ଅର୍ଥନୀତିର ମୁଖପତ୍ର ଭାବରେ କାର୍ଯ୍ୟ କଲା। Invisible Hand (ଅଦୃଶ୍ୟ ହାତ) ଶିରୋନାମାରେ ଲିଖିତ କେଇଧାଡି ଏଠାରେ ଉଲ୍ଲେଖନୀୟ। ପ୍ରତ୍ୟେକ ବ୍ୟକ୍ତି ନିଜର ଅର୍ଥ ଯୋଗାଣ କରିବା ଦରକାର ଯାହାଦ୍ୱାରା ତାହାର ଉତ୍ପାଦର ମୂଲ୍ୟ ବୃଦ୍ଧି ହେବ। ସାଧାରଣତଃ ସେ ଗଣମାନଙ୍କର ହିତ ପାଇଁ ମନ ଦିଏ ନାହିଁ କିମ୍ବା କେତେ ମାତ୍ରାରେ ଗଣହିତ ପାଳନ କରିପାରୁଛି ଦେଖିବାକୁ ଋହେଁନାହିଁ। ସେ କେବଳ ନିଜର ନିରାପତ୍ତା ଓ ଲାଭ ବିଷୟରେ ଚିନ୍ତା କରେ। ତେଣୁ ସେ ଏକ ଅଦୃଶ୍ୟ ହାତ ସାହାଯ୍ୟରେ ଏପରି ଏକ ଲକ୍ଷ୍ୟ (End) ଦିଗରେ ଅଗ୍ରସର ହୁଏ ଯାହା ତାହାର ଲକ୍ଷ୍ୟ ନୁହେଁ। ସେ ବାରମ୍ବାର ସମାଜର ଉନ୍ନତି କରେ... ତେଣୁ ଦକ୍ଷତାଭିତ୍ତିକ କାର୍ଯ୍ୟପ୍ରଣାଳୀ ସ୍ଥିର କରି ସେ ନିଜର ମୂଳ ଉତ୍ପାଦ (Core Produce)ରେ ଜ୍ଞାନକୌଶଳ ପ୍ରୟୋଗ କରେ ଓ ତଦ୍‌ଜନିତ ଲାଭକୁ ସମାଜର ଉନ୍ନତି କଳ୍ପେ ବ୍ୟବହାର କରେ।

ସାମ୍ୟବାଦ ଚିନ୍ତାଧାରାର ପ୍ରଭାବ ଓ ବ୍ରିଟିଶ ଉପନିବେଶବାଦରୁ ମୁକ୍ତିଜନିତ ଉତ୍କଣ୍ଠାରୁ ଆମେ ଏପରି ଏକ ଅର୍ଥ ବ୍ୟବସ୍ଥା ସ୍ଥିରକଲୁ ଯେଉଁଥିରେ ଦକ୍ଷତା ବଦଳରେ ସାମାଜିକ ଲକ୍ଷ୍ୟ ମୂଳଆଧାର ହେଲା ଓ ତା'ର କୁପ୍ରଭାବରେ ମାତ୍ର ୪୫ ବର୍ଷରେ ଯୋଜନାମୂଳକ ଅର୍ଥନୀତି ଧରାଶାୟୀ ହେଲା। ପଚଶ ଦଶକରେ ମୁଣ୍ଡପିଛା ଆୟ ଡଲାର ଆକଳନରେ ଆମେରିକା (୨୪୦୦), ଜାପାନ (୨୫୦) ଓ ଭାରତ (୮୦)

ଥିଲା। ୧୯୯୨ ମସିହା ବେଳକୁ ଏହା ବଢ଼ି ଯଥାକ୍ରମେ ୨୧,୦୦, ୨୨,୦୦୦ ଓ ୩୧୦ ହୋଇଥିଲା। ୧୯୯୫ବେଳକୁ ଆମେରିକା (୨୪୦୦୦)କୁ ପଛରେ ପକାଇ ଜାପାନ ୩୫,୦୦୦ରେ ପହଞ୍ଚିଲାବେଳକୁ ଭାରତ ୩୯୦ରେ ହିଁ ରହିଲା। ମୁଦ୍ରା ବିନିମୟରେ ମଧ୍ୟ ଏହି ତାରତମ୍ୟ ପ୍ରକାଶ ପାଏ।

୧୯୪୫ରେ ଗୋଟିଏ ଡଲାର ବଦଳରେ ଜଣେ ୪୪୦ ଜାପାନୀ ୟେନ ଓ ୪.୫୦ ଟଙ୍କା ପାଉଥିଲା। ୧୯୯୨ରେ ଗୋଟିଏ ଡଲାରର ମୂଲ୍ୟ ୧୨୫ ୟେନ ଓ ୩୦ ଟଙ୍କା ଥିଲା। ତେଣୁ ଅର୍ଥନୀତି ଉଦାରୀକରଣର ପ୍ରଭାବ ଯେ ଏକ ଧ୍ୱସ୍ତବିଧ୍ୱସ୍ତ ଦେଶକୁ ବିଶ୍ୱଦରବାରରେ ଶ୍ରେଷ୍ଠତା ଦେଇପାରେ ତାହା ପୁନର୍ବାର ପ୍ରମାଣିତ ହୋଇଛି।

ଓଡ଼ିଆରେ ଯେଉଁ ପ୍ରବାଦ ଅଛି 'ଦଳେଇ ଆଇଲେ ମୂଳରୁ ଗା' ସେଇଟି ଆମର ଅର୍ଥନୈତିକ ଆଭିମୁଖ୍ୟରେ ପରିବର୍ତ୍ତନ ପାଇଁ ବ୍ୟବହାର କରାଯାଇପାରେ। ସ୍ୱାଧୀନତା ସମୟରେ ଆମର ଏମଆରଟିପି, ଫେରା, ଲାଇସେନ୍‌ସ ରିହାତି (ସବସିଡ଼ି), ଆମଦାନୀ ଜନିତ କର ଓ କ୍ୟାପିଟାଲ ଇସ୍ୟୁର ନିୟନ୍ତ୍ରଣ ଇତ୍ୟାଦି ନ ଥିଲା। ତେଣୁ ଆମେ ମୁକ୍ତ ଅର୍ଥନୀତିଟି ବ୍ରିଟିଶ ଶାସକଙ୍କଠାରୁ ପାଇଥିଲୁ ଅଥଚ ପୁଞ୍ଜିବାଦର ଅହେତୁକ ଭୟ ଓ ରାଜନୈତିକ ଧ୍ରୁବୀକରଣ ପାଇଁ ଆମେ ନିଜକୁ ସାମାଜିକ ନ୍ୟାୟର ଶୃଙ୍ଖଳରେ ବାନ୍ଧି ଧରାଶାୟୀ ହେଲୁ। ନେଡିଗୁଡ଼ କହୁଣୀକୁ ବୋହିଗଲା ପରେ ପୁଣି ଏହି ଶୃଙ୍ଖଳମାନଙ୍କୁ ଛିଡ଼େଇ ଏକ ମୁକ୍ତ ଅର୍ଥନୀତିର ବୀଜମନ୍ତ୍ର ଗାନ କଲୁ। ମାତ୍ର ରବରଟି ଯେମିତି ଟାଣିହୋଇ ବିକୃତି ପାଏ ଓ ପୁନଶ୍ଚ ନିଜର ବିନ୍ୟାସକୁ ଫେରିବା ପାଇଁ କିଛି ସମୟ ନିଏ ଆମର ଏହି ଧ୍ରୁବୀକରଣର ସଫଳତା କିଛି ବର୍ଷ ପରେ ହିଁ ଜଣାପଡ଼ିବ।

ଭାରତର ଅର୍ଥନୀତିର ଗତି ଓ ପ୍ରକୃତି ସମ୍ବନ୍ଧରେ 'ଟାଇମ' ପ୍ରତିକାରେ ମେ' ୨୨ ତାରିଖରେ ଏକ ଆକଳନ ପ୍ରକାଶ ପାଇଛି। ଯେତେବେଳେ ଆମେ ନିଜର ସଫଳତାକୁ ଏସୀୟ ମହାଦେଶର ବାଘ ବୋଲି କୁହାଯାଉଥିବା ଦେଶ ଯଥା ତାଇୱାନ, ସିଙ୍ଗାପୁର, କୋରିଆ, ହଂକଂ, ମାଲେସିଆ ଇତ୍ୟାଦିଙ୍କ ସହ ତୁଳନା କରୁ! ଅନେକ ବିଶେଷଜ୍ଞ ଏହାର ବିରୋଧ କରନ୍ତି। ସେମାନଙ୍କର କହିବାନୁସାରେ ଭାରତ ଏକ ଜନବହୁଳ ଦେଶ ଓ ଏହାର ଧନୀ-ଗରିବର ତାରତମ୍ୟ ଅଧିକ, ଭାଷାଗତ ଓ ଭାବଗତ ଐକ୍ୟତାର ଅଭାବ ତଥା କୁଶଳୀ କାରିଗରିର ଅଭାବ ରହିଥିବାରୁ ଏହି କ୍ଷୁଦ୍ରକାୟ ଦେଶମାନଙ୍କର ଅର୍ଥନୈତିକ ବିକାଶ ସହ ତୁଳନା ସମୀଚୀନ ନୁହେଁ। ଟାଇମ୍ ପତ୍ରିକା ଭାରତର ଅର୍ଥନୈତିକ ଅଭିବୃଦ୍ଧିକୁ ପଡ଼ୋଶୀ ଚୀନ ସହ ତୁଳନା କରିଛି। ହାରାହାରି ବାର୍ଷିକ ଅଭିବୃଦ୍ଧି ହାରର ଲକ୍ଷ୍ୟ ଆମ ପାଇଁ ଶତକଡ଼ା ୬ ହୋଇଥିବା ବେଳେ ଚୀନିମାନେ ଶତକଡ଼ା ପଚିଶ ରଖିଛନ୍ତି। ମୁଣ୍ଡପିଛା ମୋଟ ଜାତୀୟ ଉତ୍ପାଦ (GNP)

ଡଲାର ମୂଲ୍ୟରେ ଗତବର୍ଷ ଭାରତ ପାଇଁ ଥିଲା ୩୧୦ ଓ ଚୀନ ପାଇଁ ୫୧୦ ଅର୍ଥାତ୍ ଭାରତର ଅର୍ଥନୀତି ଚାଇନାର ଅଧାରୁ ଅଧିକ। ମାତ୍ର ଆମର ଆକଳନ ଯେ, ଶତକଡ଼ା ଆଠ ହାରରେ ଆମେ ଆସନ୍ତା ଦଶବର୍ଷ ପର୍ଯ୍ୟନ୍ତ ଉତ୍ପାଦ ବୃଦ୍ଧି କରିବୁ। ତେଣୁ ଆମର ମୁଣ୍ଡପିଛା ମୋଟ ଉତ୍ପାଦ ଏକ ହଜାରର ଡଲାର ହେଲାବେଳକୁ ଚୀନର ୩୨୦୦ ହେବ। ତେଣୁ ଆଗାମୀ ଦଶବର୍ଷରେ ଆମର ଅର୍ଥନୀତି ଚାଇନାର ଏକ ତୃତୀୟାଂଶ ହୋଇଯିବ।

ଏପରି ଅବସ୍ଥାରେ ରାଜନୈତିକ ଉତ୍‌ଥାନପତନ, କୃଷି ଉତ୍ପାଦନରେ ପ୍ରାକୃତିକ ବିପର୍ଯ୍ୟୟ ଜନିତ ମନ୍ଥର ଅଭିବୃଦ୍ଧି, ଧର୍ମ ଓ ଜାତିଗତ ଦଙ୍ଗା ଓ ଅନବରତ ବୃଦ୍ଧି ପାଉଥିବା ବିଦେଶୀ ଋଣଭାର ଆମର ଅର୍ଥନୈତିକ ବ୍ୟବସ୍ଥାକୁ ଆଘାତ କରି ଆମେ ଲକ୍ଷ୍ୟ ରଖିଥିବା ଶତକଡ଼ା ଆଠ ଅଭିବୃଦ୍ଧିକୁ ବି କମେଇ ଦେବ। ତେଣୁ ଆଗାମୀ ଦିନରେ ଆମର ଗତି କୁଆଡ଼େ ଏକଥା ସହଜରେ ଅନୁମେୟ।

ଆହା ମୋ ପଖାଳ କଂସା !

ଏଇଟି ଓଡ଼ିଶାର ଜଣେ ପ୍ରତିଷ୍ଠିତ ସଙ୍ଗୀତକାରଙ୍କର ଏକ ଜନପ୍ରିୟ ଗୀତର ପ୍ରଥମ ପଦ । ପଖାଳ କଂସା କହିଲେ ହୁଏତ ଏବକାର ନବୀନମାନେ ବୁଝିପାରିବେ ନାହିଁ ମାତ୍ର ଏପରି ଉପମାର ପ୍ରୟୋଗ ଏକ ଗ୍ରାମ୍ୟଭିତ୍ତିକ ଚିତ୍ର ପ୍ରଦାନ କରେ । ଗାଁ ଗହଳିର ସରଳ ଜୀବନଯାପନ ପ୍ରଣାଳୀରେ ଏହି ପଖାଳ କଂସା ଆମମାନଙ୍କୁ ଗ୍ରାମ୍ୟ ବଜାର (Rural Market) ବିଷୟରେ ସମ୍ୟକ୍ ସୂଚନା ପ୍ରଦାନ କରେ ।

ବଡ଼ ବଡ଼ କମ୍ପାନୀମାନେ ଭାରତର ଗ୍ରାମ୍ୟ ବଜାରରେ ପ୍ରଥମରୁ ତାଙ୍କର ଉତ୍ପାଦମାନଙ୍କୁ ବିକ୍ରୟ କରିବା ପାଇଁ ଆଗ୍ରହୀ ନ ଥିଲେ । ତେଣୁ ଭାରତ ପରି ଏକ କୃଷିଭିତ୍ତିକ ଦେଶରେ ବଜାର କହିଲେ କେତେଗୋଟି ସହରକୁ ହିଁ ବୁଝାଉଥିଲା । ସହର ବଜାର (Urban Market)ରେ ବିକ୍ରୟ କରିବାର ଅନେକ ସୁବିଧା ରହିଛି । ପ୍ରଥମ ସୁବିଧାଟି ହେଉଛି ଗୋଟିଏ ଜାଗାରେ ଗ୍ରାହକମାନଙ୍କର ଅତ୍ୟୁଚ୍ଚ ସାନ୍ଦ୍ରତା (Customer density) । ଦ୍ୱିତୀୟତଃ ସହରାଞ୍ଚଳର ଗ୍ରାହକ ପ୍ରାୟତଃ ବେତନଭୋଗୀ । ତେଣୁ ତାହାର ରୋଜଗାରରେ ସ୍ଥିରତା ହେତୁ ବର୍ଷର ପ୍ରତ୍ୟେକ ସମୟରେ ପଦାର୍ଥମାନଙ୍କର ବିକ୍ରୟଜନିତ ସୁବିଧା । ଶିକ୍ଷାର ମାନ ଓ ବିଭିନ୍ନ ଗଣ ଯୋଗାଯୋଗ ବ୍ୟବସ୍ଥାର ନିକଟରେ ରହିଥିବାରୁ ଉତ୍ପାଦକ ସୁରୁଖୁରୁରେ ନିଜର ଉତ୍ପାଦର ବିଜ୍ଞାପନ, ବଣ୍ଟନ ଓ ବଜାର ଗବେଷଣା କରିପାରିଥାଏ । ଯୋଜନାଭିତ୍ତିକ ଅର୍ଥନୀତି ହେତୁ

ଉତ୍ପାଦକମାନେ ସରକାରଙ୍କର ଦ୍ରୁତ ଶିଳ୍ପାୟନ ପାଇଁ ଦିଆଯାଉଥିବା ଆନୁଷଙ୍ଗିକ ରିହାତି ଓ ସୁବିଧାର ଫାଇଦା ନେଲାବେଳେ ଅନ୍ୟପକ୍ଷରେ ସମଗ୍ର ଜନସଂଖ୍ୟାର ଏକ ବୃହତ୍ ଶତାଂଶ ମଧ୍ୟବିତ୍ତ ଶ୍ରେଣୀ ହିସାବରେ ବାହାରିଲେ। ଏକ କୃଷିଭିତ୍ତିକ ବ୍ୟବସ୍ଥା ଭିତରେ ଦ୍ରୁତ ଶିଳ୍ପାୟନ ପାଇଁ ସରକାର ମଧ୍ୟ ବିଭିନ୍ନ ବିଭାଗରେ ବହିର୍ଦେଶୀୟ କମ୍ପାନୀମାନଙ୍କୁ ପ୍ରବେଶ କରିବା ପାଇଁ ସୁଯୋଗ ଦେଲେ ନାହିଁ। ଫଳସ୍ୱରୂପ ଭାରତୀୟ ଶିଳ୍ପ ବିଶେଷତଃ ଗ୍ରାହକ ସେବାରେ ବ୍ୟସ୍ତ ଶିଳ୍ପାନୁଷ୍ଠାନମାନେ ନିଜର ଲାଭର ମାତ୍ରା ବୃଦ୍ଧି କରିବାରେ ଲାଗିଲେ।

ଏପରି ଭାବରେ ସହର ବଜାରର ଅଭିବୃଦ୍ଧି ଚାଲିଥିଲାବେଳେ ଭାରତର ଗ୍ରାମ୍ୟବଜାରରେ କିଛି ପରିବର୍ତ୍ତନ ଦେଖିବାକୁ ମିଳିଲା ନାହିଁ। ଗ୍ରାମ୍ୟବଜାର ପ୍ରତି ଦେଶୀୟ କମ୍ପାନୀମାନେ ବୀତସ୍ପୃହ ହେବାର ଅନେକ କାରଣ ରହିଛି। ମୁଖ୍ୟତଃ ଗ୍ରାମ୍ୟବଜାରର ଲକ୍ଷ୍ୟ ଗ୍ରାହକ (Target Customer) ହେଲେ ଚାଷୀ। ଜଳସେଚନର ଅସୁବିଧା ହେତୁ ଏକ ବିରାଟ ଭାଗ ଚାଷୀ ବର୍ଷକୁ ମାତ୍ର ଗୋଟିଏ ଫସଲ ଉତ୍ପାଦନ କଲେ, ତେଣୁ ତାହାର ରୋଜଗାରରେ ବ୍ୟତିକ୍ରମ ରହିଲା। ଶିକ୍ଷାର ଅଭାବ ହେତୁ ପରିବାରର ସଦସ୍ୟ ସଂଖ୍ୟା ଅଧିକ ହେବାରୁ ଗ୍ରାହକର ସଞ୍ଚୟ କମ୍ ହେଲା। ଏପରି ବ୍ୟବସ୍ଥା ସହ ଯୋଡ଼ି ହୋଇଗଲା ଗୋଟିଏ ଗ୍ରାମରେ ଗ୍ରାହକମାନଙ୍କ ସଂଖ୍ୟା। ଭାରତର ଗ୍ରାମଗୁଡ଼ିକ ଛୋଟ ଓ ଏଥିରେ କ୍ରୟକ୍ଷମତା ରଖୁଥିବା ଗ୍ରାହକମାନଙ୍କ ସ୍ୱଳ୍ପତା ହେତୁ ଦେଶୀୟ କମ୍ପାନୀମାନେ ଏହି ବଜାର ପ୍ରତି ଧ୍ୟାନ ଦେଲେ ନାହିଁ।

କଥାରେ ଅଛି ଆଗେ ଉଠିବ ଯିଏ ଲହୁଣୀ ଖାଇବ ସିଏ। ବହୁରାଷ୍ଟ୍ରୀୟ କମ୍ପାନୀମାନେ ଗବେଷଣାରୁ ଜାଣିପାରିଲେ ଯେ, ଏହି ଗ୍ରାମ୍ୟବଜାରରେ ମଧ୍ୟ ସହରାଞ୍ଚଳର ଉତ୍ପାଦ ବିକ୍ରୟ କରାଯାଇପାରିବ। ଏବେ ଦେଖାଯାଇଛି ଯେ, ଭାରତର ଗ୍ରାମ୍ୟବଜାର ସମଗ୍ର ୟୁରୋପ ବଜାରର ତିନିଗୁଣ। ତେଣୁ ଏକ ସଫଳ ମାର୍କେଟିଂ କୌଶଳର ପ୍ରୟୋଗଦ୍ୱାରା ଏପରି ବିଶାଳ ବଜାରରେ ପ୍ରବେଶ କରାଯାଇପାରେ।

ଅନ୍ୟପାଖରେ ସହର ବଜାରରେ ଉତ୍ପାଦକମାନଙ୍କର ଚାହିଦାକୁ ଦେଖି ଅନେକ କମ୍ପାନୀମାନଙ୍କର ବଜାର ପ୍ରବେଶ ଘଟିଲା। ଗ୍ରାହକମାନଙ୍କୁ ନିଜ ଆଡ଼କୁ ଆକର୍ଷିତ କରିବା ପାଇଁ ଲୋଭନୀୟ ବିଜ୍ଞାପନ, ବାରମ୍ବାର ବଜାର ଦର କମାଇବାଦ୍ୱାରା ଲାଭର ମାତ୍ରା ସଙ୍କୁଚିତ ହୋଇଗଲା। ବଜାର ମଧ୍ୟସ୍ଥି (Marketing Intermediaries) ମାନେ ମଧ୍ୟ ସେମାନଙ୍କର କମିଶନର ମାତ୍ରା ବଢ଼ାଇଦେଲେ। ଯେଉଁ କମ୍ପାନୀମାନେ ସେମାନଙ୍କର ଇଚ୍ଛାନୁସାରେ କମିଶନ ଦେଲେ ନାହିଁ ସେମାନଙ୍କର ଉତ୍ପାଦ ବିକ୍ରୟ ହୋଇପାରିଲା ନାହିଁ। ଖବରକାଗଜ, ଦୂରଦର୍ଶନ, ରେଡ଼ିଓ ଇତ୍ୟାଦି ମାଧ୍ୟମଗୁଡ଼ିକ

ମଧ୍ୟ ନିଜର ଦର (Tariff) ବୃଦ୍ଧି କରିଦେଲେ। ଏପରି ପରିସ୍ଥିତିରେ କମ୍ପାନୀମାନେ ବାଧ୍ୟ ହୋଇ ଗ୍ରାମ୍ୟ ବଜାରରେ ପ୍ରବେଶ କରିବା ପାଇଁ ସ୍ଥିର କଲେ।

ଏନଇପିସି କମ୍ପାନୀଦ୍ୱାରା ପ୍ରସ୍ତୁତ ହାଲୋ ସାମ୍ପୁ ଛୋଟ ସାଚେଟ୍‌ରେ ପ୍ରସ୍ତୁତ ହୋଇ ଭାରତୀୟ ଗ୍ରାମ୍ୟ ବଜାରରେ ସଫଳତା ପାଇଲା। ନିର୍‌ମା ସାବୁନ୍ ଓ ପାଉଡ଼ର ମଧ୍ୟ ନିଜର ଦର କମାଇ ସାଧାରଣ ଗ୍ରାମ୍ୟ ଗ୍ରାହକ ପାଇଁ ବିକ୍ରୟଯୋଗ୍ୟ ହୋଇପାରିଲା। ଯେହେତୁ ଗ୍ରାମ୍ୟବଜାରରେ ଗ୍ରାହକର କ୍ରୟକ୍ଷମତା ସୀମିତ କମ୍ପାନୀମାନେ ସାଚେଟ୍, ପଲିପ୍ୟାକ ଓ ଛୋଟ ଟେଟ୍ରାପ୍ୟାକରେ ଉତ୍ପାଦ ବିକ୍ରୟ କରିବାକୁ ଲାଗିଲେ। ଅତିଶୀଘ୍ର ଶେଷ ହେଉଥିବା ପଦାର୍ଥ (FMCG)ମାନେ ଯେ କେବଳ ଏପରି କୌଶଳ ପ୍ରୟୋଗ କରୁଛନ୍ତି ତାହା ନୁହେଁ, ବଜାଜ କମ୍ପାନୀ ଏମ୍-୮୦ ବାଇକ୍‌ଟି ଗ୍ରାମ୍ୟ ବଜାର ପାଇଁ ପ୍ରସ୍ତୁତ କରିଛି। ଟ୍ରାକ୍ଟର ଟାୟାର, ପରିବାର ନିୟୋଜନରେ ବ୍ୟବହୃତ କଣ୍ଡୋମ ପ୍ରସ୍ତୁତକାରୀ କମ୍ପାନୀମାନେ ଏବେ ଗ୍ରାମ୍ୟ ବଜାର ପ୍ରତି ସଚେତନ ହୋଇସାରିଲେଣି।

ଭାରତର ଗ୍ରାମ୍ୟ ଜୀବନ ମେଳା ମଉଛବ ତଥା ଉତ୍ସବ ମୁଖର ହୋଇଥିବାରୁ କମ୍ପାନୀମାନେ ପର୍ବପର୍ବାଣି ସମୟରେ ହେଉଥିବା ଗହଳି ଓ ସାମୟିକ ହାଟମାନଙ୍କରେ ନାଚ, ତାମ୍‌ସା, ପ୍ରଦର୍ଶନୀଦ୍ୱାରା ନିଜ ପଦାର୍ଥମାନଙ୍କର ବିଜ୍ଞାପନ ଅତି ଶସ୍ତା ଦରରେ କରିପାରୁଛନ୍ତି। ପରିବହନ ଓ ବଣ୍ଟନଜନିତ ମୂଲ୍ୟ କିପରି କମାଯାଇ ଅଧିକ ଲାଭ ହେବ ତାହା ବିଷୟରେ ଗବେଷଣା କରୁଛନ୍ତି।

ଏପରି ଏକ ସମୟ ଆସିବ, ଆମର ମୁଢ଼ି ଜାଗାରେ ନେସ୍‌ଲେର ମାଗି, ସୋରିଷ ତେଲ ଜାଗାରେ ଦେହରେ ଲଗେଇବା ପାଇଁ ମାରିକୋ ତେଲ, ମୁଣ୍ଡ ଧୋଇବା ପାଇଁ ଚୁଲି ପାଉଁଶ ବଦଳରେ ସାମ୍ପୁ ଆମ ଗ୍ରାମ୍ୟ ଜୀବନର ଅଙ୍ଗବିଶେଷ ହୋଇଯିବ। ସେତିକିବେଳେ ହିଁ ମଣଷ ଖୋଜିବ ତା' ପଖାଳ କଂସାର ଜୀବନ।

■

ଦୀର୍ଘଶ୍ୱାସର ଛାଇ

ଫୁଲାମ୍ମା' ଜଣେ କାମବାଲୀ। ସେ ଆମ କଲୋନୀରେ ପ୍ରାୟ ଦଶଟି ଘରେ କାମଦାମ କରେ। ତା'ର ଦୁଇଟି ଝିଅ। ସ୍ୱାମୀ ରେଲଷ୍ଟେସନ ଛକରେ ରିକ୍‌ସା ଚଳାଏ। ସେମାନେ ଛତ୍ରପୁର ପାଖ କେଉଁ ଗୋଟିଏ ଗାଁରୁ ଉଠିଆସି ସିଦ୍ଧାର୍ଥ ହୋଟେଲ ପଛପାଖ ବସ୍ତିରେ ରୁହନ୍ତି। ସରକାରୀ ଜମିରେ ଆଣ୍ଡେଇଥିବା ତା'ର ଘର ଭିତରେ ଜଳୁଥାଏ ସରକାରୀ ଆଲୁଅ। ସେ ଆଲୁଅ ପୁଣି ବିନା ପଇସାରେ। ହୁକ ପକାଇ ପାଖ ବତୀଖୁଣ୍ଟରୁ ବିଦ୍ୟୁତ୍ ସଂଯୋଗ ହୋଇଛି। ତେଣୁ ପ୍ରାୟତଃ ବିଦ୍ୟୁତ୍ ବିଭାଗ ଲାଇନ୍‌ମ୍ୟାନଙ୍କୁ କିଛି ହାତଗୁଞ୍ଜା ଦେଇ ସେମାନେ ଗତ ଦଶବର୍ଷ ହେଲା ଆରାମରେ ଚଳି ଆସୁଛନ୍ତି। ଫୁଲ୍ଲାମ୍ମା' ସମସ୍ତଙ୍କ ଆଖିରେ ଗରିବ ଲୋକ। ନା ସେ ସଫା ଶାଢ଼ୀ ପିନ୍ଧେ ନା ବାସଅତର ପକାଇ ପାଖପଡ଼ୋଶୀଙ୍କ ସାଙ୍ଗରେ କଜିଆ କରେ। ଦିନରାତି ଖଟୁ ଖଟୁ କଟିଯାଏ ତା'ର ସମୟ।

ଆଶ୍ଚର୍ଯ୍ୟର ବିଷୟ ଏତିକି ଯେ, ଗରିବ ଫୁଲାମ୍ମା'ର ସ୍ୱାମୀ ରିକ୍ସା ଚଳେଇଲାବେଳେ ବାରମ୍ବାର ହାତଘଣ୍ଟା ଦେଖେ। ଦୁଇଝିଅ ଯାକ ଗତ ରାତିରେ ଦେଖିଥିବା ଚିତ୍ରହାରରୁ ହିନ୍ଦୀ ଗୀତ ଗାଇ ଖରାବେଳ ସାରା ଡିଅନ୍ତି। ତାଙ୍କ ଘରେ ଗୋଟିଏ ପୋର୍ଟେବଲ୍ ଟିଭି ଅଛି। ସ୍ୱାମୀ ସନ୍ତାନଙ୍କ ପାଇଁ ଶୀଘ୍ର ଖାଇବାର ଆୟୋଜନ କରି ବାବୁ ଭାୟାମାନଙ୍କ ଘରେ କାମ କରିବା ପାଇଁ ଆସିପାରିବାର

ବାହାବାଟିଏ ଆଦରିବାର ପଛରେ ଅଛି ତା' ଘରେ ଗୋଟିଏ ହକିନ୍‌ସ ପ୍ରେସର କୁକୁର। ଦିନେ ଦିନେ ସଞ୍ଜବେଳେ ତେଲୁଗୁ ସିନେମା ଦେଖିବା ପାଇଁ ତା'ବର ସାଇକେଲ ପଛରେ ବସେଇନିଏ ସମଗ୍ର ସଂସାର। ଅଥଚ ଏମାନେ ସମସ୍ତଙ୍କ ଆଗରେ ଗରିବ। ସରକାରଙ୍କ ଦୃଷ୍ଟିରେ ଦାରିଦ୍ର୍ୟର ସୀମାରେଖାତଳେ ରହୁଥିବା ମଣିଷ।

ବଜାର ପରିଚାଳନା କରୁଥିବା ଅଧିକାରୀମାନେ ସର୍ବଦା ଉତ୍ପାଦର ମୂଲ୍ୟ ସ୍ଥିର କଲାବେଳେ ଲକ୍ଷ୍ୟ ଗ୍ରାହକ (Target Customer)ମାନଙ୍କର କ୍ରୟ କ୍ଷମତାକୁ ମାନଦଣ୍ଡ ହିସାବରେ ଗ୍ରହଣ କରିଥାନ୍ତି। ଏହାଛଡ଼ା ଅନ୍ୟ ଯେଉଁ ବିଷୟଗୁଡ଼ିକ ପ୍ରତି ଧ୍ୟାନ ଦିଆଯାଏ ତାହାହେଲା, ଜୀବିକାର ମାଧ୍ୟମ, ବାସସ୍ଥଳୀ, ଉପାର୍ଜନର ଧାରା, ସଞ୍ଚୟର ଅବଧି ଇତ୍ୟାଦି। ଏ ସବୁ ଦୃଷ୍ଟିକୋଣରୁ ଦେଖିଲେ ଜଣେ ବୁଝିପାରିବ ଯେ ଫୁଲାମ୍ମା' ଓ ତା'ର ପରିବାରର ଲୋକମାନେ କୌଣସି କମ୍ପାନୀ ପାଇଁ ଲକ୍ଷ୍ୟ ଗ୍ରାହକ ନୁହନ୍ତି। ଅଥଚ ଭାରତୀୟ ବଜାରରେ ଅନେକ କମ୍ପାନୀ ଏମାନଙ୍କୁ ହିଁ ନିଜର ଲକ୍ଷ୍ୟ କରିଲେଣି। ଭାରତ ପରି ଦେଶରେ ଗୋଟିଏ ଶ୍ରେଣୀ (Class)କୁ ବ୍ୟବହାର କରିବା କଷ୍ଟ। ସାଧାରଣତଃ ବିଦେଶରେ ଏହା ଗ୍ରାହକର ଅର୍ଥନୈତିକ ଅବସ୍ଥା ଓ କ୍ରୟ କରିବାର ଇଚ୍ଛା ଉପରେ ସ୍ଥିର କରାଯାଇଥାଏ। ଭାରତର ଅର୍ଥନୈତିକ ମାନଚିତ୍ର ସାମାଜିକ ବୈଷମ୍ୟ ପରି ଜଟିଳ।

ତେଣୁ କ୍ରୟ କ୍ଷମତା କେବଳ ରୋଜଗାରଦ୍ୱାରା ନିର୍ଣ୍ଣିତ ନ ହୋଇ ନିର୍ଭର କରେ ସାଂସ୍କୃତିକ ଚେତନା, ସମାଜର ଏକ ନିର୍ଦ୍ଦିଷ୍ଟ ଶ୍ରେଣୀରେ ସ୍ୱୀକୃତିଜନିତ ଇଚ୍ଛା, ନିଜର ସ୍ଥିତି, ଉପାର୍ଜନର ଉତ୍ସ ଓ ଶିକ୍ଷାର ମାନ। ଗୋଟିଏ ପ୍ରକାର ରୋଜଗାର କରୁଥିବା ଶ୍ରେଣୀ ମଧ୍ୟରେ କ୍ରେତା ବ୍ୟବହାର (Consumer Behaviour) ରେ ମଧ୍ୟ ଏକ ବ୍ୟାପକ ବିଭେଦ ଦେଖାଦିଏ।

ଜାତୀୟ ପ୍ରୟୋଗିକ ଅର୍ଥନୀତି ଓ ଗବେଷଣା ପରିଷଦ (NCAER) ବିଭିନ୍ନ ସମୟରେ ଭାରତର ବଜାର ଉପରେ ଗବେଷଣା କରୁଅଛି। ୧୯୯୨-୯୩ ମସିହାରେ ସର୍ବନିମ୍ନ ଶ୍ରେଣୀର ବାର୍ଷିକ ରୋଜଗାର କ୍ଷମତା ୧୮,୦୦୦ ଟଙ୍କା ସ୍ଥିର ହୋଇଥିଲାବେଳେ ୧୯୮୫-୮୬ରେ ଏହା ୯,୦୦୦ ଟଙ୍କା ଥିଲା। ଭାରତର ଗ୍ରାହକ ବଜାରକୁ ସାମଗ୍ରିକ ଭାବରେ ପାଞ୍ଚଟି ଶ୍ରେଣୀରେ ବିଭକ୍ତ କରାଯାଇଛି। ଗବେଷଣାରୁ ଜଣାଯାଇଛି ଯେ, ଭାରତରେ ପ୍ରାୟ ୯.୩ କୋଟି ଲୋକ ଏହି ଦାରିଦ୍ର୍ୟ ସୀମାରେଖା ଆଖପାଖରେ ଅଛନ୍ତି। ଏମାନଙ୍କ ମଧ୍ୟରେ ୧୮.୫ ଲକ୍ଷ ରେଡ଼ିଓ, ୬.୮ ଲକ୍ଷ କଳାଧଳା ଟେଲିଭିଜନ, ୬.୭ ଲକ୍ଷ ପ୍ରେସରକୁକୁର, ୪୧.୨

ଲକ୍ଷ ଟର୍ଚ୍ଚ, ୨୪.୬ ଲକ୍ଷ ସାଇକେଲ, ୫୦ ଲକ୍ଷ ଘଣ୍ଟା ଓ ୧୮ ଲକ୍ଷ ବିଦ୍ୟୁତ୍ ପଙ୍ଖା ବିକ୍ରୟ ହୋଇଛି। ତେଣୁ ଦାରିଦ୍ର୍ୟ ରେଖାର ସାମାନ୍ୟ ଉପରେ ଥିବା ଲୋକମାନଙ୍କ ମଧ୍ୟରେ ଯେ କ୍ରୟକ୍ଷମତା ରହିଛି ଓ ଏତେ ପରିମାଣରେ ଉତ୍ପାଦ ବିକ୍ରୟ ହୋଇପାରୁଛି ଭାବିଲେ ଯେ କେହି ନିଶ୍ଚୟ ଆଶ୍ଚର୍ଯ୍ୟ ହେବ। ଏହି ସର୍ଭେରୁ ଜଣାପଡ଼ିଛି ଯେ, ଅଧିକାଂଶ ଲୋକଙ୍କର ରୋଜଗାରର ମାଧ୍ୟମରେ ପରିବର୍ତ୍ତନ ହୋଇଛି। ୧୯୯୨-୯୩ ରୁ ୧୯୯୫-୯୬ ମଧ୍ୟରେ ପ୍ରାୟ ୨୪ ଶତାଂଶ ଲୋକ ଗ୍ରାମାଞ୍ଚଳ ଛାଡ଼ି ସହରାଞ୍ଚଳ ଦିଗରେ ଅଗ୍ରସର ହୋଇଛନ୍ତି। ଏହି ସମପରିମାଣର ଜନତା କୃଷିଭିତ୍ତିକ କର୍ମରୁ ନିବୃତ୍ତ ହୋଇ ଦିନ ମଜୁରିଆ ଭାବରେ ଉପାର୍ଜନ କରୁଛନ୍ତି।

ଯଦିଓ ବଜାର କୌଶଳ ଦୃଷ୍ଟିକୋଣରୁ ଏପରି ଏକ ବଜାରର ସ୍ୱତଃ ସୃଷ୍ଟି ଏକ ସୁଖବର ତଥାପି ଏହାର ସାମାଜିକ ଦିଗ ପ୍ରତି ସଚେତନ ରହିବା ମଧ୍ୟ ଏକ କର୍ତ୍ତବ୍ୟ। ଏହି ପରିମାଣର ଜନସଂଖ୍ୟା ସହରକୁ ଆସିବାଦ୍ୱାରା ଗ୍ରାମାଞ୍ଚଳର ଅର୍ଥନୈତିକ ଅଭିବୃଦ୍ଧିରେ ଘୋର ବାଧା ସୃଷ୍ଟି ହୋଇଛି।

ଗ୍ରାମ୍ୟ ସମ୍ପତ୍ତି ଯଥା ଜମିଜମା, ଜଙ୍ଗଲ ଓ ଜଳବ୍ୟବସ୍ଥା ଅବହେଳିତ ହୋଇଛି। ସହରକୁ ଆସିବାଦ୍ୱାରା ସହରର ବସ୍ତିଗୁଡିକ ଅସମ୍ଭବ ଭାବରେ ବୃଦ୍ଧିପାଉଛି। ପ୍ରାୟତଃ ଲୋକ ଅଣକୁଶଳୀ ହୋଇଥିବାରୁ ସହରରେ ଦଲାଲମାନଙ୍କଦ୍ୱାରା ନିର୍ଯ୍ୟାତିତ ହୁଅନ୍ତି। ତେଣୁ ଯେଉଁ ଆର୍ଥିକ ସଫଳତାର ସ୍ୱପ୍ନ ନେଇ ଆସିଥାନ୍ତି, ତାହା ପୂରଣ ହୋଇପାରେ ନାହିଁ। ଦ୍ୱିତୀୟତଃ ସ୍ୱାସ୍ଥ୍ୟଗତ ସଙ୍କଟର ମଧ୍ୟ ସାମ୍ନା କରିବାକୁ ପଡ଼େ। ବସ୍ତି ଅଞ୍ଚଳଗୁଡ଼ିକ ଷ୍ଟେସନ, ବଜାର ଓ ନାଳନର୍ଦ୍ଦମା କଡ଼ରେ ଗଢ଼ି ଉଠୁଥିବାରୁ ସାମାନ୍ୟ ସ୍ୱାସ୍ଥ୍ୟସେବା ମଧ୍ୟ ଯୋଗାଇ ଦେଇ ହୁଏ ନାହିଁ।

ସହରର ଝକଚକ୍ୟ ସର୍ବସ୍ୱ ଜୀବନଧାରଣର ଶିକାର ହୋଇ ଶୋଷଣ ମଧ୍ୟରେ ନିଜର ଭିଟାମାଟିକୁ ଫେରିପାରେ ନାହିଁ ମାଟିର କୃଷକ। ବିଭିନ୍ନ କୁଅଭ୍ୟାସର ବଶବର୍ତ୍ତୀ ହୋଇ ନିଜର ରୋଜଗାରକୁ ସିନେମା, ବେଶ୍ୟା, ମଦ ଓ ଅନ୍ୟାନ୍ୟ ନିଶାରେ ଖର୍ଚ୍ଚକରି ସର୍ବସ୍ୱାନ୍ତ ହୋଇଯାଏ ମଣିଷ। ଗ୍ରାମାଞ୍ଚଳରେ ଥିବା ସାଂସ୍କୃତିକ ମୂଳତତ୍ତ୍ୱ ମଧ୍ୟ ସମୟକ୍ରମେ ନଷ୍ଟ ହୋଇଯାଏ। ଗ୍ରାମ୍ୟ ଅର୍ଥନୀତି ସାଧାରଣତଃ ଖର୍ଚ୍ଚ ବ୍ୟବହାର (Spending Behaviour) ଉପରେ ପର୍ଯ୍ୟବସିତ ହୋଇନଥାଏ। ତେଣୁ ଯାନିଯାତରା, ମେଳା ଓ ବିବାହ ଇତ୍ୟାଦିରେ ସାମାଜିକ ଦାୟିତ୍ୱ ପାଳନ ପାଇଁ ସଞ୍ଚିତ ଅର୍ଥ କାମରେ ଆସେ।

ସହରର ପରିବର୍ତ୍ତିତ ପରିସ୍ଥିତିରେ ଅସାର ସ୍ୱପ୍ନ ଧରି ଧାଇଁ ଆସିଥିବା ମନୁଷ୍ୟମାନଙ୍କ ମଧ୍ୟରୁ ବହୁତ କମ୍ ଲୋକ ସଫଳତାର ସୂର୍ଯ୍ୟୋଦୟ ଦେଖନ୍ତି।

ଫୁଲ୍ଲମାର ସ୍ୱାମୀ ମଦ ପିଇ ପ୍ରତିରାତିରେ ତାକୁ ପିଟେ ଅଥଚ ଗାଁରେ ସେ ଥିଲା ଜଣେ ସମ୍ମାନଜନକ ମଣିଷ ।

ବଜାର ପରିଚାଳନା କରୁଥିବା ବ୍ୟବସାୟୀ ଓ ପରିଚାଳକମାନଙ୍କର ଏପରି ସମସ୍ୟାଜନିତ ସାମାଜିକ ଦାୟିତ୍ୱ ଥିଲେ ମଧ୍ୟ ସେମାନେ ଲାଭ ଆଶାରେ ନିମ୍ନ ମଧ୍ୟବିତ୍ତକୁ ବିକ୍ରୀ କରନ୍ତି ଆଶା ଓ ସ୍ୱପ୍ନ । ଏପରି ମରୀଚିକା ପଛରେ ଧାଇଁ ନିରାଶ ହୁଏ ଗରିବ କୃଷକ । ତା' ସ୍ୱପ୍ନର ଉପତ୍ୟକାରେ ଥାଏ କେବଳ ଧୂସର ନୀରବତା ଓ ଦୀର୍ଘଶ୍ୱାସର ଛାଇ ।

କୋଣାର୍କ ବିକ୍ରୀ ହେଉଛି !

ଏପରି ଏକ ଶିରୋନାମା ନିଶ୍ଚିତ ଭାବରେ ପାଠକଙ୍କୁ ଆଶ୍ଚର୍ଯ୍ୟ ଲାଗିବ। ପ୍ରକୃତରେ ଦେଖିବାକୁ ଗଲେ ବଜାର ପରିଚାଳନା ନିୟମ ଅନୁସାରେ ଏକ ସଫଳ ବିକ୍ରୟ ପାଇଁ ଗ୍ରାହକ ପଦାର୍ଥ ବା ଉତ୍ପାଦଟି ଗ୍ରହଣ କରେ ଓ ପ୍ରତିବଦଳରେ ବିକ୍ରେତା ଉତ୍ପାଦର ମୂଲ୍ୟ ଗ୍ରହଣ କରେ। ପର୍ଯ୍ୟଟନ ବଜାର ପରିଚାଳନା (Tourism Marketing) ରେ ଏପରି କିଛି ଘଟେନାହିଁ। ତେଣୁ ବର୍ଷ ବର୍ଷ ଧରି ପର୍ଯ୍ୟଟକମାନଙ୍କୁ କୋଣାର୍କ, ପୁରୀ ଓ ଭୁବନେଶ୍ୱରର ମନ୍ଦିର ବିକ୍ରୟ ଚାଲିଥିଲେ ମଧ୍ୟ ଆମେମାନେ ଏ ବିଷୟରେ ଜାଣିପାରୁନାହୁଁ।

ପର୍ଯ୍ୟଟନଜନିତ ବିକ୍ରୟ ପରିଚାଳନା ସବୁଠାରୁ ଜଟିଳ ଅଟେ। ସମଗ୍ର ବିଶ୍ୱରେ ବିଭିନ୍ନ ଦର୍ଶନୀୟ ସ୍ଥାନ ରହିଛି। ଏମାନଙ୍କ ମଧ୍ୟରୁ ଅନେକ ପ୍ରକୃତି ସୃଷ୍ଟ ଯଥା ସମୁଦ୍ରକୂଳ, ଉପତ୍ୟକା, ଘନ ଜଙ୍ଗଲ, ଜୀବଜନ୍ତୁ ଇତ୍ୟାଦି। ଏପରି କିଛି ଜାଗା ଯାହା ଅତୀତର ସ୍ୱାକ୍ଷର ବହନ କରୁଛି। ସମଗ୍ର ମାନବ ଜାତିର ପରିବର୍ତ୍ତନ ଓ ଉତ୍ଥାନର କାହାଣୀରେ ଏମାନେ ଗୋଟିଏ ଗୋଟିଏ ମାଇଲ ଖୁଣ୍ଟ। ଏମାନଙ୍କୁ ଦେଖିଲେ, ଏ ସମୟର ମଣିଷ କେବେ ଆଶ୍ଚର୍ଯ୍ୟ ହୁଏ ତ କେବେ ଆକଳନ କରିବାରେ ଅସମର୍ଥ ହୁଏ। ମନରେ ସନ୍ଦେହ ଉଙ୍କିମାରେ କେତେ ଶହ ବର୍ଷ ତଳର ମଣିଷ ଯିଏ ଅଧୁନାତନ ବିଜ୍ଞାନର ପାହାଚ ମାଡ଼ିପାରିନଥିବ, ତା'ପକ୍ଷରେ ଏପରି

ଐତିହ୍ୟପୂର୍ଣ୍ଣ ଭାସ୍କର୍ଯ୍ୟ ଛାଡ଼ିଯିବା କି ସମ୍ଭମ! ଏଇମାନଙ୍କୁ ଦେଖିଲେ ଲାଗିବ ସତେ ଯେମିତି ସମୟ ଅପେକ୍ଷାକରି ବସିଛି, ହେଇ ବିଂଶ ଶତାବ୍ଦୀର ମଣିଷ ଆସିବ ଆଉ ତାକୁ ଆଙ୍ଗୁଠି ଦେଖାଇ କହିବ 'ଦେଖ, ତୋ' ଅତୀତର ଧରୋହର କେମିତି ଛାଡ଼ିଯାଇଛି ଅନେକ ସ୍ମୃତି ଓ ଐତିହ୍ୟର ଫସିଲ! ପାରୁଛୁ ଯଦି ସାଉଁଟି ନେ ତୋ' ଆଖିରେ! ବାନ୍ଧିପାରୁଛୁ ଯଦି ନେଇନେ ତୋ' କ୍ୟାମେରାର ଯବକାଚରେ'। କୋଣାର୍କର ସୂର୍ଯ୍ୟମନ୍ଦିର, ଅଜନ୍ତା, ଏଲୋରା, ମିଶରର ପିରାମିଡ଼ମାନେ ଅତୀତର ଜୟଗାନ କଲାବେଳେ ଏବର ମଣିଷ ହତବାକ୍ ସେମାନଙ୍କର ଆକାଶୋନ୍ମୁଖୀ ଉଚ୍ଚତାରେ। ତୃତୀୟ ପ୍ରକାରର ପର୍ଯ୍ୟଟନ ଆକର୍ଷଣ (Tourism Attraction) ହେଉଛି ବିଜ୍ଞାନ ଓ ଆଧୁନିକବାଦର ବିସ୍ମୟ। ଏମାନେ ଆମର ସମକାଳରେ ସୃଷ୍ଟି ହୋଇଛନ୍ତି। ତଥାପି ବିଜ୍ଞାନର ଉତ୍କର୍ଷତା ହେତୁ ଅଜ୍ଞ ସାଧାରଣ ମାନବ ଭିତରେ ଗଢ଼ିପାରନ୍ତି ଅନେକ କୌତୂହଳ।

ଆମେରିକାରେ ସର୍ବାଧିକ ପର୍ଯ୍ୟଟକମାନଙ୍କୁ ଆକୃଷ୍ଟ କରିପାରିଥିବା ଆକର୍ଷଣ ହେଉଛି ଡିସ୍‌ନୀ ଲ୍ୟାଣ୍ଡ। ଏକ କ୍ଷୁଦ୍ରଦ୍ୱୀପରେ ଗଢ଼ା ହୋଇଥିବା ଏହି ଆକର୍ଷଣଟି ଲିଙ୍ଗ ଓ ବୟସ ନିର୍ବିଶେଷରେ ସମସ୍ତଙ୍କୁ ଟାଣିଆଣେ। ତେଣୁ ଯେଉଁ ପଦାର୍ଥ ବା ଉତ୍ପାଦକୁ ପର୍ଯ୍ୟଟନର ମୂଳ (Core) ବୋଲି କୁହାଯାଏ ତାହା ପ୍ରକୃତିଗତ (Natural), ଐତିହ୍ୟମୟ (Historical) କିମ୍ବା ସାମ୍ପ୍ରତିକ (Contemporary) ହୋଇପାରେ। ଉନ୍ନତ ଦେଶମାନଙ୍କର ଅର୍ଥନୀତି ଏବେ ସେବାଶିଳ୍ପ ଉପରେ ପ୍ରତିଷ୍ଠିତ। ଉତ୍ପାଦଜନିତ ଶିଳ୍ପ (Manufacturing Industry) ମାନଙ୍କରେ ଆଉ ଅଭିବୃଦ୍ଧି ହେଉନଥିବାରୁ ପ୍ରାୟ ସମସ୍ତ ଦେଶ। ସମୂହ ଏହି ସେବାଶିଳ୍ପ ଉପରେ ଅଧିକ ଧ୍ୟାନ କେନ୍ଦ୍ରିତ କରିବାରେ ଲାଗିଛନ୍ତି। ପର୍ଯ୍ୟଟନ ଶିଳ୍ପ ଏହାର ଏକ ମୁଖ୍ୟଅଙ୍ଗ। ଏହାକୁ ଧୂମହୀନ ଶିଳ୍ପ ବୋଲି କୁହାଯାଏ।

ଆଧୁନିକ ମଣିଷର ଜବୀନ ଧରାବନ୍ଧା। ତାହାର କାର୍ଯ୍ୟଶୈଳୀ ଓ ସାମାଜିକ ଦାୟିତ୍ୱବୋଧ ପ୍ରାୟ ଏକପ୍ରକାରର। ତେଣୁ ବିଭିନ୍ନ ଛୁଟିର ସୁଯୋଗ ନେଇ ମଣିଷ ଏକରୁ ଅନ୍ୟ ଏକ ନୂତନ ସ୍ଥାନ ଭ୍ରମଣରେ ଯାଏ। ଏହି ଭ୍ରମଣଜନିତ ପର୍ଯ୍ୟଟନ ଶିଳ୍ପରେ ମଧ୍ୟ ଗ୍ରାହକର ମନ (Intention)କୁ ନେଇ ବିଭିନ୍ନ ବିଭାଗ ରହିଛି। ସମଗ୍ର ବିଶ୍ୱରେ ପର୍ଯ୍ୟଟନ ବ୍ୟବସାୟକୁ ଦେଖିଲେ ଜାଣିପାରିବା ଯେ, ଛୁଟି କଟେଇବା (Holidaying)ଜନିତ ପର୍ଯ୍ୟଟନ ସର୍ବାଧିକ। ଏଥିପାଇଁ ସମୁଦ୍ର ଉପକୂଳ, ଶୈଳନିବାସ, ଦ୍ୱୀପପୁଞ୍ଜ ଇତ୍ୟାଦିମାନଙ୍କରେ ଅନେକ ହୋଟେଲ, ଟ୍ରାଭେଲ ଶିଳ୍ପ ଗଢ଼ିଉଠିଛି। ଏଠି ମନୋରଂଜନର ମାଧ୍ୟମ ହେଉଛି ନିକାଞ୍ଚନତା ଓ ଏକାକୀତ୍ୱ।

କର୍ମବହୁଳ ଜୀବନରୁ ମୁକ୍ତ ହୋଇ ମଣିଷ ପ୍ରକୃତି କୋଳରେ ଶାନ୍ତିରେ ନିଃଶ୍ୱାସ ନିଏ ଓ ପୁନଶ୍ଚ ଘଟଣାପୂର୍ଣ୍ଣ ଜୀବନରେ ବ୍ୟସ୍ତ ରହିବା ପାଇଁ ଶକ୍ତି ଆହରଣ କରେ। ଦ୍ୱିତୀୟଟି ହେଉଛି ଐତିହ୍ୟ ପର୍ଯ୍ୟଟନ। ପୃଥିବୀର ବିଭିନ୍ନ ଜାଗାରେ ଥିବା ଐତିହ୍ୟ ଓ ସାଂସ୍କୃତିକ ପ୍ରାଣକେନ୍ଦ୍ରମାନଙ୍କୁ ବୁଲି ଦେଖିବାର ଲାଳସା ମଣିଷକୁ ପର୍ଯ୍ୟଟନ ପାଇଁ ଉତ୍ସାହିତ କରେ।

ତୃତୀୟ ପ୍ରକାର ପର୍ଯ୍ୟଟନ ବ୍ୟବସ୍ଥା ଧାର୍ମିକ (Pilgrimage)। ଭାରତବର୍ଷରେ ଏପରି ବ୍ୟବସ୍ଥା ପ୍ରାଚୀନକାଳରୁ ରହିଆସିଛି। ଉତ୍ତୀର୍ଣ୍ଣ ବୟସରେ ଲୋକମାନେ ତୀର୍ଥ କରିବାକୁ ଯାଆନ୍ତି। ଚତୁର୍ଥ ପ୍ରକାରଟିକୁ ଆମେ 'ଏଥିନିକ୍ ଟୁରିଜ୍‌ମ' କହୁ। ବିଭିନ୍ନ ଅଂଚଳର ଆଦିବାସୀମାନଙ୍କୁ, ସେମାନଙ୍କର ପରମ୍ପରା, ଜୀବନଧାରଣ ପ୍ରଣାଳୀକୁ ଅନ୍ତରଙ୍ଗ ଭାବରେ ଅନୁଭବ କରିବା ପାଇଁ ଏପରି ପର୍ଯ୍ୟଟନ ବ୍ୟବସ୍ଥା କରାଯାଇଛି। ଅନେକ ବିଦେଶୀ ଟୁରିଷ୍ଟ ଓଡ଼ିଶାର ଆଦିମ ଅଧିବାସୀ ଯଥା ବଣ୍ଡା, ଗଦବାମାନଙ୍କୁ ଦେଖିବା ପାଇଁ ଆସନ୍ତି। ସତୁରୀ ଦଶକ ପରଠାରୁ ବୃହତ୍ କମ୍ପାନୀମାନେ ବ୍ୟବସାୟ ପର୍ଯ୍ୟଟନ (Business Tourism)କୁ ଗୁରୁତ୍ୱ ଦେଉଛନ୍ତି। ଏହି ବ୍ୟବସ୍ଥାରେ ଛୁଟିରେ ଉପଭୋଗ ସାଙ୍ଗକୁ ବ୍ୟବସାୟର ବିସ୍ତାର, ପୁନଃ କୌଶଳ ପ୍ରୟୋଗ ଇତ୍ୟାଦି ବିଷୟରେ ଆଲୋଚନା କରାଯାଇଥାଏ।

ପର୍ଯ୍ୟଟନର ପ୍ରକାରଭେଦ ଅନୁସାରେ ପ୍ରତ୍ୟେକ ଜାଗାରେ ବ୍ୟବସ୍ଥା ଓ ସୁଯୋଗ ସୃଷ୍ଟି କରାଯାଇଥାଏ। ଏହାର ମୁଖ୍ୟ ଅଙ୍ଗଗୁଡ଼ିକ ହେଲା ବାସ ବ୍ୟବସ୍ଥା (Accomodation), ଭ୍ରମଣ ବ୍ୟବସ୍ଥା (Transportation), ଖାଦ୍ୟପେୟ (Food & Beverage) ଓ ଆନନ୍ଦ ଉପଭୋଗ (Entertainment) । ଏପରି ଏକ ସାମଗ୍ରିକ ବ୍ୟବସ୍ଥା (Whole System) ନ ରହିଲେ ପର୍ଯ୍ୟଟନ ଶିଳ୍ପର ବିକାଶ ହୋଇପାରିବ ନାହିଁ। ଧରନ୍ତୁ ଜଣେ ବିଦେଶୀ ପର୍ଯ୍ୟଟକ ଦଶଦିନ ବୁଲିବା ପାଇଁ ଭାରତବର୍ଷରେ ପହଞ୍ଚିଲା। ଯଦି ସେ ଦିଲ୍ଲୀରୁ କନ୍ୟାକୁମାରୀ ଯିବାକୁ ଚାହିଁବେ ତେବେ କେବଳ ଟ୍ରେନ, ବସରେ ତାଙ୍କର ସାତଦିନ ଚାଲିଯିବ। ତେଣୁ ବିମାନ ସେବାର ଅତ୍ୟନ୍ତ ଆବଶ୍ୟକତା ରହିଛି। କନ୍ୟାକୁମାରୀରେ ସୂର୍ଯ୍ୟୋଦୟ ଦେଖୁ ଦେଖୁ ବେଳ ଗଡ଼ିଗଲା ଅଥଚ ରହିବା ପାଇଁ ହୋଟେଲ ନାହିଁ, ତେବେ ପର୍ଯ୍ୟଟନର ବିକାଶ ହେବ କିପରି ?

ସେହିପରି ବୁଲିବା ସମୟରେ ଗୋଟିଏ ଦେଶର ବା ଜାତିର ଐତିହ୍ୟ ଓ ପରମ୍ପରା ଜୀର୍ଣ୍ଣକାନ୍ଥରୁ ତ ପଢ଼ି ହେବନାହିଁ, ତେଣୁ ଜ୍ଞାନ ସଂପୂର୍ଣ୍ଣ ପଥପ୍ରଦର୍ଶକ (Guide)ର ଆବଶ୍ୟକତା ରହିଛି। ପର୍ଯ୍ୟଟନର ବିକାଶ ପାଇଁ ସରକାର ଓ ନିଜସ୍ୱ

ସଂସ୍ଥାମାନଙ୍କର ଗୁରୁତ୍ୱପୂର୍ଣ୍ଣ ଭୂମିକା ରହିଛି । ଭିତ୍ତିଭୂମିର ବିକାଶ ଯଥା ପର୍ଯ୍ୟଟନସ୍ଥଳୀରେ ପହଞ୍ଚିବା ପାଇଁ ମୋଟରଯୋଗ୍ୟ ରାସ୍ତା, ପାଣି, ଆଲୁଅ ଇତ୍ୟାଦିର ସୁବିଧା କରିବା ପାଇଁ ଅନେକ ଅର୍ଥ ଦରକାର । ତାହାଛଡ଼ା ଏକ ଗଣତାନ୍ତ୍ରିକ ରାଷ୍ଟ୍ରରେ ସରକାର ଏସବୁ ବ୍ୟବସ୍ଥା କରିବାର ଦାୟିତ୍ୱ ନେଇଥାନ୍ତି । ସେହିପରି ନିଜସ୍ୱ ବ୍ୟବସାୟିକ ସଂସ୍ଥାମାନେ ଏପରି ଭିତ୍ତିଭୂମି ଉପଲବ୍ଧ ହୋଇସାରିଲା ପରେ ହୋଟେଲ ନିର୍ମାଣ, ଆନୁଷଙ୍ଗିକ ଆନନ୍ଦଦାୟକ ଆମୋଦପ୍ରମୋଦର ବ୍ୟବସ୍ଥା ତଥା ଦେଶବିଦେଶରୁ ପର୍ଯ୍ୟଟକ ଆଣିବାର ଦାୟିତ୍ୱ ବହନ କରିଥାନ୍ତି ।

ତେଣୁ ପରସ୍ପର ନିର୍ଭରଶୀଳ (Symbiotic) ବ୍ୟବସ୍ଥାରେ ହିଁ ପର୍ଯ୍ୟଟନ ଶିଳ୍ପର ବିକାଶ ସମ୍ଭବ ହୋଇପାରିବ । କୋଣାର୍କ ଓଡ଼ିଶା ପର୍ଯ୍ୟଟନର କେନ୍ଦ୍ରବିନ୍ଦୁ ହୋଇଥିବାରୁ ପ୍ରାୟତଃ ପର୍ଯ୍ୟଟନ ବିକ୍ରୟ ବ୍ୟବସ୍ଥାରେ ଏହାକୁ ଏକକ ବିକ୍ରୟ ପ୍ରକ୍ରିୟା (USP) ହିସାବରେ ଗଣାହେଉଛି । କେଇ ମୁହୂର୍ତ୍ତରେ ପର୍ଯ୍ୟଟକ କୋଣାର୍କରେ ପହଞ୍ଚି ଉତ୍କଳୀୟ ଶିଳ୍ପୀର ନିହାଣମନସ୍କତାରେ ବିମୋହିତ ହେଉଛି ।

■

ବଳଦର ଗର୍ଭପାତ

ଏପରି ଏକ ଖବର କିଛିଦିନ ତଳେ ପ୍ରକାଶ ପାଇଥିଲା। ବେଲଜିୟମର ଜଣେ ଭଦ୍ରବ୍ୟକ୍ତିଙ୍କର ପେଟରେ ଯନ୍ତ୍ରଣା ହେବାରୁ ସେ ଡାକ୍ତରଙ୍କ ପାଖକୁ ଗଲେ। ବାରମ୍ବାର ପରୀକ୍ଷା କରିସାରିବା ପରେ ଡାକ୍ତର ମତ ଦେଲେ ଯେ, ତାଙ୍କର ଗର୍ଭରେ ଏକ ଭ୍ରୁଣର ସଞ୍ଚାରଣ ହୋଇଛି। ବିଚରା ଭଦ୍ରଲୋକଙ୍କର ଚାରୋଟି ସନ୍ତାନ ଏବଂ ଦଶବର୍ଷ ପୂର୍ବରୁ ସେ ପରିବାର ନିୟୋଜନଜନିତ ଅସ୍ତ୍ରୋପଚାର କରିସାରିଥିଲେ। ପୁରୁଷଟିଏ ଗର୍ଭଧାରଣ କରିବା ଏକ ଚାଞ୍ଚଲ୍ୟକର ବିଷୟ। ତେବେ ଆମେ ଯେଉଁ ବଳଦମାନଙ୍କର ଗର୍ଭପାତ ବିଷୟରେ ଆଲୋଚନା କରୁଛେ ସେମାନଙ୍କୁ ବଜାରରେ ବଳଦ ବ୍ରାଣ୍ଡ (Bullock Brand) କୁହାଯାଏ। କମ୍ପାନୀମାନେ ବିଭିନ୍ନ କାରଣରୁ ଏହିପରି ବଳଦ ବ୍ରାଣ୍ଡମାନଙ୍କୁ ପ୍ରସ୍ତୁତ କରନ୍ତି। ବଳଦଟି କେବେ କ୍ଷୀର ଦେବାର ଦୃଷ୍ଟାନ୍ତ ନାହିଁ ଅଥଚ ଏହା ଗାଈ ପରି କୁଣ୍ଡା, ତୋରାଣି ଇତ୍ୟାଦି ଖାଇଥାଏ। ସେହିପରି ବଳଦ ବ୍ରାଣ୍ଡ ବଜାରରେ କେବେହେଲେ ଲାଭ କରିବାର ନଜିର ନାହିଁ ମାତ୍ର ଏପରି ଉତ୍ପାଦର ପ୍ରସ୍ତୁତି, ବିତରଣ, ବିଜ୍ଞାପନ ଓ ପରିଚାଳନାରେ କମ୍ପାନୀମାନେ ଅନେକ ଅର୍ଥ ବ୍ୟୟ କରନ୍ତି।

ଏପରି କରିବାର ମୁଖ୍ୟ କାରଣ ହେଉଛି ପ୍ରତିଯୋଗିତାର ମାତ୍ରାକୁ ରୋକିବା। ଯଦି କମ୍ପାନୀର ଗୋଟିଏ ବ୍ରାଣ୍ଡ ଲାଭ କରୁଥାଏ ତେବେ ନିଶ୍ଚିତ ଭାବରେ ଅନ୍ୟ ପ୍ରତିଯୋଗୀମାନେ ବଜାରରେ ପ୍ରବେଶ କରିବା ପାଇଁ ଇଚ୍ଛା କରିବେ। ସେମାନଙ୍କର

ବଜାର ପ୍ରବେଶ ଦୁଇ ପ୍ରକାର ହୁଏ। ଧରନ୍ତୁ ସଫଳ ଉତ୍ପାଦଟି ମଧ୍ୟବିତ୍ତ ସମାଜରେ ବହୁଳ ପ୍ରସାରିତ। ତେଣୁ ପ୍ରତିଯୋଗୀ ଏହାର ଉପରଭାଗକୁ ଅର୍ଥାତ୍ ଉଚ୍ଚମଧ୍ୟବିତ୍ତମାନଙ୍କୁ ନିଜର ଉତ୍ପାଦକୁ ବିକ୍ରୟ କରିବ।

ମଧ୍ୟବିତ୍ତ ଗ୍ରାହକ ସାଧାରଣତଃ ଦେୟ (Payment)କୁ ମୁଖ୍ୟ ଆଧାର କରି ଉତ୍ପାଦ କ୍ରୟ କରେ। ସୀମିତ ସମ୍ବଳ ମଧ୍ୟରେ ନାନା ପ୍ରକାରର ଚାହିଦା ପୂରଣ କରିବାକୁ ପଡୁଥିବାରୁ ସେ ଗୁଣାତ୍ମକମାନଙ୍କୁ ସେତେ ଧ୍ୟାନ ଦିଏ ନାହିଁ। ତଥାପି ମୂଳ ଉତ୍ପାଦ (Basic Prodcue)ଠାରୁ ଉନ୍ନତ ପଦାର୍ଥ କିଣେ।

ଉଚ୍ଚ ମଧ୍ୟବିତ୍ତ ଓ ସମ୍ଭ୍ରାନ୍ତବର୍ଗରେ ଦେୟ ବଦଳରେ ମାନ (Quality) ସାମାଜିକ ସ୍ଥିତି (Status) ଇତ୍ୟାଦିର ବ୍ୟବହାରରେ ଦ୍ରବ୍ୟ କ୍ରୟ ହୁଏ। ନିମ୍ନ ମଧ୍ୟବିତ୍ତରେ ଭାଗ (Quantity) ମୁଖ୍ୟ ବିଷୟ ଅଟେ। ଗୋଟିଏ ନିମ୍ନ ମଧ୍ୟବିତ୍ତ ଗ୍ରାହକ ବଜାରରୁ ଜିନିଷ କିଣିଲାବେଳେ ଅଳ୍ପଦରରେ କେତେ ଅଧିକ କିଣିପାରିବ ଚିନ୍ତାକରେ। ମଧ୍ୟବିତ୍ତ ଶ୍ରେଣୀର ଗ୍ରାହକ ଯେତିକି ପଇସା ଦିଏ ସେତିକି ମୂଲ୍ୟ (Pay-Value Tradeoff) ପାଏ କି ନାହିଁ ଦେଖେ। ଉଚ୍ଚବର୍ଗୀୟ ଗ୍ରାହକ ପଦାର୍ଥ କ୍ରୟଦ୍ୱାରା ତା'ର ସାମାଜିକ ମୂଲ୍ୟ ଓ ସ୍ଥିତି ବୃଦ୍ଧି ହେଉଛି କି ନାହିଁ ଚିନ୍ତା କରିଥାଏ।

ବଜାର ପରିଚାଳନା କରୁଥିବା ପରିଚାଳକ ଏପରି ଅବସ୍ଥାରେ ଯେଉଁ କୌଶଳଟି ପ୍ରୟୋଗ କରେ ତାହାକୁ 'ଗାତ କରିବା' (Plugging Holes) କୌଶଳ କୁହାଯାଏ। ପ୍ରତିଯୋଗୀମାନଙ୍କୁ ବଜାରରେ ପୂରେଇ ନ ଦେବା ପାଇଁ କମ୍ପାନୀମାନେ ସବୁ ଶ୍ରେଣୀର ଗ୍ରାହକମାନଙ୍କ ପାଇଁ ଉତ୍ପାଦ ବାହାର କରନ୍ତି। ସାବୁନ୍ ବଜାରରେ ରାଜା ଗୋଦ୍‌ରେଜ କମ୍ପାନୀ ସମଗ୍ର ବଜାରକୁ ବିତ୍ତୀୟ (Economic), ଲୋକପ୍ରିୟ (Popular) ଓ ଉଚ୍ଚମାନ (Premium) ଭାବରେ ବିଭକ୍ତ କରିଛି। ଏହାରି କିଛି ସାବୁନ୍ ତିନିଟଙ୍କାରେ ବିକ୍ରୀ ହେଉଥିଲାବେଳେ ଆଉ କିଛି ସାବୁନ ଦଶଟଙ୍କାରେ ବିକ୍ରୟ ହେଉଛି।

ଯଦିଓ ସବୁ ବ୍ରାଣ୍ଡର ସାବୁନ୍‌ମାନେ ଯଥା ଏଭିଟା, ସିନ୍‌ଥଲ, ଗଙ୍ଗା ଇତ୍ୟାଦି ସଫଳ ନୁହନ୍ତି ତଥାପି ପ୍ରତିଯୋଗୀମାନଙ୍କ ଭୟରେ କେତେକ ବଳଦ ବ୍ରାଣ୍ଡ ରଖିବା ପାଇଁ କମ୍ପାନୀ ବାଧ୍ୟ। ଲାଭ ଖାଇଚାଲିଥିବା ଏପରି ବଳଦମାନଙ୍କୁ ପୋଷିବାର ଦ୍ୱିତୀୟ କାରଣଟି ହେଉଛି ଏକକ ପ୍ରତିଯୋଗୀ କମ୍ପାନୀ ଓ ଅତ୍ୟଧିକ ଲାଭ ଦେଖେଇବାର ଭୟ। ଯଦି ଅତ୍ୟଧିକ ଲାଭ ହୁଏ ତେବେ ସରକାରଙ୍କୁ ଟିକସ ତ ଅଧିକ ଦେବାକୁ ପଡ଼ିବ। ଏହାଛଡ଼ା ବିଭିନ୍ନ ଆଇନଗତ ଅସୁବିଧା ମଧ୍ୟ ରହିଛି। ତେଣୁ ଗୋଟିଏ ଦିଓଟି ବଳଦ ବ୍ରାଣ୍ଡ ବଜାରରେ ରହିଲେ ଏହା ମୁଖାପରି କାମ କରିବ ଓ ଅଂଶୀଦାରମାନଙ୍କୁ ଅଯଥାରେ ଲାଭାଂଶ ଦେବାରୁ ପରିଚାଳକ ରକ୍ଷା ପାଇପାରିବ।

ଏ ସବୁ କୌଶଳ ଆଉ କିଛିବର୍ଷ ପରେ ବଜାରରୁ ଉଭାନ ହୋଇଯିବ କାରଣ ଏବେ ବଜାର ଗବେଷଣାରୁ ଜଣାପଡ଼ିଛି ଯେ, ଦେଶର ଜନସଂଖ୍ୟା ପରି ବଜାରରେ ବ୍ରାଣ୍ଡମାନଙ୍କର ଜନ୍ମ ଓ ମୃତ୍ୟୁ ଦ୍ରୁତଗତିରେ ବୃଦ୍ଧି ପାଉଛି। ପ୍ରତ୍ୟେକ ଦିନ କେଉଁ ନା କେଉଁ ଉତ୍ପାଦ ଶ୍ରେଣୀରେ ନୂତନ କମ୍ପାନୀଟିର ବଜାର ପ୍ରବେଶ ଘଟୁଛି ମାତ୍ର ସଫଳତାର କାହାଣୀ ବହୁତ କମ୍।

ପ୍ରତିଷ୍ଠିତ କମ୍ପାନୀମାନଙ୍କର ଉତ୍ପାଦମାନେ ମଧ୍ୟ ବଜାରରେ ବିଫଳ ନେଲ୍‌କୋ ବ୍ଲୁ ଡାଇମଣ୍ଡ ଟେଲିଭିଜନ, ଗୋଦ୍‌ରେଜର ଖାଇବା ତେଲ, ରିଲାଏନ୍‌ସର ଅଟା, ୟୁନିଲିଭର କମ୍ପାନୀର ସଫଳ ବ୍ରାଣ୍ଡର ସତେଜ ପରିବା ଏପରି ବିଫଳ ହୋଇଥିବା ବ୍ରାଣ୍ଡମାନଙ୍କ ମଧ୍ୟରୁ ଅନ୍ୟତମ। ବଜାରରେ ଗ୍ରାହକଙ୍କର ସଚେତନତା, ମାନ ପ୍ରତି ସମ୍ବେଦନଶୀଳତା ତଥା ବିଜ୍ଞାପନ ହେତୁ ଅନେକ ସଫଳ କମ୍ପାନୀମାନେ ବର୍ଷ ଶେଷରେ ଏପରି ଲାଭରୂପକ କୁଣ୍ଡା ତୋରାଣି ଖାଇଯାଉଥିବା ବଳଦମାନଙ୍କୁ ପୋଷିବାରେ ଲାଗିଛନ୍ତି। ମାତ୍ର ଏପରି ଅବସ୍ଥା ଦୀର୍ଘଦିନ ଲାଗି ରହିଲେ ଖଟ ଖାଇ ଖଟୁଲି ଖାଇଲା ପରି ହେବ।

ବଜାରରେ ଏପରି ବଳଦମାନଙ୍କୁ ଶିଙ୍ଗ ଦେଖାଇ ତାଗିଦ୍ କରିବା ପାଇଁ ଅନେକ ଅନାମଧେୟ କମ୍ପାନୀମାନେ ସଫଳ ବଜାର ପ୍ରବେଶଦ୍ୱାରା ନୂତନ ବ୍ରାଣ୍ଡ ଗ୍ରାହକମାନଙ୍କୁ ଭେଟି ଦେଇଛନ୍ତି। ଅନେକ ସମୟରେ ଯୋଜନା କଲାବେଳେ ଦୂରଦୃଷ୍ଟିର ଅଭାବ ହେତୁ ଅତ୍ୟଧିକ ଆଶାୟୀ ହୋଇ ଭୁଲ ଆକଳନ କରିଥାନ୍ତି ଓ ଗ୍ରାହକର ମନଜାଣି ଉତ୍ପାଦ ପ୍ରସ୍ତୁତ ନ କରି ନିଜର ପ୍ରସ୍ତୁତ ଉତ୍ପାଦମାନଙ୍କ ପାଇଁ ଗ୍ରାହକଙ୍କୁ ଯୋଗ୍ୟ କରାଇବାର ଚେଷ୍ଟା କରନ୍ତି।

ଥରୁଟିଏ ବ୍ୟାବସାୟିକ ଦୃଷ୍ଟିକୋଣରୁ ଅସଫଳ ହୋଇ ସାରିଲା ପରେ ପୁନଶ୍ଚ ତାହାର ଗୁଣାତ୍ମକମାନ ପରିବର୍ତ୍ତନ କରି, ପ୍ୟାକେଜ୍ ପରିବର୍ତ୍ତନ କରି ସଫଳତା ପାଇବା ଏକ ଦୁରୁହ ବ୍ୟାପାର। ବିଶ୍ୱବିଖ୍ୟାତ ଫୋର୍ଡ (Ford) କମ୍ପାନୀ ମଧ୍ୟ ସତୁରି ଦଶକରେ ସଫଳ କମ୍ପାନୀ ହିସାବରେ ଗଣା ହେଉଥିଲା ମାତ୍ର ସତୁରି ଦଶକର ଶେଷ ଆଡ଼କୁ ତୈଳ ଉତ୍ପାଦନକାରୀ ରାଷ୍ଟ୍ରମାନେ ହଠାତ୍ ତୈଳଦର ବୃଦ୍ଧି କରିବାରୁ ଜାପାନିଜ୍ କମ୍ପାନୀମାନେ ଛୋଟ (Compact) ତଥା ତୈଳ ସଞ୍ଚୟକାରୀ କାର ପ୍ରସ୍ତୁତ କରି ଆମେରିକାରେ ବଜାର ପ୍ରବେଶ କରିଥିଲେ। ଅବସ୍ଥା ଏପରି ହେଲା ଯେ, ଏହି ବିଶ୍ୱ ବିଖ୍ୟାତ କମ୍ପାନୀ ବଳଦ ପୋଷିବା ନ୍ୟାୟରେ ନିଜର ସମସ୍ତ ଲାଭ ଓ ସ୍ଥାବର ସମ୍ପତ୍ତି ବିକ୍ରୟ କରିବାକୁ ବାଧ୍ୟ ହେଲା।

ତେଣୁ ବଜାର ପରିଚ୍ଛଳନା କୌଶଳ ଅନୁସାରେ ଏପରି ଦୂରଦୃଷ୍ଟିଦୋଷ ଅକ୍ଷମଣୀୟ। ଏହାକୁ ହିଁ ବଳଦର ଗର୍ଭପାତ ଇଙ୍ଗିତ (Bullock Abortion Syrdrome) କୁହାଯାଏ। ଯେତେଶୀଘ୍ର ବ୍ୟବସାୟୀମାନେ ନିଜ ଉତ୍ପାଦମାନଙ୍କୁ ପର୍ଯ୍ୟାଲୋଚନା କରି ବଳଦମାନଙ୍କୁ ଚିହ୍ନିପାରିବେ ତଥା ସଠିକ୍ କୌଶଳର ପ୍ରୟୋଗ କରିବେ, କମ୍ପାନୀ ବିପଦମୁଖରୁ ସେତେଶୀଘ୍ର ବଞ୍ଚିପାରିବ।

କୋକୋ-ବେଇକି ଓ ବାଁ ଗୋଡ଼ର ଜୋତା

ବ୍ୟବସାୟ ପରିଚାଳନାର ବ୍ୟାବହାରିକ ଜ୍ଞାନକୌଶଳ ଦୁଇଟି ନିୟମକୁ ପ୍ରାଧାନ୍ୟ ଦିଏ। ପ୍ରଥମଟି ହେଲା କଳକାରଖାନା ସ୍ଥାପନର ସ୍ଥାନଚୟନ। ସାଧାରଣତଃ ଯେଉଁ ଅଂଚଳରେ କଞ୍ଚାମାଲ ସହଜରେ ଓ ସ୍ୱଳ୍ପଦରରେ ମିଳେ, କାରଖାନା ସ୍ଥାପନ ପାଇଁ ତାହା ଉତ୍କୃଷ୍ଟ ବୋଲି ଧରାଯାଇଥାଏ। ଦ୍ୱିତୀୟଟି ହେଲା ବଜାର ସୁବିଧା। ନିକଟରେ ବଜାର ଥିଲେ କିମ୍ବା ବଜାରରେ ପହଞ୍ଚିବା ପାଇଁ ପରିବହନ ଓ ଯୋଗାଯୋଗର ସୁବିଧା ଥିଲେ କଳକାରଖାନା ସ୍ଥାପନ ପାଇଁ ତାହା ପ୍ରକୃଷ୍ଟ ଜାଗା ବୋଲି ଧରାଯାଏ। ଏ ସବୁର ମୂଳଲକ୍ଷ୍ୟ ହେଲା ମୂଲ୍ୟ ସଙ୍କୋଚନ (Cost Reduction) ।

କେତେ କମ୍ ଦରରେ ଉତ୍ପାଦଟି ବଜାରକୁ ଛଡ଼ାଯାଇପାରିବ ଯାହାଫଳରେ ଅନ୍ୟ ପ୍ରତିଯୋଗୀଙ୍କ ଉତ୍ପାଦମାନେ ସଫଳ ହୋଇପାରିବେ ନାହିଁ। ଅତୀତରେ କୁହାଯାଉଥିଲା ଯେ, ବ୍ରିଟିଶ ସାମ୍ରାଜ୍ୟରେ ସୂର୍ଯ୍ୟ ଅସ୍ତ ହୁଏ ନାହିଁ। ଏହା ରାଜନୈତିକ ଦୃଷ୍ଟିକୋଣରୁ ଯେତେ ଯୁକ୍ତିଯୁକ୍ତ ନୁହେଁ, ଅର୍ଥନୈତିକ ଦୃଷ୍ଟିକୋଣରୁ ଅଧିକ ମୂଲ୍ୟବାନ। ଉପନିବେଶଭିତ୍ତିକ ଅର୍ଥନୀତିରେ ମୂଲ୍ୟ ସଂକୋଚନ ପାଇଁ ବିଟ୍ରିଶ କମ୍ପାନୀମାନେ ବିଶ୍ୱର ବିଭିନ୍ନ ସ୍ଥାନରେ ବ୍ୟବସାୟ ଆଳରେ ସାମ୍ରାଜ୍ୟ ସ୍ଥାପନ ପରିପାରିଥିଲେ କାରଣ କୌଣସି ଦେଶର ସ୍ଥିରତାର ମୁଖ୍ୟ ଆଧାର ହେଉଛି ଅର୍ଥନୈତିକ ଧାରା। ଏହା ରକ୍ତସଂବାହୀ ପ୍ରକ୍ରିୟା ପରି କାମକରେ।

ସମ୍ପ୍ରତି ବିଶ୍ୱ ବଜାରର ଚରିତ୍ର ବିଷୟରେ ପର୍ଯ୍ୟାଲୋଚନା କଲେ ଜଣାପଡ଼େ ଯେ, ଏପରି ବ୍ରିଟିଶ ଉପନିବେଶବାଦ ଭିତ୍ତିକ ବ୍ୟବସ୍ଥା ପଚାଶ ଦଶକ ପରେ ସଫଳ ହୋଇପାରି ନାହିଁ। ସାମ୍ପ୍ରତିକ ସମୟରେ ସଫଳତା ପାଇଛି ଜାପାନିଜ୍‌ଙ୍କର ପରିଚାଳନା ପ୍ରୟୋଗ। ତେଣୁ ସମଗ୍ର ବିଶ୍ୱ ବର୍ତ୍ତମାନ ସେମାନଙ୍କୁ ଅନୁ (ହନୁ) କରଣ କରିବାରେ ବ୍ୟସ୍ତ। ଉଦାହରଣସ୍ୱରୂପ ମିତ୍‌ସୁବିଶି ଏକ ଜାପାନିଜ କମ୍ପାନୀ ଯାହାର ଲୁହା କାରଖାନା ଟୋକିଓ ସହରଠାରୁ କିଛି ଦୂରରେ ଅବସ୍ଥିତ। ସମଗ୍ର ଜାପାନରେ ଗୋଟିଏ ହେଲେ ବି ଲୁହାଖଣି ନାହିଁ। ଏମାନେ ଭାରତରୁ ଲୁହା ଆମଦାନୀ କରନ୍ତି। ଆନୁମାନିକ ପଚାଶ ଡଲାର ଟନ୍ ଦରରେ ଲୁହାପଥର କିଣି ଜାପାନୀ ଜାହାଜ କଞ୍ଚାମାଲ ନେଇଯାଏ। ତେଣୁ କଞ୍ଚାମାଲଠାରୁ ଦୂରରେ ରହି ବି ଏମାନେ ସଫଳ ହୋଇଛନ୍ତି। ଏହି କଞ୍ଚାମାଲରୁ ଲୁହା ଉତ୍ପାଦନ କରି ଟନ ପିଛା ପ୍ରାୟ ପାଞ୍ଚଶହ ଡଲାରରେ ଏମାନେ ବିକ୍ରୀ କରନ୍ତି। ଧରନ୍ତୁ ଜର୍ମାନୀ ସେମାନଙ୍କର ମୁଖ୍ୟ ବଜାର।

ଟୋକିଓରୁ ଜର୍ମାନୀର ଦୂରତା ମଧ୍ୟ କିଛି କମ୍ ନୁହେଁ। ତେଣୁ ଦ୍ୱିତୀୟ ନିୟମଟି ଯାହା ବଜାର ପାଖରେ ବ୍ୟବସାୟ କରିବା ପାଇଁ ଯୁକ୍ତି କରେ, ତାହା ମଧ୍ୟ ଜାପାନୀ ବ୍ୟବସାୟୀ ପାଳନ କରେ ନାହିଁ। କଞ୍ଚାମାଲ ଓ ଗ୍ରାହକ ଉଭୟଙ୍କଠାରୁ ଦୂରରେ ରହି ମଧ୍ୟ ଏମାନେ ସଫଳ ହୋଇପାରିଛନ୍ତି। ଆନ୍ତର୍ଜାତିକ ବଜାରରେ ଭାରତରେ ଉତ୍ପାଦିତ ଷ୍ଟିଲର ଦର ଏମାନଙ୍କଠାରୁ ବହୁତ ଅଧିକ। ଏପରି ହେବାର କାରଣ କ'ଣ ?

ଏ ରହସ୍ୟର ଉତ୍ତର କାଇଜେନ ଜ୍ଞାନକୌଶଳ। ଏହା କ୍ରମବର୍ଦ୍ଧିଷ୍ଣୁ ଉନ୍ନତି ବିଷୟରେ ଶିକ୍ଷାଦିଏ। ସଙ୍କୋଚନ କରିବା ପାଇଁ ଆମେ ମାଲ (Inventory)କୁ କମ୍ କରିବା ଦରକାର। ମାତ୍ର ଜାପାନୀମାନେ ସଠିକ ସମୟରେ କୌଶଳ (Just-In-Time) ପ୍ରୟୋଗଦ୍ୱାରା ଏହି ମାଲ ଗୋଦାମରେ ରଖିବାର ଖର୍ଚ୍ଚକୁ ଶୂନ କରିପାରିଛନ୍ତି। ଧରନ୍ତୁ ଆଜି ଦଶଟାବେଳେ ଶହେ ଟନ୍ କଞ୍ଚାମାଲ ମେସିନ୍‌ରେ ପହଞ୍ଚିବା ଦରକାର। ତେଣୁ ଏଥିପାଇଁ ଅଯଥାରେ ଆଗରୁ ମାଲ ସାଇତିବା ପାଇଁ ଖର୍ଚ୍ଚ କରିବା ଅପେକ୍ଷା ଜାପାନରେ ମାଲ ଠିକ୍ ପାଞ୍ଚମିନିଟ୍ ପୂର୍ବରୁ କାରଖାନା ଗେଟ୍ ପାଖରେ ପହଞ୍ଚେ। ତେଣୁ ମାଲଗୋଦାମର ଖର୍ଚ୍ଚ ରୁହେ ନାହିଁ।

ପୁନଶ୍ଚ ଉତ୍ପାଦଟି ପ୍ରସ୍ତୁତ ହେବାମାତ୍ରେ ପ୍ୟାକେଟରେ ପଶି ବଜାରକୁ ବାହାରିଯାଏ। ଏହି JIT କୌଶଳ ଅବଶ୍ୟ ଭରସା କରିହେଉଥିବା ବ୍ୟବସ୍ଥା (Reliable System) ଉପରେ ନିର୍ଭର କରେ। ଆଶ୍ଚର୍ଯ୍ୟର ବିଷୟ ଯେ ଓଡ଼ିଶାରେ ସରକାରଙ୍କ ପରିଚାଳିତ ଓମ୍‌ଫେଡ଼ (OMFED) ଏହି କୌଶଳର କିଛି ଭାଗ ପ୍ରୟୋଗ କରି ସଫଳ ହୋଇପାରିଛି। ସମଗ୍ର ରାଜ୍ୟରେ ଓମ୍‌ଫେଡ଼ର ଦୁଗ୍ଧ ସଂଗ୍ରହ ଓ ବିତରଣ ପ୍ରଣାଳୀରେ

ସଫଳତା ଦେଖିଲେ ଯେ କେହି ଆଶ୍ଚର୍ଯ୍ୟ ହେବ। ଦୁଗ୍ଧ ଏକ ତରଳ ଖାଦ୍ୟ ପଦାର୍ଥ ହୋଇଥିବାରୁ ଏହାର ଶୀତଳୀକରଣ ଓ ଅନ୍ୟାନ୍ୟ ପ୍ରୟୋଗ ନିର୍ଦ୍ଦିଷ୍ଟ ସମୟ ମଧ୍ୟରେ ହେବା ବାଞ୍ଛନୀୟ। ତେଣୁ ଦୁଗ୍ଧ ସଂଗ୍ରହ ହୋଇ ନିକଟସ୍ଥ ପ୍ରୟୋଗ କେନ୍ଦ୍ରରେ ପହଞ୍ଚିବାରେ ସାମାନ୍ୟ ବିଳମ୍ବ ହେଲେ ସବୁ ଜିନିଷ ବରବାଦ। ତେଣୁ ବାହକମାନେ ଏପରି ଏକ ଚୁକ୍ତି ସ୍ୱାକ୍ଷର କରନ୍ତି ଯେଉଁଥିରେ ନିର୍ଦ୍ଦିଷ୍ଟ ସମୟ ମଧ୍ୟରେ ଦୁଧ ନ ପହଞ୍ଚିଲେ ଭଡ଼ା ତ ମିଳିବ ନାହିଁ, ତା' ସାଙ୍ଗରେ ନଷ୍ଟ ହୋଇଥିବା ଦୁଧର ପଇସା ମଧ୍ୟ ଦେବାକୁ ପଡ଼ିବ। ଅବଶ୍ୟ ଏହା ଏକ ଦଣ୍ଡବିଧାନକାରୀ ବ୍ୟବସ୍ଥା ପରି ଲାଗେ ମାତ୍ର ସ୍ୱତଃ ଦାୟିତ୍ୱବାନ ହୋଇ ଏପରି କାର୍ଯ୍ୟଶୀଳ ହେବା ବୋଧହୁଏ ବାହକମାନଙ୍କଠାରୁ ଅପେକ୍ଷା କରାଯିବା ମୂର୍ଖାମି ହେବ।

କାଇଜେନ ପ୍ରୟୋଗ ଛଡ଼ା ଯେଉଁ ଦ୍ୱିତୀୟ କୌଶଳଟି ସମଗ୍ର ବିଶ୍ୱକୁ ଚମତ୍କୃତ କରିଛି ତାହାକୁ କାକୋ-ବେଇକି ସଂସ୍କୃତି କୁହାଯାଏ। ସାଧାରଣତଃ ବ୍ୟବସାୟ ବାଣିଜ୍ୟରେ ଚାରୋଟି ନିୟାମକ ଉପରେ ଦୃଷ୍ଟି ଦିଆଯାଏ। ସେଗୁଡ଼ିକ ହେଲେ ସାମର୍ଥ୍ୟ (Strength), ଦୁର୍ବଳତା (Weakness), ସୁଯୋଗ (Opportunity) ଏବଂ ଆପଦ (Threat)। ଏମାନଙ୍କର ଆଲୋଚନାକୁ SWOT Analysis କୁହାଯାଏ। କାକୋ-ବେଇକି ସଂସ୍କୃତିରେ ସାମର୍ଥ୍ୟମାନଙ୍କୁ ସର୍ବାଧିକ ପ୍ରୟୋଗ କରିବା, ଦୁର୍ବଳତାମାନଙ୍କୁ ନିଜର ସାମର୍ଥ୍ୟର ବ୍ୟବହାର ବଳରେ ବଦଳାଇବା ଏବଂ ସୁଯୋଗର ସଦୁପଯୋଗ କରି ଆପଦମାନଙ୍କୁ ଆସିବା ପୂର୍ବରୁ ଦୂରେଇ ଦେବା। ତେଣୁ ହିଁ ଜାପାନୀମାନେ ବିଶ୍ୱ ବାଣିଜ୍ୟରେ ଏତେମାତ୍ରାରେ ସଫଳ।

ସ୍ୱତଃ ପ୍ରଶ୍ନ ଉଠେ ଯେ ଭାରତରେ ଏପରି ବିଦ୍ୟାର ପ୍ରୟୋଗ ସମ୍ଭବ କି? ଆମର ଟ୍ରେଡ୍ ୟୁନିୟନମାନଙ୍କର ରାଜନୈତିକ ପ୍ରତିପୋଷଣ ଓ ତଜ୍ଜନିତ ହିଂସା ହେତୁ ଏପରି କାର୍ଯ୍ୟକ୍ଷମ ବ୍ୟବସ୍ଥା ହେବା ସମ୍ଭବ କି? ଜାପାନରେ ମଧ୍ୟ ଟ୍ରେଡ୍ ୟୁନିୟନ ସଂଗଠନଗୁଡ଼ିକ ଭୀଷଣ ଶକ୍ତିଶାଳୀ। ସେଠାରେ ମଧ୍ୟ ଧର୍ମଘଟ ହୁଏ ମାତ୍ର ଧର୍ମଘଟର ସଂଜ୍ଞା ସେଠି ଅଲଗା। ଭାରତରେ ଧର୍ମଘଟ ହେଲେ ହିନସ୍ତା ହୁଏ କାରଖାନାର ଆଖପାଖ ଅଂଚଳରେ ରହୁଥିବା ସାଧାରଣ ଜନତା। ପୋଡ଼ାଜଳା, ହତ୍ୟାକାଣ୍ଡ ଇତ୍ୟାଦି ସାଧାରଣ ଘଟଣା। ଜାପନରେ ହୋଇଥିବା ଏକ ପ୍ରସିଦ୍ଧ ଧର୍ମଘଟ ବିଷୟରେ ଉଲ୍ଲେଖ କଲେ କାର୍ଯ୍ୟ ସଂସ୍କୃତିରେ କେତେ ଯେ ଫରକ ତାହା ଜାଣିହେବ।

ନାଇକ ଜୋତା କମ୍ପାନୀର କର୍ମଚାରୀମାନେ ଅଧିକ ଭତ୍ତା ଦାବି କରି ଧର୍ମଘଟ କଲେ। ଉକ୍ତ କାରଖାନାରୁ ଦିନକୁ ପଚିଶ ହଜାର ଯୋଡ଼ା ଜୋତା ବାହାରି ବଜାରକୁ ଯାଏ। ବିଭିନ୍ନ ରୋବୋଟ ଓ କମ୍ପ୍ୟୁଟରମାନେ ତିଆରି ହୋଇଥିବା ଜୋତାମାନଙ୍କର

ଗଣନା କରିଥାନ୍ତି । କାର୍ଯ୍ୟଶୈଳୀକୁ ବନ୍ଦ କରି ନିଜର ଦାବିପୂରଣ କରିବା ଜାପାନରେ ବେନିୟମ । ତେଣୁ ସନ୍ଧ୍ୟାବେଳକୁ ଦେଖାଗଲା କାରଖାନାର ଗୋଟିଏ ପଟେ ପାହାଡ଼ ପ୍ରମାଣ ଜୋତା ଗଦା ହୋଇଛି । ପ୍ୟାକେଜିଂ ହୋଇପାରୁନାହିଁ କାରଣ JIT କୌଶଳ ପ୍ରୟୋଗ ହେତୁ କମ୍ପାନୀରେ ଗୋଦାମଘର ହିଁ ନାହିଁ । ରୋବୋଟ ଓ କମ୍ପ୍ୟୁଟରମାନଙ୍କ ଗଣନାନୁସାରେ ଜୋତା ବି ଠିକ୍ ପ୍ରସ୍ତୁତ ହୋଇଛି ମାତ୍ର ବୁଝୁ ବୁଝୁ ଜଣାପଡ଼ିଲା ଯେ, କାରଖାନା କର୍ମଚାରୀମାନେ ସମଗ୍ର ଦିନସାରା ଲାଗି ଯେଉଁ ପଚାଶହଜାର ଜୋତା ତିଆରି କରିଛନ୍ତି, ସେଗୁଡିକ ସବୁ ବାଁ ଗୋଡ଼ର ଜୋତା । ଡାହାଣ ପଟର ଜୋତା ହିଁ ତିଆରି ହୋଇନାହିଁ । ତେଣୁ ପ୍ୟାକେଜିଂ ହେବାର ପ୍ରଶ୍ନ ଉଠୁଛି କେଉଁଠୁ ? ଜାପାନର ଶିଳ୍ପନୀତି ଅନୁସାରେ ଯେପରି କର୍ମଚାରୀମାନେ କାର୍ଯ୍ୟଶୈଳୀରେ ବ୍ୟାଘାତ ଆଣିପାରିବେ ନାହିଁ ସେହିପରି କାରଖାନାର ମାଲିକ ଏକ ସୁସ୍ଥ କାର୍ଯ୍ୟଶୀଳ ପରିବେଶ ଯୋଗାଇଦେବା ଦରକାର । ତେଣୁ ପଚାଶହଜାର ଜୋତା ଗଦା ହେବା ଫଳରେ ଶ୍ରମିକମାନଙ୍କୁ ଚଲାବୁଲା କରିବାରେ ଅସୁବିଧା ହେଲା । ତା' ପରଦିନ ସକାଳକୁ ମାଲିକ ନିଜେ ଶ୍ରମିକମାନଙ୍କର ସମସ୍ତ ଦାବିକୁ ମାନିନେଲେ । ଅବଶ୍ୟ ସେଦିନ କେବଳ ଡାହାଣଗୋଡ଼ର ଜୋତା ତିଆରି ହୋଇଥିବ । ଏହା ହିଁ ଫରକ ଆମର କାର୍ଯ୍ୟ ସଂସ୍କୃତିର ।

ସଫଳ ବଜାର ପରିଚାଳନା କରିବା ପାଇଁ କେବଳ କମ୍ ମୂଲ୍ୟରେ ଉତ୍ପାଦନ କରିବା ଆବଶ୍ୟକ ନୁହେଁ, ବଜାରରେ ବ୍ରାଣ୍ଡର ଯଥାର୍ଥତା (Equity) ପାଇଁ ସର୍ବଦା ଉନ୍ନତି କରାଇ ପାରୁଥିବା କୌଶଳ ଓ ନିଜର ବିପଦମାନଙ୍କୁ ସାମ୍ନା କରିପାରିବାର ସାମର୍ଥ୍ୟ ରଖୁଥିବା ସଂସ୍କୃତିର ସଫଳ ଉପଯୋଗ ହେଲେ ହେଁ ବିଶ୍ୱ ବ୍ୟବସାୟିକ ମାନଚିତ୍ରରେ ଭାରତର ନାମ ରହିବ । ଏପରି ପ୍ରୟୋଗଦ୍ୱାରା ସଫଳ ହୋଇଥିବା ସଂସ୍ଥା ଓ ବ୍ୟକ୍ତିବିଶେଷମାନଙ୍କୁ ଆଗକୁ ଭେଟିବା ।

ଭେଟନ୍ତୁ ଶ୍ରୀ ମହାପାତ୍ରଙ୍କୁ

ଭାରତର ସମବାୟ ଆନ୍ଦୋଳନ ବିଷୟରେ ଆଲୋଚନା କଲାବେଳେ ମନରେ ପ୍ରଶ୍ନ ଆସେ ଯେଉଁ ଦେଶର ସ୍ୱାଧୀନତା ବିନା ରକ୍ତରେ ଏବଂ ଏକ ଜନ ଆନ୍ଦୋଳନଦ୍ୱାରା ସମ୍ଭବ ହୋଇପାରିଥିଲା, ସେହି ଦେଶରେ ସମବାୟ ଆନ୍ଦୋଳନ ଏପରି ଦିଗହରା କାହିଁକି। ସେ ବ୍ୟକ୍ତିଗତ ଉଦ୍ୟୋଗ ହେଉ କି ସରକାରୀ, କ୍ଷୁଦ୍ରଶିଳ୍ପ ବା ବୃହତ୍‌ଶିଳ୍ପ ଏହାର ସୁପରିଚାଳନା ପାଇଁ ଦୁଇଟି ଜିନିଷ ନିତାନ୍ତ ଆବଶ୍ୟକ। ପ୍ରଥମଟି ହେଲା ଦୂରଦୃଷ୍ଟି ଓ ଦ୍ୱିତୀୟଟି ଲାଭ ସୃଷ୍ଟିକାରୀ ପରିଚାଳନାଗତ ଦକ୍ଷତା। ତେଣୁ ସମବାୟ କ୍ଷେତ୍ରର ସଫଳତା ଓ ବିଫଳତାକୁ ଏହି ଦୁଇଟି ଦୃଷ୍ଟିକୋଣରୁ ଦେଖାଯାଉ।

ଗଣ ଆନ୍ଦୋଳନରୁ ଦେଶରେ ସ୍ୱାଧୀନତା ଲାଭ ହେବାରୁ ଓ ଦ୍ୱିତୀୟ ବିଶ୍ୱଯୁଦ୍ଧ ସମୟରେ ନିଜ ଉଦ୍ୟୋଗମାନଙ୍କଦ୍ୱାରା ହୋଇଥିବା କିଳାପୋତେଇ ଓ ଭ୍ରଷ୍ଟାଚାର ହେତୁ ଭାରତର ସମବାୟ କ୍ଷେତ୍ର ସ୍ୱିଡେନ, ସୁଇଜରଲାଣ୍ଡ ପରି ସ୍କାଣ୍ଡିନେଭିଆନ ଦେଶମାନଙ୍କ ପରି ଶକ୍ତିଶାଳୀ ହେବାର ଆଶା ରଖାଯାଇଥିଲା। ଅଥଚ ସମବାୟ ଆନ୍ଦୋଳନଟି ଧୀରେ ଧୀରେ ରାଜନୈତିକ ନେତୃବୃନ୍ଦଙ୍କର ଅଧୀନରେ ରହିଲା। ଅତ୍ୟଧିକ ରାଜନୈତିକ ହସ୍ତକ୍ଷେପ ହେବା ଫଳରେ ଲାଭ ସୃଷ୍ଟିକାରୀ ଦକ୍ଷତା ମଧ୍ୟ କ୍ଷୟ ହୋଇଗଲା। ଏହି ସମୟରେ କେନ୍ଦ୍ରୀୟ ଓ ରାଜ୍ୟ ଯୋଜନାଗୁଡ଼ିକ ମଧ୍ୟ ଦ୍ରୁତ ଶିଳ୍ପାୟନ ପାଇଁ ସହରଭିତ୍ତିକ ଅର୍ଥନୀତିର ସ୍ୱପ୍ନକୁ ସାକାର କରିବାରେ

ଲାଗିଲେ। ଅଯଥା ବାହ୍ୟ ହସ୍ତକ୍ଷେପ ଫଳରେ ଏମାନଙ୍କର ସ୍ଥାପନର ଲକ୍ଷ୍ୟ ମଧ୍ୟ ହଜିଗଲା।

ଜଣେ ପାଠକ ଭଲଭାବରେ ଜାଣିପାରିବ ଯେ, ଓଡ଼ିଶାରେ ଥିବା ସମବାୟ ବାଣିଜ୍ୟ ମହାସଂଘ ଓ ସମବାୟ ବ୍ୟାଙ୍କମାନଙ୍କର ପରିଚାଳନାଗତ ମୁଖ୍ୟମାନେ ହତାଶ ରାଜନୈତିକ ବ୍ୟକ୍ତି; ଯେଉଁମାନେ ସମବାୟ ଆନ୍ଦୋଳନ ନାଁରେ ପ୍ରିୟାପ୍ରୀତି ତୋଷଣ କରି ନିଜର ଭବିଷ୍ୟତକୁ ସୁନ୍ଦର କରିବାରେ ଲାଗିଥାନ୍ତି। ଦ୍ୱିତୀୟତଃ ବିଭିନ୍ନ ଲାଭଜନିତ କ୍ଷେତ୍ରରେ ସରକାର ନିଜ ଉଦ୍ୟୋଗମାନଙ୍କୁ ପ୍ରବେଶ କରାଇବା ପାଇଁ ସୁଯୋଗ ଦେବାରୁ ଅର୍ଥ ପ୍ରୟୋଗ ଜନିତ ଶିଳ୍ପ ପ୍ରତିଷ୍ଠା କରି ଏମାନେ ବହୁ ସଂଖ୍ୟାରେ ଉତ୍ପାଦ ବଜାରକୁ ଛାଡ଼ିଲେ।

କ୍ଷୁଦ୍ରଶିଳ୍ପ ଓ ସମବାୟ ଶିଳ୍ପଗୁଡ଼ିକର ଆଙ୍ଗିକ ଦୁର୍ବଳତା ଓ ସାମାଜିକ ଦାୟିତ୍ୱବୋଧ ହେତୁ ଲାଭ ନିଜର ମୁଖ୍ୟ ଲକ୍ଷ୍ୟ ନ ହୋଇ ଅନ୍ୟାନ୍ୟ ଆନୁଷଙ୍ଗିକ କାର୍ଯ୍ୟକ୍ରମଗୁଡ଼ିକ ଲକ୍ଷ୍ୟ ବୋଲି ଧରାଗଲା। ତେଣୁ ଗ୍ରାହକ ଧୀରେ ଧୀରେ ଉତ୍ତମମାନର ସ୍ୱଳ୍ପ ମୂଲ୍ୟର ମୂଳ ପଦାର୍ଥ (Basic Product) କିଣିବା ଜାଗାରେ ବିଜ୍ଞାପନଜନିତ ଉତ୍ତେଜନାରେ ନିଜି ଉଦ୍ୟୋଗର ପଦାର୍ଥମାନଙ୍କୁ କ୍ରୟ କରିବାରେ ଲାଗିଲେ। ସମବାୟ ଶିଳ୍ପ ଧୀରେ ଧୀରେ ତା'ର ଔଜଲ୍ୟ ହରାଇବସିଲା।

ଦ୍ୱିତୀୟତଃ ଦୂରଦୃଷ୍ଟିର କଥା ବିଚାରକୁ ନିଆଯାଉ। ଦୂରଦୃଷ୍ଟିହୀନତା ରୋଗରେ ସଢୁଥିବା ରାଜନୈତିକ ବ୍ୟକ୍ତିମାନେ ବା ଏ ଆନ୍ଦୋଳନକୁ ଦିଗ ଦେଖେଇ ପାରନ୍ତେ କିପରି ? ବ୍ୟବସାୟ ପରିଚାଳନାର ଛାତ୍ରମାନଙ୍କ ମଧ୍ୟରେ ଏକ ଭ୍ରାନ୍ତ ଧାରଣା (Myth) ରହିଛି ଯେ, ପରିଚାଳନାର କଳା କୌଶଳଗୁଡ଼ିକ କେବଳ ବହିରୁ ପଢ଼ି ଶିଖିହେବ। ତେଣୁ ବିଭିନ୍ନ କେସ୍ (Case)ମାନଙ୍କୁ ନେଇ ସେମାନଙ୍କୁ ଶିକ୍ଷା ଦିଆଯାଏ। ସେମିତି କେତୋଟି ଘଟଣାର ଉଦାହରଣ ଦିଆଯାଉଛି।

ନୟାଗଡ଼ ଗୋଟିଏ ଛୋଟିଆ ପାହାଡ଼ ତଳି ସହର। ଏଠି ଖରାଦିନେ ଅଧିକ ଖରା, ବର୍ଷାଦିନେ ଅଧିକ ବର୍ଷା ଓ ଶୀତ ଦିନମାନଙ୍କରେ ଜଙ୍ଗଲିଆ ଶୀତ ହୁଏ। ଥରେ ସମବାୟ ବଜାର ପରିଚାଳନା (Cooperative Marketing) ବିଷୟରେ ଏ ଅଞ୍ଚଳର ଜଣେ ସାଧାରଣ ବ୍ୟକ୍ତିଙ୍କ ଜୀବନକୁ ନେଇ ଏକ କେସ୍ ଲେଖାଯାଇଥିଲା। ନୟାଗଡ଼ଠାରୁ ଓଡ଼ଗାଁ ରାସ୍ତାରେ ମାତ୍ର ପାଞ୍ଚ କିଲୋମିଟର ଗଲେ ଗୋଟିଏ ଛୋଟ ଗାଁ ପଡ଼େ। ଦ୍ରୁତଗାମୀ ଲମ୍ବା ରାସ୍ତାର ବସ୍ ରୁହେ ନାହିଁ। ମାଛିପଡ଼ାରେ ଓହ୍ଲେଇ ଯିବାକୁ ପଡ଼େ। ସେଇ ସୋଲପଟାରେ ରୁହନ୍ତି ଶ୍ରୀ ମହାପାତ୍ର। ନଣ୍ଡା ସରପଞ୍ଚ ନାଁରେ ଗାଁ'ସାରା ଲୋକେ ତାଙ୍କୁ ଜାଣନ୍ତି। ସତୁରୀବର୍ଷରୁ ଉର୍ଦ୍ଧ୍ୱ ଏହି ବ୍ୟକ୍ତିଙ୍କର ଜୀବନକାହାଣୀ

ଅନନ୍ୟ। ସାମାନ୍ୟ ଶିକ୍ଷା, ତା' ପରେ ସ୍ୱାଧୀନତା ଆନ୍ଦୋଳନ ଶିକ୍ଷା, ତା' ପରେ ସ୍ୱାଧୀନତା ଆନ୍ଦୋଳନ ଓ ଜେଲ ଜୀବନ ପୁଣି ରାଜନୀତି। ସେଥିରୁ ସନ୍ନ୍ୟାସ ଓ ସମବାୟ ଆନ୍ଦୋଳନ ଆରମ୍ଭ। ଉକ୍ତ ଗ୍ରାମର ସାଧାରଣ ଲୋକର ଆର୍ଥିକ ଅବସ୍ଥା ଖରାପ। ଜମିବାଡ଼ି ବି ବହୁତ କମ୍। ସକାଳ ହେଲେ ସେମାନେ ଅନ୍ୟ ବିଲରେ ମୂଲ ଲାଗିବାକୁ ଯାଆନ୍ତି। ସତୁରୀ ଦଶକର ଶେଷବେଳକୁ ଶ୍ରୀ ମହାପାତ୍ର ସ୍ଥାପନ କଲେ ପଶୁପାଳନ ଓ ଦୁଗ୍ଧ ଉତ୍ପାଦନ ସମବାୟ ସମିତି। ଆଖପାଖ ଅଞ୍ଚଳରେ ଘାସର ବହୁଳତା ଓ ଜଳକ୍ଲିଷ୍ଟତା ନ ଥିବାରୁ ସେ ଅଶିକ୍ଷିତ ଲୋକମାନଙ୍କୁ ସଙ୍ଗଠିତ କରି ଜର୍ସିଗାଈ ପାଳନ କରାଇବା ଆରମ୍ଭ କଲେ। କ୍ଷୀର ସାଧାରଣ ଉତ୍ପାଦ ହୋଇଥିବାରୁ ଏଥିରୁ ଯେ ଲାଭ କମ୍ ମିଳିବ ଏକଥା ଶ୍ରୀ ମହାପାତ୍ରଙ୍କୁ ଜଣାଥିଲା।

ତେଣୁ ମୂଲ୍ୟ ଯୋଗକାରୀ ଉତ୍ପାଦନ (Value Added Porduct) ହିସାବରେ ଛେନାପୋଡ଼, ଛେନାଗଜା ଇତ୍ୟାଦି ପ୍ରସ୍ତୁତ କଲେ। କୌଣସି ଉତ୍ପାଦର ସଫଳତା ପାଇଁ ଏକ ଦୃଢ଼ ଓ ସକ୍ଷମ ବଣ୍ଟନ ବ୍ୟବସ୍ଥା (Distribution Channel) ଜରୁରୀ ମାତ୍ର ସାମାନ୍ୟ ସମବାୟ ସମିତି ହୋଇଥିବାରୁ ନିଜସ୍ୱ ବଣ୍ଟନ ବ୍ୟବସ୍ଥା ବ୍ୟବହାର ନ କରି ସେ ସରକାରୀ ଗାଡ଼ିଗୁଡ଼ିକରେ ରାତାରାତି ଏହି ଉତ୍ପାଦମାନଙ୍କୁ ଦୂର ସହର ଯଥା- ରାଉରକେଲା, ବଲାଙ୍ଗୀର, ସମ୍ବଲପୁରକୁ ପଠାଇପାରିଲେ। ଶୀଘ୍ର ନଷ୍ଟ ହୋଇଯିବା ପଦାର୍ଥ (Perishable Produce) ହୋଇଥିବାରୁ ଏସବୁ ଦୂର ବଜାରରେ ଶୀଘ୍ର ବିକ୍ରୟ ହୋଇପାରିଲା।

ଉତ୍ତମ ଗୁଣମାନର ହୋଇଥିବାରୁ ନୟାଗଡ଼ର ଛେନାପୋଡ଼ ରାତାରାତି ସଫଳତା ପାଇଲା। ନିଜର କିଛି ସହଯୋଗୀମାନଙ୍କ ହାତରେ ଏହି ସମବାୟ ସମିତିର ଦାୟିତ୍ୱ ଦେଇ ହଠାତ୍ ସେ ଅନୁଭବ କଲେ ଯେ, ନୂତନ ପିଢ଼ିର ପିଲାମାନେ ଏପରି ଉତ୍ପାଦରେ ମନୋନିବେଶ କରିବେ ନାହିଁ କାରଣ ଛେନା ପଦାର୍ଥର ସଂଗ୍ରହ, ଉତ୍ପାଦନ ଓ ବିତରଣ ଏକ ସମୟ ଓ ବଳ ସାପେକ୍ଷ ଉଦ୍‌ଯୋଗ। ତେଣୁ ସେ ହସ୍ତତନ୍ତ ଓ କଳତନ୍ତ ସ୍ଥାପନ କରିବା ପାଇଁ ପୁଣି ସମବାୟ ସମିତି ଗଠନ କଲେ। ଗାଁରେ ଥିବା ବେକାର ଯୁବକ ଯୁବତୀ ତଥା ବିଦ୍ୟାଳୟ ଛାଡ଼ିଦେଇଥିବା ପିଲା (Drop outs)ମାନଙ୍କୁ ଶିକ୍ଷାଦେଇ ଏହି ଶିଳ୍ପରେ ଲଗେଇ ପାରିଲେ।

ଏବେ ସେ ଗାଁର ରଙ୍ଗ ଅନେକାଂଶରେ ବଦଳି ଗଲାଣି। ମାଟିଆ ଓ ମୂଲିଆର ହୀନମନ୍ୟତାରେ ସଢୁଥିବା ଲୋକମାନେ ସମବାୟ ଆନ୍ଦୋଳନ ମାଧ୍ୟମରେ ଏହି ଗ୍ରାମ ଏକ ସରଳ ଓ ସୁସ୍ଥ ଗ୍ରାମରେ ପରିଣତ ହୋଇଛି। ଏହି ଗାଁରେ ରାତିସାରା ଭାସିଆସୁଛି ତନ୍ତମାନଙ୍କର ଶବ୍ଦ। ସେମାନେ ଯେମିତି ସମସ୍ୱରରେ ଗାଉଛନ୍ତି ସମବାୟ

ଓ ସହଯୋଗର ଜୟଗାନ। ତେଣୁ ସାମାନ୍ୟ ଶିକ୍ଷାଗତ ଯୋଗ୍ୟତା ନ ଥାଇ ମଧ୍ୟ ସାଧାରଣ ପଦାର୍ଥମାନଙ୍କର ବ୍ୟବହାରରେ ପ୍ରତିଯୋଗିତା ମୂଳକ ପ୍ରାଧାନ୍ୟ (Compelltive Advantage) ସୃଷ୍ଟି କରି ସମାଜର ସର୍ବାଙ୍ଗୀନ ଉନ୍ନତି କରିପାରିଛନ୍ତି ଶ୍ରୀଯୁକ୍ତ ମହାପାତ୍ର।

ଏପରି କାହାଣୀ ସମଗ୍ର ଓଡ଼ିଶାରେ ବିରଳ ସତ ମାତ୍ର ଏପରି ଅନେକ ଲୋକ ଅଛନ୍ତି ଯେଉଁମାନେ ସମବାୟର ପ୍ରକୃତ ଉଦ୍ଦେଶ୍ୟ ବୁଝିପାରିଛନ୍ତି। ଜଣ ପରିଚାଳନାରୁ ଗଣ ପରିଚାଳନା କରିବା ପାଇଁ ତଥା ସଂସ୍ଥାମାନଙ୍କୁ ଲାଭଜନକ କରିବା ପାଇଁ ନା ଦରକାର ରାଜନୈତିକ ବାହୁବଳ ନା ଜ୍ଞାନକୌଶଳ, ଖାଲି ଯାହା ଦରକାର ଦୂରଦୃଷ୍ଟି ଓ ସ୍ୱାର୍ଥହୀନ ସାମାଜିକ ଦାୟିତ୍ୱବୋଧ।

ଗରିବ ହେବାର ଅର୍ଥ

ବଜାରଭିତ୍ତିକ ଅର୍ଥବ୍ୟବସ୍ଥା ଧନୀ ଗରିବର ତରତମ୍ୟ ବଢ଼ାଏ କି ? ସାଧାରଣ ମଣିଷକୁ ତା'ର ପ୍ରବୃତ୍ତିଜନିତ ଉଚ୍ଚାଙ୍ଗ ଅନୁଭବ ବିଷୟରେ ସଚେତନ କରାଇ ଏହା ଶ୍ରେଣୀର ସୃଷ୍ଟି କରେ କି? ବଜାର ପରିଚାଳନାରେ ଗଣ (Mass) ମଧ୍ୟରୁ ଖଣ୍ଡ ଛିନ୍ନାଂଶ (Segment) ବାହାର କରି ଗୋଟିଏ ଉତ୍ପାଦକୁ ସେହି ଖଣ୍ଡ ଛିନ୍ନାଂଶ ପାଇଁ ଉପଯୁକ୍ତ ବୋଲି ପ୍ରଚାର କରାଯାଇଥାଏ । ଏହା ଫଳରେ ସମାଜର ନିର୍ଦ୍ଦିଷ୍ଟ ଗୋଷ୍ଠୀର ଲୋକମାନେ ଅମୁକ ବ୍ରାଣ୍ଡ, ସମୁକ ଅତର ଇତ୍ୟାଦି ବ୍ୟବହାର କରନ୍ତି ।

ଗ୍ରାହକକୁ ଯଦି ପଚାରଯାଏ ଯେ, ଆପଣ କ'ଣ ଖାଆନ୍ତି, ପିଅନ୍ତି, ଲଗାନ୍ତି ତେବେ ଏହାର ଉତ୍ତରରେ ଯେଉଁ ସୂଚନା ମିଳିବ ସେଥିରୁ ତାହାର ସାମାଜିକ ସ୍ତର ବାହାର କରାଯାଇପାରିବ । ଉଦାହରଣସ୍ୱରୂପ 'ରେମଣ୍ଡସ୍' ସୁଟିଙ୍ଗର କପଡ଼ା ଉଚ୍ଚମଧ୍ୟବିତ୍ତ ଲୋକଙ୍କ ପାଇଁ, ସିନ୍‌ଥଲ ସାବୁନ ମଧ୍ୟବିତ୍ତ ଶ୍ରେଣୀ ପାଇଁ ଓ ନିର୍‌ମା ଗରିବ ଶ୍ରେଣୀମାନଙ୍କ ପାଇଁ ଲକ୍ଷ୍ୟ (Target) ବୋଲି ବଜାର ଗବେଷଣାରୁ ଜଣାପଡ଼ିଛି । ଏପରି ସ୍ତରୀକରଣଦ୍ୱାରା ବିକ୍ରେତାର ତ ଲାଭ ହେଉଛି ମାତ୍ର ଏହାର ପ୍ରଭାବ ସମାଜର ଆଙ୍ଗିକ ଦିଗରେ ପଡୁଛି କି ? ନିଜର ଆର୍ଥିକ ଦୂରବସ୍ଥାରେ ଥିବା ମଣିଷ ବଜାରୀକରଣ ହେତୁ ନିଜର ଅଧିକାର ଜାହିର କରିବାର ସାମର୍ଥ୍ୟ ଓ ଇଚ୍ଛାଶକ୍ତି ରଖିପାରିଛି କି ?

ବ୍ୟକ୍ତିଗତ ଭାବରେ ପାଠକ ନିଜ ଜୀବନକୁ ଅନୁଧ୍ୟାନ କଲେ ଏ ବିଷୟରେ

ନିଶ୍ଚିତ ଭାବରେ କିଛି ତଥ୍ୟ ସଂଗ୍ରହ କରିପାରିବ। ସାମ୍ପ୍ରତିକ ସମୟର ଦୁଇଟି ଘଟଣାକୁ ନେଇ ଏ ବିଷୟରେ ଆଲୋଚନା କରାଯାଉ। ଦୁଇଟି ଯାକ ସତ ଓ ସ୍ୱାସ୍ଥ୍ୟସେବା ବିଭାଗକୁ ନେଇ ଗଠିତ। ଗ୍ରାମାଞ୍ଚଳରେ ସ୍ୱାସ୍ଥ୍ୟସେବାର ବିପର୍ଯ୍ୟୟ ବିଷୟରେ ଅନେକ ଆଲୋଚନା ହୋଇଛି। ବାରମ୍ବାର ସୁବିଧାସୁଯୋଗ ଓ ଦଣ୍ଡର ମାତ୍ରା ପରିବର୍ତ୍ତନ କରି ମଧ୍ୟ ସରକର ଡାକ୍ତରମାନଙ୍କୁ ଗ୍ରାମାଭିମୁଖୀ କରିବାରେ ବିଫଳ ହୋଇଛନ୍ତି। ଏହାର କାରଣ କ'ଣ ? ସେବାର ଅଧିକାରୀ ଗ୍ରାମବାସୀମାନଙ୍କର ନ୍ୟୁନ ମନୋଭାବ ଏଥିପାଇଁ ଦାୟୀ ନୁହନ୍ତି ତ ? ଅଧିକାରଟି ଏବେ ଦୟାରେ ପରିବର୍ତ୍ତନ ହୋଇଯାଇନାହିଁ ତ ?

ଉଚ୍ଚମଧ୍ୟବିତ୍ତ ଓ ତଦୁର୍ଦ୍ଧ୍ୱ ପରିବାରମାନଙ୍କରେ ହୃଦ୍‌ରୋଗ ଏକ ସାମାଜିକ ମର୍ଯ୍ୟାଦା (Social Status)। ଆପଣଙ୍କର ଯଦି ହୃଦ୍‌ରୋଗ, କ୍ୟାନସର, ବୃକ୍‌କଜନିତ ସମସ୍ୟା ଦେଖା ନ ଦେଇଛି ତେବେ ଆପଣ ଉଚ୍ଚବର୍ଗର ମଣିଷ ନୁହନ୍ତି। ଅବଶ୍ୟ ଆର୍ଥିକ ପ୍ରାବଲ୍ୟଜନିତ ଉପଭୋଗ ହେତୁ ଏଗୁଡ଼ିକ ସ୍ୱତଃ ଆସି ଉଭା ହୋଇଥାନ୍ତି। ମଧ୍ୟବିତ୍ତ ପାଇଁ ହୃଦ୍‌ରୋଗ ଏକ ଆତଙ୍କ। ଏହା ତାହାର ସାମାଜିକ ତଥା ଅର୍ଥନୈତିକ ମେରୁଦଣ୍ଡକୁ ଦୋହଲାଇ ଦେଇଥାଏ। ଏପରି ହେବାର କାରଣ ହେଲା ଏହି ରୋଗ ପାଇଁ ଆନୁଷଙ୍ଗିକ ଚିକିତ୍ସା ଖର୍ଚ୍ଚ। ସରକାରଙ୍କର ଅଧୀନରେ ଥିବା ଡାକ୍ତରଖାନାମାନଙ୍କରେ ଏପରି ଜଟିଳ ରୋଗମାନଙ୍କର ନିଦାନ ଓ ଅସ୍ତ୍ରୋପଚାର ପାଇଁ ସୁବିଧା ନାହିଁ ତେଣୁ ନିଜ କ୍ଷେତ୍ରରେ ପରିଚାଳିତ ଡାକ୍ତରଖାନାମାନଙ୍କରେ ବହୁ ଅର୍ଥ ବ୍ୟୟକଲେ ହେଁ ଏପରି ରୋଗ ଭଲ ହୋଇପାରିବ। ହାଇଦ୍ରାବାଦର ଆପୋଲୋ ହସ୍‌ପିଟାଲ ହୃଦ୍‌ରୋଗୀଙ୍କ ପାଇଁ ଜୀଇଁବାର ବତୀଖୁଣ୍ଟ। ଏପରି ଅବସ୍ଥାରେ ସାଧାରଣ ଗରିବ ଶ୍ରେଣୀର ରୋଗୀ ବିଷୟରେ ଚିନ୍ତା କରୁଚି ବା କିଏ ?

ସଦ୍ୟ ଘଟିଯାଉଥିବା ଘଟଣାଟି ବିଷୟରେ ଆପଣଙ୍କୁ ଜଣାଇ ଦିଆଯାଇପାରେ। କଟକ ବଡ଼ ଡାକ୍ତରଖାନାରେ ଗୋଟିଏ ଛୋଟିଆ ଟୁଙ୍ଗି ଘର। ଏଇଟା ହୃଦ୍‌ରୋଗ ବିଭାଗର ବହିର୍ବିଭାଗ (Out-door)। ସକାଳ ଆଠଟା ହେଲାବେଳକୁ ଅନେକ ଲୋକଙ୍କର ଭିଡ଼। ଏଥିରୁ ପ୍ରାୟତଃ ଅଧିକାଂଶ ଗ୍ରାମାଞ୍ଚଳର ଲୋକ ଯେଉଁମାନେ ସାଧାରଣ କୃଷକ ଶ୍ରେଣୀର। ମୋର ବାପାଙ୍କର ହୃଦ୍‌ରୋଗଜନିତ ସମସ୍ୟା ହେତୁ ମୁଁ ବି ସେଠି ଠିଆ ହୋଇଥାଏ। ଦୁଆର ଖୋଲିଲାବେଳକୁ ଧାଡ଼ି କରିବାକୁ ପଡ଼େ। ଧାଡ଼ିରେ ମୁଁ ତୃତୀୟ ସ୍ଥାନରେ। ମୋ ଆଗରେ ଠିଆ ହୋଇଥିବା ଲୋକମାନଙ୍କ ମଧ୍ୟରୁ ଦୁହେଁ ପ୍ରାୟ ଦେଢ଼ଶ ଦୁଇଶହ କିଲୋମିଟର ଦୂରରୁ ଆସିଥାନ୍ତି। ହଠାତ୍ ଆସି ପହଞ୍ଚିଲେ ଜଣେ ମଧ୍ୟବୟସ୍କ ଭଦ୍ରଲୋକ। ସବଳ ସ୍ୱାସ୍ଥ୍ୟ ଅଥଚ ବିନାଧାଡ଼ିରେ ନିଜର ଚିଟୋଉ ସବା ଉପରେ ରଖିଲେ। ଭାରି ବିକଳି ଭାବଟିଏ ପ୍ରକାଶ ପାଇଗଲା। ଧାଡ଼ିରେ

ଠିଆହୋଇଥିବା ଲୋକମାନଙ୍କର। କେମିତି ଗୋଟେ ବତୁରି ଯିବାର ଦୁଃଖ ସଭିଙ୍କ ମୁହଁରେ। ଅଥଚ କାହାର ପ୍ରତିବାଦ କରିବାର ନାହିଁ। ଅଗତ୍ୟା ବାଧ୍ୟ ହୋଇ ମୋତେ ହିଁ କହିବାକୁ ପଡ଼ିଲା। ଜଣଙ୍କର ଉଚ୍ଚସ୍ୱରରେ ପ୍ରତିବାଦ ହେତୁ ଏହି ତଥାକଥିତ ସମ୍ଭ୍ରାନ୍ତ ଭଦ୍ରବ୍ୟକ୍ତି ଧାଡ଼ିରେ ଆସିଲେ। ତାଙ୍କର ବାରମ୍ବାର ଘଣ୍ଟା ଦେଖା, ବ୍ୟସ୍ତଭାବ ଦେଖି ଲାଗିଲା ଯେମିତି ସରକାରୀ ଡାକ୍ତରଖାନାର ସୁବିଧା ତାଙ୍କ ପାଇଁ, ନିଜର ସମୟ ଅନୁସାରେ ବ୍ୟବହାର କରାଯାଇ ପାରିବ।

ଧାଡ଼ିରେ ଠିଆହୋଇଥିବା ଲୋକମାନେ ନିଜ ନମ୍ବର ପାଇ ଖୁସ୍। ଆମେ ଉପରେ ଯାଇ ଅପେକ୍ଷା କରିଛୁ ପ୍ରାୟ ଚାରିଘଣ୍ଟା। ଫାଟକରେ ବିରାଟ ତାଲା। କେଉଁ ସନ୍ଧିଦେଇ ଭିତରପଟୁ ପଶିଆସୁଛନ୍ତି ଅନେକ ଉଚ୍ଚବର୍ଗର ପ୍ରତିଷ୍ଠିତ ହୃଦ୍‌ରୋଗୀ। ସବୁ ଗରିବଙ୍କ ମୁହଁରେ ପୁଣି ସେଇ ବିକଳ ଭାବ। ଅସହାୟତା ଓ ଅସାମର୍ଥ୍ୟ ଯେମିତି କିଏ କଣ୍ଟା ପିଟି ଟାଙ୍ଗି ଦେଇଛି ସେମାନଙ୍କ ଭାଗ୍ୟରେ। ମୁଁ ସେମାନଙ୍କୁ ପଚାରିଲି, "ଏମିତି ଅନେକ ଜିନିଷ ଆପଣଙ୍କ ଜୀବନରେ ଘଟିଯାଉଥିବ ଅଥଚ ଆପଣ ପ୍ରତିବାଦ କରୁନଥିବେ ତ? ଉତ୍ତରରେ ଯାହା ଶୁଣିଲି ତାହା ଏହିପରି, "ଆଜ୍ଞା, ଆମେ ଗରିବ ଲୋକ। ପାଠଶାଠ ନାହିଁ, ଭେକ ନାହିଁ ତେଣୁ ଆମ କଥା ଶୁଣିବ କିଏ। ଡେରି ହେଲେ ହେଉ, ଡାକ୍ତର ଯେତେବେଳେ ହେଲେ ଦେଖିବେ ନ ହେଲେ ଘରେ ପଇସା ଦେଇ ଦେଖେଇବୁ।"

ଗରିବ ହେବାର ଅର୍ଥ ନୁହେଁ ହୀନମନ୍ୟତାରେ ରହିବା, ଗରିବ ହେବାର ଅର୍ଥ ନୁହେଁ ନିଜ ଅଧିକାର ଜାହିର ନ କରିବା। ଗରିବ ହେବା ଏକ ଆର୍ଥିକ ଅବସ୍ଥା, ଏକ ମାନସିକତା ନୁହେଁ। ସଂସାରର ଶିକୁଳିରେ ଗରିବ ମନୋଭାବଟି ମଣିଷକୁ ନିଜ ଅଧିକାରରୁ ବଞ୍ଚିତ କରୁନାହିଁ କି! ବଜାର ସଂସ୍କୃତି ହିଁ ଏଥିପାଇଁ ଦାୟୀ। ଏହା ଆଙ୍ଗୁଠି ଦେଖାଇ ଚେତେଇ ଦେଉଛି ଯେ, ତୋ'ର ଆର୍ଥିକ ଅବସ୍ଥା ଏହିପରି ତେଣୁ ତୁ ଏଥିପାଇଁ ଯୋଗ୍ୟ ନୋହୁଁ।

ଯେଉଁ ବ୍ୟବସ୍ଥା (System) ଓ ସୁଯୋଗ (Facility) ସାଧାରଣ (Mass) ପାଇଁ ସେଠି ଆର୍ଥିକ ସ୍ଥିତି କେବେହେଁ ଅଧିକାରର ମାପକାଠି ନୁହେଁ। ସହିଯିବା ହେଉଛି ଗରିବ ମନୋଭାବ, ନିଜର ଅଧିକାର ସାବ୍ୟସ୍ତ ନ କରିବାରୁ ହିଁ ସାଧାରଣ ମଣିଷର ସ୍ୱାଚ୍ଛନ୍ଦ୍ୟ ଆଜି ଉଚ୍ଚ ଶ୍ରେଣୀର ପକେଟ୍‌ରେ ରହିଛି। ଏକଥା ଯେ ପର୍ଯ୍ୟନ୍ତ ବୁଝି ନ ହୋଇଛି କିମ୍ବା ଅନ୍ୟଶ୍ରେଣୀକୁ ବୁଝେଇ ନ ହୋଇଛି, ସେ ପର୍ଯ୍ୟନ୍ତ ତାରତମ୍ୟ, ଦୁର୍ନୀତି ଇତ୍ୟାଦି ମଣିଷର ସୁଖକୁ ପଙ୍ଗୁ କରିବାରେ ଲାଗିଥିବ।

ଦ୍ୱିତୀୟ ଘଟଣାଟି ଘଟିଛି ଭୁବନେଶ୍ୱର ଶିଶୁଭବନରେ। ଗୋଟିଏ ମେହେନ୍ତରାଣୀ

ତା'ର ନାତିର ସ୍ୱାସ୍ଥ୍ୟଜନିତ ସମସ୍ୟା ନେଇ ଦେଖା କରିବାକୁ ଆସିଛି। ତାହାର ଅସାବଧାନତା ହେତୁ ଚିଠାଟି ହଜିଯାଇଛି। ତେଣୁ ସେ ଔଷଧ ବୋତଲମାନଙ୍କୁ ନେଇ କି ଆସିଛି। ଅଥଚ ଶିଶୁ ବିଶେଷଜ୍ଞଙ୍କର ଶ୍ଳେଷୋକ୍ତି ହେଉଛି ଯେ, ଏପରି ଅବହେଳାର କାରଣ ହେଉଛି ମାଗଣା ସ୍ୱାସ୍ଥ୍ୟସେବା। ସ୍ୱାସ୍ଥ୍ୟସେବା ମାଗଣା ହେବାରୁ ତୁମେ ଚିଠା ହଜେଇଲ। ଯଦି ପଇସା ଦେଇ ରୋଗୀ ଦେଖେଇଥାଆନ୍ତ ତେବେ ଚିଠା ହଜେଇ ନ ଥାନ୍ତ।

ଏଠି ଚିଠା ହଜେଇବା ଅସାବଧାନତା ହୋଇପାରେ ମାତ୍ର ତାହାର ଦୁର୍ବଳ ଆର୍ଥିକ ପରିସ୍ଥିତି ଓ ସାମାଜିକ ସ୍ଥିତିର ଦୟନୀୟ ପରିସ୍ଥିତି ଚିତ୍ରଣଟି ସର୍ବ ସମ୍ମୁଖରେ କରି ଡାକ୍ତର କ'ଣ ପ୍ରମାଣିତ କରିବାକୁ ଚାହୁଁଛନ୍ତି।

ବଜାର ସଂସ୍କୃତିରେ ଗ୍ରାହକ ପାଇଁ ଦୁଇଟି ଜିନିଷ ଦରକାର। ପ୍ରଥମଟି କ୍ରୟ କରିବାର ଇଚ୍ଛାଶକ୍ତି ଓ ଦ୍ୱିତୀୟଟି କ୍ଷମତା। ତେଣୁ ଏ ଦେଶରେ କ'ଣ ପ୍ରତ୍ୟେକଟି ବ୍ୟବସ୍ଥା କ୍ରୟ କରିବାର କ୍ଷମତାଦ୍ୱାରା ନିୟନ୍ତ୍ରିତ ହେବ। ଗରିବର ଦେଶ ବୋଲି କୁହାଯାଉଥିବା ଭାରତବର୍ଷ କ'ଣ କେବଳ ଗ୍ରାହକର ଦେଶ ହୋଇ ରହିବ? ଏମିତି ପ୍ରଶ୍ନ ଆପଣଙ୍କୁ ଆନ୍ଦୋଳିତ କରୁନାହିଁ କି?

■

ମାଲୋନିଙ୍କ ନିୟମ

ବିଜ୍ଞାପନ ହେଉଛି ବଜାର ପରିଚାଳନାର ଏକ ମୁଖ୍ୟ ଅସ୍ତ୍ର। ଗ୍ରାହକ ପାଖରେ ପହଞ୍ଚିବା ପାଇଁ ଉତ୍ପାଦକମାନଙ୍କୁ ବିଭିନ୍ନ ମାଧ୍ୟମର ବ୍ୟବହାର କରିବାକୁ ପଡ଼ିଥାଏ, ଯଥା ବିଜ୍ଞାପନ (Advertising), ବିକ୍ରୟ ବୃଦ୍ଧି ଯୋଜନା (Sales Promotion), ଗଣ ସମ୍ପର୍କ (Pubic Realtion) ଓ ବ୍ୟକ୍ତିଗତ ବିକ୍ରୀ (Personal Selling) l ଏମାନଙ୍କ ମଧ୍ୟରୁ ବିଜ୍ଞାପନର ବହୁଳ ବ୍ୟବହାର ହୋଇଥାଏ।

ସାଧାରଣ ଗ୍ରାହକଙ୍କୁ ଯଦି ବଜାର ପରିଚାଳନା ବିଷୟରେ ପଚରାଯାଏ ତେବେ ସେ ବିଜ୍ଞାପନ ବିଷୟରେ ହିଁ ପ୍ରଥମେ କହିବ। ବିଜ୍ଞାପନ ପାଇଁ ବିଭିନ୍ନ ଗଣମାଧ୍ୟମମାନଙ୍କର ସାହାଯ୍ୟ ନିଆହୋଇଥାଏ। ଅନ୍ୟାନ୍ୟ ଉନ୍ନୟନ କୌଶଳ (Promotion Technique) ଗୁଡ଼ିକର ଲକ୍ଷ୍ୟ କେବଳ ବିକ୍ରୟ ବୃଦ୍ଧି ହୋଇଥିବାବେଳେ ବିଜ୍ଞାପନର ଲକ୍ଷ୍ୟ ଦୁଇ ପ୍ରକାରର। ପ୍ରଥମତଃ ଏହା ବିକ୍ରୟ ବୃଦ୍ଧି କରେ। ଦ୍ୱିତୀୟରେ ଏହା ଗ୍ରାହକମାନଙ୍କର ଜ୍ଞାନ ବୃଦ୍ଧି କରାଏ। ବଜାରରେ କିଛି ଗ୍ରାହକ ଉତ୍ପାଦ ବିଷୟରେ ଜାଣିଥାନ୍ତି ମାତ୍ର ଅନେକଙ୍କର ଉତ୍ପାଦ ଓ ବ୍ରାଣ୍ଡ ଉଭୟ ବିଷୟରେ ଜ୍ଞାନ କମ୍ ଥାଏ। ତେଣୁ ବିଜ୍ଞାପନକୁ ଏକ ଗଣଯୋଗାଯୋଗ କୌଶଳ ବୋଲି ଅଭିହିତ କରାଯାଇଅଛି।

ଏମାନଙ୍କ ଛଡ଼ା ବିଜ୍ଞାପନ କେବଳ ତ ବିକ୍ରୟ ଉଦ୍ଦେଶ୍ୟରେ ବ୍ୟବହାର କରାଯାଏ ନାହିଁ, ଏହାର ଅନ୍ୟାନ୍ୟ ସାମାଜିକ ଭୂମିକା ମଧ୍ୟ ରହିଛି। ଧରନ୍ତୁ ଆପଣ 'ଏସାର' କମ୍ପାନୀର ବିଜ୍ଞାପନ ଦେଖୁଛନ୍ତି। ପରଦାରେ ରେଖାଚିତ୍ର ମାଧ୍ୟମରେ ଗୋଟିଏ ପାଣି

ଜାହାଜ ହଠାତ୍ ହେଲିକପ୍ଟରରେ ପରିଣତ ହେଉଛି ପୁଣି ପ୍ରାକୃତିକ ବାଷ୍ପଉତ୍ପାଦନ କରୁଥିବା ମଞ୍ଚ ହୋଇଯାଉଛି ଓ ଶେଷରେ ଦୁଇଟି ମିଶାଣ ଚିହ୍ନ ହେଉଛି। ଏହା ତଳେ ଗୋଟିଏ ଲେଖା ଆସୁଛି 'ଏ ପଜିଟିଭ ଆଟିଚ୍ୟୁଡ୍'। ଏହି ବିଜ୍ଞାପନ କିଛି ବିକ୍ରୟ କରୁନାହିଁ ଅଥଚ ଏସାର କମ୍ପାନୀର ବ୍ୟବସାୟ ଆଭିମୁଖ୍ୟ ବିଷୟରେ ଗ୍ରାହକକୁ ଚେତେଇ ଦେଉଛି।

ସେମିତି ଏକ ବିଜ୍ଞାପନ ହେଉଛି ଟାଟା କମ୍ପାନୀର। ଏହି କମ୍ପାନୀ ବିଭିନ୍ନ ଉତ୍ପାଦ ପ୍ରସ୍ତୁତ କରେ ମାତ୍ର ଏହାର ସାଂସ୍ଥିକ ବିଜ୍ଞାପନ (Corporate Advertising)ରେ ଆମେ ଏହି କମ୍ପାନୀ ଦ୍ୱାରା ନିଆଯାଇଥିବା ବିଭିନ୍ନ ସାମାଜିକ ପ୍ରକଳ୍ପ ଯଥା ଆଦିବାସୀମାନଙ୍କୁ ଶିକ୍ଷା ଓ ସ୍ୱାସ୍ଥ୍ୟସେବା, ସାମଗ୍ରିକ ଅଂଚଳର ବିକାଶ, ଟିକାକରଣ, ବନୀକରଣ, କ୍ରୀଡ଼ାର ମାନବୃଦ୍ଧି ପାଇଁ ଟାଟା ଫୁଟବଲ ଏକାଡେମୀ ଇତ୍ୟାଦି ବିଷୟରେ ଦର୍ଶକଙ୍କୁ ଜଣାଯାଉଛି। ଏହାଦ୍ୱାରା ଜନମାନସରେ ଏହା ଏକ ଲାଭ କରୁଥିବା କମ୍ପାନୀ ହିସାବରେ ପ୍ରସିଦ୍ଧ ନ ହୋଇ ଲାଭର ଫଳ ସାଧାରଣ ଜନତାଙ୍କୁ ବାଣ୍ଟୁଥିବା କମ୍ପାନୀ ଭାବରେ ନାମ କମେଇଛି।

ବିଜ୍ଞାପନ ପରିଚାଳନା କରିବାରେ ମୁଖ୍ୟ ସମସ୍ୟା ହେଉଛି ଉତ୍ପାଦକ ପଦାର୍ଥଟି ବିଷୟରେ ଯାହା କହିବାକୁ ଚାହୁଁଛି, ବିଜ୍ଞାପନ କମ୍ପାନୀ କିପରି ଭାବରେ ଏହାକୁ ମାଧ୍ୟମ (Media)ରେ ପ୍ରସ୍ତୁତ କରିପାରୁଛି। ସାଧାରଣତଃ ଚଳଚ୍ଚିତ୍ର ପୂର୍ବରୁ ବା ଟେଲିଭିଜନ୍‌ର ଲୋକପ୍ରିୟ କାର୍ଯ୍ୟକ୍ରମ ପୂର୍ବରୁ ଆପଣ ଅନ୍ୟୁନ ପକ୍ଷରେ ଲଗାତର ପଚିଶରୁ ତିରିଶଟି ପର୍ଯ୍ୟନ୍ତ ବିଜ୍ଞାପନ ଦେଖୁଥିବେ; ମାତ୍ର କେତୋଟି ବା ମନେ ରଖିପାରନ୍ତି ? ଅତିବେଶିରେ ଛଅ ସାତଟି ବିଜ୍ଞାପନ ବିଷୟରେ ଆପଣ ଅଳ୍ପ ବହୁତ କହିପାରିବେ। ଅଥଚ କମ୍ପାନୀମାନେ ଏହି ମୁଖ୍ୟ ସମୟ (Prime Time)ରେ ବିଜ୍ଞାପନ ପ୍ରସାରଣ ପାଇଁ ଅଧିକା ଦାମ ଦିଅନ୍ତି ଓ ପ୍ରତିଯୋଗିତା ମଧ୍ୟ କରନ୍ତି। ଏପରି କରିବାର ମୂଳରେ କାରଣଟି ହେଉଛି ଯେ ପ୍ରତ୍ୟେକ ଉତ୍ପାଦକ ଆଶା କରନ୍ତି ତାଙ୍କ ବିଜ୍ଞାପନଟି ହିଁ ସେଇ ଛଅ ଓ ସାତଟି ମଧ୍ୟରୁ ଗୋଟିଏ ହେବ ଯାହାକୁ ଗ୍ରାହକ ମନେରଖିବେ ଓ କିଣିଲାବେଳେ ସେଇ କମ୍ପାନୀର ଉତ୍ପାଦଟି କିଣିବେ। ଏଇଟିକୁ ଗଣ ଯୋଗାଯୋଗର ଉପାଖ୍ୟାନ (Myth)ବୋଲି କୁହାଯାଏ।

ବିଜ୍ଞାପନ ପ୍ରସ୍ତୁତ କରିବାବେଳେ ସାଧାରଣତଃ ଦୁଇଟି ଜିନିଷକୁ ଧ୍ୟାନ ଦିଆଯାଏ। ପ୍ରଥମଟି ହେଲା ଗ୍ରାହକ ପଦାର୍ଥଠାରୁ କ'ଣ ଆଶା କରୁଛି ଏବଂ ଦ୍ୱିତୀୟରେ କି ପ୍ରକାର ପୁରସ୍କାର (Reward) ଚାହୁଁଛି। ଏହି ହ୍ୱିଲ ସାବୁନ କଥା ବିଚାରକୁ ନିଆଯାଉ। ଗୋଟିଏ ବିଜ୍ଞାପନରେ ଦେଖଉଛି ଜଣେ ଭଦ୍ର ମହିଳାଙ୍କୁ। ସେ କହୁଛନ୍ତି,

'ଦୂର ହୋଇଯା ମୋ ନଜରରୁ, ମୁଁ ମାଗିଲି ସଫାପଣ, ତୁ ଦେଲୁ ହାତରେ ଜ୍ୱଳନ।' ଅଧିକାଂଶ ସାବୁନରେ ଲୁଗା ସଫା କଲେ ହାତ ଧଳା ହୋଇଯାଏ ଓ କ୍ଷାର ଅଂଶ ହେତୁ ପୋଡ଼େ ମଧ୍ୟ। ତେଣୁ ଗୃହଣୀଟି ଋହେଁ ଯେ ତା'ର ହାତର ଜ୍ୱଳନ ନ ହେଉ।

ତା' ପରେ ଗୋଟିଏ ନୀଳରଙ୍ଗର ଚକ୍ର ଓ ହ୍ୱିଲ ସାବୁନର ବିଜ୍ଞାପନ। ଏଥିରେ ଲେମ୍ବୁର ଗୁଣଥିବାରୁ ଏହା ହାତର ସୁରକ୍ଷା କରେ। ଏଠି ଗ୍ରାହକର ଆଶା ଇନ୍ଦ୍ରିୟଜନିତ (Sensory)।

ଦ୍ୱିତୀୟ ବିଜ୍ଞାପନରେ ବିଚରା ସ୍ୱାମୀଟି କହୁଛି 'ତୁମେ ଏପରି କପଡ଼ା ସଫା କଲ ଯେ ମୋର କ'ଣ ବା ବିକ୍ରୀ ହେବ। ଏଠି ସ୍ୱାମୀଟି ଜଣେ ବିକ୍ରୟ ପ୍ରତିନିଧି ଯାହା ପାଇଁ ସଫା ପୋଷାକ ପିନ୍ଧିବା ଜରୁରୀ। ସ୍ତ୍ରୀର ପୁଣି ସେଇ ବିରକ୍ତି ଯେ ଏତେ ସାବୁନ ବ୍ୟବହାର କଲା ପରେ କପଡ଼ା ପ୍ରକୃତରେ ସଫା ହେଉ ନାହିଁ। ହ୍ୱିଲ ସାବୁନ ଏହି ସମସ୍ୟାର ସମାଧାନ କରିଦେଉଛି। ଏଠି ଗ୍ରାହକର ଆଶା ବିଋରକ୍ଷମ (Rational)। ତୃତୀୟ ବିଜ୍ଞାପନରେ ସ୍ୱାମୀଟି ଗୋଟିଏ ବିବାହ ଭୋଜିସଭାରେ ଯୋଗ ଦେବାକୁ ଯାଉଛି ଅଥଚ ତାହାର ପୋଷାକ ଅତ୍ୟନ୍ତ ମଳିନ। ହ୍ୱିଲ ବ୍ୟବହାର ପରେ ସ୍ୱାମୀ ବରଯାତ୍ରୀର ଆଗରେ ଅଛନ୍ତି ଓ ଖୁସିରେ ନୃତ୍ୟ କରୁଛନ୍ତି। ଏଠି ଗ୍ରାହକର ଆଶା ସାମାଜିକ (Social)।

ସେହିପରି ଡିଗ୍‌ଜାମ କମ୍ପାନୀର ବିଜ୍ଞାପନରେ ପ୍ରସିଦ୍ଧ ଅଭିନେତା ଓ ନିର୍ଦ୍ଦେଶକ ଶେଖର କାପୁରଙ୍କୁ ଆପଣ ଗୋଟିଏ ଛୋଟିଆ ବୁଦ୍ଧର ମୂର୍ତ୍ତି ମଥାରେ ହାତରଖି ଗୋଟିଏ ନିଲାମର ଚିତ୍ରନାଟ୍ୟ ଦେଖୁଛନ୍ତି। ଏହି ନିଲାମରେ ଶ୍ରୀ କାପୁର ଏହି ସୁନାର ବୁଦ୍ଧ ମୂର୍ତ୍ତିଟି ପାଉଛନ୍ତି। ଏଠି ସମାଜରେ ସଫଳତା ତଥା ଅହଂର ପରିତୃପ୍ତି (Ego Satisfaction) ବିଷୟରେ ଦେଖାଯାଉଛି। ଏହି ଉତ୍ପାଦ ସମାଜର ଉଚ୍ଚବର୍ଗ ପାଇଁ ଲକ୍ଷ୍ୟ ହୋଇଥିବାରୁ ଆମେ ସାଧାରଣ ମୂଲ୍ୟ ଯଥା ଏହାର ପ୍ରକୃତ ବ୍ୟବହାର, ଯଥାମୂଲ୍ୟ ଇତ୍ୟାଦି ବିଷୟରେ ନ ଦେଖାଇ ଏକ ନିର୍ଦ୍ଦିଷ୍ଟ ଶ୍ରେଣୀର ଲୋକଙ୍କର ଜୀବନଶୈଳୀ ବିଷୟରେ ଦେଖଉଛି; ଯାହା ଫଳରେ ଆପଣ ଯଦି ଉକ୍ତ ପଦାର୍ଥ ବ୍ୟବହାର କରିବେ ତେବେ ଯାଇ ସେହି ସମ୍ଭ୍ରାନ୍ତ ଶ୍ରେଣୀର ସଭ୍ୟ ହିସାବରେ ପରିଗଣିତ ହେବେ।

ସାଧାରଣ ଗ୍ରାହକର ଏପରି ଆଶା ତିନୋଟି ଅନୁଭୂତିରୁ ଆସିଥାଏ। ପ୍ରଥମଟି ହେଉଛି ଉତ୍ପାଦର ବ୍ୟବହାର ଅନୁଭୂତି (Product in use Experience) ଯଥା ହେମାମାଳିନୀ ଗୋଟିଏ ବିଜ୍ଞାପନରେ ଆସି କହୁଛନ୍ତି ଯେ, ସାଧାରଣ ପାଉଡ଼ରରେ

ସଫା କଲେ ଲୁଗା ତ ସଫା ନ ହୋଇପାରେ ମାତ୍ର ହାତରେ ଫୋଟକା ଓ ଦାଗ ହେବା ନିଶ୍ଚିତ। ତା' ପରେ ଦୁଇଟି ହାତ ଦେଖାଯାଉଛି ଯେଉଁଥିରେ ଛାଲି ପଡ଼ିଯାଇଚି। ତା' ପରେ ସେ ଟାଟା ଶୁଦ୍ଧ କେମ୍ ପାଉଡ଼ର ବିଷୟରେ କହୁଛନ୍ତି।

ଦ୍ୱିତୀୟଟି ହେଉଛି ବ୍ୟବହାରଜନିତ ଫଳାଫଳ ଅନୁଭୂତି (Result in use Experience)। ଧରନ୍ତୁ ଆପଣଙ୍କର ମେରୁଦଣ୍ଡରେ ଯନ୍ତ୍ରଣା ହେଉଛି। ଆପଣ ହଳଦିଆ ରଙ୍ଗର ମୁଣ୍ଡବ୍ୟଥା ଔଷଧ ବ୍ୟବହାର କରୁଛନ୍ତି ଅଥବା ନୀଳକାଗଜ ଲାଗିଥିବା କଳାରଙ୍ଗର ଥଣ୍ଡା ଔଷଧ ବ୍ୟବହର କରୁଛନ୍ତି। ଗ୍ରାହକକୁ ନ କହିଲେ ମଧ୍ୟ ଆମେ ଜାଣୁ କମ୍ପାନୀ ଅମୃତାଞ୍ଜନ ଓ ଭିକ୍ସର ବ୍ୟବହାର ବିଷୟରେ କୁହାଯାଉଛି।

ଭାରତରେ ତୁଳନାତ୍ମକ ବିଜ୍ଞାପନ (Comparative Advt,)ର ପ୍ରସାର ବିରୁଦ୍ଧରେ ନିୟମ ରହିଥିବାରୁ କମ୍ପାନୀ ସେମାନଙ୍କର ନାମ ଦେଖାଉନାହିଁ। ଦୁଇଟି ପ୍ରତିଯୋଗୀଙ୍କର ବ୍ରାଣ୍ଡ ବ୍ୟବହାର କଲାପରେ ମଧ ଆପଣଙ୍କର ଅଣ୍ଟାର ଯନ୍ତ୍ରଣା କମୁନାହିଁ। ତେଣୁ ଆପଣ ମୁଭ୍ ବ୍ୟବହାର କରନ୍ତୁ। ତା'ପର ସିନ୍‌ରେ ଭଦ୍ର ମହିଳାଙ୍କ ଅଣ୍ଟା ବ୍ୟଥା ଭଲ ହୋଇଯାଉଛି।

ତୃତୀୟ ଅନୁଭୂତିଟି ଗ୍ରାହକର ପ୍ରାସଙ୍ଗିକ ଅନୁଭୂତି (Incidental to-use-experience)। ଯେମିତିକି ଆପଣଙ୍କ ଛୋଟ ଛୁଆଟି କାଦୁଅରେ ଲଟପଟ ହୋଇ ଫୁଟବଲ ଖେଳି ଘରକୁ ଫେରୁଛି। ତା'ର ପ୍ରତିଟି ପାଦଛାପରେ ଲକ୍ଷ ଲକ୍ଷ ରୋଗ ସୃଷ୍ଟିକାରୀ ଜୀବାଣୁ। ଆପଣ ପ୍ରୋଟେକ୍ସ ସାବୁନ ବ୍ୟବହାର କରନ୍ତୁ କିମ୍ବା ଗୋଡ଼ ଜଳିଗଲା ତ ବୋର୍‌ନଲ ବ୍ୟବହାର କରନ୍ତୁ। ଜନ୍‌ସନର ବ୍ୟାଣ୍ଡ ଏଡ଼୍‌ର ମଧ୍ୟ ଏହିପରି ଭାବରେ ବିଜ୍ଞାପନ କରାଯାଏ।

ବିଜ୍ଞାପନ ଜଗତର ଜଣେ ପ୍ରଖ୍ୟାତ ବିଶାରଦ ମାଲୋନି ଏହିପରି ଚାରୋଟି ଆଶା ଓ ତିନୋଟି ଅନୁଭୂତିକୁ ନେଇ ଏକ ମ୍ୟାଟିକ୍ସ ପ୍ରଣିଧାନ କରିଛନ୍ତି। ଏହି ଚାରୋଟି ଖୋପରେ ପୃଥିବୀର ସମସ୍ତ ବିଜ୍ଞାପନମାନଙ୍କୁ ବିଭାଗୀକରଣ କରାଯାଇପାରେ। ମାଲୋନିଙ୍କ ନିୟମ ପ୍ରୟୋଗ ହେତୁ ତ ଆପଣ ଏତେ ସୂଚନାର ଗହଳିରେ କିଛି ବିଜ୍ଞାପନକୁ ମନେ ରଖିପାରୁଛନ୍ତି।

ଆପୋଲୋରେ ଈଶ୍ୱର

ଥରେ ଈଶ୍ୱରଙ୍କ ବାପା ବେମାର ପଡ଼ିଲେ। ଈଶ୍ୱର ଜଣେ ମଧ୍ୟବିତ୍ତ ସଂସାରର ମଣିଷ। ତେଣୁ ହୃଦ୍‌ରୋଗଜନିତ ସମସ୍ୟା ଓ ତଜ୍ଜନିତ ଖର୍ଚ୍ଚର ବହୁଳତା ବିଷୟରେ ସେ ଚିନ୍ତିତ ହେବା ସ୍ୱାଭାବିକ ମାତ୍ର ଈଶ୍ୱରଙ୍କ ପିତା କେନ୍ଦ୍ର ସରକାରୀ କର୍ମଚାରୀ ହୋଇଥିବାରୁ ଆର୍ଥିକ ସମସ୍ୟାଟି ସେତେ ଭୟଙ୍କର ମନେ ନ ହେଲେ ମଧ୍ୟ ସଦାସର୍ବଦା ଏକ ଶଙ୍କା ଲାଗି ରହୁଥିଲା। ଓଡ଼ିଶାର ସର୍ବାଧୁନିକ ଓ ସର୍ବପୁରାତନ ଡାକ୍ତରୀ ମହାବିଦ୍ୟାଳୟ ବିଷୟରେ ନ କହିଲେ ଭଲ। ଏହା କଇଁଛର ଖୋଳପରି ସରକାରଙ୍କ ମୁଖାର କାମ କରେ ଓ କଇଁଛର ଗତିରେ ବିଜ୍ଞାପନର ପରିବର୍ତ୍ତିତ ଅବସ୍ଥା ସହ ନିଜକୁ ଖାପଖୁଆଏ। ତେଣୁ ସାଧାରଣ ସ୍ୱାସ୍ଥ୍ୟସେବା ବିପର୍ଯ୍ୟସ୍ତ ଅବସ୍ଥାରେ ଥିବାବେଳେ ସର୍ବାଧୁନିକ ଚିକିତ୍ସା ଲାଭ କରିବା ଦୁଃସ୍ୱପ୍ନ ପ୍ରାୟ। ଏପରି ଅବସ୍ଥାରେ ଈଶ୍ୱରଙ୍କୁ ହାଇଦ୍ରାବାଦର ଆପୋଲୋ ହାସପାତାଳକୁ ଯିବାକୁ ପଡ଼ିଲା।

ଗତ କୋଡ଼ିଏ ବର୍ଷର ଆର୍ଥିକ ପରିବର୍ତ୍ତନ ଫଳରେ ଭାରତର ସାମାଜିକ ଅବସ୍ଥାରେ ବ୍ୟାପକ ପରିବର୍ତ୍ତନ ହୋଇଛି। ପ୍ରାକ୍ ସ୍ୱାଧୀନତା କାଳର ସର୍ବାଧିକ କୃଷିଜୀବୀ ଶ୍ରେଣୀଟିର ଦୃଢ଼ ବିଭାଜନ ହୋଇଛି। ଶିକ୍ଷାଗତ ଯୋଗ୍ୟତା ଫଳରେ ଓ ଶିଳ୍ପ ସଂସ୍ଥାମାନଙ୍କରେ ନିଯୁକ୍ତି ସୁବିଧା ହେତୁ ମାସିକ ଆୟକାରୀ ଏକ ମଧ୍ୟବିତ୍ତ ଶ୍ରେଣୀଟି ମୌସୁମୀ ବାୟୁ ପ୍ରବାହଜନିତ ଆର୍ଥିକ ପରିକ୍ରମା (Fiscal Cycle)ରୁ ନିଜକୁ ମୁକ୍ତ ରଖିପାରିଛି। ଭାରତ

ପରି କୃଷି ପ୍ରଧାନ ଦେଶରେ ଯଦି ଗ୍ରାହକର କ୍ରୟ ନମୁନା (Purchase Pattern) ଦେଖାଯାଏ ତେବେ ପ୍ରାୟତଃ ମେ ଜୁନ୍ ମାସରେ ଅଧିକାଂଶ ପଦାର୍ଥର କ୍ରୟ ଚାହିଦା କମିଯାଏ ମାତ୍ର ଏହି ମଧ୍ୟବିତ୍ତ ଶ୍ରେଣୀର ନିୟମିତ ରୋଜଗାର ହେତୁ ସହର ବଜାରମାନଙ୍କରେ ନୂତନ ପଦାର୍ଥମାନଙ୍କର ଚାହିଦା ଲାଗିରହିଥାଏ।

କୌଳିକ ଆର୍ଥିକ ସ୍ୱଚ୍ଛଳତା ହେଉ କିମ୍ବା ନିଜର ଅଧିକାରକରଣ (Occupation)ରେ ଆଖିଦୃଶିଆ ସଫଳତା ହେଉ କିମ୍ବା ସମାଜରେ କଳାଟଙ୍କାର ଅର୍ଥନିଗମ ହେତୁ ଅଧିକାଂଶ ଲୋକମାନଙ୍କର ଆର୍ଥିକ ଅବସ୍ଥାରେ ପରିବର୍ତ୍ତନ ଆସିଛି। ସେହିପରି ଏକ ଗଣତାନ୍ତ୍ରିକ ରାଷ୍ଟ୍ରରେ ସରକାର, ରାଷ୍ଟ୍ରାୟତ୍ତ ଉଦ୍ୟୋଗ ଓ ନିଜ ଉଦ୍ୟୋଗମାନଙ୍କରେ ବିଭିନ୍ନ କଲ୍ୟାଣମୂଳକ କାର୍ଯ୍ୟକ୍ରମ ହେତୁ ଏହାର କର୍ମଚାରୀମାନଙ୍କୁ ବିଭିନ୍ନ ପ୍ରକାରର ସ୍ୱାସ୍ଥ୍ୟସେବା ମାଗଣାରେ ଉପଲବ୍ଧ କରାଯାଉଛି। ତେଣୁ ଈଶ୍ୱରଙ୍କ ପିତା ଏସବୁ ହକ୍‌ଦାର ଥିଲେ।

ଆର୍ଥିକ ସ୍ୱଚ୍ଛଳତା ଓ ସରକାରୀ ସ୍ତରରେ ଉଚ୍ଚମାନର ସ୍ୱାସ୍ଥ୍ୟସେବା ପ୍ରଦାନ କରିବାରେ ବିଫଳତା ହେତୁ କିଛି ଜଣ ଉଦ୍ୟୋଗୀ ବ୍ୟବସାୟୀ ନିଜ ସ୍ୱାସ୍ଥ୍ୟସେବା (Private Health Care) କ୍ଷେତ୍ରରେ ପ୍ରବେଶ କଲେ। ୧୯୮୪-୮୫ ମସିହାରେ ଭାରତର ସ୍ୱାସ୍ଥ୍ୟସେବା କ୍ଷେତ୍ରରେ ଏପରି ଏକ ପରିବର୍ତ୍ତନର ସୂତ୍ରପାତ କଲେ ପ୍ରତାପ ଚନ୍ଦ୍ର ରେଡ୍‌ଡୀ। ବିଶ୍ୱସ୍ତରର ସ୍ୱାସ୍ଥ୍ୟସେବା ପ୍ରଚଳନ କରିବା ପାଇଁ ସେ ହାଇଦ୍ରାବାଦ୍‌ଠାରେ ଆପୋଲୋ ହାସପାତାଳ ପ୍ରତିଷ୍ଠା କଲେ। ଭାରତ ତଥା ବାହାରେ ଥିବା ଶ୍ରେଷ୍ଠ ଡାକ୍ତରମାନେ ଏହି ହାସପାତାଳ ମାନଙ୍କରେ କାର୍ଯ୍ୟକରିବା ପାଇଁ ସୁଯୋଗ ପାଇବାରୁ ଭାରତର ସ୍ୱାସ୍ଥ୍ୟକ୍ଷେତ୍ରରେ ଏକ ନୂତନଯୁଗର ଆରମ୍ଭ ହେଲା। ସ୍ୱାସ୍ଥ୍ୟସେବାକୁ ମଧ୍ୟ ବ୍ୟବସାୟ ଭିତ୍ତିକ କରାଯାଇ ଲାଭ ସୃଷ୍ଟି ହୋଇପାରିବ ବୋଲି ପ୍ରମାଣିତ ହୋଇପାରିଲା।

ହାଇଦ୍ରାବାଦ ସହରଠାରୁ ଅନତି ଦୂରରେ 'ଜୁବିଲି ହିଲ' ପରି ଛୋଟିଆ ପଥୁରିଆ ପାହାଡ଼ ଉପରେ ପ୍ରତିଷ୍ଠିତ ହୋଇଛି ଭାରତର ପ୍ରଥମ ସାଂସ୍ଥିକ୍ ହାସପାତାଳ୍ (Corporate Hospital)। ସିଡ଼ିଆର ହାସପାତାଳ, ମେଡ଼ିସିଟି ହାସପାତାଳ, ଶଙ୍କର ହାସପାତାଳ ଇତ୍ୟାଦି ଭାରତର ବିଭିନ୍ନ ଜାଗାରେ ଖୋଲି ଏବେ ସ୍ୱାସ୍ଥ୍ୟଜନିତ ସେବା କ୍ଷେତ୍ରରେ ପ୍ରତିଯୋଗିତାମୂଳକ ବାୟୁମଣ୍ଡଳ ସୃଷ୍ଟି କରିପାରିଛନ୍ତି।

ସେହିପରି ପ୍ରାୟ ନଅଶହ କୋଟି ଟଙ୍କା ବ୍ୟୟରେ ଦିଲ୍ଲୀର କେନ୍ଦ୍ରସ୍ଥଳରେ ଆପୋଲୋ ଇନ୍ଦ୍ରପ୍ରସ୍ଥ ପ୍ରତିଷ୍ଠିତ ହୋଇଛି। ଏଇ ସାଂସ୍ଥିକ ହସ୍‌ପିଟାଲମାନେ ବଜାରରେ ସାଧାରଣ ପଦାର୍ଥମାନଙ୍କର କ୍ରୟ ଚାହିଦା ବୃଦ୍ଧି ପାଇଁ କରାଯାଉଥିବା ବଜାର କୌଶଳ (Marketing Strategy)ମାନଙ୍କର ପ୍ରୟୋଗ କରୁଛନ୍ତି। ସାଂସ୍ଥିକ ବିଜ୍ଞାପନ

(Corporate Advertising) କ୍ରୟ ଜାଗାରେ ପ୍ରଦର୍ଶନ (PoP Display) ଇତ୍ୟାଦି ସଫଳ ପ୍ରୟୋଗ ହୋଇପାରିଛି ଆପୋଲୋ ହସପିଟାଲର ବଜାର ଚାହିଦା ବୃଦ୍ଧିରେ।

ତେଣୁ ଦୀର୍ଘଦିନ ଜୀଇଁବାର ସ୍ୱପ୍ନଟିଏ ରୋଗୀକୁ ଟାଣିନିଏ ଏପରି ଅତ୍ୟାଧୁନିକ ହାସପାତାଳମାନଙ୍କୁ। ଏଠି ଏକମାତ୍ର ବ୍ୟତିକ୍ରମ ହେଉଛି ଆବଶ୍ୟକ ହେଉଥିବା ସ୍ୱାସ୍ଥ୍ୟସେବାର ଦରଦାମ। ଭାରତରେ ସ୍ୱାସ୍ଥ୍ୟସେବା ପ୍ରାୟତଃ ସରକାରଙ୍କ ଅଧୀନ ହୋଇଥିବାରୁ ସାଧାରଣ ମଧ୍ୟବିତ୍ତଟିଏ ଜୀବନସାରା ନିଜ ଜୀବନର ମୂଲ୍ୟ ବୁଝିପାରୁନାହିଁ। ସରଳ ଓ ସହଜଲଭ୍ୟ ହୋଇଥିବାରୁ ନାନା ପ୍ରକାର ଛୋଟଛୋଟ ରୋଗରେ ସଢୁଥାଏ ନତୁବା ଅନ୍ୟାନ୍ୟ ବଦଭ୍ୟାସ ଯଥା ସିଗାରେଟ, ମଦ, ଗଞ୍ଜେଇ ଓ ତମାଖୁ ଖାଇ ଗମ୍ଭୀର ସ୍ୱାସ୍ଥ୍ୟ ସମସ୍ୟାର ସମ୍ମୁଖୀନ ହୁଏ। ହୃତ୍‌ଜନିତ ଆଘାତ, କର୍କଟରୋଗ, ବୃକ୍‌କ ସମସ୍ୟାର ସମାଧାନ ପାଇଁ ରୋଗୀମାନେ ଏପରି ବ୍ୟୟବହୁଳ ହସପାତାଲମାନଙ୍କର ଦ୍ୱାରସ୍ଥ ହୁଅନ୍ତି। ଏପରି ଜଟିଳ ବେମାରିମାନଙ୍କର ଚିକିତ୍ସା ପାଇଁ ଲକ୍ଷାଧିକ ଟଙ୍କା ଖର୍ଚ୍ଚ ହୋଇଥାଏ। ତେଣୁ କ୍ରୟ କ୍ଷମତା ଥିବା ବ୍ୟକ୍ତିମାନେ କିମ୍ୱା ସରକାରୀ / ଉଦ୍ୟୋଗମାନଙ୍କର କାର୍ଯ୍ୟରତ କର୍ମଚାରୀମାନେ ଏଠାରେ ଚିକିତ୍ସିତ ହୁଅନ୍ତି।

ବଜାର ପରିଚାଳନା ନିୟମାନୁସାରେ ଯେବେ ବିକ୍ରେତା ଏକ ବଡ଼ ବଜାରର ଗନ୍ଧ ବାରିପାରେ ତେବେ ସେ ନିଜର ଦର କମ କରି କ୍ରେତାମାନଙ୍କୁ ଆକର୍ଷିତ କରେ। ଏହି ସାଂସ୍ଥିକ ହାସପାତାଳମାନେ ମଧ୍ୟ କେନ୍ଦ୍ର ସରକାରୀ କର୍ମଚାରୀଙ୍କ ସ୍ୱାସ୍ଥ୍ୟସେବା ଯୋଜନାରେ ସାଧାରଣ ଦରଠାରୁ କମ ଦର ନିଅନ୍ତି। ଏଠି ସାଧାରଣ ଗରିବ ଲୋକଟିର ଚିକିତ୍ସା ପ୍ରାୟ ସ୍ୱପ୍ନ କହିଲେ ଅତ୍ୟୁକ୍ତି ହେବନାହିଁ। ଏଠାରେ ବହିର୍ବିଭାଗ (Out Door)ରେ ସାଧାରଣ ରୋଗୀଠାରୁ ସର୍ବନିମ୍ନ ପାଞ୍ଚଶହ ଟଙ୍କା ନିଆଯାଏ। ଗୋଟିଏ ହୃଦ୍‌ରୋଗର ଖୋଲା ଅପରେସନ ପାଇଁ ପ୍ରାୟ ଦେଢ଼ ଲକ୍ଷଟଙ୍କା ଖର୍ଚ୍ଚହୁଏ। ସର୍ବାଧୁନିକ ଆଞ୍ଜିଓପ୍ଲାଷ୍ଟି କୌଶଳ ପ୍ରୟୋଗଜନିତ ଖର୍ଚ୍ଚ ପ୍ରାୟ ଅଢ଼େଇଲକ୍ଷ ଟଙ୍କା କାରଣ ଏଥିରେ କୌଣସି କ୍ଷତ ସୃଷ୍ଟି ହୁଏ ନାହିଁ। ଶିରା ପ୍ରଶିରା ମାଧ୍ୟମରେ ଗୋଟିଏ ଛୋଟ ବେଲୁନ ପଠାଯାଇ ଶିରାରେ ବନ୍ଦ ହୋଇଥିବା ଅଂଶକୁ ଖୋଲି ଦିଆଯାଏ। ଏପରି ବ୍ୟବସ୍ଥା ସାଧାରଣ ହାସପାତାଲରେ ପାଇବା କଷ୍ଟକର।

ଅସମର୍ଥିତ ସୂତ୍ରରୁ ବୁଝିବାରୁ ଈଶ୍ୱର ଜାଣିପାରିଲେ ଯେ ସମୁଦାୟ ଅପରେସନ ପାଇଁ ଖର୍ଚ୍ଚ ଯେତେହୁଏ ପ୍ରାୟତଃ ରୋଗୀକୁ ଦୁଇଗୁଣା ଦେବାକୁ ପଡ଼ିଥାଏ କାରଣ ଓଡ଼ିଶାରୁ ଯେଉଁ ଡାକ୍ତର ରୋଗୀ ପଠାନ୍ତି ତାଙ୍କର ମଧ୍ୟ କମିଶନ ଥାଏ। ତେଣୁ କେବେ ଡାକ୍ତରମାନେ ଈଶ୍ୱରଙ୍କ ଦୂତଥିଲେ ହେଲେ ଏବେ ସେମାନେ ଯମଙ୍କ ଚର ବୋଲି ଏଇ ହାସପାତାଲରେ ଅପରେସନ ହେଉଥିବା ଜଣେ ଅଶୀବର୍ଷର ରୋଗୀ ମତ ଦେଲେ।

ସବୁଠାରୁ ସୁଖର ଖବର ହେଉଛି ରୋଗୀର ଯତ୍ନ। ଆମ ହାସପାତାଲରେ ନର୍ସ ଓ ଡାକ୍ତରମାନଙ୍କର ପାଦ ଧରିଲାପରି ଅବସ୍ଥା ସେଠାରେ ନାହିଁ। ଯେଉଁ ସମୟରେ ଯେପରି ସେବା ଦେବା ଦରକାର ସେହି ଅନୁସାରେ କାର୍ଯ୍ୟଚାଲେ। ଯେହେତୁ ରୋଗୀମାନେ ପ୍ରାୟତଃ ଗୁରୁତର ପୀଡ଼ାର ସମ୍ମୁଖୀନ ହୋଇ ଆସିଥାନ୍ତି। ଏଠି ମୃତ୍ୟୁ ଏକ ଅନ୍ତରଙ୍ଗ ଦୃଶ୍ୟ। ଈଶ୍ୱରଙ୍କ ପରି କବିପ୍ରାଣ ମଣିଷ ମୃତ୍ୟୁର ଏତେ ଅନ୍ତରଙ୍ଗସ୍ୱରୂପ ଦେଖି ବିବ୍ରତ ହେବା ସ୍ୱାଭାବିକ। ପ୍ରାୟତଃ ପନ୍ଦର ଦିନର ରହଣୀ ମଧ୍ୟରେ ଦଶରୁ ଊର୍ଦ୍ଧ୍ୱ ରୋଗୀଙ୍କର ଆତ୍ମା ଚିର କଷ୍ଟ ବିଜଡ଼ିତ ଶରୀରକୁ ତ୍ୟାଗ କରି ଆକାଶରେ ଲୀନ ହୋଇଯାଇଥାଏ।ପଛରେ ଛାଡ଼ିଯାଏ ଅନ୍ତରଙ୍ଗମାନଙ୍କର କୋହ, ଅନ୍ତରଙ୍ଗତମମାନଙ୍କର କରୁଣ ଚିତ୍କାର ଓ ହାସପାତାଲରେ ମୋଟା ଅଙ୍କର ବିଲ।

ଏମାନଙ୍କ କଥା ବୁଝୁବୁଝୁ ଆଖିରୁ ଖସିଯାଏ ଜହ୍ନ ଆଉ ତାରା। ଆମ ଓଡ଼ିଆ ରୋଗୀର ବଡ଼ ଭରସା ଏହି ହସପିଟାଲର ଡାକ୍ତରମାନେ। ହୃଦ୍‌ରୋଗୀ ବିଭାଗର ପ୍ରାୟ ଡାକ୍ତର ଓଡ଼ିଆ; ମାତ୍ର ଜଣେ ଦୁଇଜଣଙ୍କୁ ଛାଡ଼ିଦେଲେ ଅନ୍ୟ ଡାକ୍ତରମାନଙ୍କର ହୃଦୟହୀନ ଭାବ ଓ ଅର୍ଥପ୍ରତି ଆକର୍ଷଣ ଈଶ୍ୱରଙ୍କୁ ବ୍ୟଥିତ କରିଥିଲା। ଦୁରାରୋଗ୍ୟ ବ୍ୟାଧିରେ ପୀଡିତ ଆତ୍ମୀୟଟିର ଚିକିତ୍ସା ପାଇଁ ନିଜର କଷ୍ଟୋପାର୍ଜିତ ଅର୍ଥକୁ ନେଇଯାଇଥିବା ମଣିଷଟି ସେଠି କିଛି ଡାକ୍ତରଙ୍କୁ ଶାଗୁଣା ରୂପରେ ଦେଖେ ଯେଉଁମାନେ ସେବା ନାଁରେ ଅର୍ଥ ଉପାର୍ଜନ କରନ୍ତି।

ତେବେ ଯାହା ଈଶ୍ୱରଙ୍କୁ ସବୁଠାରୁ ବେଶି ଆକର୍ଷିତ କଲା ତାହାହେଲା ହାସପାତାଲର ପରିବେଶ। ସବୁଆଡ଼େ ଚକ୍‌ଚକ୍। ଦିନରେ ଦଶଥର ପୋଛା ଧୁଆ ହେଉଥିବା ମାର୍ବଲ ଚଟାଣ ଉପରେ କେତେ ରୋଗୀ ଯନ୍ତ୍ରଣା ନେଇ ଯାଆନ୍ତି ଓ ଖୁସିର ଅବିର ବିଞ୍ଚି ଫେରନ୍ତି। ବାହାରେ ଚମତ୍କାର ମନ୍ଦିରଟିଏ ରାତିର ଅନ୍ଧାରରେ ରୋଗୀର କାଚଝରକା ଦେଇ ନୂଆ ଜୀବନର ଝଲକ ଦେଖାଏ। ଅନ୍ତତଃ ଆର୍ଥିକ କ୍ଷମତା ଥିବା ରୋଗୀଟିଏ ସୁନ୍ଦର ସକାଳ ଦେଖିପାରୁଛି ଏହି ସାଂସ୍ଥିକ ହାସପାତାଲର ବଜାର ପରିଚାଳନା ହେତୁ।

■

କେମିତି ବଦଳୁଛି ଭାରତବର୍ଷ !

ଜଣେ ବିଶିଷ୍ଟ ବଜାରତତ୍ତ୍ୱବିତ୍‌ଙ୍କ କହିବା ଅନୁସାରେ ଭାରତୀୟ ବଜାରରେ ବିଦେଶୀ ଉତ୍ପାଦକମାନଙ୍କର ଭିଡ଼ ଲାଗିବାର ଯେଉଁ କେତେକ କାରଣ ଦର୍ଶାଯାଇଛି ତାହା ମଧ୍ୟରେ ଆମମାନଙ୍କର ଅର୍ଥନୈତିକ, ସାମାଜିକ ତଥା ସାଂସ୍କୃତିକ ପାଣିପାଗରେ ବ୍ୟାପକ ପରିବର୍ତ୍ତନ ମୁଖ୍ୟତଃ ଦାୟୀ। ସତୁରୀ ଦଶକରେ ଭାରତୀୟ ଗ୍ରାହକଟିଏ ଏ ବଜାରକୁ ଗଲାବେଳେ ଯେଉଁ କେତୋଟି ବ୍ରାଣ୍ଡ ମନେରଖି ପାରୁଥିଲା ତାହା ମଧ୍ୟରେ ମାର୍ଗୋ ସାବୁନ୍, ସର୍ଫ ପାଉଡ଼ର, ସନଲାଇଟ୍ ଲୁଗା ସଫା ସାବୁନ୍ ଇତ୍ୟାଦି ହାତଗଣତି ଥିଲା, ହେଲେ ମାତ୍ର କିଛିବର୍ଷ ପରେ ଏବେ ବଜାରରେ ବ୍ରାଣ୍ଡମାନଙ୍କର ଭିଡ଼ ଦେଖି ଯେ କେହି କହିପାରିବ ଯେ ଗ୍ରାହକର ପେୟ କ୍ଷମତାରେ ବୃଦ୍ଧି ହେବା ସହ ତା'ର ଦୃଷ୍ଟିଭଙ୍ଗୀରେ ବ୍ୟାପକ ପରିବର୍ତ୍ତନ ହୋଇଛି।

ସତୁରୀ ଦଶକରେ ଗ୍ରାହକ ଯଦି ସାମାନ୍ୟ ବଳକା ଅର୍ଥ ରଖୁଥିଲା ତେବେ ତାହାକୁ ଏକ ଅନିଶ୍ଚିତ ଭବିଷ୍ୟତର ସାମନା କରିବା ପାଇଁ ବ୍ୟାଙ୍କ ଓ ଡାକଘରେ ଜମା ରଖୁଥିଲା। ସଞ୍ଚୟାଭିମୁଖୀ ଗ୍ରାହକ ଭିତରେ ନାନା ପ୍ରକାର ଅଭିଜାତ ପଦାର୍ଥ ପ୍ରତି ମୋହ ବଢ଼ାଇ ବଜାର ପରିଚାଳକମାନେ ଏକ ବିକ୍ରେତା ବଜାର (Sellers Market)ରୁ କ୍ରେତା ବଜାର (Consumer Market) ସୃଷ୍ଟି କରିବାରେ ସକ୍ଷମ ହୋଇପାରିଛନ୍ତି। ଏବେ ଯଦି କିଛି ବଳକା ଅର୍ଥ ରହୁଛି ତେବେ ଗ୍ରାହକ ମୁଖ୍ୟତଃ

ସହରାଞ୍ଚଳର ମଧ୍ୟବିତ୍ତ ଶ୍ରେଣୀୟ ଗ୍ରାହକ ଏହାକୁ କେଉଁ ଉତ୍ପାଦର କ୍ରୟ ପାଇଁ ବ୍ୟବହାର କରିବ ବୋଲି ଦ୍ୱନ୍ଦ୍ୱରେ ପଡ଼ିଯାଉଛି । ଧରନ୍ତୁ ବର୍ଷ ଶେଷରେ ଆପଣଙ୍କ ପାଖରେ ଦୁଇ ଲକ୍ଷ ଟଙ୍କା ବଳକା ରହିଛି । ତେବେ ଆପଣ ସେତିକିରେ ଫ୍ରିଜ କିଣିପାରନ୍ତି, ନୂଆ ଟେଲିଭିଜନ କିଣିପାରନ୍ତି, ଆପଣଙ୍କର ଘରର ରଙ୍ଗ ବଦଳାଇ ପାରନ୍ତି କିମ୍ବା ଛୁଟିକାଟିବା ପାଇଁ କୌଣସି ଦୂର ସ୍ଥାନକୁ ଯାତ୍ରା କରିପାରନ୍ତି ।

ଏପରି ବ୍ୟାପକ ପରିବର୍ତ୍ତନର ଦିଗଟି ସମାଜ ପ୍ରତି ସମାଭାବାପନ୍ନ କିମ୍ବା ବିରୁଦ୍ଧଭାବ ସୃଷ୍ଟି କରୁଛି; ଧାରଣାଟିଏ କରିବା ପୂର୍ବରୁ ପରିବର୍ତ୍ତନର ମାତ୍ରା ଓ ଏହାର ଅଙ୍ଗାକ ଅନୁପାତ (Structural Ratio) ବିଷୟରେ ଆଲୋଚନା କରାଯାଉ । ସାମାଜିକ ସ୍ତରରେ ପରିବାର ହେଉଛି ମୁଖ୍ୟ ଏକକ (Entity) ଭାରତୀୟ ପରିବାରମାନଙ୍କରେ ଏକ ଦୃଢ଼ ପରିବର୍ତ୍ତନ ଆସିଛି । ଏକାନ୍ନବର୍ତ୍ତୀ ପରିବାରଗୁଡ଼ିକ ଧୀରେ ଧୀରେ ଲୁପ୍ତ ହୋଇ କୈନ୍ଦ୍ରିକ ପରିବାର (Nucleus Family) ସୃଷ୍ଟି ହେଉଛି । ପରିବାରର ଉଭୟ ପୁରୁଷ ଓ ନାରୀ କାର୍ଯ୍ୟକ୍ଷେତ୍ରକୁ ଅଗ୍ରସର ହେବା ଫଳରେ ଗୃହକାର୍ଯ୍ୟ ଯଥା ରୋଷେଇ, ଘରସଫା, ଲୁଗାଧୂଆ ଇତ୍ୟାଦି ପାଇଁ ଗୃହିଣୀ ପାଖରେ କମ୍ ସମୟ ରହୁଛି । ଏଗୁଡ଼ିକ ଶ୍ରମଭିତ୍ତିକ ହୋଇଥିବାରୁ ଗୃହିଣୀମାନେ ନୂଆ ନୂଆ ଉତ୍ପାଦ ଯଥା ପ୍ରେସରକୁକର, ମିକ୍ସର ଗ୍ରାଇଣ୍ଡର, ମାଇକ୍ରୋୱେଭ ଚୁଲା, ବାସନ ଧୋଇବା ଯନ୍ତ୍ର, ଭାକ୍ୟୁମ୍ କ୍ଲିନର, ୱାସିଂ ମେସିନ୍ ଇତ୍ୟାଦି କିଣିବା ପାଇଁ ଆଗଭର ହୋଇଛନ୍ତି । ଆର୍ଥିକ ଓ ସାମାଜିକ ସ୍ୱାଧୀନତା ମିଳିବାରୁ ମଧ୍ୟବିତ୍ତ ଗୃହିଣୀ ତା'ର ଘରଜଞ୍ଜାଳର ମାତ୍ରା କମେଇବାରେ ସକ୍ଷମ ହୋଇପାରିଛି ।

ଦ୍ୱିତୀୟ ପରିବର୍ତ୍ତନଟି ହୋଇଛି ଛୋଟ ପିଲାମମାନଙ୍କର ଜିନିଷପତ୍ରର ଚାହିଦାରେ । ଏକ ଯୋଜନାଭିତ୍ତିକ ଅର୍ଥନୀତିର ସୁଫଳସ୍ୱରୂପ ଶିଶୁ ମୃତ୍ୟୁ ହାରରେ ବ୍ୟାପକ ଅବନତି ହୋଇଛି । ତେଣୁ ଛୋଟ ପରିବାର ଗଠନ ଉଦ୍ଦେଶ୍ୟରେ ବିଭିନ୍ନ ପରିବାର କଲ୍ୟାଣ କାର୍ଯ୍ୟକ୍ରମର ସୁଫଳ ନେବାକୁ ଯାଇ ଲୋକମାନେ ଛୋଟ ପରିବାର ଗଠନ କରିଛନ୍ତି । ମାତ୍ର ଗୋଟିଏ କିମ୍ବା ଦୁଇଟି ସନ୍ତାନ ଜନ୍ମ କରିବା ହେତୁ ସେମାନେ ଖେଳନା, ଶିଶୁଖାଦ୍ୟ, ଶିଶୁମାନଙ୍କ ପାଇଁ ଔଷଧ ତଥା ଭଲ ସ୍କୁଲର ଦାମ ବଢ଼ିବାରେ ଲାଗିଛି । ଛୋଟଛୋଟ ପିଲାମାନେ ଏବେ ଘର ପାଇଁ କରାଯାଉଥିବା ବିଭିନ୍ନ ଉତ୍ପାଦନମାନଙ୍କର ବ୍ରାଣ୍ଡ ସ୍ଥିର କରିବାରେ ଏକ ପ୍ରମୁଖ ଭୂମିକା ଗ୍ରହଣ କରୁଛନ୍ତି । ଯେତେହୁ ବଜାର ପରିଚାଳକମାନେ ବିଜ୍ଞାପନରେ ପ୍ରାୟ ଶିଶୁ କିମ୍ବା ଶିକ୍ଷିତ ମଧ୍ୟବର୍ଗୀୟ ଗୃହିଣୀକୁ ଲକ୍ଷ୍ୟ ବଜାର (Target Market) କରୁଛନ୍ତି । ଏହାର ଫଳସ୍ୱରୂପ ପିଲାମାନେ ହିଁ ଘରର ଉତ୍ପାଦ ବ୍ରାଣ୍ଡ ସ୍ଥିର କରୁଛନ୍ତି ।

ଭାରତବର୍ଷ ଧୀରେ ଧୀରେ ବୟସ୍କମାନଙ୍କର ଦେଶ ହେବାରେ ଲାଗିଛି। ଏହା କେବଳ ଭାରତରେ ନୁହେଁ ସମଗ୍ର ବିଶ୍ୱରେ ଏକ ସମସ୍ୟା ଭାବରେ ଦେଖା ଦେଇଛି। ଜାପାନର ଶତକଡ଼ା ଆଠଭାଗ ଲୋକଙ୍କର ବୟସ ଅଶୀବର୍ଷରୁ ଊର୍ଦ୍ଧ୍ୱ। ଭାରତରେ ମାନବ ଜୀବନ ସୂଚକ (Human Life Index)ରେ ବୃଦ୍ଧି ହେବାରୁ ତଥା ସ୍ୱାସ୍ଥ୍ୟସେବା ଓ ଔଷଧ ସହଜଲଭ୍ୟ ହେବାରୁ ହାରାହାରି ଜୀବନ ବୃଦ୍ଧି ପାଇବାରେ ଲାଗିଛି। ବୟସ୍କ ଲୋକମାନଙ୍କର ସଂଖ୍ୟା ବୃଦ୍ଧି ଜନିତ ଏକ ନୂତନ ବଜାରର ସୃଷ୍ଟି ହୋଇଛି। ଖାଦ୍ୟ ହଜମ ପାଇଁ, ଆଖିପାଇଁ ତଥା ଚଲାବୁଲାରେ ସାହାଯ୍ୟ ପାଇଁ ଆବଶ୍ୟକ ହେଉଥିବା ଉତ୍ପାଦମାନଙ୍କର ବଜାର ଚାହିଦା ବୃଦ୍ଧି ହେବାରେ ଲାଗିଛି। ସେହିପରି ବିଭିନ୍ନ ପ୍ରକାର ସଞ୍ଚୟ ଯୋଜନାଗୁଡ଼ିକ ମଧ୍ୟ ଧୀରେ ଧୀରେ ଲୋକପ୍ରିୟ ହେଉଛି। ମ୍ୟୁଚୁଆଲ ଫଣ୍ଡ, ଏଲ.ଆଇ.ସି. ଇତ୍ୟାଦିରେ ପେନ୍‌ସନ୍ ଜନିତ ବୟସ୍କମାନଙ୍କ ପାଇଁ ହେଉଥିବା ଜମା ଯୋଜନାମାନଙ୍କରେ ବ୍ୟାବସାୟିକ ସଫଳତା ଏହି ବୟସ୍କ ବଜାରର ସାମର୍ଥ୍ୟ (Potential) ବିଷୟରେ ସୂଚନା ଦିଏ।

ଜାତୀୟ ପ୍ରାୟୋଗିକ ଅର୍ଥନୈତିକ ଗବେଷଣା ସଂସ୍ଥାନ (NCAER)ର ସର୍ଭେରୁ ଜଣାପଡୁଛି ଯେ, ଭାରତରେ ଗ୍ରାମ୍ୟ ଜନସଂଖ୍ୟାର ଏକ ବ୍ୟାପକ ଭାଗ ସହରକୁ ଚାଲି ଆସିଲେଣି। ଗ୍ରାମ୍ୟ ଅର୍ଥବ୍ୟବସ୍ଥା କୃଷି ଭିତ୍ତିକ ହୋଇଥିବାରୁ ପ୍ରାୟତଃ କୃଷକର ପେଷା ଋତୁଭିତ୍ତିକ (Seasonal)। କୃଷକ ତିନିରୁ ଚାରିମାସ କାମ କରିଥାଏ। ମୌସୁମୀ ବାୟୁ ସକ୍ରିୟ ଥିବା ସମୟରେ କାର୍ଯ୍ୟରତ ଶ୍ରମିକ ବର୍ଷର ବାକି ସମୟ ଗାଁରେ କଟାଇଥାଏ। ସହରାଞ୍ଚଳମାନଙ୍କରେ ଦ୍ରୁତ ଉନ୍ନତି ଓ ଶିଳ୍ପାୟନ ହେଉଥିବାରୁ ସଫଳ ସ୍ୱପ୍ନ ଆଶାରେ ଏମାନେ କୃଷକରୁ ଅଣକୁଶଳୀ ମଜୁରିଆ ହିସାବରେ ସହରକୁ ଆସନ୍ତି।

କିଛି ଲୋକ ପୁଣି ଚାଷଋତୁ ଆସିଲେ ଗାଁକୁ ଫେରିଯାଆନ୍ତି ଓ ଅନେକ ସମୟରେ ବସବାସ କରି ରହିଯାଆନ୍ତି। ଏପରି ଗ୍ରାମ୍ୟ-ସହର ଗମନା ଗମନ ହେତୁ ଧୀରେ ଧୀରେ ସହର ବଜାରରେ ମିଳୁଥିବା ଉତ୍ପାଦକମାନଙ୍କର ଗ୍ରାମାଞ୍ଚଳରେ ଚାହିଦା ବୃଦ୍ଧି ହେବାରେ ଲାଗିଛି। ତେଣୁ ସମାନ୍ତରାଳ ଭାବରେ ଗ୍ରାମ୍ୟବଜାର (Rural Market) ଧୀରେ ଧୀରେ ମୋଟେଇବାରେ ଲାଗିଛି। ଏକ ପରିସଂଖ୍ୟାନରୁ ଜଣାଯାଇଛି ଯେ, ଭାରତରେ ଥିବା ଗ୍ରାମ୍ୟ ବଜାର ସମଗ୍ର ୟୁରୋପ ବଜାରର ପ୍ରାୟ ପାଞ୍ଚଗୁଣ ଉତ୍ପାଦ କ୍ରୟ କରିବାର କ୍ଷମତା ରଖିପାରୁଛି। ବହୁ ଦେଶୀୟ କମ୍ପାନୀମାନେ ଏବେ ସହରାଞ୍ଚଳ ବଜାରମାନଙ୍କୁ ଛାଡ଼ି ଗ୍ରାମ୍ୟବଜାର ପ୍ରତି ସଚେତନଶୀଳ ହୋଇଗଲେଣି।

ବହୁସଂଖ୍ୟାରେ ସ୍ତ୍ରୀଲୋକମାନଙ୍କର ଚାକିରିରେ ଯୋଗଦାନ, ଶିକ୍ଷାର ମାନବୃଦ୍ଧି

ଓ ଦେଶରେ ଏକ ଶିକ୍ଷିତ ଗୋଷ୍ଠୀର ଜନ୍ମହେତୁ ବଜାରମାନଙ୍କରେ ଉତ୍ପାଦମାନଙ୍କର ଚାହିଦା ବୃଦ୍ଧି ପାଉଛି। ଏମାନେ ଶିକ୍ଷିତ ତଥା ରୋଜଗାରକ୍ଷମ ହୋଇଥିବାରୁ ବିଭିନ୍ନ ଗଣମାଧ୍ୟମ ଯଥା ଦୂରଦର୍ଶନ, ଖବରକାଗଜ ତଥା ବହିର୍ବିଜ୍ଞାପନଦ୍ୱାରା ପ୍ରଭାବିତ ହୋଇ ନିଜ ଜୀବନଧାରଣର ମାନବୃଦ୍ଧି ତଥା ସାମାଜିକ ଯୋଗ୍ୟତା (Status)ର ପ୍ରତିଫଳନ ପାଇଁ ନାନା ପ୍ରକାର ଦାମୀନାମୀ ଉତ୍ପାଦ କ୍ରୟ କରୁଛନ୍ତି। ଏପରି ସାମାଜିକ ପରିବର୍ତ୍ତନ ହେଉଥିବାରୁ ଧୀରେ ଧୀରେ ଭାରତୀୟ ବଜାର ସମଗ୍ର ବିଶ୍ୱର ଦୃଷ୍ଟି ଆକର୍ଷଣ କରିବାରେ ଲାଗିଛି।

ଶ୍ରୀଯୁକ୍ତ ଫଣିଭୂଷଣ ବନାମ ବାବୁ ସୁରେନ୍ଦ୍ରନାଥ

ପର୍ଯ୍ୟଟନ ସାଂସ୍କୃତିକ ଅବକ୍ଷୟର ଏକ ପ୍ରତୀକ ନୁହେଁ, ଏହା ପ୍ରମାଣିତ ହୋଇ ସାରିଲାଣି। ପର୍ଯ୍ୟଟନର ପରମ୍ପରାକୁ ଦେଖିଲେ ଯେ କେହି ଆଶ୍ଚର୍ଯ୍ୟ ହେବ ଏବଂ କହିବ ଯେ, "ଆରେ, ପର୍ଯ୍ୟଟନର ଅର୍ଥ କ'ଣ ଏଇୟା ?" ଯଦି ଏତେ ସହଜରେ ଆମ ଜୀବନରେ ଏକ ଅବିଚ୍ଛେଦ୍ୟ ଅଙ୍ଗକୁ ଗ୍ରହଣ କରିପାରିବା ତାହାହେଲେ ଅର୍ଦ୍ଧାଧିକ ସମସ୍ୟାର ସମାଧାନ ହୋଇଯିବ। ସମାଜରେ ଘଟୁଥିବା ଦ୍ରୁତ ପରିବର୍ତ୍ତନ ଓ ଅବକ୍ଷୟକୁ ଆଖି ଆଗରେ ରଖି ତର୍ଜମା କଲେ ଜାଣିହେବ ଏସବୁ ପ୍ରାୟତଃ ମନୁଷ୍ୟ ଗଢ଼ା।

ଏ କଥା ସତ ଯେ ଆମେ ପ୍ରକୃତିକୁ ଜୟ କରିଯିବାର ଏକ ମିଛ ବାହାଦୂରୀ ନେବାରେ ଲାଗିଛୁ। ଯଦି ବିଜ୍ଞାନର ଅଗ୍ରଗତି ସଙ୍ଗରେ ଅନେକ ଜଟିଳ ସମସ୍ୟାର ସମାଧାନ କରିହେଉଛି ତେବେ ଠିକ୍ ସମୟରେ ବର୍ଷା କାହିଁକି ହେଉନି ? ଭୂମିକମ୍ପ କିମ୍ବା ବାତ୍ୟାର ଦିଗକୁ ମଣିଷ ଜନବସତି ଅଞ୍ଚଳରୁ ସମୁଦ୍ର ମଧ୍ୟାଞ୍ଚଳକୁ କାହିଁକି ବଦଳ କରିପାରୁନି ? ସୂର୍ଯ୍ୟର ପ୍ରକୋପରେ ତଳିତଳାନ୍ତ ହୋଇଯାଉଥିବା ମଣିଷର ଶାନ୍ତି ପାଇଁ ଆବଶ୍ୟକତାନୁଯାୟୀ କଳାବାଦଲର ଝଡ଼ଟିଏ କାହିଁକି ସୃଷ୍ଟି କରିପାରୁନି ? ତେଣୁ ସଫଳତାର ସୂଚୀପତ୍ରଟି ବହୁତ ଛୋଟ ଓ ଅପାରଗପଣିଆର କାହାଣୀ ଅସରନ୍ତି।

ଏପରି ଅବତାରଣାଟିଏ କରିବା ପଛରେ ରହିଛି ସମ୍ପ୍ରତି ଭୁବନେଶ୍ୱରର ଭାରତୀୟ ପ୍ରବନ୍ଧ ଓ ଯାତ୍ରା ସଂସ୍ଥାନରେ ହୋଇଥିବା ଗୋଟିଏ କାର୍ଯ୍ୟଶାଳାର ଅନୁଭୂତି। ଏହି କର୍ମଶାଳାଟିରେ ଓଡ଼ିଶାର ପ୍ରାୟ ବିଭିନ୍ନ ଜାଗାରୁ ଆସିଥିବା ସମାଜସେବୀ ସଂସ୍ଥାମାନଙ୍କର କର୍ମକର୍ତ୍ତାମାନେ ଓ ପର୍ଯ୍ୟଟନ ବିଭାଗର କର୍ମଚାରୀମାନେ ଯୋଗ ଦେଇଥିଲେ।

କର୍ମଶାଳାରେ ସାମାଜିକ ସମସ୍ୟାରେ ପର୍ଯ୍ୟଟନ ଭୂମିକା ବିଷୟରେ ଆଲୋଚନା ହୋଇଥିଲା।

ଅଂଶଗ୍ରହଣକାରୀମାନଙ୍କ ଦୁଇଟି ଧାରଣା ଥିଲା। ପ୍ରଥମଟି ହେଲା ପର୍ଯ୍ୟଟନ କରିବା ପାଇଁ ଆର୍ଥିକ କ୍ଷମତା ଦରକାର ଓ ଦ୍ୱିତୀୟଟି ହେଲା ପର୍ଯ୍ୟଟନଦ୍ୱାରା ସାମାଜିକ ସମସ୍ୟାର ସମାଧାନ ହୋଇପାରିବନାହିଁ। ଏହି ଅନୁଷ୍ଠାନର ମୁଖ୍ୟ ଓଡ଼ିଶାର ଜଣେ ବିରଷ୍ଠ ପ୍ରଶାସକ ଶ୍ରୀ ଫଣୀଭୂଷଣ ଦାସଙ୍କ ମତରେ ପର୍ଯ୍ୟଟନ ଏକ ବଦଳ ବ୍ୟବସ୍ଥା (Changing System) ହିସାବରେ କାମ କରେ। ଗତାନୁଗତିକ ଜୀବନଧାରାରେ ମନୁଷ୍ୟ ନାନା ପ୍ରକାର କାର୍ଯ୍ୟ କରିବାକୁ ବାଧ୍ୟ ହୁଏ ଯାହା ମଧ୍ୟରୁ ଅଧିକାଂଶ ପ୍ରାୟ 'ରୁଟିନ' କହିଲେ ଚଳିବ।

ଆମ ସମୟରେ ଘଟଣା ପ୍ରବାହର ସାନ୍ଦ୍ରତା ଏତେ ଅଧିକ ଯେ ମନୁଷ୍ୟ ମଧ୍ୟରେ ଅଚିରେ ବିକ୍ଷେପ (Stress) ସୃଷ୍ଟି ହୁଏ। ଆଗରୁ କହିଛି ବିକ୍ଷେପ ସାଧାରଣତଃ ଦ୍ୱନ୍ଦ୍ୱ (Conflict)ରୁ ଆରମ୍ଭ ହୁଏ। ଏହି ଦ୍ୱନ୍ଦ୍ୱ ମନୁଷ୍ୟର ଆନ୍ତଃ ପ୍ରକ୍ରିୟା (Intra-Practice) ବା ସାମାଜିକ (Social) ହୋଇପାରେ। ଉଭୟ ଦ୍ୱନ୍ଦ୍ୱର ଶେଷରେ ଫଳାଫଳଟି ହେଉଛି ବିଫଳତାର ଭାବନା, ଅସଫଳତା ଓ ବିରକ୍ତି। ଧରନ୍ତୁ ଆପଣ କୌଣସି କାର୍ଯ୍ୟଟିଏ ସାଧନ କରିବାକୁ ଋହାଁନ୍ତି ଓ ପ୍ରଚେଷ୍ଟା ପରେ ମଧ୍ୟ ବିଫଳ ହେଲେ। ତେଣୁ ଧାରଣାଟିଏ ହେବ ଯେ ନିଜର ସାମର୍ଥ୍ୟ ନ ଥିବାରୁ ଏପରି ହେଲା କିମ୍ବା ସମାଜ, ପରିବାରର ଅନ୍ୟମାନେ ସମର୍ଥନ ନ ଦେବାରୁ ଆପଣ ସଫଳ ହୋଇପାରିଲେନି। ଏପରି ଅସଫଳ ଭାବନାରୁ ଆପଣ ନିଶାସକ୍ତ ହୋଇପାରନ୍ତି, ଆତ୍ମହତ୍ୟା ମଧ୍ୟ କରିପାରନ୍ତି।

ମାତ୍ର ଏହି ବ୍ୟବହାରିକ ଜୀବନରୁ ଯଦି ଆପଣଙ୍କୁ କିଛିଦିନ ଅଲଗା ଜାଗାକୁ ନିଆଯାଏ କିମ୍ବା ଆପଣଙ୍କ ମନ ଖୁସି କରିବାପାଇଁ ଜିଇଁବାର ନୂଆ ମୂଲ୍ୟ (Value) ଯୋଡ଼ି ଦିଆଯାଏ, ତେବେ ଆପଣଙ୍କର ମାନସିକ ଯନ୍ତ୍ରଣା ନିଶ୍ଚୟ କମ୍ ହୋଇଯିବ। ଏହିପରି ବ୍ୟବସ୍ଥାଟିଏ କେବଳ ପର୍ଯ୍ୟଟନ ହିଁ ଦେଇପାରିବ। ନୂତନ ଅବସ୍ଥାରେ ମସ୍ତିଷ୍କର ବୌଦ୍ଧିକ ବିକାଶ ହୁଏ ବୋଲି ପ୍ରମାଣିତ ହୋଇସାରିଲାଣି।

ଅଷ୍ଟ୍ରେଲିଆରେ ଏପରି ଏକ ପରୀକ୍ଷା ହୋଇଛି। ଗୋଟିଏ ମୂଷାକୁ ସାଧାରଣ ଅବସ୍ଥାରେ ରଖାଯିବାର ଦୁଇମାସ ପରେ ମରାଯାଇ ତା'ର ମସ୍ତିଷ୍କର ବିକାଶକୁ ପରୀକ୍ଷା କରାଗଲା। ସେହି ଜାତୀୟ ଅନ୍ୟ ଏକ ମୂଷାକୁ ଏକ ଦୁଃସାହସିକ (Adventure) ଅବସ୍ଥା ଦେଇ ଦୁଇମାସ ରଖାଗଲା। ମୂଷାଟିକୁ ଖାଦ୍ୟ ପାଇଁ ଏକ କୃତ୍ରିମ ଝରଣା, ଛୋଟ ପାହାଡ଼ ଓ ସୁଡ଼ଙ୍ଗ ମଧ୍ୟ ଦେଇ ଗତି କରିବାକୁ ଦିଆଗଲା। ଦୁଇମାସ ପରେ ଦେଖାଗଲା ଯେ, ତା'ର ମସ୍ତିଷ୍କରେ ବୌଦ୍ଧିକ ବିକାଶର ମାତ୍ରା ପୂର୍ବ ମୂଷା ଅପେକ୍ଷା

ଅଧିକ ହୋଇଛି । ତେଣୁ ତ ଆଗକାଳରେ ରାଜକୁମାରଙ୍କଠାରୁ ଆରମ୍ଭ କରି ଜ୍ଞାନୀ, ଗୁଣୀ ଓ ପଣ୍ଡିତମାନେ ଦେଶ ବିଦେଶ ଯାତ୍ରା କରୁଥିଲେ । ଏହି ଯାତ୍ରାକାଳୀନ ଅନୁଭୂତି ତାଙ୍କର ମାନସିକ ଚୈତନ୍ୟରେ ପରିବର୍ତ୍ତନ ଆଣିବା ସହ ଜ୍ଞାନ ବୃଦ୍ଧି କରିବାରେ ସାହାଯ୍ୟ କରୁଥିଲା । କାଳିଦାସଙ୍କ ରଚିତ 'ମେଘଦୂତମ୍' ବୋଧହୁଏ ଭାରତର ସର୍ବପୂରାତନ ପର୍ଯ୍ୟଟନ ପୁସ୍ତକ । ଏଥିରେ ଭାରତର ପ୍ରସିଦ୍ଧ ତୀର୍ଥସ୍ଥାନମାନଙ୍କର ଯେପରି ଭୌଗୋଳିକ, ସାମାଜିକ ଓ ପୌରାଣିକ ବ୍ୟାଖା ଦିଆଯାଇପାରିଛି ତାହା ହୁଏତ ଅନ୍ୟ କେଉଁ ଆଧୁନିକ ପର୍ଯ୍ୟଟନ ପୁସ୍ତକରେ ପାଇବା କଷ୍ଟକର ।

ସାମାଜିକ ଦୁର୍ଗତିମାନଙ୍କର ନିବାରଣ ପାଇଁ ଗ୍ରାମାଞ୍ଚଳରେ ଯେଉଁ କର୍ମକର୍ତ୍ତାମାନେ କାର୍ଯ୍ୟ କରୁଥିଲେ ସେମାନଙ୍କର ଯୁକ୍ତି ହେଲା ଯେ ଗ୍ରାମାଞ୍ଚଳର ଲୋକମାନେ ଆର୍ଥିକ କ୍ଷମତାହୀନ ତେଣୁ ସେମାନେ ଭୋଗ କରୁଥିବା ମାନସିକ ଯନ୍ତ୍ରଣା ଓ ଦୁଃଖଭାର କମ କରିବା ପାଇଁ ପର୍ଯ୍ୟଟନକୁ ଯଦି ବ୍ୟବହାର କରାଯାଏ ତେବେ ପର୍ଯ୍ୟଟନ ପାଇଁ ଆବଶ୍ୟକ ଅର୍ଥ ଆସିବ କେଉଁଠୁ ? ଏହି କାର୍ଯ୍ୟଶାଳାରେ ପର୍ଯ୍ୟଟନ ବିଷୟରେ ଅନେକ ପୋଥି ବାଇଗଣ ଚର୍ଚ୍ଚ କରାଯାଇଥିଲା । ତେଣୁ ଧାରଣାଟି ବଳବତ୍ତର ରହିବା ସ୍ୱାଭାବିକ । ସାମାଜିକ ସମସ୍ୟାର ସମାଧାନ ପାଇଁ ପର୍ଯ୍ୟଟନ ପରି ଦାମୀ ଜିନିଷଟିଏ ପ୍ରୟୋଗ ଉପରେ ଅଧିକ ସନ୍ଦେହ କରିଥିଲେ ଚିନ୍ତା ଓ ଚେତନାର ବାବୁ ସୁରେନ୍ଦ୍ରନାଥ; ଅନ୍ୟ ଜଣେ ଯାହାଙ୍କର ନାଁ ମୋର ମନେ ନାହିଁ ।

ଏଠି ଗୁରୁଚଣ୍ଡାଳ ଦୋଷଟି ରହିଛି ପର୍ଯ୍ୟଟନର ଅର୍ଥ ବୁଝିପାରେ । କୌଣସି ଗୋଟିଏ ସ୍ଥାନରୁ ଅନ୍ୟ ସ୍ଥାନକୁ ଗଲେ ଯେ ପର୍ଯ୍ୟଟନ ଏକଥା କେବଳ ଲକ୍ଷ୍ୟସ୍ଥଳ ପର୍ଯ୍ୟଟନ (Destination Tourism) ପାଇଁ ପ୍ରଯୁଜ୍ୟ । ଆମ ଗ୍ରାମ୍ୟ ଜୀବନରେ ଏପରି ଅନେକ ଅନୁଷ୍ଠାନ ଓ ଉତ୍ସବ ଅଛି । ସେମାନଙ୍କ ବିଷୟରେ ଚିନ୍ତା କଲେ ଜାଣିପାରିବା ଯେ ଏଗୁଡ଼ିକ ଆମର ଗତାନୁଗତିକ ଜୀବନରେ ନୂତନ ସ୍ୱାଦ ଦେବାପାଇଁ ସୃଷ୍ଟ ।

ଉଦହାରଣସ୍ୱରୂପ ଦେଖାଯାଉ ଗାଁର ଭାଗବତ ଘର । ଆମେ ଜାଣୁ ମଣିଷ ସବୁକିଛି ଆଶା କରି ପାଇବାରେ ଅସମର୍ଥ ମାତ୍ର ଯଦି ଏହି ଅସମର୍ଥ ମାନସିକତାଟି ତାକୁ ସଦା ସର୍ବଦା ଘେରି ରହିବ ତେବେ ତାହାର ସୁସ୍ଥ ଜୀବନଯାପନ ପ୍ରଣାଳୀ କଷ୍ଟକର ହେବ । ତେଣୁ ପ୍ରତି ସଞ୍ଜରେ ଭଗବାନଙ୍କ ପାଖରେ ନିଜର ପାରିଲା ଓ ନ ପାରିଲା ପଣକୁ ସମର୍ପଣ କରି ସେ ଖୁସି ମନରେ ଶୋଇପାରେ । ଗାଁରେ ହେଉଥିବା ଦୋଳ, ମେଲଣ, ଯାନିଯାତ, ସାହିନାଟ ଇତ୍ୟାଦିଦ୍ୱାରା ମନୁଷ୍ୟର ସାମାଜିକ ସମ୍ପର୍କ ନିବିଡ଼ ହୁଏ ।

ବାହାଘର, ବ୍ରତ ଓ ପୁଆଣିରେ ଜଣଙ୍କର ଜଞ୍ଜାଳ ସାହିଭାଇଙ୍କ ଜଞ୍ଜାଳ । କାହାର ମୃତ୍ୟୁ, ଶୋକ ଓ ଯନ୍ତ୍ରଣା ସାରା ଗାଁର ଦୁଃଖ । ଏହାଦ୍ୱାରା ମଣିଷର ଜୀବନଯାପନ

ପ୍ରଣାଳୀଟି ସୁଖକର ହୁଏ ଓ ସେ ନିଜକୁ ଏକୁଟିଆ ଭାବେ ନାହିଁ। ଅଥଚ ଏବେ ଏହି ଅନୁଷ୍ଠାନ (Institution)ମାନ ମୃତ ପ୍ରାୟ। ତେଣୁ ତ ସହ୍ୟ କରିବାର ସୀମା କମିଯାଇଛି ଓ ଅପରାଧ ପ୍ରବଣ ହୋଇଯାଉଛି ଆମ ପ୍ରିୟ ତୋଟାମାଳ, ଗାଁ ଗହଳ।

ପଞ୍ଜାବର 'ସାନ୍‌ଝାଚୁଲା' ଏକ ଗଣ ସାମାଜିକ ବ୍ୟବସ୍ଥା ଯେଉଁଠି ନାରୀମାନେ ବୟସ ନିର୍ବିଶେଷରେ ନିଜର ସୁଖଦୁଃଖ ବାଣ୍ଟିପାରୁଥିଲେ। ସମାଜସେବୀ ଅନୁଷ୍ଠାନମାନେ ପର୍ଯ୍ୟଟନ ବିଶେଷଜ୍ଞଙ୍କ ସହଯୋଗରେ ମୃତପ୍ରାୟ ଗ୍ରାମ୍ୟ ସଂସ୍କୃତିକୁ ପୁନର୍ଜାଗରଣ କରିପାରିଲେ, ପର୍ଯ୍ୟଟନର ସାମାଜିକ ଦିଗଟି ପୂରଣ ହୋଇପାରିବ। ବ୍ଲକ ଓ ଜିଲ୍ଲାସ୍ତରର ଅନୁଷ୍ଠାନମାନଙ୍କୁ ଏକ ଶୀର୍ଷ ଅନୁଷ୍ଠାନରେ ପରିଣତ କରିହେବ।

ବ୍ଲକ ଓ ଜିଲ୍ଲା ସ୍ତରର ଅନୁଷ୍ଠାନମାନଙ୍କୁ ଏକ ଶୀର୍ଷ ଅନୁଷ୍ଠାନ (Apex Organisation) ମାଧ୍ୟମରେ କମ୍ପ୍ୟୁଟରଦ୍ୱାରା ଭାଗକଲେ, ଏହି ଲକ୍ଷ୍ୟ ପୂରଣ ହୋଇପାରିବ। ଏଥିପାଇଁ ଏନ୍.ଆଇ.ସି. (National Informatics Centre)ର ସାହାଯ୍ୟ ନିଆଯାଇପାରିବ। ପର୍ଯ୍ୟଟନର ସାମାଜିକ ଦିଗ ନେଇ ପ୍ରଶାସକ ଶ୍ରୀଯୁକ୍ତ ଫଣିଭୂଷଣ ଓ ସମାଜସେବୀ ଶ୍ରୀଯୁକ୍ତ ସୁରେନ୍ଦ୍ର ନାଥଙ୍କ ଭିତରେ ତର୍କ ଶେଷ ହୋଇଥିବ କି ନାହିଁ ମୁଁ ଜାଣେନି ଅଥଚ ମୋର ପ୍ରତ୍ୟୟ ହେଲା ଯେ ପୁରୁଣା ଅନୁଷ୍ଠାନ, ପର୍ବପର୍ବାଣୀ ଓ ସଂସ୍କୃତିର ପୁନରୁଦ୍ଧାର କରିବା ପାଇଁ ଗ୍ରାମାଞ୍ଚଳର ତଳ ସ୍ତରରୁ ଚେଷ୍ଟା ହେଲେ ମନୁଷ୍ୟର ଦୁଃଖକଷ୍ଟ ଦୂର ହେବା ସଙ୍ଗେ ସଙ୍ଗେ ବିଦେଶୀ ମୁଦ୍ରା ବି ଅର୍ଜନ ହୋଇପାରିବ।

■

ଗାନ୍ଧିଜୀଙ୍କ ବଜାର ନୀତି

ମହାତ୍ମା ଗାନ୍ଧୀଙ୍କ ମହାପ୍ରୟାଣର ଅନେକ ବର୍ଷ ସରିବାକୁ ବସିଲାଣି ଅଥଚ ଭାରତୀୟ ଜନମାନସକୁ ସେ ଯେପରି ଭାବରେ ଜାବୁଡ଼ି ଧରିଛନ୍ତି ତାହା ବୋଧହୁଏ ଆଉ କୌଣସି ସାମାଜିକ ଓ ରାଜନୈତିକ ଚରିତ୍ରଙ୍କ କ୍ଷେତ୍ରରେ ସମ୍ଭବ ନୁହେଁ।

କେବଳ ପୌରାଣିକ ଚରିତ୍ରମାନଙ୍କ ସହ ତାଙ୍କ ଲୋକପ୍ରିୟତାକୁ ତୁଳନା କରାଯାଇପାରେ। ଅଥଚ ଏଇ ପଞ୍ଚସ୍ତରୀ ବର୍ଷରେ ସେ ଯେ ସମାଲୋଚନାର ଶରବ୍ୟ ହୋଇ ନାହାଁନ୍ତି, ସେପରି ନୁହେଁ। ସାମ୍ପ୍ରତିକ ସମୟରେ ମହାତ୍ମା ଗାନ୍ଧୀଙ୍କୁ ବିଭିନ୍ନ ରାଜନୈତିକ ଦଳର ନେତାମାନେ ସମାଲୋଚନା କରିଛନ୍ତି। ଶିବସେନା ପ୍ରମୁଖ ବାଲାସାହେବ ଠାକ୍‌ରେ ମହାତ୍ମାଗାନ୍ଧୀଙ୍କୁ 'ଜାତିର ଜନକ' କହିବାରେ ଆପତ୍ତି ଉଠେଇଛନ୍ତି। ବହୁଜନ ସମାଜବାଦୀ ପାର୍ଟିର ନେତ୍ରୀ ମାୟାବତୀ ମଧ୍ୟ ଗାନ୍ଧିଜୀଙ୍କୁ ଉଚ୍ଚଜାତିର ଦୟାରେ ଚଳୁଥିବା ଜଣେ ଏଜେଣ୍ଟ ବୋଲି କହିଛନ୍ତି। 'ନିକି ଟୁ ନାଇଟ୍' ଶୋ'ରେ ଆଲୋଚନାଚକ୍ରରେ ଭାଗ ନେଇ ଅଶୋକ ରୋ' କବି ମହାତ୍ମା ଗାନ୍ଧୀଙ୍କୁ ଜଣେ 'ଜାରଜ ବଣିଆ' ହିସାବରେ ଚରିତ୍ର କରିଛନ୍ତି। ଆହୁରି ଅନେକ ଅଛନ୍ତି ଯେଉଁମାନେ ତାଙ୍କୁ ଜଣେ ମିଥ୍ୟା-ସାର୍ବଭୌମବାଦୀ (Pseudo-Secular Person)ବୋଲି କୁହନ୍ତି। ଏପରି ସମାଲୋଚନାଦ୍ୱାରା ବ୍ୟଥିତ ହୋଇ ଜଣେ ବୟୋଜ୍ୟେଷ୍ଠ ସ୍ୱାଧୀନତା ସଂଗ୍ରାମୀ ମୋତେ କହିବାରୁ, ମୁଁ ଏ ବିଷୟରେ ଗଭୀର ଭାବରେ ଚିନ୍ତାକଲି। ମାତ୍ର ସ୍ୱଳ୍ପଜ୍ଞାନର ଗଭୀରତା ସର୍ଫରୀ ମାଛର ତୁଲ୍ୟ।

ମହାତ୍ମା ଗାନ୍ଧୀଙ୍କୁ ଯେ ସମସ୍ତେ ସବୁ ସମୟରେ ଭଲ ପାଇବେ ଓ ତାଙ୍କ ଆଦର୍ଶ ଅନୁସାରେ ପରିଚାଳିତ ହେବେ ସେମିତି କିଛି ମାନେ ନାହିଁ। ଆମେ ଭାରତବର୍ଷରେ ବଜାର ବ୍ୟବସ୍ଥା ବିଷୟରେ ଗବେଷଣା କଲାବେଳେ ଆଶ୍ଚର୍ଯ୍ୟ ହେଉ ଯେ ମହାତ୍ମା ଗାନ୍ଧୀ ଜାତିର ଜନକ, ମହାନାୟକ ଇତ୍ୟାଦି ଇତ୍ୟାଦି ବହୁତ ପରେ ହେଲେ। ପ୍ରଥମତଃ ବଜାର ବୁଦ୍ଧିର କୌଶଳଟି ସେ ଚମତ୍କାର ଭାବରେ ବ୍ୟବହାର କରିପାରିଛନ୍ତି।

ଆମେ ବଜାରରେ କୌଣସି ଗଣପଦାର୍ଥ (Mass Product)ଟିଏ ବିକ୍ରୟ କରିବା ପାଇଁ ସ୍ଥିର କରିବା ପୂର୍ବରୁ ଦୁଇଟି ଜିନିଷ ଖୋଜୁ। ପ୍ରଥମଟି ହେଲା କେଉଁମାନଙ୍କୁ ବିକ୍ରୀ କରିବୁ ଓ ଦ୍ୱିତୀୟଟି ହେଲା କେମିତି ଗ୍ରାହକଙ୍କ ପାଖରେ ପହଞ୍ଚିବୁ। ଏହି ଦୁଇଟି ଜିନିଷ ସ୍ଥିର କରିସାରିଲା ପରେ କ'ଣ କହି ବିକ୍ରୀ କରିବୁ ବୋଲି ସ୍ଥିର କରୁ। ପ୍ରଥମଟିକୁ ବଜାର ବିଭାଗୀକରଣ (Market Segmentation) କୁହାଯାଏ। ମହାତ୍ମା ଗାନ୍ଧୀ ଭାରତରେ ଯେଉଁ ସବୁ ସ୍ତର (Segment) ବାଛି ପାରିଥିଲେ ସେମାନେ ହେଲେ ଉଚ୍ଚ ଶ୍ରେଣୀର ଇଂରାଜୀ ପଢୁଆ ଲୋକ, ଉଚ୍ଚବର୍ଗର ସମ୍ଭ୍ରାନ୍ତ; ଇଂରେଜମାନଙ୍କର ପ୍ରିୟଲୋକ ଓ ସାଧାରଣ ନିରକ୍ଷର ଜନତା।

ବଜାରରେ ଯେତେବେଳେ ଗ୍ରାହକ ସଂଖ୍ୟା କମ୍ ଥାଏ, ବିକ୍ରେତା ନିଜେ ସେମାନଙ୍କ ସହ ବ୍ୟକ୍ତିଗତ ଯୋଗାଯୋଗ କରି ବିକେ। ତେଣୁ ଉଚ୍ଚ ଶ୍ରେଣୀର ଇଂରାଜୀ ପଢୁଆ ଲୋକ, ଯେଉଁମାନଙ୍କର ଜ୍ଞାନର ବିକାଶ ହେତୁ ଓ ଉଚ୍ଚ ଅଭିଳାଷ ହେତୁ ଇଂରେଜ ବିଦ୍ୱେଷୀ ମନୋଭାବ ସୃଷ୍ଟି ହୋଇଥିଲା; ଏହି ଶିକ୍ଷିତ ଗୋଷ୍ଠୀ ଯେ ଦେଶପ୍ରେମରେ କେତେ ଉଦ୍‌ବୁଦ୍ଧ ହୋଇଥିଲେ ତାହା ପ୍ରାକ୍ ସ୍ୱାଧୀନତା କାଳର ରାଜନୈତିକ ଚିତ୍ରପଟରୁ ଜଣାପଡ଼େ। ଯଦିଓ ଏହି ଶିକ୍ଷିତ ଗୋଷ୍ଠୀ ଶିକ୍ଷା ଦୀକ୍ଷାରେ ଅନ୍ୟମାନଙ୍କଠାରୁ ଆଗୁଆ ଥିଲେ, ସାମନ୍ତବାଦୀ ବ୍ୟବସ୍ଥା ଯାହା ବିଦେଶୀ ଇଂରେଜମାନଙ୍କ ଅନୁକମ୍ପାରେ ପ୍ରତିପାଳିତ ହେଉଥିଲା, ସେଥିରେ ଏମାନଙ୍କର ସାମାଜିକ ସ୍ୱୀକୃତି ନ ଥିଲା। ନା ସାମନ୍ତବାଦୀ ଆଧିପତ୍ୟ ନା ପ୍ରାଚୁର୍ଯ୍ୟ ଏମାନଙ୍କର ଥିଲା, ତେଣୁ ନିଜର ବ୍ୟକ୍ତିଗତ ଉତ୍କର୍ଷ ପାଇଁ ଏମାନେ ମହାତ୍ମା ଗାନ୍ଧୀଙ୍କର ସହଗାମୀ ହୋଇଥିଲେ।

ଭାରତର ବିଭକ୍ତୀକରଣ ପାଇଁ ଏମାନଙ୍କୁ ହିଁ ଦାୟୀ କରାଯାଇପାରେ। ଇଂରେଜ ପର ଭାରତର ଶାସନ ବ୍ୟବସ୍ଥାରେ ଏହି ଗୋଷ୍ଠୀ କିପରି କଙ୍କଡ଼ା ନ୍ୟାୟରେ ଗୋଡ଼ ଟଣାଟଣି ହେଲେ ତାହା ସମସ୍ତଙ୍କୁ ଜଣା। ସ୍ୱାଧୀନତା ଲାଭ ହେତୁ ଏମାନଙ୍କର ସାମାଜିକ ସ୍ୱାତନ୍ତ୍ର୍ୟ ବୃଦ୍ଧି ପାଇଲା। ପରବର୍ତ୍ତୀ ସମୟରେ ନିଜର ସ୍ଥିତିକୁ ସୁଧାର କରି ଏମାନେ ପ୍ରାଚୂର୍ଯ୍ୟ ପାଇବା ପାଇଁ ନାନା ପ୍ରକାର ଭ୍ରଷ୍ଟାଚାର କଲେ। ତେଣୁ ଗଣବ୍ୟବସ୍ଥାର ସୂତ୍ରଧର

ହୋଇ ଏମାନେ ଗଣମାନଙ୍କର ସ୍ୱାର୍ଥ ବିରୁଦ୍ଧରେ ଗଲେ । କଳାବଜାରୀ, ବ୍ୟଭିଚାର ଓ ପ୍ରିୟାପ୍ରୀତି ତୋଷଣର ଯେଉଁ ବିଷ ବୃକ୍ଷଟି ଏବେ ମହାଦ୍ରୁମ ଆକାର ଧାରଣ କରିଛି ତାହାର ବୀଜଟିକୁ ଗାନ୍ଧିଜୀ ହିଁ ଭାରତୀୟ ମାଟିରେ ରୋଇଥିଲେ ।

ନିଜେ ମୁହଁ କଳା ନ କରି ଦଳେ ମାଙ୍କଡ଼ ପଲଙ୍କ ସହ ଶୋଭାଯାତ୍ରା କରିବା ଓ ବିଭିନ୍ନ ସମୟରେ ଏହି ରାଜନୈତିକ ମାଙ୍କଡ଼ମାନଙ୍କ ସହ ସାଲିସ କରି ସେ ଦେଶକୁ ବିପର୍ଯ୍ୟୟ ଭିତରକୁ ଠେଲି ଦେଇଛନ୍ତି । ଜଣେ ବ୍ୟକ୍ତିଗତ ବିକ୍ରେତା (Personal Seller) ହିସାବରେ ସେ ଯେଉଁ ଶିକ୍ଷିତ ବୁର୍ଜୁଆ ଗ୍ରାହକମାନଙ୍କ ପାଖକୁ ଗଲେ ସେମାନଙ୍କୁ ସ୍ୱାଧୀନତା ଓ ସ୍ୱାତନ୍ତ୍ର୍ୟର ଉତ୍ପାଦଟି ବିକ୍ରୟ କରିବା ପ୍ରତିବଦଳରେ ଆମମାନଙ୍କର ଭାଗ୍ୟକୁ ବନ୍ଧା ପକାଇଦେଲେ ।

ଗଣ (Mass)ମାନଙ୍କର ଅବସ୍ଥା ସେତେବେଳେ ଅତ୍ୟନ୍ତ ଶୋଚନୀୟ ଥିଲା । ସେମାନେ ଯେ କେବଳ ବ୍ରିଟିଶମାନଙ୍କଦ୍ୱାରା ନିର୍ଯ୍ୟାତିତ ହେଉଥିଲେ ତାହା ନୁହେଁ, ବରଂ ଜମିଦାର ଓ ଶିକ୍ଷିତ ଗୋଷ୍ଠୀର ପିତା ପ୍ରପିତାମହଙ୍କ ଅତ୍ୟାଚାରରେ ନିପୀଡ଼ିତ ମଣିଷ ପାଖରେ ଗାନ୍ଧିଜୀ ବୈଶାଖ ମଧ୍ୟାହ୍ନରେ ପୁଳାଏ କଳାମେଘ ପରି ପହଞ୍ଚିଗଲେ । ଏଠି ସେ ସମାନ ଉତ୍ପାଦଟି ବିକ୍ରୟ କରୁଥିଲେ; ମାତ୍ର ବିକ୍ରୀ କରିବାର ଶୈଳୀଟି ସ୍ୱତନ୍ତ୍ର ଥିଲା । ଗଣବିକ୍ରୟ ପାଇଁ ଏକକ ବିକ୍ରୟ ସର୍ବୋଲ୍ଲେଖ (Unique Selling Proposition)ର ଆବଶ୍ୟକତା ରହିଛି । ତେଣୁ ପାରମ୍ପରିକ ସମାଜରେ ବିଦେଶୀ ପଦାର୍ଥ ହିସାବରେ ଗଣା ହେବାର ଆଶଙ୍କାରେ ସେ ନିଜକୁ ଏକ ଭାରତୀୟ ଗ୍ରାମ୍ୟ ପୋଷାକର ଖୋଳ (Package) ପିନ୍ଧାଇଲେ ।

ସାଧାରଣ ଭାରତୀୟର ବେଶପୋଷାକଟି ଧାରଣ କରି ନିଜକୁ ସ୍ୱାଧୀନତାକାମୀ ସମାଜରେ USP ବୋଲି ସାବ୍ୟସ୍ତ କରିପାରିଲେ । ଗଣବିକ୍ରୟ ପାଇଁ ଗଣମାଧ୍ୟମର ଆବଶ୍ୟକତା ରହିଛି । ନିଜର ଆର୍ଥିକ ସ୍ୱଚ୍ଛଳତା ଦୃଷ୍ଟିରୁ ଇଂରେଜମାନଙ୍କର ପଦଲେହନ କରି ପୁଷ୍ଟ କିଛି ଭାରତୀୟ ଶିଳ୍ପପତିଙ୍କୁ ସେ ନିଜର ପୃଷ୍ଠପୋଷକ (Promotor) କରିନେଲେ । ବିରଳା ଗୋଷ୍ଠୀ ତା' ମଧ୍ୟରୁ ଗୋଟିଏ । ଏମାନଙ୍କ ସାହାଯ୍ୟରେ ପତ୍ରପତ୍ରିକା ଓ ଖବରକାଗଜମାନ ପ୍ରକାଶ କରି ଓ ତହିଁରେ ନିଜର ଚିନ୍ତାଧାରା ପ୍ରକାଶ କଲେ । ବଜାର କୌଶଳରେ ଏହାକୁ ଲୋକସମ୍ପର୍କ (Public Ralation) କୁହାଯାଏ । ଦେଶସାରା ଭ୍ରମଣ କରି ନିଜର ଚିନ୍ତାଧାରାକୁ ଲୋକମାନଙ୍କ ନିକଟରେ ପହଞ୍ଚାଇ ସେ ଭ୍ରାମ୍ୟମାଣ ବିଜ୍ଞାପନ (Mobile Advertising) କରିବାରେ ଲାଗିଲେ ।

ଗରିବ, ଅଶିକ୍ଷିତ ଭାରତୀୟ, ଯେଉଁମାନଙ୍କର ଆସନ୍ତାକାଲିଟି ସନ୍ଦେହ ସଙ୍କୁଳ ଓ ଆତଙ୍କିତ, ସେମାନଙ୍କୁ ଏକ ଦୀର୍ଘ ସୁନେଲି ଭବିଷ୍ୟତର ସ୍ୱପ୍ନ ଦେଖାଇଲେ । ଏମିତି

ଏକ ଭବିଷ୍ୟତ ଯେଉଁଥିରେ ସବୁ ସକାଳର ସୂର୍ଯ୍ୟୋଦୟ ମଣିଷକୁ ବଞ୍ଚିବା ପାଇଁ ଦେବ ନୂଆ ଆହ୍ୱାନ।

ଭୋକର ଜଙ୍ଗଲରେ ଆଉ ଅଣନିଃଶ୍ୱାସୀ ହେବ ନାହିଁ ମଣିଷ। ଅତ୍ୟାଚାରିତ ଶାସକ ଓ ପୁଲିସର ଆତଙ୍କରୁ ନିଜକୁ ମୁକ୍ତ କରିପାରିବ ମଣିଷ। ହତ୍ୟା, ଲୁଣ୍ଠନ, ଧର୍ଷଣ ଇତ୍ୟାଦି ପାଶବିକତା ଧୀରେ ଧୀରେ ଦୂର ହୋଇଯିବ ଜନମାନସରୁ। ନିଜ ହାତରେ ନିଜର ଭାଗ୍ୟ ଗଢ଼ିବ ମଣିଷ। ନିଜ କପାଳରେ ଚିତ୍ରିତ କରିବ ଭବିଷ୍ୟତର ସୁନେଲି ସକାଳ। ପଞ୍ଚସ୍ତରୀ ବର୍ଷର ସ୍ୱାଧୀନତା ପରେ ସଫଳ ହୋଇଛି କି ସ୍ୱାଧୀନତାରେ ବଳିଦାନ ପାଇଥିବା ମଣିଷର ଲୁହ, ରକ୍ତ ଓ ପିଲାଦିନ ? ବିଧବାର ବୈଧବ୍ୟ, ଅନାଥର ପିତୃତ୍ୱ ଓ ଦିଗହଜା ର ଖରାବେଳ ବଦଳରେ ଯେଉଁ ସ୍ୱାଧୀନତା ମିଳିଛି ତାହା ମୂଲ୍ୟହୀନ- ଏକଥା ସ୍ୱୀକାର୍ଯ୍ୟ।

ବଜାରରେ ଯେଉଁ ଉତ୍ପାଦଟି ଅଧିକ ବିଜ୍ଞାପନ କରେ ଓ ନାନା ପ୍ରକାରର ବଜାର କୌଶଳ ପ୍ରୟୋଗ କରେ, ଅଧିକାଂଶ ସମୟରେ ଦେଖାଯାଏ ଯେ, ଏହା ଗ୍ରାହକର ଆଶା ପୂରଣ କରିପାରେନାହିଁ। ତେଣୁ ଏମାନଙ୍କର ପରୀକ୍ଷା ହାର (Trial Rate) ଅଧିକ, ଅଥଚ ଗ୍ରହଣ ହାର (Adoption Rate) ବହୁତ କମ୍। ଏବେ ଭାରତବର୍ଷରେ ମୁଣ୍ଡ ଟେକୁଥିବା ଉଗ୍ରବାଦ, ସ୍ୱତନ୍ତ୍ର ରାଜ୍ୟର ଦାବି, ସ୍ୱତନ୍ତ୍ର ରାଷ୍ଟ୍ରର ଦାବି ଇତ୍ୟାଦି ଏହି ସ୍ୱାଧୀନତା ରୂପକ ଉତ୍ପାଦର ବଜାର ଗ୍ରହଣୀୟ ଗୁଣ (Market Adoptablility) କମିବାର ପ୍ରତିଫଳନ।

ତେଣୁ ଗାନ୍ଧିଜୀ ଯେଉଁସବୁ ବଜାର କୌଶଳ ପ୍ରୟୋଗ କରିଥିଲେ ଯଥା ଉଚ୍ଚଶିକ୍ଷିତ ସ୍ୱାର୍ଥପର ଗୋଷ୍ଠୀମାନଙ୍କୁ ବ୍ୟକ୍ତିଗତ ବିକ୍ରୟ (Personal Selling), ନିଜକୁ ସ୍ୱାଧୀନତା ସ୍ୱପ୍ନ ବିକ୍ରୀ କରିବାର ଏକକ ବିକ୍ରୟ ସର୍ବୋଲ୍ଲେଖ (USP) ପରାଙ୍ଗପୋଷୀ ବ୍ୟାବସାୟିକ ଅନୁଷ୍ଠାନର ପୃଷ୍ଠପୋଷକତା (Patent), ନିଜ ପୋଷାକ ପରିବର୍ତ୍ତନ ଜନିତ ବିଜ୍ଞାପନ (Advertising), ଗଣମାଧ୍ୟମଦ୍ୱାରା ଲୋକସଂପର୍କ (Public Relation) ଏ ସବୁ ସାମୟିକ ବଜାର କୌଶଳ ଥିଲା। ରାଜନୈତିକ ଦୃଷ୍ଟିଭଙ୍ଗୀରୁ ସଫଳ ବୋଲି କୁହାଯାଉଥିଲେ ମଧ ବଜାର ପରିଚାଳକଭାବେ ଭାରତର ଗରିବ ଗ୍ରାହକକୁ ସେ ଠକିଛନ୍ତି କହିଲେ ଅତ୍ୟୁକ୍ତି ହେବ ନାହିଁ।

ବଂଶାଲୀଙ୍କ ବଂଶୀ ଓ ପୁଞ୍ଜିଲଗାଣକାରୀ ଗୋପୀମାନେ

କୁହାଯାଏ ଯେ, ଘୁଣ ଲାଗିଯାଇଥିବା କାଠ କୌଣସି କାମରେ ଆସେ ନାହିଁ। ମୂର୍ଖ ବିନ୍ଧାଣୀ ଜୀବନ ତମାମ୍ ଘୁଣଲଗା କାଠକୁ କାଟିକୁଟି କାର୍ଯ୍ୟୋପଯୋଗୀ କରିବାରେ ଲାଗିଥାଏ। ଏପରି ଫଳହୀନ କାର୍ଯ୍ୟର ଫାଇଦାଟି ଘୁଣପୋକ ହିଁ ନେଇଥାଏ। ସେ ଜାଣେ ଯେ ବିନ୍ଧାଣୀ କାଠଟିକୁ କାର୍ଯ୍ୟକ୍ଷମ କରିବାରେ ଲାଗିଛି। ତେଣୁ ଆରାମରେ ପୋକଟି କଣାକରି କାଠମଞ୍ଜୀ ସବୁ ଖାଇ ଶେଷରେ କାଠଗୁଣ୍ଡ ହିଁ ଛାଡ଼ିଯାଏ। ଭାରତୀୟ ଅର୍ଥନୀତିର ଅବସ୍ଥା ସେହିପରି ହୋଇଅଛି।

ଏଠି ଯେଉଁ ଘୁଣର କଥା କୁହାଯାଉଛି ତାହା ହେଲା ଦୁର୍ନୀତିର ଘୁଣ। ପରିବର୍ତ୍ତିତ ପରିସ୍ଥିତିରେ ଗୋଲକୀକରଣ ବ୍ୟବସ୍ଥାଟିକୁ ଭାଙ୍ଗିବାରେ ଲାଗିଛନ୍ତି ଏହି ଘୁଣପୋକମାନେ। ପ୍ରଥମେ ଆସିଲେ ହର୍ଷଦ ମେହେଟ୍ଟା, ତାଙ୍କ ପରେ ଜୈନ ଭ୍ରାତୃଦ୍ୱୟ ଓ ଏବେ ବଂଶାଳୀ। ଏମାନେ ଯେଉଁ ଅର୍ଥନୈତିକ ଅପରାଧ ଘଟାନ୍ତି ତାହାର ମାତ୍ରା ଏବେ ଏତେ ଅଧିକ ଯେ ସମଗ୍ର ଚୋରି, ଡକାୟତି ଓ ରାହାଜାନିରେ ହୋଇଥିବା ଆର୍ଥିକ କ୍ଷୟକ୍ଷତି ଏମାନଙ୍କଠାରୁ କମ୍। ସବୁଠାରୁ ଦୁଃଖର କଥା ହେଲା ଯେ ଏହି ଅର୍ଥନୈତିକ ଅପରାଧର ନିରାକରଣ ପାଇଁ ସରକାର ଓ ଅନ୍ୟାନ୍ୟ ସଂସ୍ଥାମାନେ ଯେଉଁ

ପଦକ୍ଷେପ ନେଉଛନ୍ତି, ସେଥିରେ କେଉଁଠି ନା କେଉଁଠି ଫାଟ ସୃଷ୍ଟି ହେଉଛି ଓ ଅପରାଧୀମାନେ ଏହାର ଫାଇଦା ନେଉଛନ୍ତି। ଅପରାଧୀମାନଙ୍କୁ ସାହାଯ୍ୟ କରୁଛନ୍ତି ନିଜ ନିଜ ସ୍ୱାର୍ଥରେ ବନ୍ଧୀ କେତେକ ସରକାରୀ ଓ ବ୍ୟାଙ୍କ କର୍ମଚାରୀ।

ହର୍ଷଦ ମେହେଟ୍ଟା ଦୁର୍ନୀତି ପରେ ଭାରତୀୟ ପୁଞ୍ଜିବଜାର ଉପରେ ସାଧାରଣ ପୁଞ୍ଜି ବିନିଯୋଗକାରୀଙ୍କର ଆସ୍ଥା ତୁଟିଯାଇଥିଲା। ଏକଥା ସ୍ୱୀକାର୍ଯ୍ୟ ଯେ ଦ୍ରୁତ ଶିଳ୍ପାୟନ ପାଇଁ ପୁଞ୍ଜିବଜାର (Capital Market)ର ସ୍ୱାସ୍ଥ୍ୟ ଉତ୍ତମ ରହିବା ଦରକାର। ସରକାରଙ୍କର ଶିଳ୍ପନୀତିର ସଫଳ ରୂପାୟନ ପାଇଁ ନିଜ ଉଦ୍ୟୋଗରେ ବ୍ୟାପକ ପୁଞ୍ଜିବିନିଯୋଗର ଆବଶ୍ୟକତା ରହିଛି। ନିଜ ଉଦ୍ୟୋଗରେ ହେଉଥିବା ପୁଞ୍ଜିର ବିନିଯୋଗ ସାଧାରଣତଃ ତିନୋଟି ସୂତ୍ରରୁ ଆସିଥାଏ। ପ୍ରଥମଟି ହେଲା ସରକାରୀ ଓ ବେସରକାରୀ ବ୍ୟାଙ୍କରୁ। ଏହି ବ୍ୟାଙ୍କଗୁଡ଼ିକ ପୁଞ୍ଜିବିନିଯୋଗ କଲାବେଳେ ସ୍ଥାପିତ ହେବାକୁ ଯାଉଥିବା ଉଦ୍ୟୋଗର ଲାଭଜନକ ସ୍ୱଭାବ (Profitability) ଓ ନିଜ ଉଦ୍ୟୋଗର ସ୍ଥାପକ (Promoter)ର ଅବସ୍ଥା ଦେଖି ପୁଞ୍ଜିବିନିଯୋଗ କରନ୍ତି। ଏମାନଙ୍କ ଛଡ଼ା ଭାରତୀୟ ଜୀବନବୀମା ନିଗମ, ଆଇଡିବିଆଇ, ଆଇଏଫସିଆଇ, ଏସ୍‌ବିଆଇ ପରି ପୁଞ୍ଜି ପରିଚାଳନା କରୁଥିବା ସଂସ୍ଥାମାନେ ମଧ୍ୟ ଦୀର୍ଘମିଆଦି ସୂତ୍ରରେ ପୁଞ୍ଜି ବିନିଯୋଗ କରନ୍ତି ମାତ୍ର ପୁଞ୍ଜିର ସୁରକ୍ଷା ପାଇଁ ଏମାନେ ପରିଚାଳନା ପରିଷଦରେ ଅଧିକାଂଶ ସମୟରେ ନିଜର ଅଧିକାରୀମାନଙ୍କୁ ରଖିଥାନ୍ତି। ଉଦ୍ୟୋଗମାନେ ଦୀର୍ଘମିଆଦି ସୂତ୍ରରେ ବଜାରରୁ ଡିବେନ୍‌ଚର କିମ୍ବା ଅଂଶଧନ (Equity)ଦ୍ୱାରା ଅର୍ଥ ନେଇଥାନ୍ତି। କ୍ଷୁଦ୍ର ପୁଞ୍ଜି ବିନିଯୋଗକାରୀମାନେ ହିଁ ଏଥିରେ ନିଜର ସଞ୍ଚୟ ଅର୍ଥ ଲଗାଣ କରିଥାନ୍ତି। ଅଧିକ ଲାଭ ଆଶାରେ ବ୍ୟାଙ୍କମାନଙ୍କରେ ଜମା ରଖୁଥିବା ସାଧାରଣ ଲଗାଣକାରୀମାନେ ଏହି ଅର୍ଥ ଲଗାଣ କରିଥାନ୍ତି।

ମ୍ୟୁଚୁଆଲ ଫଣ୍ଡ ଦ୍ୱାରା ମଧ୍ୟ ପୁଞ୍ଜିବିନିଯୋଗ ହୋଇଥାଏ। ସାଧାରଣ ଲଗାଣକାରୀମାନେ କମ୍ପାନୀମାନଙ୍କର ଆର୍ଥିକ ପରିଚାଳନା ଉପରେ ସନ୍ଦେହ ପୋଷଣ କରିବା ସ୍ୱାଭାବିକ। କାରଣ କମ୍ପାନୀର ନିର୍ଦ୍ଦେଶକମାନେ ନିଜର ସ୍ୱାର୍ଥରକ୍ଷା କରିବା ପାଇଁ ଲଗାଣକାରୀମାନଙ୍କୁ ପ୍ରକୃତ ଲାଭର କିୟଦଂଶ ଦେଇଥାନ୍ତି ଓ ଅନେକାଂଶରେ ଆର୍ଥିକ ପରିଚାଳନାରେ ଦକ୍ଷତା ନ ଥିବାରୁ ନିଜ ଉଦ୍ୟୋଗର ସଂସ୍ଥାମାନେ କ୍ଷତିରେ ଚାଲନ୍ତି। ତେଣୁ କ୍ଷୁଦ୍ର ବିନିଯୋଗକାରୀମାନେ ତାଙ୍କର କଷ୍ଟଲବ୍ଧ ସଞ୍ଚୟର ସଫଳ ବିନିଯୋଗ ପାଇଁ ମ୍ୟୁଚୁଆଲ ଫଣ୍ଡମାନଙ୍କରେ ଟଙ୍କା ଲଗେଇଥାଆନ୍ତି। ମ୍ୟୁଚୁଆଲ ଫଣ୍ଡରେ ଲାଗିଥିବା ଟଙ୍କାର ସଫଳ ପରିଚାଳନା ଦାୟିତ୍ୱ ଉକ୍ତ କମ୍ପାନୀମାନଙ୍କର, କାରଣ ବର୍ଷ ଶେଷରେ ପୁଞ୍ଜି ବିନିଯୋଗକାରୀମାନଙ୍କର ପୁଞ୍ଜି ପାଇଁ ନିର୍ଦ୍ଦିଷ୍ଟ ସର୍ବନିମ୍ନ

ଲାଭାଂଶ ଦେବାକୁ ଏମାନେ ବାଧ୍ୟ। ଆକ୍ସିସ୍, ଜିଆଇସି ଓ ଏଲଆଇସି ଇତ୍ୟାଦି ସଂସ୍ଥାମାନେ ମ୍ୟୁଚୁଆଲ ଫଣ୍ଡ ବ୍ୟବସାୟରେ ପ୍ରଭୂତ ଉନ୍ନତିସାଧନ କରିଛନ୍ତି ମାତ୍ର ଭାରତୀୟ ପୁଞ୍ଜିବଜାରର ଆକାର ଦେଖି ସରକାର ନିଜ ଉଦ୍ୟୋଗର ସଂସ୍ଥାମାନଙ୍କୁ ମଧ୍ୟ ମ୍ୟୁଚୁଆଲ ଫଣ୍ଡ ବ୍ୟବସାୟରେ ଭାଗନେବା ପାଇଁ ଅନୁମତି ଦେଇଛନ୍ତି। ତେଣୁ କୋଠାରୀ ଗ୍ରୁପ୍ ଓ ସିଆଇବି ମ୍ୟୁଚୁଆଲଫଣ୍ଡ ପରି କମ୍ପାନୀମାନଙ୍କର ଜନ୍ମ ହୁଏ। ମ୍ୟୁଚୁଆଲ ଫଣ୍ଡରେ ସମସ୍ୟାଟି ହେଲା କ୍ଷୁଦ୍ର ପୁଞ୍ଜି ଲଗାଣକାରୀମାନେ ଜାଣିପାରନ୍ତି ନାହିଁ ଯେ କେଉଁ କମ୍ପାନୀର ଶେୟାର ଖରିଦ ବିକ୍ରୀ କିମ୍ବା ଅନ୍ୟ କେଉଁ ସ୍ରୋତରେ ତାଙ୍କର ପୁଞ୍ଜି ବିନିଯୋଗ ହେଲା। ପୁଞ୍ଜିର ସଫଳ ବିନିଯୋଗ କରିବା ହେଉଛି ମ୍ୟୁଚୁଆଲ ଫଣ୍ଡ କମ୍ପାନୀର ଦାୟିତ୍ୱ।

ଖୋଲାବଜାରରୁ ପୁଞ୍ଜି ଉଠାଇଲାବେଳେ ସାଧାରଣ ଗ୍ରାହକଟିଏ ନିଜ ବିନିଯୋଗର ସ୍ଥାୟିତ୍ୱ ଓ ଆପଦ (Safety) ଉପରେ ଧ୍ୟାନ ଦେଇଥାଏ। ତେଣୁ 'କ୍ରିସିଲ' 'କେୟାର' ଓ 'ଇକ୍ରା' ପରି ସଂସ୍ଥାମାନେ ଏକ 'ରେଟିଂ ବ୍ୟବସ୍ଥା' ପ୍ରଚଳନ କରିଥାନ୍ତି। ଏହି ରେଟିଂଦ୍ୱାରା କ୍ଷୁଦ୍ର ବିନିଯୋଗକାରୀମାନେ ଜାଣିପାରନ୍ତି ତାଙ୍କର ପୁଞ୍ଜିଟି ଠିକ୍ ସଂସ୍ଥାରେ ଲାଗୁଛି କି ନାହିଁ। ସିଆରବି ମ୍ୟୁଚୁଆଲଫଣ୍ଡରେ ଯେଉଁ ଦୁର୍ନୀତି ହୋଇଛି ତାହାର ସୂତ୍ରପାତ ହୁଏ ଏହି ରେଟିଂରୁ। କ୍ରିସିଲ ଓ ଇକ୍ରା ଏହିଭଳି ସଂସ୍ଥାକୁ ଏକ ଉଚ୍ଚ ରେଟିଂ ଦେଇଛନ୍ତି ଯାହା ଫଳରେ ସାଧାରଣ ବିନିଯୋଗକାରୀମାନେ ସ୍ୱତଃ ଆଗ୍ରହ ପ୍ରକାଶ କରି ଏଥିରେ ପୁଞ୍ଜି ବିନିଯୋଗ କରିଛନ୍ତି। ସାଧାରଣ ବଣ୍ଟନରେ ଡେରି କରି ଏହି ସଂସ୍ଥା ମଧ୍ୟ ହେରଫେର କରିଛି।

ଏହା ପ୍ରାୟତଃ ଏକ ପ୍ରଚଳିତ ଉପଲବ୍ଧି ହୋଇସାରିଲାଣି ଯେ, ପୁଞ୍ଜି ପରିଚାଳକ (Fund Manager)ମାନେ ଭାରତୀୟ ପୁଞ୍ଜିବଜାରକୁ ପରିଚାଳିତ କରୁଥିବା ନାନା ଆଇନ୍‌କାନୁନର ଫାଇଦା ନେଇ ଗ୍ରାହକମାନଙ୍କୁ ଠକୁଛନ୍ତି। କେବଳ ବେସରକାରୀ ମ୍ୟୁଚୁଆଲ ଫଣ୍ଡ କାହିଁକି ଅଣବ୍ୟାଙ୍କିଙ୍ଗ ସଂସ୍ଥାମାନେ ମଧ୍ୟ ସାଧାରଣ ଜନତାକୁ ଭୁଆଁ ବୁଲେଇବାରେ ଲାଗିଛନ୍ତି। ଓଡ଼ିଶାରେ ଏପରି ଦୃଷ୍ଟାନ୍ତ ମଧ୍ୟ ବିରଳ ନୁହେଁ। ବିଭିନ୍ନ ସମୟରେ ଓ ବିଭିନ୍ନ ଜାଗାରେ ଏହି ଅଣବ୍ୟାଙ୍କିଙ୍ଗ ଅର୍ଥ ସଂସ୍ଥାମାନେ ଅଫିସ ଖୋଲି ଚାକିରି ଦେବାର ପ୍ରଲୋଭନ ଦେଖାଇ ସେହି ଅଞ୍ଚଳର ଶିକ୍ଷିତ ବେକାର ଯୁବକମାନଙ୍କୁ ବଜାରରୁ ପୁଞ୍ଜି ଉଠାଇବା ପାଇଁ କୁହନ୍ତି। ଏହି ପୁଞ୍ଜିର ମାତ୍ରା ବଢ଼ିବାମାତ୍ରେ ରାତାରାତି ସଂସ୍ଥାମାନଙ୍କରେ ତାଲା ପକାଇ ଚମ୍ପଟ ମାରନ୍ତି। ତେଣୁ ସାଧାରଣ ପୁଞ୍ଜି ଲଗାଣକାରୀ ଅଧିକ ଲାଭ ଆଶାରେ ନିଜର ପୁଞ୍ଜି ହରାନ୍ତି ଏବଂ ଘୋର ମାନସିକ ଅଶାନ୍ତିରେ କାଳାତିପାତ କରନ୍ତି।

ଭାରତର କେନ୍ଦ୍ରୀୟ ବ୍ୟାଙ୍କ୍, ରିଜର୍ଭ ବ୍ୟାଙ୍କ ଅଫ ଇଣ୍ଡିଆ, ଜାତୀୟକରଣ ବ୍ୟାଙ୍କରେ ଜମା ଉପରେ ସୁଧର ହାର କମ କରିଦେବାରୁ ଲୋକମାନେ ଅଧିକ ଲାଭ ଆଶାରେ ଏହି ଅଣବ୍ୟାଙ୍କିଙ୍ଗ ଓ ମ୍ୟୁଚୁଆଲ ଫଣ୍ଡ ସଂସ୍ଥାରେ ବିନିଯୋଗ କରି ସର୍ବସ୍ୱାନ୍ତ ହେଉଛନ୍ତି । ତେଣୁ ଏହି ସମସ୍ୟା ପାଇଁ ରିଜର୍ଭ ବ୍ୟାଙ୍କ ଦୃଢ଼ ପଦକ୍ଷେପ ନେବା ଦରକାର ।

ପ୍ରଥମତଃ ଏପରି ସଂସ୍ଥା ପ୍ରତିଷ୍ଠା କରିବା ପାଇଁ ପୁଞ୍ଜି ସଂରକ୍ଷଣ (Capital Reserve) ବ୍ୟବସ୍ଥା ଦରକାର । ଫଳସ୍ୱରୂପ ଏହି ସଂସ୍ଥାଗୁଡ଼ିକ ରିଜର୍ଭ ବ୍ୟାଙ୍କରେ ମୋଟା ଅର୍ଥ ଜମା ଦେବାକୁ ପଡ଼ିବ ଯାହାର ବିନିଯୋଗ ସାଧାରଣ ଗ୍ରାହକର ସ୍ୱାର୍ଥରକ୍ଷା ପାଇଁ କରାଯାଇପାରିବ । ଏପରି ରାତି ଅଧିଆ ଉଭାନ ହୋଇଯାଉଥିବା ସଂସ୍ଥାମାନେ ପୁଞ୍ଜିବିନିଯୋଗକାରୀଙ୍କୁ ଠକିପାରିବେ ନାହିଁ ।

ଦ୍ୱିତୀୟତଃ ସାଧାରଣ ବଜାରରୁ କେତେ ମାତ୍ରାରେ ପୁଞ୍ଜି ଏମାନେ ଉଠେଇ ପାରିବେ ଓ ଏହି ପୁଞ୍ଜି ଉଠାଣ ଏକ ଜାତୀୟକରଣ ବ୍ୟାଙ୍କ ମାଧ୍ୟମରେ ସ୍ଥିର ହେବା ଉଚିତ । ତୃତୀୟତଃ ପ୍ରତ୍ୟେକ ମାସରେ ସାଧାରଣ ଲଗାଣକାରୀଙ୍କୁ ପୁଞ୍ଜିବିନିଯୋଗର ପରିମାଣ ଖବରକାଗଜ ଓ ଗଣମାଧ୍ୟମଦ୍ୱାରା ଜଣାଇବା ଦରକାର । ଯଦି ଏପରି କରାନଯାଏ ତେବେ ବହୁ ସଂଖ୍ୟାରେ କ୍ଷୁଦ୍ର ପୁଞ୍ଜି ବିନିଯୋଗକାରୀମାନେ ଶୋଷିତ ହେବେ ଓ ଏହାର ସୁଦୂର ପ୍ରଭାବରେ ଭାରତୀୟ ପୁଞ୍ଜିବଜାରର ସ୍ୱାସ୍ଥ୍ୟରେ ପରିବର୍ତ୍ତନ ହେବ ନାହିଁ ।

■

ଏଥର ମଶାଣିକୁ ଚାଲ

ଥରେ ଗାଉଁଲି ଲୋକଟିଏ ଛେଳିକୁ ମୁଣ୍ଡରେ ବୋହି ନେଉଥିଲା। ଜଙ୍ଗଲ ରାସ୍ତାରେ ଆସୁଥିବା ତିନୋଟି ଚୋରଙ୍କ ଦୃଷ୍ଟିରେ ହୃଷ୍ଟପୁଷ୍ଟ ଛେଳିଟି ପଡ଼ିଲା। ତେଣୁ କ୍ରମାନ୍ୱୟରେ ଜଣ ଜଣ କରି ସେମାନେ ବାଟୋଇଟିକୁ ଛେଳି ବଦଳରେ କୁକୁରଟିଏ ନେଇଯିବାର ପ୍ରତ୍ୟୟ ଦେବାକୁ ଚେଷ୍ଟା କରିଥିଲେ। ପ୍ରଥମେ ଛେଳିଟିକୁ ହିଁ ମୁଣ୍ଡରେ ନେଇଯାଉଥିବାର ଦାମ୍ଭିକତା ରଖିଥିବା ଗାଉଁଲି ଲୋକଟି ଦ୍ୱିତୀୟଥର ସନ୍ଦେହ ବଶତଃ ଓ ତୃତୀୟ ଥର କୁକୁରଟିଏ ନେଉଥିବାର ଧୃଷ୍ଟତା ଅନୁଭବ କରି ଶେଷରେ ଛେଳିଟିକୁ ଛାଡ଼ିଦେଇଥିଲା। କାହାଣୀଟି ବୋଧହୁଏ ଏଇଠି ସରିଥିଲା ମାତ୍ର ଆମେମାନେ ଏ କାହାଣୀଟି ଶୁଣିସାରିଲା ପରେ ପ୍ରଶ୍ନ ପଚାରି ନ ଥିଲେ ଯେ, ତା'ପରେ ଛେଳିଟିର ଅବସ୍ଥା କ'ଣ ହେଲା? ହାଟରେ ଛେଳିଟି ନେଇ ପହଞ୍ଚିପାରି ନ ଥିବାରୁ ବାଟୋଇର ଆର୍ଥିକ ଅବସ୍ଥା କ'ଣ ହେଲା? ଚୋର ତିନୋଟି ଛେଳିଟିକୁ ନେଇ କଲେ କ'ଣ? ଆମେ ଏସବୁ ପ୍ରଶ୍ନ ଏଇଥିପାଇଁ ପଚାରି ନ ଥିଲୁ ଯେ ବାଟୋଇର ମୂର୍ଖତା ହିଁ ଆମର ଅସଲ କଥା ଥିଲା। ଅଥଚ ଏବେ ଆମେ ନ ପଚାରିବାରୁ ଭୋଗୁଛୁ। ଗଣତନ୍ତ୍ର ପରି ଛେଳିଟି ଏବେ ରାଜନୈତିକ ନେତାଙ୍କ ପରି ଚୋରଙ୍କ ହାବୁଡ଼ରେ ଏବଂ ସେମାନେ ଛେଳିକୁ କୁକୁର ବୋଲି ମାନିନେବାକୁ ବାରମ୍ବାର ବାଧ୍ୟ କରୁଛନ୍ତି।

ଅବସ୍ଥା ଆମର ଗୋଟିଏ ଡଙ୍ଗାରେ ବସିଥିବା ଯାତ୍ରୀପରି, ଯିଏ ମଝିନଈରେ

ଏକୁଟିଆ ବସିଛି ଡଙ୍ଗାରେ। ନା ତାକୁ ପହଁରା ଜଣାଅଛି, ନା କାତମରା। ଏଣେ ନାଉରୀ ଡଙ୍ଗାରୁ ଉଭାନ ହେଇଛି। ସ୍କୁଲରେ ପାଠ ପଢୁଥିଲାବେଳେ ଗଣତନ୍ତ୍ରର ଗୋଟିଏ ସଂଜ୍ଞାକୁ ଘୋଷିବା ପାଇଁ ବାରମ୍ବାର କୁହାଯାଇଥିଲା। ଏହା ଲୋକଙ୍କର ବା ଗଣଙ୍କର, ଗଣଙ୍କଦ୍ୱାରା ଓ ଗଣଙ୍କ ପାଇଁ ବୋଲି ମିଛ ଧାରଣାଟିଏ ମନରେ ରହିଥିଲା। ଜ୍ଞାନ କିମ୍ବା ଅଜ୍ଞାନ ଯାହା ବି କୁହନ୍ତୁ, ଏମାନଙ୍କର ଅଭ୍ୟୁଦୟ ହେବାପରେ ଗଣତନ୍ତ୍ରର ଚେହେରା ଗୋଟିଏ ମଇଁଷି ପିଠିରେ ବସିଥିବା ମୋଟା ନିଶୁଆ ଲୋକରେ ରୂପାନ୍ତରିତ ହୋଇଯାଇଛି।

ଗଣଙ୍କଦ୍ୱାରା ନିର୍ବାଚିତ ପ୍ରତିନିଧି ଏବେ ସ୍ୱେଚ୍ଛାଚାରୀ ହୋଇ ଗଣଙ୍କ ବିରୁଦ୍ଧରେ ଯୋଜନା ଓ କାର୍ଯ୍ୟକ୍ରମ କରୁଛନ୍ତି, ଦୋଷ ଦେଲାବେଳେ କହୁଛନ୍ତି 'ହେ ଦେଶବାସୀମାନେ, ଆମ ଦେଶରେ ଗୋଟିଏ ବଜାର ସଂସ୍କୃତି ମୁଣ୍ଡିମାରୁଛି, ଉପଭୋକ୍ତାବାଦ ତୁମ ଜୀବନରୁ ଜୀଇଁବାର ମନ୍ତ୍ର ଛଡ଼େଇ ନେଉଛି, ବିଦେଶୀ ପୁଞ୍ଜିପତିର ଚକ୍ରାନ୍ତରେ ତୁମ ଜୀବନ ସୁଖମୟ କରିବା ନାଁରେ ବିଷମୟ କରି ଦିଆଯାଉଛି, ହେଲେ କହୁଛି କିଏ ? ବର୍ଷର ବିଭିନ୍ନ ଋତୁରେ ଗୋଟିଏ ଗଛରେ ବିଭିନ୍ନ ରଙ୍ଗର ଫୁଲ ଫଟେ, ସେହିପରି ଯେଉଁଆଡ଼େ ବର୍ଷା ସେଆଡ଼େ ଛତା ଦେଖାଇ ରାଜନୀତିର ସିଂହାସନରେ ଯେନତେନ ପ୍ରକାରେଣ ପତିଆରା ଜମାଇ ଏମାନେ ବସ୍ତୁବାଦ, ଉପଭୋକ୍ତାବାଦ ଓ ବଜାର ସଂସ୍କୃତି ଉପରେ ଦୋଷାରୋପ କରନ୍ତି।

ଆମେ ବି ଓଡ଼ିଆ। ପରଘରେ ସନ୍ଧି କରି ତା' ଗୁମରକୁ ଦାଣ୍ଡଘାଟରେ ଗଡ଼େଇବା ଆମର ପ୍ରକୃତି। ଆମେ ଏମିତି ଦୂରଦୃଷ୍ଟି ରୋଗରେ ପୀଡ଼ିତ ଯେ ଆମର ସହଯାତ୍ରୀର ମଙ୍ଗଳକୁ ନିଘା ରଖି ଅମଙ୍ଗଳ ପାଞ୍ଚିବା ଛଡ଼ା ଆମର ଯେମିତି କିଛି କାମ ନାହିଁ। ଏହି କଙ୍କଡ଼ାରୂପୀ ପ୍ରାଣୀଗୁଡ଼ିଙ୍କୁ କୋକରୂପୀ ଶାସକ ଯାହା ଉପହାର ଦିଏ ତା' ବିରୁଦ୍ଧରେ ସ୍ୱର ଉତ୍ତୋଳନ କରିବା ପାଇଁ ଆମର କ୍ଷମତା କାହିଁ? ସବୁଠାରୁ ମଜାଦାର କଥା ହେଲା ସମାଜରେ ପରିବର୍ତ୍ତନ ଆଣନ୍ତି ସାହିତ୍ୟିକ, ଶିକ୍ଷକ ଓ ଓକିଲ। ଅମଲାତନ୍ତ୍ରୀ ତ ରାଜନୈତିକ ତୁଷ୍ଟୀକରଣ କରି ନିଜକୁ ମୋଟେଇବାରେ ବ୍ୟସ୍ତ। ପୋଲିସ ତ ହତ୍ୟାକାରୀଠାରୁ ବି ଜଘନ୍ୟ।

ସାଂପ୍ରତିକ ସମୟରେ ପୋଲିସର ଭୂମିକା ଗୋଟିଏ ଘାତକ ଓ ବେଶ୍ୟା ସହିତ ତୁଳନୀୟ। ଘାତକ ଏଇଥିପାଇଁ ଯେ ପୋଲିସ ବିରୁଦ୍ଧରେ ସ୍ୱର ଉତ୍ତୋଳନ କଲେ ନିଜ ପୋଷାକ ଓ କ୍ଷମତାର ଦ୍ୱାହି ଦେଇ ସେମାନେ ଆପଣଙ୍କୁ ରାତାରାତି ଶବଟିଏ କରିଦେଇପାରନ୍ତି। ବୃଦ୍ଧ ଓ ଅସହାୟ ପିତାମାତାଙ୍କ କୋଳରୁ ସନ୍ତାନମାନଙ୍କୁ 'ବାବୁଙ୍କ ଡକରା' ନାଁରେ ଡାକିନେଇ ଜମାରୁ ନ ଫେରେଇବା ବା କେବଳ ଶବକୁ ଫେରେଇବା ଏମାନଙ୍କ ସଉକ।

ରାଜନୈତିକ ନେତାମାନଙ୍କୁ ଖୁସି କରେଇବା ଓ ଆଇନକାନୁନକୁ ଏପଟ ସେପଟ କରି ପ୍ରଭୁ ଭକ୍ତିର ନିଦର୍ଶନ ଦେଇ ପଦଲେହନ କରିବା ପୋଲିସର ଜାତିଗତ ସ୍ୱଭାବ ମାତ୍ର ସାଂପ୍ରତିକ ସମୟରେ ରାଜନୈତିକ ନେତାମାନଙ୍କୁ ସୁରକ୍ଷା ଦେବା ଓ ସେମାନଙ୍କଦ୍ୱାରା ପ୍ରତିପାଳିତ ଗୁଣ୍ଡାମାନଙ୍କ ମନୋରଞ୍ଜନ କରିବାଦ୍ୱାରା ପୋଲିସକୁ ବାରାଙ୍ଗନା ସହ ତୁଳନା କରାଯାଇପାରେ।

ଅବଶ୍ୟ ସଚ୍ଚୋଟ ବ୍ୟକ୍ତି ଯେ ପୋଲିସରେ ନାହାନ୍ତି ଏପରି ନୁହେଁ ମାତ୍ର ଅସୁର ସଂଖ୍ୟା ଏତେ ଅଧିକ ଯେ ଏମାନେ ପ୍ରହ୍ଲାଦ ପରି କେବଳ ଭଗବାନଙ୍କୁ ଅବତାରୀ ହେବାପାଇଁ ପ୍ରାର୍ଥନା ହିଁ କରିପାରନ୍ତି।

ଶିକ୍ଷକମାନଙ୍କ କଥା ଛାଡ଼ନ୍ତୁ। ଉଚ୍ଚ ମାଧ୍ୟମିକ ପର୍ଯ୍ୟନ୍ତ ଶିକ୍ଷକମାନେ ଗରିବ ପିଲାଙ୍କ ପେଟପାଟଣାରୁ କାଟି ମଧ୍ୟାହ୍ନଭୋଜନର ଖାଦ୍ୟ ଚପଟ କରିବାରେ ସିଦ୍ଧହସ୍ତ ହୋଇଗଲେଣି। ଉଚ୍ଚ ବିଦ୍ୟାଳୟ ଓ କଲେଜ ଶିକ୍ଷକମାନେ ଟ୍ୟୁସନଜନିତ ମହାମାରୀରେ ଏପରି ପୀଡ଼ିତ ଯେ ନିଦାନ ଖୋଜିବା ଅସମ୍ଭବ। ସତ୍ୟକୁ ଉଜାଗର କରିବା ପାଇଁ ସୃଷ୍ଟ ଓକିଲ ସମାଜ ଏବେ ଅସତ୍ୟ ସାମ୍ରାଜ୍ୟର ସେନାପତି। ସେ ହତ୍ୟାକାରୀ ହେଉ ବା ଧର୍ଷଣକାରୀ, ଏମାନଙ୍କୁ ଆଇନର ଅଜବ ଶୃଙ୍ଖଳରୁ ମୁକ୍ତକରି ସମାଜରେ ପୁଣି ଧ୍ୱଂସର ଲୀଳା ରଚେଇବାରେ ଏମାନେ ବ୍ୟସ୍ତ। ତେଣୁ ସମାଜରେ ପରିବର୍ତ୍ତନ ଆସିବାର ନାହିଁ। ଆଉ କେଉଁ ଅବତାରୀ ପୁରୁଷ ପୁଣି ବୁଲେଟ୍ କି ଲୁହାକଣ୍ଟାର ଭୟରେ ଧରାପୃଷ୍ଠକୁ ଓହ୍ଲେଇବାର ନାହିଁ।

ଏକ ପଚିସଢ଼ି ଯାଇଥିବା ସାମାଜିକ ବ୍ୟବସ୍ଥା ମଧ୍ୟରେ ଆମେ ବଜାରଭିତ୍ତିକ ଅର୍ଥବ୍ୟବସ୍ଥାର ସ୍ୱପ୍ନ ଦେଖୁ। ଗୋଟିଏ କୁଷ୍ଠରୋଗର ପଚ୍ଛ ଘା'ରୁ ପଦ୍ମ ଫୁଟିବା ପରି ଏଠି ଆର୍ଥିକ ବ୍ୟବସ୍ଥା ସ୍ୱତଃ ସୁଧୁରି ଯିବ ବୋଲି ଆଶାପୋଷଣ କରୁ। ସମୟର ଏହି ନିନ୍ଦିତ ଯାତ୍ରା ସହ ତାଳ ଦେଇ ଡାକ୍ତରମାନେ ଜହ୍ଲାଦରେ ପରିଣତ ହୋଇଗଲେଣି। ସେମାନେ ମଣିଷକୁ ଶାରୀରିକ ଯନ୍ତ୍ରଣାରୁ ମୁକ୍ତି ଦେବା ନାଁରେ ଅର୍ଥ ସମୁଦ୍ରରେ ତିମି ପାଳଟି ଗଲେଣି।

ବେଢ଼ି ଉପରେ କୋରଡ଼ା ନ୍ୟାୟରେ ଏବେ ଆମର ପ୍ରିୟ (!) ସରକାର ଘୋଷଣା କରିଛନ୍ତି ଯେ, ସରକାରୀ ଡାକ୍ତରଖାନାରେ ଏଣିକି ଚିକିତ୍ସା ପାଇଁ ଦର ଆଦାୟ କରାଯିବ। ଗରିବମାନଙ୍କଦ୍ୱାରା ନିର୍ବାଚିତ ସରକାର ନିଜର ଆର୍ଥିକ ଅବସ୍ଥା ସୁଧାରିବା ପାଇଁ ଓ ମିଛ ବାହାନାରେ ବିଦେଶୀ ଗସ୍ତର ପାଉଣା ଭରିବା ପାଇଁ ଏପରି ବ୍ୟବସ୍ଥାଟିଏ କରାଯାଇଛି। ଏହାର କିଛିଦିନ ପୂର୍ବରୁ ସରକାର ଡାକ୍ତରମାନଙ୍କର ଘରୋଇ ଚିକିତ୍ସା ବନ୍ଦ କରି ଦେଇଥିଲେ। ତେଣୁ ଅନେକ ବ୍ୟକ୍ତି ଏପରି ଜନପ୍ରିୟ ଘୋଷଣାରେ ଆଶ୍ଚର୍ଯ୍ୟ

ହୋଇଥିଲେ। ହେଲେ ଏବେର ଘୋଷଣାଦ୍ୱାରା ପ୍ରକୃତ କାରଣଟି ଜଣାପଡ଼ିଲା। ଯେପରି କଳାଟଙ୍କା ରୋଜଗାର କରିବା ମନା ନୁହେଁ ମାତ୍ର ଏହାର ଶତକଡ଼ା ତିରିଶଭାଗ ଦେଇଦେଲେ ବାକି ସତୁରୀ ଭାଗ ଧଳା ହୋଇଯାଏ; ସେହି ନ୍ୟାୟରେ ଏପରି ସ୍ୱାସ୍ଥ୍ୟ ଖଜଣା ଆଦାୟ। ତୁମେ ଫେରିନାରୀ, ଧପ୍ପାବାଜି କରି କଳାଟଙ୍କା ରୋଜଗାର କର ଓ ସରକାରଙ୍କୁ ତାଙ୍କ ଭାଗ ଦେଇଦେଲେ ତୁମେ ସୁନାପୁଅ। ସେମିତି ଡାକ୍ତରମାନେ ଘରୋଇ ଚିକିତ୍ସାରେ ନେଉଥିବା ପଇସା ଏବେ ସରକାରୀ ଜାଗାରେ ବସି ଆଦାୟ କରିବେ।

ସରକାରୀ ହାସପାତାଳରେ ମାଗଣା ମିଳେ କେବଳ ଭଙ୍ଗାଖଟିଆ ଓ ବଦ୍‌ରାଗୀ ଡାକ୍ତରର ଲମ୍ବା ପ୍ରେସ୍‌କ୍ରିପ୍‌ସନ। ଔଷଧ କିଣେ କିଏ, ଖାଏ କିଏ ଓ ସରକାରୀ ତହବିଲରୁ କେତେ ଖର୍ଚ୍ଚ ହୁଏ ଆମକୁ ଜଣାନାହିଁ। ତେଣୁ ଆମକୁ ହାତରୁ ଖର୍ଚ୍ଚ କରି ଚିକିତ୍ସିତ ହେବାକୁ ପଡ଼େ। ଏଣିକି ନୋଟ ଦେଖିଲେ ଡାକ୍ତର ପ୍ରେସ୍‌କ୍ରିପ୍‌ସନ ଲେଖିବ। ଏକଥା ଜଣାଶୁଣା; ଯାହାର ସାମର୍ଥ୍ୟ ଅଛି ଯେ ଘରୋଇ ଚକିତ୍ସା କରିବ। ଯେତେକ ଗରିବ ଗୁରୁବା, ନିମ୍ନ ମଧ୍ୟବିତ୍ତ ସେମାନେ ଜୀଇଁବାର ଲୋଭରେ ସରକାରୀ ହାସ୍‌ପାତାଲ ଯାଉଥିଲେ ସେମାନେ ଏବେ ଯିବେ କୁଆଡ଼େ ?

ଆମେ ଆମର ବଜାର ବୁଦ୍ଧି ପ୍ରୟୋଗ କରି ଏକ ଉପଦେଶ ଦେଉଛୁ, ଯଦି ରକ୍ତରେ ପ୍ରତିବାଦ କରିବା ଓ ନିଜର ଅଧିକାର ପାଇଁ ଲଢ଼େଇ କରିବାକୁ ସାହସ ନାହିଁ, ତେବେ ତୁମେ ଡାକ୍ତର ହାକିମ ହୁକୁମା ଜାଗାରେ ଗାଁ ମଶାଣିକୁ ଯାଅ। ସେଠି ଥିବା ଭୂତ ପ୍ରେତମାନଙ୍କଠାରୁ ଏମାନେ ଆହୁରି ଭୟଙ୍କର। ଆମର ଶେଷ ଆଶ୍ରୟ ସେହି ଗାଁ ମଶାଣି ନୁହେଁ କି ?

■

ଅନ୍ଧଙ୍କ ଦର୍ପଣବିକା ଅଭିଯାନ

ଏମିତି କାହାଣୀଟିଏ ବୋଧହୁଏ ଆପଣ ଆଗରୁ ଶୁଣିଥିବେ। ଗୋଟିଏ ଦେଶ ଥିଲା। ଥରେ ବାପପୁଅ ସେ ଦେଶକୁ ବୁଲିଗଲେ। ବୁଲିଯାଇଥିଲେ ଛୁଟିରେ ନୁହେଁ ବେପାରରେ। ବେପାରଟି ବି ଥିଲା ନିଆରା। ଦୁହେଁ ସାରାଜୀବନ ପାଦରେ ଚାଲି ଚାଲି ଦର୍ପଣ ବିକୁଥିଲେ। ଆଇନା ସବୁ କିଣୁଥିବା ଲୋକମାନେ ବାହାଘରରେ, ମରଣ ଶୋଭାଯାତ୍ରାରେ ଓ ଦୈନନ୍ଦିନ ଖିଅର ହେଲାବେଳେ ଏହାକୁ ବ୍ୟବହାର କରୁଥିଲେ। ତେଣୁ ଆଇନା କିଣିବା ପଛରେ ଗୋଟିଏ ଆନନ୍ଦ ଓ ଭୟର ଚିତ୍ର ରହୁଥିଲା। ବାହାଘରରେ ସୁନାନାକି କନିଆଁ ତା' ଚେହେରା ଦେଖୁଥିଲା, ବରଯାତ୍ରୀ ବାହାରିବା ବେଳେ ବରଟି ବି ନିଜର ଯୁବକ ସୁଲଭ ଗାମ୍ଭୀର୍ଯ୍ୟକୁ ଆଇନାରେ ଦେଖି ନେଉଥିଲା। ମଲାବେଳେ ମୃତକକୁ ଆଇନାଟିଏ ଉପହାର ଦିଆଯାଉଥିଲା ଏବଂ କ୍ଷୌର ହେଲାବେଳେ ବେକ, ମୁହଁ ଓ ନିଶ କଟି ଯିବାର ଭୟରେ ଲୋକେ ଆଇନା ଦେଖୁଥିଲେ।

ଅଥଚ ବାପ ପୁଅ ଯେଉଁ ଦେଶରେ ଏବେ ପହଞ୍ଚିଲେ ସେଠି ସବୁଲୋକ ଅନ୍ଧ ଥିଲେ। ତେଣୁ ନା ସେମାନଙ୍କୁ ସୌନ୍ଦର୍ଯ୍ୟବୋଧ ଆମୋଦିତ କରୁଥିଲା ନା କ୍ଷୁରର ଭୟ ଶଙ୍କା ପ୍ରଦାନ କରୁଥିଲା। ଏପରି ପରିସ୍ଥିତିରେ ସୌଦାଗର ଓ ତା'ର ପୁଅ କିପରି ଅନ୍ଧ ଦେଶରେ ଆଇନା ବିକିଥିବେ ଆପଣମାନେ ଅନୁଭବ କରିଥିବେ। ଅଥଚ ଆମେ ଯେଉଁ କାହାଣୀଟି ବିଷୟରେ ଆପଣଙ୍କୁ କହୁଛୁ ସେଥିରେ କିଛି ବିପରୀତ ଘଟିଥିଲା।

ଥରେ ଜଣେ ଅନ୍ଧଙ୍କୁ ରାଜ୍ୟର ରାଜା କରିଦିଆଗଲା। ରାଜା ହେବାପରେ ସେ ତାଙ୍କର ପାତ୍ରମିତ୍ର ଏପରି କି ମିତ୍ରର ମୁଖା ମଧ୍ୟରେ ଥିବା ଶତ୍ରୁମାନଙ୍କୁ ମଧ୍ୟ ଅନ୍ଧ କରିଦେଲେ। ଏହି ଅନ୍ଧମାନେ ଥରେ ନୁହେଁ ତିନିଥର ଦର୍ପଣ ବିକିବା ପାଇଁ ବାହାରିଲେ। ଅନ୍ଧଙ୍କର ଦର୍ପଣ ବିକା ଅଭିଯାନଟି କେତେ ଫଳପ୍ରଦ ହୋଇଥିବ ଓ ଗ୍ରାହକମାନଙ୍କୁ ସେମାନେ କ'ଣ ସବୁ କହି ଦର୍ପଣମାନ ବିକ୍ରୀ କରିଥିବେ ସେକଥା ଆମ ଶାସକ ଓ ତାଙ୍କ ପରିଷଦମାନଙ୍କ ବିଦେଶ ଗସ୍ତରୁ ବୁଝିପାରିବା।

ଏବେ ଭାରତୀୟ ଜନଜୀବନରେ କେତେକ ନୂତନ ଶବ୍ଦର ଆବାହନ ହୋଇଛି। ସ୍କୁଲରେ ଛାତ୍ରମାନେ ମହାତ୍ମାଗାନ୍ଧୀଙ୍କ ବାପାଙ୍କ ନାଁ ହୁଏତ ମନେ ରଖୁନାହାନ୍ତି ମାତ୍ର ପି.ଭି. ନରସିଂହ ରାଓ, ସୁଖରାମ, ଲାଲୁ ଯାଦବ ଇତ୍ୟାଦିଙ୍କ ଇତିହାସ ତାଙ୍କର ମୁଖସ୍ଥ। ଯଦି ଜଣଙ୍କୁ ସାଧାରଣରେ ବ୍ୟବହୃତ କିଛି ଶବ୍ଦ କହିବା ପାଇଁ ଅନୁରୋଧ କରାଯାଏ ତେବେ ସ୍କାମ, ଦୁର୍ନୀତି, ବିଦେଶୀ ପୁଞ୍ଜି ଇତ୍ୟାଦି ଆଗଧାଡ଼ିରେ ବହୁ ପ୍ରଚଳିତ ଶବ୍ଦପୁଞ୍ଜି।

ଗାଁ ଗହଳିରେ କିଏ ସେଣାରେ କେତେ ପାଣି ଉଠେଇଲା, କିଏ ଗଛର କେତେ ଉଚ୍ଚତାକୁ ଚଢ଼ିପାରିଲା ତାହା ସଫଳତାର ମାପକାଠି ହୋଇଥିଲାବେଳେ ସରକାରରେ କିଏ କେତେ ବିଦେଶୀ ପୁଞ୍ଜି ଯୋଗାଡ଼ କରିପାରିଲା ଏବେ ଏକ ବାହାଦୁରୀର ବିଷୟ। ବିଦେଶୀ ପୁଞ୍ଜି ଲଗାଣ ବିଷୟରେ ନେତାମାନେ ବାହାସ୍ଫୋଟ ମାରିଲାବେଳେ ଲାଗିବ ଯେମିତି ବିଦେଶ ବଜାରରେ ଏହି ପୁଞ୍ଜି ପୋକମାଛି ପରି ସଢୁଛନ୍ତି କିମ୍ବା ପାଷାଣୀ ଅହଲ୍ୟା ପରି କେଉଁ ନଈକୂଳରେ ନୀରବ ଅଶ୍ରୁପାତ କରୁଛନ୍ତି, ଆଉ ଆମ ରାମଚନ୍ଦ୍ର (ନାରାୟଣ) ରୂପୀ ଶାସକମାନେ ସେମାନଙ୍କୁ ଉଦ୍ଧାର କରି ଭାରତ ମାଟିରେ ନିଜର ଜୟବାନା ଉଡ଼ଉଛନ୍ତି। ପୁଅକୁ ମା' ଖୁଆଇଲା ନ୍ୟାୟରେ ଆମେ ଚାତକ ପରି ଚାହିଁ ବସିଛୁ, ବିଦେଶୀ ପୁଞ୍ଜି ଲଗାଣ ହେଲେ ହିଁ ଆମ ଚାଳ ଛପର ହେବ, ଅଗଣାରେ ଗୋବର ଲିପା ହେବ ଆଉ ହାଣ୍ଡିକୁ ଚାଉଳ ଯିବ। ଭୁଲିଯାଉଛୁ ଆମର ନ୍ୟାର୍ଯ୍ୟ ଅଧିକାର ଓ ଦାବି ତଥା ଯୋଜନା ବାବଦ ଖର୍ଚ୍ଚର ବାଟମାରଣା–ଭୁଲିଯିବା ଆମମାନଙ୍କର ଏପରି ଏକ ପ୍ରବୃତ୍ତି; ଯାହା ଏକ ଜାତିର ଦୁର୍ଭାଗ୍ୟକୁ ନିମନ୍ତ୍ରଣ କରି ସାରିଲାଣି।

ଅସଲ କଥାଟି ହେଉଛି ଭୂଆଁ ବୁଲେଇବା କାର୍ଯ୍ୟଟି କିପରି ସୂଚାରୁ ରୂପରେ ସମ୍ପାଦିତ ହେଉଛି ଆମ ରାଜ୍ୟ କଥାରୁ ଦେଖାଯାଉ। ପ୍ରଥମେ ସରକାରୀ କଳ ଖରାଛୁଟି କାଟିବା ପାଇଁ ଗଲେ ଇସ୍ରାଏଲ। ସେଠାରେ ଶୁଷ୍କ ପାଣିପାଗ ଓ ଅଳ୍ପ ଜଳ ଆବଣ୍ଟନଦ୍ୱାରା କୃଷି ଶିଳ୍ପର ଅନେକ ଉନ୍ନତି ସାଧିତ ହୋଇଛି। ସେମାନଙ୍କ ପାଇଁ କୃଷି ଏକ ଶିଳ୍ପରେ ପରିଣତ ହୋଇଛି କାରଣ ସ୍ୱୟଂକ୍ରିୟତା (Automation) ଏତେ ଅଧିକ ଯେ, ଗୋଟିଏ ସାଧାରଣ ଗରିବ ଚାଷୀର ଜମି ମାଲିକାନା ହେଉଛି ମାତ୍ର ତିନିଶହ ଏକର। ଆମେ

ସେମାନଙ୍କ ବିଦ୍ୟା ବୁଦ୍ଧିକୁ ଓଡ଼ିଶାର କୃଷି ଅନୁନ୍ନତ ଅଞ୍ଚଳ ଯଥା କଳାହାଣ୍ଡି, କୋରାପୁଟରେ ପ୍ରୟୋଗ କରିବା ପାଇଁ ଚାହିଁଲୁ ଯେଉଁଠି ସାଧାରଣ କୃଷକର ଆର୍ଥିକ ସ୍ଥିତିର ଇସ୍ତାହାର ଅନାହାର ଜନିତ ମୃତ୍ୟୁ ଓ ପିଲାବିକ୍ରୀର ଖବରରୁ ଅନୁମେୟ। ବହୁ ଆଡ଼ମ୍ବରରେ ଘୋଷିତ କୃଷିନୀତି କିନ୍ତୁ ଏହି ଇସ୍ରାଏଲ ଗସ୍ତର ଫଳାଫଳକୁ ମାଟିଆଳୁ ପରି ମାଟିତଳେ ହିଁ ରଖିଦେଲା।

ସମଗ୍ର ବିଶ୍ୱରେ ଏବେ ଯେଉଁ ଦେଶଗୁଡ଼ିକ ଏସିଆର ବାଘ (Asian Tigers) ଭାବରେ ପରିଚିତ ହୋଇଛନ୍ତି ସେମାନଙ୍କ ମଧ୍ୟରେ ସିଙ୍ଗାପୁର, ମାଲେସିଆ, କୋରିଆ, ଚୀନ ତାଇପେଇ ଇତ୍ୟାଦି ଅନ୍ତର୍ଭୁକ୍ତ। ତେଣୁ ସେମାନେ ଏସୀୟ ଦେଶ ହୋଇଥିବାରୁ ସେମାନଙ୍କର ସଫଳ ଅର୍ଥନୀତିର ପ୍ରୟୋଗ ଅନ୍ୟଦେଶମାନଙ୍କ ପାଇଁ ଉଦାହରଣ। ସ୍ୱାଭାବିକଭାବେ ଭାରତୀୟ ରାଜନେତାମାନେ ଏସୀୟ ବାଘମାନଙ୍କର ରଣକୌଶଳ ଶିଖିବା ପାଇଁ ଆଗ୍ରହୀ ହେବେ। କିନ୍ତୁ ସେମାନଙ୍କର ଅର୍ଥନୀତିର ପ୍ରଚ୍ଛଦ (Back drop) ଭିନ୍ନ ଧରଣର। ବିକାଶ ଓ ଉନ୍ନତି ପାଇଁ ବହିର୍ବାଣିଜ୍ୟ ଓ ମୂଲ୍ୟଯୋଗକାରୀ ଉତ୍ପାଦ (Value Adding Product) ଉପରେ ସେମାନେ ଅଧିକ ଧ୍ୟାନ ଦେଇଛନ୍ତି। ଜନ ସଂଖ୍ୟାର ସ୍ୱଳ୍ପତା ସଂଖ୍ୟା ଓ କାର୍ଯ୍ୟକ୍ଷମ ଯୋଜନା ହେତୁ ସେମାନଙ୍କର ଅର୍ଥନୀତି ସୁଦୃଢ଼ ହୋଇପାରିଛି। ଭାରତ ପରି ଦେଶରେ ଏହି ସୁବିଧା ଓ ମୂଳ ପ୍ରତିଯୋଗୀକ (Core Competency)ର ଘୋର ଅଭାବ ରହିଛି।

ଫଳସ୍ୱରୂପ ଆମ ଶାସକଙ୍କର ଅନେକ ବିଦେଶ ଗସ୍ତ ମଧ୍ୟ ବିଫଳ ହୋଇଛି। ଯେତିକି ଆଡ଼ମ୍ବରପୂର୍ଣ୍ଣ ଯାତ୍ରା ଓ ସଫଳତାର ଘୋଷଣା କରାଯାଇଥିଲା ତାହା ଏବେ ପୁରୁଣା ଖବରକାଗଜମାନଙ୍କ ପିଠିରେ ଶୋଇଛନ୍ତି। ଅନେକ ବିଦେଶଗସ୍ତ ହୋଇଛି ପ୍ରାଚୂର୍ଯ୍ୟର ସଭ୍ୟତା ଆମେରିକାକୁ। ମାତ୍ର ଅନ୍ଧ ଶାସକମାନେ ଏପରି ଗସ୍ତ କରିବା ପୂର୍ବରୁ ନିଜର ଅସାମର୍ଥ୍ୟ ବିଷୟରେ କିପରି ଭୁଲିଯାଆନ୍ତି ତାହା ଆଶ୍ଚର୍ଯ୍ୟର ବିଷୟ।

କୌଣସି ଶିଳ୍ପପତି ବା ପୁଞ୍ଜିଲଗାଣକାରୀ ପୁଞ୍ଜିବିନିଯୋଗ କରିବା ପୂର୍ବରୁ ଆବଶ୍ୟକ ଭିତ୍ତିଭୂମିର ସୁବିଧା ଅଛି କି ନାହିଁ ଦେଖିବାକୁ ଚାହେଁ। ଭାରତ ତଥା ଓଡ଼ିଶାରେ ଏକ ରକ୍ଷଣଶୀଳ, କୃଷିଭିତ୍ତିକ ତଥା ଦୁର୍ନୀତିଯୁକ୍ତ ଅମଲାତନ୍ତ୍ର ଭିତରେ ବ୍ୟବସାୟ ଓ ପୁଞ୍ଜି ଲଗାଣ ବିଷୟରେ ସମସ୍ତେ ଊଣା ଅଧିକେ ସନ୍ଦିହାନ। ଯେଉଁ ଭିତ୍ତିଭୂମିର କଥା କୁହାଯାଉଛି ସେକଥା ଆଲୋଚନା ନ କଲେ ଭଲ। ଏକବିଂଶ ଶତାବ୍ଦୀର ପ୍ରାରମ୍ଭରେ ଓଡ଼ିଶାରେ ଚାହିଦାଠାରୁ ଶତକଡ଼ା ଚାଳିଶଭାଗ କମ୍ ବିଦ୍ୟୁତ୍ ଶକ୍ତି ଉତ୍ପାଦନ ହେବା, କୁଶଳୀ କର୍ମଜୀବୀଙ୍କର ଅଭାବ ଓ ଗମନା ଗମନ ଓ ବନ୍ଦରର ଅଭାବ ଥିବାରୁ କୌଣସି ବିଦେଶୀ ଶିଳ୍ପପତି ଓଡ଼ିଶାରେ ପୁଞ୍ଜିଲଗାଣ ପାଇଁ ଆଗ୍ରହ ପ୍ରକାଶ କରୁନାହାନ୍ତି। ଯେଉଁ

କେତୋଟି କମ୍ପାନୀ ଆସିଛନ୍ତି ସେମାନଙ୍କ ଜୀବନ ଯାଇ ନାକାଗ୍ରରେ। ଭୁବନେଶ୍ୱରକୁ କମ୍ପ୍ୟୁଟର ସଫ୍‌ଟୱେୟାର କ୍ଷେତ୍ରରେ ପ୍ରତିଷ୍ଠା ପାଇଁ ଯେଉଁ ଉଦ୍ୟମ ତାହା କେବଳ ଘୋଷଣାନାମାରେ ସୀମିତ। ତେଣୁ ଫ୍ୟାକ୍ସ ମେସିନ୍‌ରେ ଆସିଥିବା ଆମେରିକା ଗସ୍ତର ସଫଳତାର ଇସ୍ତାହାର କେବଳ ଧର୍ମକୁ ଆଖିଠାର।

ଅନ୍ଧମାନେ ନିଜର ଅକ୍ଷମତା ନ ଜାଣି ଦର୍ପଣ ବିକିଲା ପରି ଆମ ସରକାରୀ କଳ ବିଦେଶ ଗସ୍ତ କରି ନିଜର ପର୍ଯ୍ୟଟନ ଓ କିଣାକିଣି ସିନା କରିପାରିବେ ମାତ୍ର ନିଜ ଗୋଦରାଗୋଡ଼ ନ ଦେଖି ଅଣ୍ଟାଭାଙ୍ଗି ଚାଲିବା ନ୍ୟାୟରେ ପୁଞ୍ଜିଯୋଗାଡ଼ର ବାହାଦୁରୀ ନେବା କେବଳ ପ୍ରବଞ୍ଚନା କହିଲେ ଅତ୍ୟୁକ୍ତି ହେବନାହିଁ।

■

ଶୋଷଣର ଅନେକବର୍ଷ - ୧

ଏବେ ଭାରତବର୍ଷ ସ୍ୱାଧୀନତାର ପଞ୍ଚସ୍ତରୀବର୍ଷ ପାଳନ କରିବାକୁ ଯାଉଛି । ସ୍ୱେଚ୍ଛାଚାରୀ ବ୍ରିଟିଶ ଉପନିବେଶବାଦ କବଳରୁ ମୁକ୍ତ ହୋଇ ଭାରତର ଜନସାଧାରଣ ଯେଉଁ ଗଣତନ୍ତ୍ରର ସ୍ରୋତରେ ବହିଯାଇଛନ୍ତି ପଛକୁ ଚାହିଁ ତାହାର ପୁନଃ ମୂଲ୍ୟାୟନ କରିବାରେ ଆବଶ୍ୟକତା ରହିଛି । ଯେଉଁମାନେ ପହଁରା ବିଦ୍ୟାରେ ପାରଙ୍ଗମ ସେମାନେ ନିଶ୍ଚୟ ଜାଣିପାରୁଥିବେ ଯେ ନଦୀ କିମ୍ବା ସମୁଦ୍ରରେ ପହଁରିଲାବେଳେ କେବଳ ଶାରୀରିକ ଶକ୍ତିର ବ୍ୟବହାରଦ୍ୱାରା କେତେବାଟ ଆଗେଇ ହେବ, ତାହା ପହଁରାଳିର ସଫଳତାର ମାପକାଠି ନୁହେଁ ମାତ୍ର ଅଳ୍ପ ବାଧାକଷ୍ଟରେ କେମିତି ସିଆର କାଟି ଆଗକୁ ଆଗେଇ ହେବ, ଗଣ୍ଡ ଓ ଭଉଁରୀରେ କିପରି ନ ପଡ଼ିବ ସେକଥା ମଧ୍ୟ ଚିନ୍ତା କରିବା ଉଚିତ ।

ଏତେ ବର୍ଷର ସ୍ୱାଧୀନତା ପରେ ଆମ ଓଡ଼ିଶାର ଅନେକ କିଛି ଲାଭ ହୋଇଛି ବୋଲି ଅନେକ ଲୋକଙ୍କର ଭ୍ରାନ୍ତ ଧାରଣା ରହିଛି । ସାମାଜିକ, ମାନସିକ ଓ ସାଂସ୍କୃତିକ କ୍ଷେତ୍ରରେ ଅନଗ୍ରସର ରହିବା ତ ଏ ଜାତିର ଭାଗ୍ୟ । ଅଥଚ ଯେଉଁ ଆର୍ଥିକ ନିପୀଡ଼ନ ଓ ଶୋଷଣରୁ ମୁକ୍ତି ପାଇବା ପାଇଁ ଆମେମାନେ ସ୍ୱାଧୀନତା ଆନ୍ଦୋଳନରେ ଭାଗ ନେଇଥିଲୁ ଏ ପର୍ଯ୍ୟନ୍ତ ସେଥିରୁ ମୁକ୍ତି ପାଇଲୁଣି ତ ? ଯେଉଁ ଦଳ ଭାରତର ସ୍ୱାଧୀନତା ଆନ୍ଦୋଳନରେ ସକ୍ରିୟ ଅଂଶଗ୍ରହଣ କରିଥିଲା ତାହା ଏ ଦେଶକୁ ସର୍ବାଧିକ ସମୟ ଶାସନ କରିଛି ମାତ୍ର ଶୋଷଣର ଇତିହାସକୁ ତର୍ଜମା କଲେ ଅନୁଭବ କରିହେବ ଯେ ବ୍ରିଟିଶ

ଉପନିବେଶବାଦ ବେଳେ ଯେତେ ମାତ୍ରାରେ ଓଡ଼ିଶା ଆର୍ଥିକ ଦୃଷ୍ଟିକୋଣରୁ କ୍ଷତିଗ୍ରସ୍ତ ହୋଇନଥିଲା ବିଗତ ପଞ୍ଚସ୍ତରୀବର୍ଷର ଶାସନରେ ତା'ଠାରୁ ଅଧିକ ଥର ଲୁଣ୍ଠିତ ଓ ଶୋଷିତ ହୋଇଛି। ଏଥିପାଇଁ ଆମର ଅନ୍ଧ ଶାସକମାନେ ଯେତିକି ମାତ୍ରାରେ ଦାୟୀ ତା'ଠାରୁ ଅଧିକମାତ୍ରାରେ ଏକ ଉତ୍ତେଜନାହୀନ ଜାତିର ଦାୟାଦ ହିସାବରେ ଆମେମାନେ ଦାୟୀ। ବାରମ୍ବାର ବାହାଦୁରୀ ନେବାର ଚେଷ୍ଟା କରାଯାଉଛି ଯେ, ଓଡ଼ିଶା ଭବିଷ୍ୟତରେ ସମଗ୍ର ଭାରତବର୍ଷରେ ଏକ ଆଦର୍ଶ ରାଜ୍ୟ (Model State) ହିସାବରେ ପରିଗଣିତ ହେବ।

ଏହାର ପ୍ରଚୁର ମାଟିତଳ ସମ୍ପତ୍ତି, ଉପଯୁକ୍ତ ସମୁଦ୍ରକୂଳ ଏବଂ ଆନୁସଙ୍ଗିକ କଞ୍ଚାମାଲର ସୁବିଧା ରହିଥିବାରୁ ଶିଳ୍ପ ଓ ବାଣିଜ୍ୟ କ୍ଷେତ୍ରରେ ଦ୍ରୁତ ଉନ୍ନୟନ ହେବ। ମାତ୍ର ଏ ସବୁ ସୁବିଧା ତ ଓଡ଼ିଶାରେ ଆରମ୍ଭରୁ ଥିଲା। ଆଶ୍ଚର୍ଯ୍ୟର କଥା, ପଚାଶ ବର୍ଷ ତଳେ ବର୍ତ୍ତମାନଠାରୁ ଅଧିକ ପରିମାଣରେ ପ୍ରାକୃତିକ ସମ୍ପତ୍ତି ରହିଥିଲେ ମଧ୍ୟ ଆମର ଉନ୍ନତି ହୋଇପାରିନାହିଁ। ତେଣୁ ଏହା ପଛରେ ଥିବା କାରଣଗୁଡ଼ିକୁ ଟିକିନିଖି କରି ଦେଖିବା ବାଞ୍ଛନୀୟ। ଅନଗ୍ରସର ରାଜ୍ୟ ଭାବରେ ଓଡ଼ିଶା, ବିହାର ଓ ମଧ୍ୟପ୍ରଦେଶକୁ ଗଣାଯାଉଛି; ଅଥଚ ଖଣିଜ ପଦାର୍ଥର ସର୍ବାଧିକ ଭଣ୍ଡାର ଏହି ତିନୋଟି ରାଜ୍ୟରେ ରହିଛି। ଆମମାନଙ୍କୁ କିପରି ଆର୍ଥିକ ଶୋଷଣ କରାଯାଉଛି ତାହା ଭାରତର ବ୍ୟବସାୟିକ ମାନଚିତ୍ରକୁ ଦେଖିଲେ ଜଣାପଡ଼େ। ଆଶ୍ଚର୍ଯ୍ୟର କଥା ଯେ, ଖଣିଜ ପଦାର୍ଥର ବହୁଳତା ଥିବା ପୂର୍ବ ଉପକୂଳରେ ବନ୍ଦର ଶିଳ୍ପର ବିକାଶ ହୋଇନାହିଁ। ସର୍ବାଧିକ ବନ୍ଦର ସୁବିଧା ଭାରତର ପଶ୍ଚିମ ଉପକୂଳରେ ମିଳେ। ଯଦିଓ ମହାରାଷ୍ଟ୍ର, ରାଜସ୍ଥାନ ଓ ଗୁଜରାଟ ଇତ୍ୟାଦି ରାଜ୍ୟମାନଙ୍କରେ ଖଣିଜପଦାର୍ଥର ବହୁଳତା ନାହିଁ ତଥାପି ଏଠାରେ ଭାରତର ମୁଖ୍ୟ ବାଣିଜ୍ୟିକ ପେଣ୍ଠ ଅବସ୍ଥିତ।

ଏପରି ହେବାର କାରଣ ହେଉଛି ରାଜନୈତିକ ଦୁରାଭିସନ୍ଧି। ପ୍ରାକ୍ ସ୍ୱାଧୀନତା କାଳରେ କେନ୍ଦ୍ରରେ ଏହିସବୁ ଅଞ୍ଚଳର ନେତୃବୃନ୍ଦ ଶାସନ କ୍ଷମତାରେ ରହିଲେ; ତେଣୁ ଯୋଜନା ଓ ବିକାଶର ଧାରାକୁ ନିଜ ଇଚ୍ଛା ମୁତାବକ ଏହି ରାଜ୍ୟମାନଙ୍କରେ ବ୍ୟବହାର କରି ସେମାନେ ପ୍ରଚୁର ଅର୍ଥନୈତିକ ଉନ୍ନତି କରିପାରିଲେ। ଖଣିଜପଦାର୍ଥ ପରିପୂର୍ଣ୍ଣ ଅଞ୍ଚଳରୁ କେବଳ ଏହି କଞ୍ଚାମାଲକୁ ମାଟିତଳୁ ବାହାର କରାଯାଇ ଧୁଆଧୋଇ କରି ପଶ୍ଚିମ ଉପକୂଳକୁ ପଠେଇ ଦିଆଗଲା। ପଶ୍ଚିମ ଉପକୂଳରେ ଶିଳ୍ପ ଅନୁଷ୍ଠାନମାନେ ଏଥିରେ ମୂଲ୍ୟ ଯୋଗ (Value Addition) କରି ବିଦେଶୀ ଓ ଦେଶୀ ବଜାରରେ ବିକ୍ରୟ କଲେ। ଫଳସ୍ୱରୂପ ଏହି ରାଜ୍ୟମାନଙ୍କର ଅର୍ଥନୈତିକ ପ୍ରଗତି ଆକାଶଛୁଆଁ ହେଲା ବେଳେ ଆମେ ଯେଉଁ ପଖାଳଖିଆକୁ ସେହି ପଖାଳଖିଆ।

ଏକ ଯୋଜନାଭିତ୍ତିକ ଅର୍ଥନୀତି ପ୍ରଚଳନ ହେବାରୁ ଓ ସଂଘୀୟ ବ୍ୟବସ୍ଥାରେ କେନ୍ଦ୍ରସରକାର ଚାଳକ (Driver) ଆସନରେ ରହିବାରୁ ରାଜ୍ୟମାନଙ୍କର ଅର୍ଥନୈତିକ ସ୍ୱାତନ୍ତ୍ର୍ୟ ରହିଲା ନାହିଁ। ଓଡ଼ିଶା ପରି ରାଜ୍ୟର ଖଣିଜ ଉତ୍ପାଦ ଓ ପ୍ରାକୃତିକ ସମ୍ପଦର ମାଲିକାନା କେନ୍ଦ୍ର ସରକାରଙ୍କ ହାତରେ ରହିଲା। ତେଣୁ ଏଥିରୁ ହେଉଥିବା ଲାଭ କେନ୍ଦ୍ରୀୟ କୋଷାଗାରକୁ ଗଲା। ଯୋଜନା ଜନିତ ଖର୍ଚ୍ଚର ଆବଣ୍ଟନ ସମୟରେ ଅନ୍ୟାନ୍ୟ ରାଜ୍ୟ ବିଶେଷକରି ପଶ୍ଚିମାଞ୍ଚଳର ନେତୃବୃନ୍ଦ ନିଜଆଡକୁ ଅଧିକ ଅର୍ଥ ନେଇପାରିଲେ ଓ ଓଡ଼ିଶା ପରି ରାଜ୍ୟମାନେ ନିଜର ଭୌଗୋଳିକ, ରାଜନୈତିକ ଓ ମାନସିକ ନ୍ୟୁନତା ହେତୁ ହାତପତାଇ ଯେତିକି ମିଳିଲା ସେତିକିରେ ସନ୍ତୁଷ୍ଟ ରହିଲେ। ଏକ ଆକଳନରୁ ଜଣାପଡ଼ିଛି ଯେ, କେନ୍ଦ୍ରସରକାର ବିଗତ ବର୍ଷମାନଙ୍କରେ ରାଜ୍ୟରୁ ଟଙ୍କାଟିଏ ନେଇଥିଲା ବେଳେ, ଦେଇଛନ୍ତି ମାତ୍ର ସତର ପଇସା, ବାକି ତେୟାଅଶୀ ପଇସା ବାଣ୍ଟି ନେଇଛନ୍ତି ପ୍ରଭାବଶାଳୀ ରାଜ୍ୟମାନେ। ଅନେକ ବର୍ଷ ଏହିପରି ଭାବରେ ଶୋଷିତ ହୋଇ ଆମର ମେରୁଦଣ୍ଡ ଭାଙ୍ଗିପଡ଼ିଲା।

ଯେଉଁ କେତେକ ଶିଳ୍ପସଂସ୍ଥା ଏହି ସମୟ ମଧ୍ୟରେ ଓଡ଼ିଶାରେ ଗଢ଼ି ଉଠିଥିଲା ସେମାନଙ୍କ ମଧ୍ୟରୁ ଅଧିକାଂଶ ସରକାରୀ ଉଦ୍ୟୋଗରେ ଥିଲା। ସରକାରୀ ଉଦ୍ୟୋଗରେ ପ୍ରତିଷ୍ଠିତ ଶିଳ୍ପ ସଂସ୍ଥାମାନେ ରାଜନୈତିକ ନେତାମାନଙ୍କର ହାତବାରିସି ହୋଇଗଲେ। ଅନ୍ୟାୟପୂର୍ଣ୍ଣ ଭାବରେ ଚାକିରି ଦେଇ ଓ ମୂଲ୍ୟଯୁକ୍ତ ଉତ୍ପାଦନ ପ୍ରତି ଧ୍ୟାନ ନ ଦେଇ ଏମାନେ କେବଳ ଯୋଜନା ପାଇଁ ସ୍ଥିରୀକୃତ ଅର୍ଥରେ ନିଜର ଭାଗ ବସେଇଲେ। ତେଣୁ ଉନ୍ନୟନ ପ୍ରକ୍ରିୟା ମନ୍ଥର ହୋଇଗଲା। ଯେଉଁ ନିଜ ଉଦ୍ୟୋଗଗୁଡ଼ିକ ପ୍ରତିଷ୍ଠିତ ହୋଇଥିଲେ ସେମାନେ ସରକାରଙ୍କ ଲାଇସେନସ୍‌ରାଜର ଶିକାର ହୋଇ ରୁଗ୍ଣ ହୋଇଗଲେ। ଏହାଛଡ଼ା ଦୁର୍ବଳ ଓ ଧୀର ଅର୍ଥନୈତିକ ପ୍ରକ୍ରିୟା ହେତୁ ଶକ୍ତି, ଗମନାଗମନ ଓ ଅନ୍ୟାନ୍ୟ ଭିତ୍ତିଭୂମି କ୍ଷେତ୍ରରେ ଅସୁବିଧା ଦେଖାଦେଲା। ଫଳସ୍ୱରୂପ ଶିଳ୍ପପ୍ରତିଷ୍ଠା ପାଇଁ ଆଗ୍ରହୀ ଶିଳ୍ପୋଦ୍ୟୋଗୀମାନେ ଅନ୍ୟ ରାଜ୍ୟକୁ ଚାଲିଗଲେ। ପାରାଦୀପ ବନ୍ଦର ଓ ଅନ୍ୟାନ୍ୟ ସରକାରୀ ଉଦ୍ୟୋଗରେ ରାଜନୈତିକ ଦଳଗୁଡ଼ିକ ଟ୍ରେଡ୍ ୟୁନିଅନ୍ ମାଧ୍ୟମରେ ଏପରି ସମସ୍ୟାମାନ ସୃଷ୍ଟି କଲେ ଯେ ରାଜ୍ୟରେ ଯେଉଁ କେତୋଟି ଶିଳ୍ପ ସଂସ୍ଥା ଥିଲେ ସେମାନେ ବିଶାଖାପାଟଣା ଓ କଲିକତାର ବନ୍ଦର ବ୍ୟବହାର କଲେ। ତେଣୁ ଏକ କୁଚକ୍ରୀ ଗୋଷ୍ଠୀର ଚକ୍ରାନ୍ତରେ ବିଗତ ଅନେକ ବର୍ଷ ଧରି ଓଡ଼ିଶା ଆର୍ଥିକ ଶୋଷଣର ସମ୍ମୁଖୀନ ହୋଇଚାଲିଛି।

ହସିବାର ଏକ କାରଣ

ଉଦାର ଅର୍ଥନୈତିକ ବ୍ୟବସ୍ଥା ଓ ଗୋଲକୀକରଣ ବିଷୟରେ ପ୍ରାୟ ପଚିଶବର୍ଷ ତଳୁ ଚର୍ଚ୍ଚା ଆରମ୍ଭ ହୋଇଯାଇଛି । ଗୋଟିଏ ମୁଦ୍ରାର ଦୁଇଟିପାର୍ଶ୍ୱ ଭଳି ପ୍ରତ୍ୟେକଟି ବ୍ୟବସ୍ଥାର -ସୁ-ଓ-କୁ-ଏହି ଦୁଇଟି ଦିଗ ରହିଛି । ତେଣୁ ଗୋଟିଏ ରକ୍ଷଣଶୀଳ ଅର୍ଥ ବ୍ୟବସ୍ଥା ଓ ପରମ୍ପରାବାଦୀ ସାମାଜିକ ବ୍ୟବସ୍ଥା ମଧ୍ୟରେ ପାଶ୍ଚାତ୍ୟ ଚିନ୍ତାଧାରାର ପରିଚାୟକ ଭାବରେ ଗଣାଯାଉଥିବା ମୁକ୍ତ ଅର୍ଥନୈତିକ ବ୍ୟବସ୍ଥାର ସାଧାରଣ ଜନଜୀବନ ଉପରେ ପଡୁଥିବା ବ୍ୟାପକ ପ୍ରଭାବ ବିଷୟରେ ସମସ୍ତେ ପ୍ରାୟ ଊଣାଅଧିକେ ସନ୍ଦିହାନ ଥିଲେ । ହେଲେ ଏବେ ବିଗତ କିଛିସପ୍ତାହ ମଧ୍ୟରେ ବିଶ୍ୱରେ ତଥା ଭାରତରେ ଘଟିଯାଇଥିବା କେତେଗୋଟି ଘଟଣାକୁ ଦେଖିଲେ ଆମେ ଜାଣିପାରିବା ଯେ ଏହି ନୂତନ ଅର୍ଥ ବ୍ୟବସ୍ଥା ସାମ୍ପ୍ରତିକ ସମୟର ସମୁଦାୟ ବ୍ୟବସ୍ଥା ଓ କାର୍ଯ୍ୟ ପ୍ରଣାଳୀ ଉପରେ କିପରି ଭାବରେ ଛାପ ଛାଡ଼ିଯାଉଛି ।

ଉଦାର ଅର୍ଥନୈତିକ ବ୍ୟବସ୍ଥାକୁ ଯେଉଁମାନେ ଦୃଢ଼ସ୍ୱରରେ ବିରୋଧ କରୁଥିଲେ ସେମାନଙ୍କର ତର୍କ ଯୁକ୍ତିସଙ୍ଗତ ଥିଲା ତିନୋଟି କାରଣରୁ, ଯଥା-ଅର୍ଥନୈତିକ, ରାଜନୈତିକ ଓ ସାମାଜିକ-ସାଂସ୍କୃତିକ । ପ୍ରଥମେ ଅର୍ଥନୈତିକ ପ୍ରଭାବଟି ଦେଖାଯାଉ । ସାଧାରଣ ବିକାଶଶୀଳ ରାଷ୍ଟ୍ରମାନଙ୍କରେ ଅର୍ଥନୈତିକ ପ୍ରଗତି ନ ହେବାର କାରଣ ହେଉଛି ପୁଞ୍ଜି ସ୍ୱଳ୍ପତା; କାରଣ କଞ୍ଚାମାଲ ଓ ଶସ୍ତା କୁଶଳୀ କର୍ମଚାରୀ ଏଇ

ଦେଶଗୁଡ଼ିକରେ ଅଳ୍ପଦରରେ ମିଳେ। ତେଣୁ ଭିତ୍ତିଭୂମି ପାଇଁ ଆବଶ୍ୟକ ପ୍ରଭୂତ ଅର୍ଥ ଏହି ଦେଶର ନା ସରକାରୀ ନା ବେସରକାରୀ ଶିଳ୍ପୋଦ୍ୟୋଗୀମାନଙ୍କ ପାଖରେ ଥାଏ।

ଦ୍ୱିତୀୟରେ ବହୁରାଷ୍ଟ୍ରୀୟ କମ୍ପାନୀମାନେ ବିକଶିତ ଦେଶମାନଙ୍କରେ ଦୁଇଟି ସମସ୍ୟାର ସମ୍ମୁଖୀନ ହେଉଛନ୍ତି। ପ୍ରଥମଟି ହେଲା ପ୍ରତିଯୋଗିତା-ପ୍ରଭୂତ ଅର୍ଥନୈତିକ କ୍ଷମତାଧାରୀ ଗ୍ରାହକମାନଙ୍କୁ ଆକର୍ଷିତ କରିବା ପାଇଁ କମ୍ପାନୀମାନେ ପରସ୍ପର ମଧ୍ୟରେ ତୀବ୍ର ପ୍ରତିଯୋଗିତା ଆରମ୍ଭ କରିଦେଇଛନ୍ତି।

ଫଳସ୍ୱରୂପ ବାରମ୍ବାର ବଜାର ଦର କମ୍ କରି ଓ ଗଣମାଧ୍ୟମମାନଙ୍କରେ ବିଜ୍ଞାପନ ଦେଇ ଲାଭର ପରିମାଣ ସଙ୍କୁଚିତ କରି ଦେଇଛନ୍ତି। ଅନ୍ୟ ପଟରେ ଦେଖିବାକୁ ଗଲେ ଜୀବନଧାରଣର ମାନ ଏହି ଦେଶଗୁଡ଼ିକରେ ବିକଶିତ ଥିବାରୁ କର୍ମଚାରୀମାନଙ୍କର ବେତନ ହାର ମଧ୍ୟ ଅଧିକ। ଉଦାହରଣ ଭାରତରେ କର୍ମଚାରୀ ଦିନକୁ ମାତ୍ର ଦୁଇଶହ ଟଙ୍କା ରୋଜଗାର କରୁଥିଲାବେଳେ ଯୁକ୍ତରାଷ୍ଟ୍ର ଆମେରିକାରେ ଏହି ପ୍ରକାରର କର୍ମଚାରୀ ଘଣ୍ଟାକୁ ପଇଁତିରିଶ ଡଲାର ବା ପ୍ରାୟ ବାରଶହ ଷାଠିଏ ଟଙ୍କା ରୋଜଗାର କରେ।

ବହୁ ରାଷ୍ଟ୍ରୀୟ କମ୍ପାନୀମାନେ ନିଜର ସ୍ଥିତି ବଜାୟ ରଖିବା ପାଇଁ ଏହି ବିକାଶଶୀଳ ଦେଶମାନଙ୍କରେ ପୁଞ୍ଜିବିନିଯୋଗ କରନ୍ତି। ପ୍ରଚୁର ରୋଜଗାର କ୍ଷମତା ଓ ଦ୍ରୁତ ଶିଳ୍ପାୟନ ପାଇଁ ବିକାଶଶୀଳ ଦେଶଗୁଡ଼ିକ ଏମାନଙ୍କୁ ସାଦର ନିମନ୍ତ୍ରଣ ମଧ୍ୟ କରିଥାନ୍ତି। ହେଲେ ବିକାଶଶୀଳ ଦେଶଗୁଡ଼ିକରେ ରାଜନୈତିକ ଅସ୍ଥିରତା, ବନ୍ଦ, ଧର୍ମଘଟ ଇତ୍ୟାଦି ସାଧାରଣ କଥା। ତେଣୁ ଲାଭ ଆଶାରେ ଆସିଥିବା କମ୍ପାନୀମାନେ ବିକାଶଶୀଳ ଦେଶର ପାଣିପାଗରେ ନିଜର କାର୍ଯ୍ୟକ୍ରିୟତା ହରେଇ ବସନ୍ତି। ହଠାତ୍ ଦିନେ ଶୀତଋତୁରେ ବିଦେଶୀ ଚଢ଼େଇ ପରି ଏମାନେ ଡେଣାମେଲି ଆକାଶକୁ ଉଠନ୍ତି ଯେ ଆଉ ଫେରିବାର ନାଁ ଧରନ୍ତି ନାହିଁ। ଏମାନେ ବିକାଶଶୀଳ ଦେଶରେ ଲଗାଣ କରିଥିବା ପୁଞ୍ଜିକୁ ଉଠାଇନେବା ଫଳରେ ସମଗ୍ର ଅର୍ଥନୈତିକ ବ୍ୟବସ୍ଥା ଭୁଶୁଡ଼ି ପଡ଼େ।

ଏସିଆର ବାଘ କୁହାଯାଉଥିବା ଥାଇଲାଣ୍ଡର ଏପରି ଦୁର୍ଭାଗ୍ୟ ହୋଇଛି। ଅଶୀ ଦଶକର ପ୍ରାରମ୍ଭରେ ଜାପାନୀ ଶିଳ୍ପପତିମାନେ ଥାଇଲାଣ୍ଡରେ ପ୍ରଚୁର ପୁଞ୍ଜି ଲଗେଇଥିଲେ। ଦ୍ୱିତୀୟ ବିଶ୍ୱଯୁଦ୍ଧ ପର ଅର୍ଥନୈତିକ ଓ ଶିଳ୍ପ ପ୍ରଗତିର ଲାଭକୁ ଏହି କ୍ଷୁଦ୍ରଦେଶ ସମୂହରେ ବିନିଯୋଗ କରିବା ଫଳରେ ଏମାନଙ୍କର ପ୍ରଗତିର ହାର ଅନ୍ୟରାଷ୍ଟ୍ରମାନଙ୍କ ପାଇଁ ଈର୍ଷାର କାରଣ ହୋଇଥିଲା। ଅଥଚ ଗଲା କିଛିବର୍ଷ ମଧ୍ୟରେ

ଥାଇଲ୍ୟାଣ୍ଡ ସରକାରରେ ସଙ୍କଟ ହେତୁ ଏହି ବିଦେଶୀ ପୁଞ୍ଜି ଥାଇଲାଣ୍ଡର ଅର୍ଥନୀତିରୁ ନିଜକୁ ଅଲଗା କରିନେଇଛି। ଥାଇ ଅର୍ଥନୈତିକ ବ୍ୟବସ୍ଥା ସୁଦୃଢ଼ କରିବାପାଇଁ ବିଶ୍ୱବ୍ୟାଙ୍କ ଏଥର ଦ୍ୱିତୀୟ ସର୍ବବୃହତ୍ ଋଣ ଥାଇଲାଣ୍ଡକୁ ଦେଇଛି। ବ୍ରାଜିଲର ଅର୍ଥନୈତିକ ବ୍ୟବସ୍ଥାର ପତନର ମୂଳକାରଣ ମଧ୍ୟ ସମାନ। ତେଣୁ ବିଦେଶୀ ଚଢ଼େଇ ପରି ବିଦେଶୀ ପୁଞ୍ଜି ଏକ ଅର୍ଥନୈତିକ ବ୍ୟବସ୍ଥା ମଧ୍ୟରେ ପ୍ରବେଶ କରି ଉନ୍ନତିର ହାର ତ ବଢ଼ାଏ, ମାତ୍ର ପାଗ ବଦଳିଲେ ଚଢ଼େଇ ଉଡ଼ିଗଲା ପରି ନିଜ ଇଚ୍ଛାମୁତାବକ ଲାଭ କରି ନ ପାରିଲେ ହଠାତ୍ ଉଭାନ ହୋଇଯାଏ ଓ ଅର୍ଥନୀତି ଯତ୍ ପର ତତ୍ ଅବସ୍ଥାକୁ ଚାଲିଆସେ।

ଦ୍ୱିତୀୟ ବିଷୟଟି ହେଉଛି ରାଜନୈତିକ ବଳ। ସମଗ୍ର ବିଶ୍ୱର ଇତିହାସକୁ ତର୍ଜମା କଲେ ଦେଖିପାରିବା ଯେ, ପ୍ରତ୍ୟେକ ସାମ୍ରାଜ୍ୟରେ ବିଦେଶୀମାନଙ୍କର ଆଗମନ ବାଣିଜ୍ୟ ଉଦ୍ଦେଶ୍ୟରେ ହୋଇଥାଏ। ମାତ୍ର ଶେଷରେ ରାଜନୈତିକ ଶକ୍ତି ବୃଦ୍ଧିରେ ରୂପାନ୍ତରିତ ହୋଇଥାଏ। ଏହି ବହୁରାଷ୍ଟ୍ରୀୟ କମ୍ପାନୀମାନେ ପୁଞ୍ଜିର ପ୍ରାଚୁର୍ଯ୍ୟ ଲାଗି ବିଭିନ୍ନ ରାଜନୈତିକ ଦଳ ଓ ବ୍ୟକ୍ତିବିଶେଷଙ୍କୁ ନାନା ସୁବିଧା ଦେଇ ନିଜର କାମ କରିନେଇଥାନ୍ତି। ଷ୍ଟାର ଟିଭିର ମୁଖ୍ୟ ରତିକାନ୍ତ ବସୁଙ୍କ କଥା ନିଆଯାଉ। ଗୋଇନ୍ଦା ବିଭାଗକୁ ଦିଆଯାଇଥିବା ଅନୁସନ୍ଧାନ କାର୍ଯ୍ୟର ଚିଠା ଦେଖିଲେ ଯେ କେହି ଏହି ବହୁରାଷ୍ଟ୍ରୀୟ କମ୍ପାନୀମାନଙ୍କର ଶକ୍ତିର କଳନା କରିପାରିବ। ଅବଶ୍ୟ ନିଜର ସ୍ୱାର୍ଥ ପାଇଁ ସାମୂହିକ ସ୍ୱାର୍ଥକୁ ବଳିଦେବା ଆମର ଏକ ପରମ୍ପରା, ତେଣୁ ରତିକାନ୍ତ ବସୁ ବା ବାଦ୍ ଯାଆନ୍ତେ କିପରି। ତେବେ ଏପରି ଅନେକ ଘଟଣା ଘଟିବ ଏବଂ ଏଗୁଡିକ ଧୀରେ ଧୀରେ ଆମ ଖବରକାଗଜ ଓ ଜୀବନର ଅଙ୍ଗ ହୋଇଯିବ।

ତୃତୀୟ ବିପର୍ଯ୍ୟୟଟି ସବୁଠାରୁ ଲୋମହର୍ଷଣକାରୀ। ଏହା ସାଂସ୍କୃତିକ ଓ ସାମାଜିକ ଅଙ୍ଗୀକାରବଦ୍ଧତା ଉପରେ ପର୍ଯ୍ୟବେସିତ। ଆପଣ ଆଖିବନ୍ଦ କରି ଯଦି ଏହି ସ୍ୱାଧୀନତା ପାଳନ ବିଷୟରେ ଭାବିବେ ତେବେ ଆପଣଙ୍କ ଆଖିକୁ କେବଳ ଟେଲିଭିଜନ ଓ ଖବରକାଗଜ ହିଁ ଆସିବ। ଟେଲିଭିଜନରେ ଭରି ରହିଛି ବହୁରାଷ୍ଟ୍ରୀୟ କମ୍ପାନୀମାନଙ୍କର ସ୍ୱାଧୀନତା ପାଳନ ସମ୍ବନ୍ଧୀୟ ବିଜ୍ଞାପନ।

ଅତୀତରେ ଏକ ବିଭତ୍ସ ଖବର ଥିଲା, ସୁର ସାମ୍ରାଜ୍ଞୀ ଲତା ମଙ୍ଗେସ୍କରଙ୍କର ବହୁରାଷ୍ଟ୍ରୀୟ କମ୍ପାନୀ କାନାଡା ସ୍ଲିପସର ଥଣ୍ଡା ପାନୀୟ କାନାଡା ଡ୍ରାଏର ସାମ୍ପେନ୍ ବୋତଲ ପରି ବୋତଲର ଉନ୍ମୋଚନ, ତାହା ପୁଣି ଭାରତର ପାର୍ଲାମେଣ୍ଟ ଭିତରେ। ଏହି କମ୍ପାନୀ ସ୍ୱାଧୀନତାର ସୁବର୍ଣ୍ଣ ଜୟନ୍ତୀ ଅବସରରେ ସାମ୍ପେନ ବୋତଲ ଆକାରର ଥଣ୍ଡା ପାନୀୟ ପ୍ରସ୍ତୁତ କରିଛି ଓ ଏହି ପବିତ୍ର ସମୟରେ ନିଜ ଉତ୍ପାଦନର ବିଜ୍ଞାପନ

ପାଇଁ ପାର୍ଲାମେଣ୍ଟକୁ ବ୍ୟବହାର କରିବାକୁ ଚାହିଁଥିଲା; ଯେଉଁଠି ପବିତ୍ର ଦ୍ୱୀପଟିଏ ପ୍ରଜ୍ୱଳନ କରି ଉତ୍ସବ ପାଳନ କରାଯାଏ ସେଠି ସାମ୍ପେନ କର୍କ ଖୋଲି ଉତ୍ସବ ପାଳନ ହୋଇଥାନ୍ତା । ତାହା ପୁଣି ନିୟାମକ ସଭା ଗୃହରେ ।

ସେହିପରି ଭାରତର ପ୍ରଗତି ଓ ଉନ୍ନତି ଦୂରେଥାଉ କୋଲଗେଟ କମ୍ପାନୀ ବିଭିନ୍ନ ସଫଳ ଭାରତୀୟମାନଙ୍କୁ ନେଇ ପ୍ରସ୍ତୁତ କରିଥିଲା ବିଜ୍ଞାପନ 'ହସିବାର ଏକ କାରଣ' (A reason to smile) । ଏହି ହସିବାର କାରଣଟି ହୁଏତ କୋଲଗେଟର ଉତ୍ପାଦୀ ନଚେତ ଆମର ମୂର୍ଖାମୀ । ତେଣୁ ଏବେଠାରୁ ସାଂସ୍କୃତିକ ଓ ସାମାଜିକ ଆକ୍ରମଣର କିପରି ସାମନା କରିବାକୁ ହେବ ଚିନ୍ତା କରାଯାଉ ।

■

ମୃତ୍ୟୁର ବ୍ୟବସାୟ

ମୃତ୍ୟୁ ଏକ ଭୟଙ୍କର ସତ୍ୟ। ପ୍ରତ୍ୟେକ ମଣିଷ ତା'ର ଜୀବଦ୍ଦଶାରେ ନାନା କଷଣ ଓ ଯନ୍ତ୍ରଣା ସହିବା ଭିତରେ ଯେଉଁ ବଞ୍ଚିବାର ଉପାଦାନ ଖୋଜିପାଇଥାଏ ତାହାର ଅନ୍ତିମ ପୂର୍ଣ୍ଣଚ୍ଛେଦ ହେଉଛି ମୃତ୍ୟୁ।

କଥାରେ କୁହନ୍ତି ପେଟପାଟଣାକୁ ନେଇ ନାଟ। ଏଇ ପେଟ ପାଟଣାଟି ହେଉଛି ମଣିଷର ଆଶା। ଆଶା ହିଁ ମଣିଷକୁ ବଞ୍ଚିବାର ଖୋରାକ ଯୋଗାଏ। ନିରାଶାର ଅନ୍ଧକୂପରେ ଥିବା ମଣିଷ ପାଇଁ ଜୀବନ ଦୁର୍ବିସହ ହୋଇଗଲେ ସେ ସ୍ୱତଃପ୍ରବୃତ୍ତ ଭାବରେ ମୃତ୍ୟୁକୁ ବରି ନେଇଥାଏ। କେତେକ ଦେଶରେ ଏହି ଇଚ୍ଛା ମୃତ୍ୟୁକୁ ମଣିଷର ଅଧିକାର ପରିସରଭୁକ୍ତ କରିବା ପାଇଁ ଆନ୍ଦୋଳନ ଆରମ୍ଭ ହୋଇଗଲାଣି। ମୃତ୍ୟୁର ପ୍ରକାର ଓ ମାତ୍ରା ମଧ୍ୟ ଭିନ୍ନ।

ତେଣୁ ମଣିଷର ମୃତ୍ୟୁ ପ୍ରତି ଭୟ ସର୍ବାଧିକ। ଶତ୍ରୁ ଭୟ ପାଇଁ ନାନା କୂଟକପଟ କରୁଥିବା ମଣିଷ ମୃତ୍ୟୁ ବିରୁଦ୍ଧରେ ସେପରି କିଛି ଆଖିଦୃଶିଆ ଯୋଜନା କରିପାରିନାହିଁ। କେବଳ ପ୍ରତିରୋଧକାତ୍ମକ ପନ୍ଥା ହିସାବରେ ନାନା ପ୍ରକାର ଔଷଧ ଓ ଉପକରଣ ସିନା ଉଦ୍‌ଭାବିତ ହୋଇଛି ଅଥଚ ସେମିତି କିଛି ଗୁପ୍ତମନ୍ତ୍ର ନାହିଁ ଯେ ସାମନାରେ ଠିଆ ହୋଇଥିବା ମୃତ୍ୟୁ ହଠାତ୍ ଉଭାନ ହୋଇଯିବ କିମ୍ବା କେବେ ଆଉ

ଆସିବ ନାହିଁ। ମଣିଷର ଏହି ମୃତ୍ୟୁ ସଚେତନତା ହିଁ ତାକୁ ଭୟଙ୍କର ଭାବରେ ଅନ୍ଧବିଶ୍ୱାସୀ କରିଦେଇଥାଏ।

ହେତୁବାଦୀମାନଙ୍କର ଯୁକ୍ତିକୁ ଗ୍ରହଣ କଲେ ଆମେ ଜାଣିପାରିବା ଯେ ମୃତ୍ୟୁର ସତ୍ୟତା ଓ ଲୋମହର୍ଷକାରୀ ଗୁଣ ଯୋଗୁ ହିଁ ମଣିଷ ଭଗବାନ ସୃଷ୍ଟି କରିଛି। ତେଣୁ ମୃତ୍ୟୁ ଯେମିତି ଏକ ଭୟଙ୍କର ସତ୍ୟ, ମୃତ୍ୟୁ ପ୍ରତି ଭୟ ସେହିପରି ଭାବରେ ଆଉ ଏକ ଚିରନ୍ତନ ସ୍ଥିତି। ବାଣିଜ୍ୟ ବ୍ୟବସାୟ କରୁଥିବା ଲୋକମାନେ ମଣିଷର ଏହି ଭୟର ସୁନ୍ଦର ଫାଇଦା ନେଇ ନିଜର ବ୍ୟବସାୟ ବଢ଼େଇ ଥାଆନ୍ତି। ମରଣ କିମ୍ବା ମରଣ ନିକଟରେ ପହଞ୍ଚିବାର ବୃଦ୍ଧାବସ୍ଥା ପ୍ରତି ଗ୍ରାହକମାନଙ୍କୁ ସଚେତନ କରାଇ ବୀମା କମ୍ପାନୀମାନେ ପ୍ରଭୂତ ବ୍ୟବସାୟ କରିଥାନ୍ତି। ଦୂରଦର୍ଶନରେ ପ୍ରଦର୍ଶିତ କେତୋଟି ବିଜ୍ଞାପନକୁ ଦେଖାଯାଉ।

ପ୍ରଥମେ ଗୋଟିଏ ଖୁସି ପରିବାରର ଛବି ଆପଣ ଦେଖନ୍ତି। ତା'ପରେ ଛବିଟିରେ ଗୃହକର୍ତ୍ତା ଗୋଟିଏ ହୁଇଲ୍ ଚେୟାରରେ ବସିଥାନ୍ତି ଏବଂ ସର୍ବଶେଷ ଛବିରେ ତାଙ୍କର ଫଟୋଟି କାନ୍ଥରେ ଟଙ୍ଗା ହୋଇଥାଏ ଓ ବିଷର୍ଣ୍ଣ ମୁହଁରେ ତାଙ୍କର ସ୍ତ୍ରୀ ଫୁଲମାଳଟିଏ ପିନ୍ଧାଇ ଦେଉଥାନ୍ତି। ପଛରୁ ଶବ୍ଦ ଆସୁଥାଏ ଦୁର୍ଘଟଣା ବୀମା ବିଷୟରେ। ପ୍ରଥମ ସୁଖ (ସୁଖୀ ପରିବାର) ମଣିଷର ଇପ୍‌ସିତ ଏବଂ ପରବର୍ତ୍ତୀ ଦୁଇଟି ଘଟଣା ଆପଣଙ୍କର ଆଶଙ୍କା। ତେଣୁ ଅନାଗତ ଭବିଷ୍ୟତର ଭୟାବହତା ପାଇଁ ଆପଣ ବୀମା କରନ୍ତୁ।

ଦ୍ୱିତୀୟ ବିଜ୍ଞାପନଟି ସଫୋଲା ଖାଇବା ତେଲର। ଆପଣଙ୍କର ସ୍ୱାମୀ ହଠାତ୍ ଅଫିସରେ ସଂଜ୍ଞାହୀନ ହୋଇଯାଇଛନ୍ତି। ଆପଣ ଫୋନ୍ ପାଇ ଡାକ୍ତରଖାନା ଗଲାବେଳକୁ ସେ ଇନଟେନସିଭ କେୟାରରେ। ଏପରି ହେବାର କାରଣ କୋଲେଷ୍ଟ୍ରୋଲ। ଆପଣ ଖାଉଥିବା ତେଲରେ କୋଲେଷ୍ଟ୍ରୋଲର ମାତ୍ରା ଏତେ ଅଧିକ ଯେ ଏହା ଆପଣଙ୍କ ହୃତ୍‌ପିଣ୍ଡରେ ଗଭୀର ପ୍ରଭାବ ପକାଇ ହୃଦ୍‌ଘାତ କରିଦେଇପାରେ। ବିଜ୍ଞାପନଟିର ଉପସ୍ଥାପନା ଶୈଳୀରେ ଭାରତୀୟ ମଧ୍ୟବିତ୍ତ ଗୃହିଣୀକୁ ହିଁ ମୁଖ୍ୟଭାବେ ଗ୍ରହଣକାରୀ କରାଯାଇଛି କାରଣ ଉତ୍ତର ସତୁରି ଦଶକର ସହରୀ ଗୃହିଣୀଟି ଶିକ୍ଷିତା ଓ ନିଜ ସ୍ୱାମୀ ସନ୍ତାନ ପ୍ରତି ଯତ୍ନଶୀଳା। ତେଣୁ ହୃଦ୍‌ଘାତର ଅନେକ କାରଣ ଥିଲାବେଳେ କେବଳ ତୈଳ ବ୍ୟବହାର କାରଣଟି ତାଙ୍କ ଉପରେ ଏତେ ଗଭୀର ପ୍ରଭାବ ପକାଉଛି ଯେ କମ୍ପାନୀର ବିକ୍ରୀ ରାତାରାତି ବୃଦ୍ଧି ପାଉଛି।

ତୃତୀୟ ବିଜ୍ଞାପନଟି ହେଉଛି ଟାୟାର କମ୍ପାନୀର। ଏଥିରେ ନବେ ଦଶକର ଦୁଇଜଣ ତରୁଣ ତରୁଣୀ ଏକ ମୋଟର ସାଇକେଲରେ ଯାଉଛନ୍ତି। ପଛରୁ ମା'ଙ୍କର ସ୍ୱର ଶୁଭୁଛି ଯେ ଶୀଘ୍ର ଘରକୁ ଫେରି ଆସିବ। ଖୁସୀ ମନରେ ଦ୍ରୁତଗତିରେ ଗାଡ଼ି

ଚଳେଇ ଗୋଟିଏ ଅର୍ଦ୍ଧ ବୃତ୍ତାକାର (U-Turn) ରାସ୍ତାରେ ଆସିଲାବେଳକୁ ସାମନାରୁ ଗୋଟିଏ ଛଡ଼ ଭର୍ତ୍ତି ଟ୍ରକ ଆସୁଛି। ତା'ପରେ ପର୍ଦା ଉପରେ ଗୋଟିଏ ଟାୟାରର ଅର୍ଦ୍ଧାଂଶ ଓ ଫୁଲତୋଡ଼ାର ଅର୍ଦ୍ଧାଂଶ। ଘୋଷକଙ୍କ ଘୋଷଣା Our Tyres Can Survive, Better You Take Care.

ବିଜ୍ଞାପନ ବ୍ୟବସାୟରେ ଏହି ଭୟ ମାନସିକତା (Fear Psychosis)କୁ ନେଇ ଏବେ ଅନେକ ବିଜ୍ଞାପନ ପ୍ରଚାର ହେଉଛି। ତାହା ପୁଣି ସାମାନ୍ୟ ପ୍ରେସର କୁକର, ଖାଇବା ତେଲରୁ ଆରମ୍ଭ ହୋଇ ଜୀବନବୀମା ଓ ଦୁର୍ଘଟଣା ବୀମା ପର୍ଯ୍ୟନ୍ତ। ଏପରି ବହୁଳ ବ୍ୟବହାର ହେବାର କାରଣ ବିଷୟରେ ଗବେଷଣା କରି ଜଣାପଡ଼ିଛି ଯେ ମନୁଷ୍ୟର ଜାଗତିକ ଧାରଣା ଓ ବସ୍ତୁବାଦିତା (Materialism) ବୃଦ୍ଧି ପାଉଥିବାରୁ ମୃତ୍ୟୁ ସଚେତନତା ବୃଦ୍ଧିପାଉଛି।

'ମୃତ୍ୟୁ ବା ଅନ୍ତ'ର ଅନେକ କାରଣ ଥାଇପାରେ। ଯେପରି କି ସଫୋଲା ବିଜ୍ଞାପନର ପୁରୁଷଟି ଅତ୍ୟଧିକ କାର୍ଯ୍ୟବ୍ୟସ୍ତତା, ହୃଦ୍‌ଯନ୍ତ୍ରରେ ସମସ୍ୟା ଓ ମାନସିକ ବିପ୍ରାଦ (Stress) ହେତୁ ହୃଦ୍‌ଘାତ ପାଇପାରିଥାଏ। ମାତ୍ର ବିଜ୍ଞାପନଟି ଉତ୍ପାଦ ସର୍ବସ୍ୱ (Product based) ହୋଇଥିବାରୁ କେବଳ ରକ୍ତର କୋଲେଷ୍ଟ୍ରଲ ବିଷୟରେ ସଚେତନ କରାଉଛି। ତେଣୁ ପ୍ରକାରାନ୍ତରେ ବିଜ୍ଞାପନଗୁଡ଼ିକ ମୃତ୍ୟୁକୁ ନେଇ ବ୍ୟବସାୟ କରୁଥିଲେ ମଧ ମନୁଷ୍ୟକୁ ମୃତ୍ୟୁଠାରୁ ଦୂରକୁ ନେବା ବଦଳରେ ପ୍ରତି ମୁହୂର୍ତ୍ତରେ ଭବିଷ୍ୟତକୁ ଆଶଙ୍କା ସର୍ବସ୍ୱ କରିଦେଉଛନ୍ତି।

ସିଗାରେଟ୍, ଏଡ୍‌ସ ଇତ୍ୟାଦିର ବିଜ୍ଞାପନରେ ଏହି ମୃତ୍ୟୁ ସଚେତନତାର ବ୍ୟବହାର ହେଉଥିଲେ ମଧ୍ୟ ଏଗୁଡ଼ିକ ସଫଳ ନୁହନ୍ତି। ମଣିଷକୁ ଏକ ସୁନ୍ଦର ସକାଳର ସ୍ୱପ୍ନ ଦେଖେଇବାରେ। ତେଣୁ ବିଜ୍ଞାପନର ଉନ୍ନତି ଓ ନୂତନ ଉତ୍ପାଦର ପ୍ରଚଳନଦ୍ୱାରା ମନୁଷ୍ୟର ଭବିଷ୍ୟତ ଯାହା ଶଙ୍କାଶୂନ୍ୟ ଓ ଆଶଙ୍କା ରହିତ ହେବ ବୋଲି ଆଶା କରାଯାଉଥିଲା ତାହା ଏବେ ଭୁଲ ବୋଲି ପ୍ରମାଣିତ ହେଉଛି।

ଯେଉଁ ଆଶା (Hope) ପାଇଁ ମନୁଷ୍ୟର ଜୀବନ ଏକ ଜୟଯାତ୍ରା ତାହା ଏବେ ମୃତ୍ୟୁକୁ ନେଇ ବ୍ୟବସାୟ କରୁଥିବା କମ୍ପାନୀମାନଙ୍କଦ୍ୱାରା ଆଶଙ୍କାରେ ପରିଣତ। ଏଥିରୁ ଏକ ସୁସ୍ଥ ସମାଜର ଜନ୍ମ ସମ୍ଭବ କି ?

ପରାଧୀନତାର ସଙ୍କେତ !

ଭାରତର ଅର୍ଥମନ୍ତ୍ରୀ ଥରେ ଗୋଟିଏ ଶିକ୍ଷାନୁଷ୍ଠାନରେ ଭାଷଣ ଦେବା ଅବସରରେ ବହିର୍ଦ୍ଦେଶୀୟ ପୁଞ୍ଜିର ବ୍ୟାପକ ଉପକାରିତା ବିଷୟରେ ବୁଝାଉଥିଲେ। ହଠାତ୍ ଯୁକ୍ତ ଦୁଇ ଶ୍ରେଣୀରେ ପଢୁଥିବା ଛାତ୍ରୀଟିଏ ଠିଆହୋଇ ବିଦେଶୀ ପୁଞ୍ଜିର ଗୋଟିଏ ରାଷ୍ଟ୍ରର ସାର୍ବଭୌମତ୍ୱ ଓ ଶାସନ ବ୍ୟବସ୍ଥା ଉପରେ ପ୍ରଭାବ ବିଷୟରେ ପ୍ରଶ୍ନଟିଏ ପଚାରିଥିଲା। ଭାରତର ରାଜନୈତିକ ଇତିହାସକୁ ତର୍ଜମାକରି ଏପରି ପ୍ରଶ୍ନଟି ଉତ୍‌ଥାପିତ ହୋଇଥିଲା। କେଇଶହ ବର୍ଷତଳେ ଇଷ୍ଟ୍ ଇଣ୍ଡିଆ କମ୍ପାନୀ ଯେପରି ଅର୍ଥନୈତିକ ଆତସବାଜିର ଆଢୁଆଳରେ ନିଜର ରାଜନୈତିକ କାୟା ବିସ୍ତାର କରିଥିଲା ସେପରି ଯେ ଭବିଷ୍ୟତରେ ନ ହେବ, ଏପରି ଏକ ସନ୍ଦେହ ମନରେ ଜାତ ହେବା ସ୍ୱାଭାବିକ। ବିଜ୍ଞ ଅର୍ଥମନ୍ତ୍ରୀଙ୍କ ପାଖରେ ଆମ ଛୋଟ ଝିଅଟିର ପ୍ରଶ୍ନର ଉତ୍ତର ନ ଥିଲା। ଅଥଚ ସାମ୍ପ୍ରତିକ ସମୟରେ କିଛି ଘଟଣାକୁ ପର୍ଯ୍ୟାଲୋଚନା କଲେ ଆମ ଛୋଟ ଝିଅଟିର ସେନ୍ଦହ ଯେ, ଅମୂଳକ ନୁହେଁ ଏକଥା ଜାଣିପାରିବା।

ଏକଥା ସତ ଯେ, ଷାଠିଏ ସତୁରି ଦଶକର ସରକାରମାନେ କେତେ ଉନ୍ନତିମୂଳକ କାର୍ଯ୍ୟ କରିପାରୁଛନ୍ତି, ସେଥିନେଇ ସେମାନଙ୍କର ଦକ୍ଷତା ଓ ସ୍ୱାତନ୍ତ୍ର୍ୟ ଚିନ୍ତାଧାରା ବିଷୟରେ ଧାରଣା କରି ହେଉଥିଲା। ଏବେ ସାଧାରଣରେ ବ୍ୟବହୃତ ଶବ୍ଦ (Buzz Word) ହେଉଛି ବିଦେଶୀ ପୁଞ୍ଜି। ଏକ ଗବେଷଣାରୁ ଜଣାପଡ଼ିଛି ଯେ, ଯେତେ

ମାତ୍ରାରେ ବିଦେଶୀ ପୁଞ୍ଜି ଆସିବ ବୋଲି ଡିଣ୍ଡିମ ପିଟାଯାଏ ସେତିକିମାତ୍ରାର ମାତ୍ର ଶତକଡ଼ା ସତର ଭାଗ ପୁଞ୍ଜି ଲଗାଣ ହୋଇଥାଏ। ଏପରି ହେବାର ଅନେକ କାରଣ ଅଛି। ପୁଞ୍ଜି ଲଗାଣର ଆଗ୍ରହ ଓ ପ୍ରକୃତ ପୁଞ୍ଜି ଲଗାଣ ମଧ୍ୟରେ ଏତେ ପାର୍ଥକ୍ୟ ହେବାର କାରଣ ହେଉଛି ସରକାରୀ କଳର ଅନାବଶ୍ୟକ ଅଙ୍କୁଶ। ଯଦିଚ ଆମେ ନିଜକୁ ଗୋଲକୀକରଣ ପ୍ରକ୍ରିୟାରେ ମୁକ୍ତ ବୋଲି ଘୋଷଣା କରି ଲାଇସେନସରାଜ ଯୁଗର ଅବସର ହେଲା ବୋଲି ଭାବୁ ତଥାପି ଆନୁଷଙ୍ଗିକ ନିତୀନିୟମ ଯଥା ପର୍ଯ୍ୟାବରଣ, ଶକ୍ତି, ଜଳଯୋଗାଣ ଇତ୍ୟାଦିରେ ସରକାରର ଏକ ସବଳ ଭୂମିକା ରହିବାରୁ ଶିଳ୍ପାୟନ ଗତି ଶିଥିଳ ହୋଇପଡିଛି। ଯେଉଁ ସତରଭାଗ ପୁଞ୍ଜିଲଗାଣ ହେଉଛି ତାହା ଆମର ଆବଶ୍ୟକତା ପରିବର୍ତ୍ତେ ପୁଞ୍ଜିଲଗାଣ କରୁଥିବା ସଂସ୍ଥାର ଲାଭସୃଷ୍ଟିମାନଙ୍କୁ ଦେଖି ସ୍ଥିର କରାଯାଉଛି।

ଅବଶ୍ୟ ଭାରତର ଏକ ନିଜସ୍ୱ ପ୍ରତିଯୋଗିତାମୂଳକ ପ୍ରାଧାନ୍ୟ (Competitive Advantage) ରହିଛି ଯଥା ଶସ୍ତା ମାନବ ସମ୍ବଳ, ସୁସ୍ଥ ଯୋଗଯୋଗ ଓ ଚଳନୀୟ ସାମଜିକ ସ୍ଥିରତା। ଅନ୍ୟପକ୍ଷରେ ପ୍ରଯୁକ୍ତିବିଦ୍ୟାର ଅଭାବ ରହିଥିବାରୁ ବିଦେଶୀ କମ୍ପାନୀମାନେ ନିଜ ଉତ୍ପାଦରେ ବ୍ୟବହୃତ ପ୍ରଯୁକ୍ତି ବିଦ୍ୟାର ଅଧିକ ମୂଲ୍ୟାଙ୍କନ କରି ନିଜ ପୁଞ୍ଜିରେ ଯୋଡ଼ି ଦିଅନ୍ତି। ଏପରି କରିବାଦ୍ୱାରା ପୁଞ୍ଜିଲଗାଣର ମାତ୍ରା କାଗଜ କଲମରେ ବୃଦ୍ଧିପାଇଥାଏ। ଅନ୍ୟ ପ୍ରାଧାନ୍ୟଟି ହେଉଛି ସୁସ୍ଥ ଓ ଭୌଗୋଳିକ ଦୃଷ୍ଟିକୋଣରୁ କେନ୍ଦ୍ରୀୟ ବଜାର (Centralised Market) ଗଠନ ଯାହାଫଳରେ ଉତ୍ପାଦର ବଜାରଟି ସୁରୁଖୁରୁରେ ପରିଚାଳିତ ହୋଇଗଲେ କମ୍ପାନୀମାନଙ୍କର ଲାଭ ବୃଦ୍ଧିପାଇଥାଏ। ସୁବିଧା ସୁଯୋଗ ଦେଖି ଓ ପୂର୍ବରୁ ଦସ୍ତଖତ ହୋଇଥିବା ମେମୋରେଣ୍ଡମ ଅଫ୍ ଅଣ୍ଡରଷ୍ଟାଣ୍ଡିଙ୍ଗ ଅନୁସାରେ ସମଗ୍ର ଲାଭାଂଶକୁ ନିଜ ଦେଶକୁ ନେଇଯିବା ପାଇଁ ମନ୍ଥର ଅର୍ଥନୈତିକ ପ୍ରଗତି, ଅସ୍ଥିର ରାଜନୈତିକ ଅବସ୍ଥା ଇତ୍ୟାଦିର ବାହାନା କରିବା ସ୍ୱାଭାବିକ।

ଗୋଟିଏ ଉନ୍ନତିଶୀଳ ଦେଶରେ ଦ୍ରୁତ ପ୍ରଗତି ପାଇଁ ଭିତ୍ତିଭୂମି କ୍ଷେତ୍ରରେ ପ୍ରଚୁର ପୁଞ୍ଜିବିନିଯୋଗ ଆବଶ୍ୟକତା ଥାଏ ଯାହାକି ଗଣତାନ୍ତ୍ରିକ ସରକାର ପକ୍ଷରୁ ନିଜଆଡୁ କରିବା ଅସମ୍ଭବ। ତେଣୁ ବିଦେଶୀ ପୁଞ୍ଜିଲଗାଣକାରୀମାନେ ଏହି କ୍ଷେତ୍ରରେ ପ୍ରବେଶ କରିବା ପାଇଁ ସୁଯୋଗ ପାଇଥାନ୍ତି। ଏଥିରେ ମଧ୍ୟ ସେମାନଙ୍କର ଏକ ସମସ୍ୟା ରହିଛି। ସମସ୍ୟାଟି ହେଲା ପୁଞ୍ଜିର ପ୍ରଭୂତ ବିନିଯୋଗ ହେତୁ ଅଳ୍ପ ଅବଧି (Short Term)ରେ ଆଖିଦୃଶିଆ ଲାଭ ମିଳେ ନାହିଁ। ଏହାର ଫଳାଫଳ ଦୀର୍ଘପ୍ରସାରୀ। ତେଣୁ ଭିତ୍ତିଭୂମି କ୍ଷେତ୍ରରେ ପୁଞ୍ଜିଲଗାଣ କରିବା ସହ ଏହି କମ୍ପାନୀମାନେ ଚାପ ପ୍ରଯୋଗ କରି ଗ୍ରାହକୀୟ

ଉତ୍ପାଦ କ୍ଷେତ୍ରରେ ମଧ୍ୟ ପ୍ରବେଶ କରିଥାନ୍ତି। ଗ୍ରାହକୀୟ ଉତ୍ପାଦରେ ପ୍ରବେଶମାତ୍ରେ ଏମାନେ ଅନ୍ତର୍ଦେଶୀୟ ପ୍ରତିଯୋଗୀମାନଙ୍କର ଗଳାରୁଦ୍ଧ କରିଦିଅନ୍ତି ଏବଂ ଧୀରେ ଧୀରେ ଅର୍ଥନୀତିକୁ ସମ୍ପୂର୍ଣ୍ଣ କରାୟତ କରିଯାଆନ୍ତି।

ଯଦି ଆମେ ବିଭିନ୍ନ ଦେଶରେ ବିଦେଶୀ ପୁଞ୍ଜିଲଗାଣର ପ୍ରକ୍ରିୟା ଓ ଧାରାକୁ ଦେଖିବା ତେବେ ଅନୁଭବ କରିପାରିବା ଯେ ଏହି କମ୍ପାନୀମାନଙ୍କର ପ୍ରକୃତ ଲକ୍ଷ୍ୟ ଗ୍ରାହକୀୟ ଉତ୍ପାଦ (Consumer Products) କ୍ଷେତ୍ରରେ ପ୍ରବେଶ କରିବା ଥାଏ ଅଥଚ ଭିତ୍ତିଭୂମିର ବିନିଯୋଗ ପରେ ଏମାନେ ଯୌଥ ଉଦ୍ୟୋଗ (Joint Venture) ପ୍ରତିଷ୍ଠା କରନ୍ତି ଓ କମ୍ପାନୀର ବ୍ୟବସାୟକୁ ନିୟନ୍ତ୍ରଣ କରିଥାନ୍ତି। ସେମାନଙ୍କର ସ୍ୱାର୍ଥରେ ସାମାନ୍ୟତମ ବାଧା ଆସିଲା ମାତ୍ରେ ନ୍ୟାୟାଳୟର ଆଶ୍ରୟ ନେବାକୁ ପଛାଇ ନ ଥାନ୍ତି। ଭାରତରେ ପ୍ରତିଷ୍ଠିତ ମାରୁତି-ସୁଜୁକି କମ୍ପାନୀ ଏପରି ଏକ ସମସ୍ୟାର ସମ୍ମୁଖୀନ ହୋଇଥଲା। ମାରୁତି ଉଦ୍ୟୋଗ ଯେବେ ସୁଜୁକି କର୍ପୋରେସନ ସହ ଏହି ଯୌଥ ଉଦ୍ୟୋଗର ପ୍ରତିଷ୍ଠା କଲେ ସେତେବେଳେ ମାରୁତି ଉଦ୍ୟୋଗର ଆର୍ଥିକ ଅବସ୍ଥା ସେତେ ଭଲ ନ ଥିଲା ଅଥଚ ଭାରତୀୟ ବଜାରରେ ଉଚ୍ଚ ମଧ୍ୟବିତ୍ତ ଓ ମଧ୍ୟବିତ୍ତ ପରିବାର ପାଇଁ ଏକ ନିବୁଜ କାର (Compact Car) ପ୍ରସ୍ତୁତ କରି ଏହା ନିଜର ଆର୍ଥିକ ଅବସ୍ଥା ସୁଧାରିବାରେ ସକ୍ଷମ ହୋଇପାରିଥିଲା। ସୁଜୁକି କର୍ପୋରେସନ ଆବଶ୍ୟକୀୟ ଜ୍ଞାନକୌଶଳ ଯୋଗାଇବା ସହ ବଜାର ଗବେଷଣାରେ ମଧ୍ୟ ସାହାଯ୍ୟ କରିଥିଲା। ତେଣୁ ତ ମାରୁତି କାର ଅଳ୍ପ କେଇ ବର୍ଷର ବ୍ୟବସାୟ ପରେ ଭାରତୀୟ କାର ବଜାରରେ ଏକ ନମ୍ବର ସ୍ଥାନ ଅଧିକାର କରିପାରିଛି।

କମ୍ପାନୀଟି ପ୍ରଥମେ ମାରୁତି-୮୦୦, ମାରୁତି ଭ୍ୟାନ ପରି ଅଳ୍ପ ଦରର ଗାଡ଼ି ବଜାରକୁ ଛାଡ଼ିଲା ପରେ ଏବେ ଅତି ଦାମିକିଆ ଗାଡ଼ି ବଜାରକୁ ଛାଡ଼ି ସଫଳ ହୋଇପାରିଛି। ହେଲେ ମାରୁତି ଉଦ୍ୟୋଗର ଉଭୟ ପକ୍ଷ କମ୍ପାନୀର ପରିଚାଳନା ନିର୍ଦ୍ଦେଶକ ପଦବୀ ନେଇ କୋର୍ଟ କଚେରି ପର୍ଯ୍ୟନ୍ତ ଯାଇ ସାରିଲେଣି। ଦିଲ୍ଲୀ ହାଇକୋର୍ଟରେ ଅବଶ୍ୟ ସୁଜୁକି କର୍ପୋରେସନ ତାଙ୍କ କେସ୍ ହାରିଯାଇଛନ୍ତି। ପ୍ରଥାନୁଯାୟୀ ସରକାର ପରିଚାଳନା ନିର୍ଦ୍ଦେଶକଙ୍କୁ ନିଯୁକ୍ତି ଦେବା କଥା। ଯେଉଁ ବ୍ୟକ୍ତି ବିଶେଷଙ୍କୁ ଏଥିପାଇଁ ବଛାଯିବ ତାଙ୍କୁ ସୁଜୁକି କମ୍ପାନୀ ସବୁଜ ସଙ୍କେତ ଦେଲା ପରେ ହିଁ କାର୍ଯ୍ୟରେ ଯୋଗ ଦେବା ପାଇଁ କୁହାଯିବ। ଅଥଚ ଦେଶରେ ଚାଲିଥିବା ସରକାରରେ ବଳୀୟାନ ମନ୍ତ୍ରୀ ନିଜ ଇଚ୍ଛାନୁଯାୟୀ ନିଯୁକ୍ତି ଦେଇଛନ୍ତି। କମ୍ପାନୀର ମୁଖ୍ୟ ଜଣେ ଅନାମଧେୟ ବ୍ୟକ୍ତି ବିଶେଷ ହୋଇଥିବାରୁ ସୁଜୁକୀ କମ୍ପାନୀ ନିଜର ପୁଞ୍ଜିର ସୁରକ୍ଷା ପାଇଁ ତାଙ୍କ ବିରୁଦ୍ଧରେ ଯିବା ସ୍ୱାଭାବିକ। କମ୍ପାନୀର ସଫଳତା ପଛରେ ଥିବା ଆର.ସି.

ଭାର୍ଗବଙ୍କୁ ଏହାର ଚେୟାରମ୍ୟାନ କରି ଦିଆଯାଇଥିଲା । ସେ ଉଭୟପକ୍ଷକୁ ଗ୍ରହଣୀୟ ଥିଲେ ଅଥଚ ତାଙ୍କୁ କାର୍ଯ୍ୟରୁ ଅନ୍ତର କରି ଶ୍ରୀ ୟୁମୋକୋ ସାଇତୋଙ୍କୁ ସୁଜୁକି କମ୍ପାନୀ ରଖିବାକୁ ଚାହୁଁଛି । ଏହି ନିଯୁକ୍ତିକୁ କମ୍ପାନୀର କର୍ମଚାରୀ ଓ ଅନ୍ୟାନ୍ୟ ଆର୍ଥିକ ଲଗାଣକାରୀ ସଂସ୍ଥାମାନେ ବିରୋଧ କରିଥିଲେ । ଏହି ଗଣ୍ଡଗୋଳ ଏବେ ଆନ୍ତର୍ଜାତୀକ ନ୍ୟାୟାଳୟରେ ବିଚାରାଧୀନ ଅଛି । ଯଦିଓ ନିୟମାନୁଯାୟୀ ଧୀରେ ଧୀରେ ସମସ୍ତ ପ୍ରଯୁକ୍ତିବିଦ୍ୟା ଭାରତକୁ ହସ୍ତାନ୍ତର କରିବାର ସର୍ତ୍ତଥିଲା ତଥାପି ଗାଡ଼ିର ମୁଖ୍ୟ ଯନ୍ତ୍ରାଂଶ ଗିଅର ବକ୍ସଟି ଏ ପର୍ଯ୍ୟନ୍ତ ଜାପାନରୁ ଆସୁଥିଲା । ତେଣୁ ସୁଜୁକି କମ୍ପାନୀ ଏହି ଉଦ୍ୟୋଗରୁ ଓହରି ଗଲେ ସମୁଦାୟ କାର ବଜାରରେ ମାରୁତି ସୁଜୁକି ଯେଉଁ ଅପୂରଣୀୟ କ୍ଷତି ହେବ ତାହା ହୁଏତ ନିକଟ ଭବିଷ୍ୟତରେ ପୂରଣ ହେବା ଅସମ୍ଭବ । ଟାଟା, ହୁଣ୍ଡାଇ, ଏମ୍‌ଜିଏମ୍ ଇତ୍ୟାଦି କମ୍ପାନୀର କାରମାନେ ଭାରତୀୟ ବଜାରେ ଭିଡ଼ ଜମାଇଲେଣି ।

ଏପଟେ ମାରୁତି ସୁଜୁକିକୁ ସୁଜୁକି କର୍ପୋରେସନ ବ୍ଲାକ୍‌ମେଲ କରିବାକୁ ଆରମ୍ଭ କଲାଣି । ମାରୁତି ଉଦ୍ୟୋଗ ଏକ ସରକାରୀ ଯୌଥ ଉଦ୍ୟୋଗ ହୋଇଥିବାରୁ ହୁଏତ ସୁଜୁକି କର୍ପୋରେସନ ନିଜ ପ୍ରଚେଷ୍ଟାରେ ସଫଳ ହୋଇ ନ ପାରେ ହେଲେ ବେସରକାରୀ ଯୌଥ ଉଦ୍ୟୋଗରେ ଥିବା ଭାରତୀୟ କମ୍ପାନୀମାନେ ଯେ ନିକଟ ଭବିଷ୍ୟତରେ ଏପରି ସମସ୍ୟାର ସାମନା ନ କରିବେ ଏକଥା କିଏ କହିପାରିବ । ଶିଳ୍ପ ଭିତ୍ତିକ ଅର୍ଥବ୍ୟବସ୍ଥାରେ ବିଦେଶୀ କମ୍ପାନୀମାନେ ଭାରତୀୟ କମ୍ପାନୀମାନଙ୍କୁ ଏପରି ପକ୍ଷାଘାତ ବ୍ୟାଧିରେ ପକେଇ ସାରିଲା ପରେ ରାଜନୈତିକ ପରାଧୀନତା ବା ଆଉ କେତେଦୂର ?

■

ଫୋନ୍ ଟ୍ୟାପିଂ ଓ କର୍ପୋରେଟ ବିବାଦ

ଏକ ସୁସ୍ଥ ସାମାଜିକ ବ୍ୟବସ୍ଥାର ମାନଦଣ୍ଡ ହେଉଛି ଏଥିରେ ପ୍ରଚଳିତ ମୂଲ୍ୟବୋଧର ଧାରା । ସମାଜଟି ଏକ ସାମଗ୍ରିକ ବ୍ୟବସ୍ଥା ହୋଇଥିବାରୁ ଏଥିରେ ଥିବା ବିଭିନ୍ନ ଉପବ୍ୟବସ୍ଥା ଓ ସଂଗଠନମାନଙ୍କର ପରସ୍ପର ମଧ୍ୟରେ ଆଦାନପ୍ରଦାନ ଓ ସମ୍ପର୍କର ସାଧୁତାକୁ ନେଇ ସମଗ୍ର ସମାଜଟି କେଉଁ କେଉଁ ଉଚ୍ଚ ମୂଲ୍ୟବୋଧ ଉପରେ ପର୍ଯ୍ୟବସିତ ହୋଇଛି ତାହା ଜଣାପଡ଼େ । ଯେପରି ଏକ ଜଳପ୍ରପାତର ନିମ୍ନମୁଖୀ ଜଳଧାରା ମାଟି ଉପରେ ପଡି ବହିଯିବା ପୂର୍ବରୁ ଖଣ୍ଡ ଖଣ୍ଡ ଜଳକଣାରେ ରୂପାନ୍ତରିତ ହୋଇଯାଏ ସେହିପରି ଅଧୋଗତିର ଧାରାରେ ପ୍ରବହମାନ ଏକ ସମାଜର ପ୍ରତ୍ୟେକଟି ଉପବ୍ୟବସ୍ଥାରେ ସ୍ଥିରୀକୃତ ମୂଲ୍ୟବୋଧ ଖଣ୍ଡ ଖଣ୍ଡ ହୋଇଯାଏ । ବୋଧହୁଏ ଆର୍ଥିକ ପ୍ରାବଲ୍ୟ ହେତୁ ବ୍ୟବସାୟ ବ୍ୟବସ୍ଥାକୁ ସର୍ବ ପ୍ରଥମେ ଅଧୋଗତିର ପରିଚାୟକ ବୋଲି ଧରି ନିଆଯାଇଥାଏ । ଭାରତବର୍ଷରେ ବ୍ୟବସାୟ କ୍ଷେତ୍ରରେ ଘଟିଥିବା ଲୋମହର୍ଷଣକାରୀ ଫୋନ୍ ଟ୍ୟାପିଂ ମାମଲାକୁ ଆଲୋଚନା କଲେ ଏପରି ଧାରଣାଟିଏ ଜନ୍ମନେବା ସ୍ୱାଭାବିକ ।

ଯେଉଁ କେତେକ କମ୍ପାନୀ ଉଚ୍ଚ ମୂଲ୍ୟବୋଧର ଡିଣ୍ଡିମ ପିଟି ସେମାନଙ୍କର

ବ୍ୟବସାୟରେ ସଫଳ ହୋଇଛନ୍ତି ସେମାନଙ୍କ ମଧ୍ୟରେ ଟାଟା କମ୍ପାନୀ ଅନ୍ୟତମ। ଏହାର ପ୍ରମୁଖ ଅଂଶୀଦାର ହେଉଛନ୍ତି ଟାଟା ସନ୍‌ସ। ରତନ ଟାଟା ଏହି ସଂସ୍ଥାର ମୁଖ୍ୟ ହୋଇଥିଲାବେଳେ କ୍ରିଷ୍ଣକୁମାର ଏହାର ପରିଚାଳନା ନିର୍ଦ୍ଦେଶକ ଥିଲେ। ଆସାମରେ ଭାରତରର ପ୍ରମୁଖ ଚା' କମ୍ପାନୀମାନଙ୍କର ଚା' ବଗିଚା ରହିଛି। ସର୍ବାଧିକ ଚା' ବାଗାନର ମାଲିକାନା ରହିଛି ଟାଟା ଟି ହାତରେ। ଆସାମରେ ରାଜନୈତିକ ବ୍ୟବସ୍ଥା ଏବେ ତଳିତଳାନ୍ତ। ଉଲ୍‌ଫା ଉଗ୍ରପନ୍ଥୀ ଗୋଷ୍ଠୀ ସମଗ୍ର ବ୍ରହ୍ମପୁତ୍ର ଉପତ୍ୟକାରେ ମୃତ୍ୟୁର ତାଣ୍ଡବଲୀଳା ଚଳେଇଛନ୍ତି। ଏମାନେ ହତ୍ୟା, ଅପହରଣ, ଲୁଣ୍ଠନ ଇତ୍ୟାଦି କାର୍ଯ୍ୟରେ ଲିପ୍ତ ରହି ଯେଉଁ ବିଚ୍ଛିନ୍ନତାବାଦୀ ଆନ୍ଦୋଳନ ଚଳାଇଛନ୍ତି ତାହା ଏବେ ଆସାମର ଭୌଗୋଳିକ ପାଚେରି ଡେଇଁ ସମଗ୍ର ଭାରତବର୍ଷରେ ନିନ୍ଦିତ।

ତେଣୁ ବ୍ୟବସାୟିକ ପ୍ରତିଷ୍ଠାନଗୁଡ଼ିକ ଏମାନଙ୍କର ଅତ୍ୟାଚାରରେ ଅତିଷ୍ଠ ହୋଇ ଆସାମରୁ ବ୍ୟବସାୟ ବନ୍ଦ କରିସାରିଲେଣି। ଆସାମର ମୁଖ୍ୟମନ୍ତ୍ରୀ ଏହି ହିଂସ୍ର ଆନ୍ଦୋଳନକୁ ଦମନ କରିବାରେ ଅକ୍ଷମ, କାରଣ ତାଙ୍କ ନିଜର ରାଜନୈତିକ ଜନ୍ମ ଏପରି ଏକ ହିଂସ୍ର ଆନ୍ଦୋଳନରୁ ହୋଇଛି। ଭୌଗୋଳିକ ଦୃଷ୍ଟିକୋଣରୁ ମଧ୍ୟ ବ୍ରହ୍ମପୁତ୍ରର ଅପରପାର୍ଶ୍ୱରେ ଥିବା ଉଲ୍‌ଫା ସାମ୍ରାଜ୍ୟ ଉପରେ ଆସାମ ସରକାରଙ୍କର କୌଣସି ଅଙ୍କୁଶ କାର୍ଯ୍ୟକାରୀ ହେଉନାହିଁ। ଆସାମର ଚା' ବଗିଚା ଉପରେ ନିର୍ଭର କରୁଥିବା ଭାରତର ଚା' ବ୍ୟବସାୟ ଏହି ରାଜନୈତିକ ଧ୍ରୁବୀକରଣ ମଧ୍ୟରେ ସର୍ବାଧିକ କ୍ଷତିଗ୍ରସ୍ତ।

ଏଥିରୁ ମୁକ୍ତି ପାଇବା ପାଇଁ ଓ ବ୍ୟବସାୟକୁ ସରୁଖୁରୁରେ ଚଳେଇବା ପାଇଁ ଚା କମ୍ପାନୀଗଡ଼ିକ ଉଲ୍‌ଫା ସଂଗଠନକୁ ଆର୍ଥିକ ଓ ଅନ୍ୟାନ୍ୟ ଆନୁଷଙ୍ଗିକ ସୁବିଧା ଦେଉଛନ୍ତି। ତେଣୁ ଟାଟା କମ୍ପାନୀ ବା ଏଥିରୁ ବାଦ୍ ଯାଆନ୍ତା କିପରି ? ଯେଉଁମାନେ ଦେଶବିରୋଧୀ ଆନ୍ଦୋଳନ ଚଳାଇଛନ୍ତି ସେମାନଙ୍କୁ ସାହାଯ୍ୟ କରିବା ଦେଶବିରୋଧୀ କାର୍ଯ୍ୟ ସହ ସମାନ ଅଥଚ ସାମ୍ପ୍ରତିକ ସମୟର ବ୍ୟବସାୟ ପରିଚାଳକମାନଙ୍କର ମୂଲ୍ୟବୋଧ ଏତେ ନିମ୍ନସ୍ତରର ଯେ କେବଳ କମ୍ପାନୀର ଆର୍ଥିକ ଲାଭ ପାଇଁ ଏମାନେ ଉଲ୍‌ଫା ଗୋଷ୍ଠୀକୁ ବିଭିନ୍ନ ପ୍ରକାର ସହାୟତା ଯୋଗାଉଛନ୍ତି। ଏହି ସହାୟତା ପାଉଥିବା କମ୍ପାନୀମାନେ ପରୋକ୍ଷରେ ଅନ୍ୟ ସାଧାରଣ କମ୍ପାନୀ ଓ ଚା' ବଗିଚା ମାଲିକମାନଙ୍କୁ ରାସ୍ତାରୁ ହଟେଇ ପାରୁଛନ୍ତି।

ଭାରତୀୟ ଶିଳ୍ପରେ ଏକ ପ୍ରମୁଖ ଅନୁଷ୍ଠାନ ଟାଟା କମ୍ପାନୀ ଯାହା ମାନବିକ ମୂଲ୍ୟବୋଧ ଓ ଉତ୍ତମ ବ୍ୟବସାୟିକ ମନୋଭାବ ଲାଗି ବିଶ୍ୱବିଦିତ, ତାହାର ଜଣେ ପଦାଧିକାରୀ ବ୍ରଜେନ୍ ଗୋଗୋଇ କିଛି ଉଲ୍‌ଫା ଉଗ୍ରପନ୍ଥୀଙ୍କୁ କଲିକତାର ଏକ ଚିକିତ୍ସାଳୟରେ ଚିକିତ୍ସା ସୁବିଧା ଯୋଗାଇ ଦେଇଛନ୍ତି। ଶ୍ରୀ ଗୋଗୋଇ ଯେ, ନିଜ

ଇଚ୍ଛାରେ ଏପରି କରିଥିଲେ ତାହା ନୁହେଁ; କମ୍ପାନୀର ପରିଚାଳନା ମୁଖ୍ୟ କ୍ରିଷ୍ଣକୁମାରଙ୍କ ଜ୍ଞାତସାରରେ ଏପରି କରାଯାଇଥିଲା। ଏହି ଘଟଣା ଜଣାପଡ଼ିବା ପରେ ସ୍ୱତଃ ଭାରତ ସରକାର ଓ ଆସାମ ସରକାର ଶ୍ରୀ ଗୋଗୋଇଙ୍କୁ ଧରିବା ପାଇଁ କାର୍ଯ୍ୟକ୍ରମ ଆରମ୍ଭ କଲେ ଅଥଚ ସେତେବେଳକୁ ଗୋଗୋଇ ଆମେରିକାରେ ବୋଲି ଟାଟା କମ୍ପାନୀ ତରଫରୁ ସ୍ପଷ୍ଟୀକରଣ ଦିଆଗଲା। ମାତ୍ର ପରେ ଜଣାପଡ଼ିଲା ଯେ, ସେ କଲିକତାସ୍ଥିତ ଟାଟା ଗେଷ୍ଟହାଉସରେ ରହୁଥିଲେ। ଜଣେ ବ୍ୟକ୍ତିବିଶେଷଙ୍କ ନାମରେ ଇଣ୍ଟରପୋଲ ର ସର୍ଚ୍ଚ ୱାରେଣ୍ଟ ବାହାରି ସାରିଲା ପରେ ମଧ୍ୟ ସେ ନିଜ କମ୍ପାନୀର ମୁଖ୍ୟଙ୍କ ଜ୍ଞାତସାରରେ ଭାରତବର୍ଷରେ ଥିଲେ। ତେଣୁ ସନ୍ଦେହର ବଳୟ ଭିତରକୁ ସ୍ୱତଃ କମ୍ପାନୀର ମୁଖ୍ୟ ନିର୍ଦ୍ଦେଶକ କ୍ରିଷ୍ଣକୁମାର ଆସିଗଲେ।

ମୂଲ୍ୟବୋଧର ଯେଉଁ ପତନ କଥା କୁହାଯାଉଥିଲା ତାହା ହୁଏତ ଏଇଠି ସରିଯାଇଥାଆନ୍ତା ଯଦି ଶ୍ରୀ ଗୋଗୋଇ ଓ କ୍ରିଷ୍ଣକୁମାରଙ୍କୁ ଗିରଫ କରି ଉଗ୍ରପନ୍ଥୀମାନଙ୍କୁ ସାହାଯ୍ୟ କରିବା ଅଭିଯୋଗରେ ଦଣ୍ଡିତ କରାଯାଇଥାଆନ୍ତା। ଅଥଚ ଭାରତର ଅନ୍ୟତମ ପ୍ରମୁଖ ଖବରକାଗଜ 'ଇଣ୍ଡିଆନ ଏକ୍ସପ୍ରେସ'ରେ ପ୍ରକାଶିତ ଫୋନ ଟ୍ୟାପିଂ ଘଟଣା ସମଗ୍ର ଘଟଣାକୁ ଏକ ନୂଆମୋଡ଼ ଦେଲା। ଆଇନର ଆଖିରେ ଅପରାଧୀ ଯେତେ ଉଚ୍ଚସ୍ଥାନରେ ଥିଲେ ମଧ୍ୟ ସେ ଅପରାଧୀ। ଅଥଚ ଏହି ପ୍ରମୁଖ ବ୍ୟବସାୟ ସଂସ୍ଥାର ମୁଖ୍ୟଙ୍କୁ ବଞ୍ଚାଇବା ପାଇଁ ଭାରତର ପ୍ରମୁଖ ବ୍ୟବସାୟୀ ତଥା ବମ୍ବେ ଡାଇଂର ମୁଖ୍ୟ ନୁସ୍‌ଲି ୱାଡ଼ିଆ ଓ ମହିନ୍ଦ୍ରା କମ୍ପାନୀର ମୁଖ୍ୟ କେଶୁବ୍ ମହିନ୍ଦ୍ରାଙ୍କର ଲବି ଭାରତୀୟ ବ୍ୟବସାୟୀମାନଙ୍କର ଅନ୍ୟ ଏକ ଦିଗ ଉଦ୍‌ଭାସିତ କଲା। ବ୍ୟବସାୟୀ ଓ ଶିଳ୍ପପତିମାନଙ୍କର ରାଜନୈତିକ ଦଳମାନଙ୍କୁ ମୋଟା ଅଙ୍କର ଅର୍ଥ ପ୍ରଦାନ ବିଷୟରେ ପ୍ରାୟ ସଭିଏଁ ଜାଣିଥିଲେ ସଚେତନ।

ରାଜନୈତିକ ଦଳଗୁଡ଼ିକ ମଧ୍ୟ ନିର୍ବାଚନ ସମୟରେ ମୋଟା ଅଙ୍କର ଅର୍ଥ ନେଇ ବ୍ୟବସାୟୀଗୋଷ୍ଠୀକୁ ନାନା ପ୍ରକାରର ସୁବିଧା ଦେଉଥିଲେ। ଅଥଚ ନିଜ ଦେଶରେ ଶିଳ୍ପପତିମାନେ ବିଚ୍ଛିନ୍ନତାବାଦୀ ଗୋଷ୍ଠୀକୁ ଅର୍ଥ ଦେଇ ସରକାର ବିରୁଦ୍ଧରେ ଷଡ଼ଯନ୍ତ୍ର ଓ ଗୃହଯୁଦ୍ଧ ଚଳାଇବା ଘଟଣା ପ୍ରଥମ। ପୁଣି ଏପରି ଜଘନ୍ୟ କାର୍ଯ୍ୟରେ ଲିପ୍ତ ଥିବା ବ୍ୟକ୍ତିବିଶେଷଙ୍କୁ ବଞ୍ଚାଇବା ପାଇଁ ବ୍ୟବସାୟୀ ସମାଜର ଅନ୍ୟ ସଭ୍ୟମାନେ ତଥା ପାର୍ଲାମେଣ୍ଟ ସଦସ୍ୟ ଜୟନ୍ତ ମାଲହୋତ୍ରା ଓ ଫିଲ୍ଡ୍ ମାର୍ସାଲ ମ୍ୟାନେକ୍‌ସାଙ୍କ ପରସ୍ପର ମଧ୍ୟରେ କଥୋପକଥନ ଆମ ସମାଜର ଭଙ୍ଗୁର ମୂଲ୍ୟବୋଧ ଓ କ୍ଷୁଦ୍ର ସ୍ୱାର୍ଥସାଧନ ପାଇଁ ବୃହତ୍ତର ସ୍ୱାର୍ଥର ବଳିଦେବାର ନମୁନା।

ଅନ୍ୟ ପକ୍ଷରେ ଟେଲିଫୋନ୍ ଟ୍ୟାପିଂ ଏକ ଜଘନ୍ୟ ଅପରାଧ। ଇଣ୍ଡିଆନ

ଟେଲିଗ୍ରାଫିକ୍ ଆକ୍ଟ ୧୮୮୫ ଅନୁସାରେ ଏହା ଏକ ଦଣ୍ଡନୀୟ ଅପରାଧ। ଏହି ଟ୍ୟାପିଂଦ୍ୱାରା ବ୍ୟକ୍ତିବିଶେଷଙ୍କ ପ୍ରାଇଭେସି ନଷ୍ଟ ହୋଇଥାଏ। ଘଟଣାଟି ଲୋମହର୍ଷଣକାରୀ ଏଇଥିପାଇଁ ଯେ, ଏହି ଟ୍ୟାପିଂ କେନ୍ଦ୍ର କିମ୍ବା ରାଜ୍ୟ ସରକାରଙ୍କ ତରଫରୁ କରାଯାଇନାହିଁ। ତେଣୁ ଏକ ବେସରକାରୀ ଗୋଇନ୍ଦା ସଂସ୍ଥା ଏହି କାର୍ଯ୍ୟକ୍ରମ ପଛରେ ରହିଛି। ସଂପ୍ରତି ରତନ ଟାଟା ଭାରତୀୟ ହୋଟେଲର ମୁଖ୍ୟ ଭାବରେ ନିର୍ବାଚିତ ହୋଇଛନ୍ତି ଏବଂ ଆସନ୍ତା ସାଧାରଣ ସଭାରେ ସେ ଏହି ଦାୟିତ୍ୱ ନେଇଥାଆନ୍ତେ ଓ କ୍ରିଷ୍ଣକୁମାର ଏହି ସଂସ୍ଥାର ସାଧାରଣ ପରିଚାଳକ ଭାବରେ ଅବସ୍ଥାପିତ ହୋଇଥାଆନ୍ତେ। ପୂର୍ବ ସାଧାରଣ ପରିଚାଳକ ଅଜିତ କେର୍କର ଚାହୁଁ ନ ଥିଲେ ଯେ, କ୍ରିଷ୍ଣକୁମାର ଏହି ଜାଗାରେ ଅବସ୍ଥାପିତ ହୁଅନ୍ତୁ। ତେଣୁ ସେ ହୁଏତ ବେସରକାରୀ ଗୋଇନ୍ଦା ଲଗାଇ ଏପରି କରିପାରିଥାଆନ୍ତି ବୋଲି ବରିଷ୍ଠ ଓକିଲ ରାମ ଜେଠ୍‌ମାଲାନୀ ପ୍ରକାଶ କରିଛନ୍ତି। ତେଣୁ ବ୍ୟକ୍ତିଗତ ଅସୂୟା ଓ ନଷ୍ଟ ମହତ ଆକାଙ୍‌କ୍ଷା ହେତୁ ସମଗ୍ର ଶିଳ୍ପ ସାମ୍ରାଜ୍ୟରେ ଏବେ ଏକ ଧୂଆଁଳିଆ ପରିସ୍ଥିତି।

ଯେଉଁ କେତେଗୋଟି ପ୍ରଶ୍ନ ଏବେ ଆମମାନଙ୍କୁ ଆନ୍ଦୋଳିତ କରୁଛି ସେଗୁଡ଼ିକ ମଧ୍ୟରେ ମୁଖ୍ୟ ପ୍ରଶ୍ନଟି ହେଉଛି ସାମାନ୍ୟ ଲାଭ ଓ ସୁବିଧା ପାଇଁ ଏକ ମୂଲ୍ୟବୋଧଭିତ୍ତିକ କମ୍ପାନୀ ବିଚ୍ଛିନ୍ନତାବାଦୀ କାର୍ଯ୍ୟକଳାପକୁ ପ୍ରୋତ୍ସାହନ ଦେବା ଉଚିତ ଥିଲା କି? ନିଜର ବ୍ୟବସାୟୀ ବନ୍ଧୁଙ୍କୁ ବଞ୍ଚାଇବା ପାଇଁ ଅନ୍ୟ ଶିଳ୍ପପତିମାନେ ଯେପରି ଭାବରେ ଚକ୍ରାନ୍ତ କରି ରାଜନୈତିକ ନେତା ଓ ବ୍ୟୁରୋକ୍ରାଟ୍‌ମାନଙ୍କ ସହ ନଗ୍ନ ଯୋଗାଯୋଗ କଲେ ତାହା ଦେଶର ସମୂହ ମଙ୍ଗଳ ପାଇଁ ନା ଭାଇ ବିରାଦରୀଙ୍କ ପାପରେ ଘଣ୍ଟ ଘୋଡ଼ାଇବା ପାଇଁ? ଟେଲିଫୋନ୍ ଟ୍ୟାପ କରି କେହି ଏପରି ଖବର ପରିବେଷଣ କରି କାହାର ପ୍ରାଇଭେସି ନଷ୍ଟ କରିବା ଉଚିତ୍ କି? ଏକ ପତନୋନ୍ମୁଖୀ ସମାଜରେ ଯେତେବେଳେ ମୂଲ୍ୟବୋଧର କ୍ଷୟ ହୁଏ ତାହା କେତେ ପ୍ରଭାବ ପକାଇପାରେ ଏଥିରୁ ଜଣାପଡୁଛି। ହୁଏତ ଏହା ପରେ କୌଣସି ବ୍ୟବସାୟୀ ଓ ଶିଳ୍ପପତି ଟେଲିଫୋନ୍ କରିବା ପୂର୍ବରୁ ପାଞ୍ଚଥର ଭାବିବ; ହେଲେ ଦେଶର ନିରାପତ୍ତା କଥା କିଏ ଭାବୁଛି?

ଅର୍ଥନୈତିକ ଅନ୍ଧତ୍ୱ

ସମଗ୍ର ବିଶ୍ୱରେ ଶୀତଳଯୁଦ୍ଧ ପରେ ପରେ ଯେଉଁ ଗୋଲକୀକରଣ ପ୍ରକ୍ରିୟା ଆରମ୍ଭ ହୋଇଥିଲା ତାହାର ଫଳାଫଳ ଓ ପ୍ରବାହମାନ ଧାରାର ଭବିଷ୍ୟତ ବିଷୟରେ ପ୍ରାୟ ସଭିଏଁ ଊଣା ଅଧିକେ ସଚେତନ ହୋଇ ସାରିଲେଣି। ନବେଦଶକର ପ୍ରାରମ୍ଭରେ ମୁକ୍ତ ଅର୍ଥନୀତି ଓ ଗୋଲକୀକରଣର ଯେଉଁ ଘୋଷଯାତ୍ରା ଆରମ୍ଭ ହୋଇଥିଲା ତାହା ସତାନବେ ବେଳକୁ ଶିଥିଳ ହୋଇସାରିଥିଲା। ଅବଶ୍ୟ ଉଦାର ଅର୍ଥନୈତିକ ପ୍ରକ୍ରିୟା ଫଳରେ ଆମର ବିକାଶଧାରାର ପ୍ରକ୍ରିୟା ଯେ, ତ୍ୱରାନ୍ୱିତ ହୋଇ ନାହିଁ ସେପରି କହିହେବ ନାହିଁ। ଆମର ଉନ୍ନତିର ହାର ପ୍ରାୟ ଛଅରୁ ସାତ ଶତାଂଶ ରହିଛି। ରପ୍ତାନି ବାର୍ଷିକ ଅଠରରୁ କୋଡ଼ିଏ ଶତାଂଶ ବୃଦ୍ଧି ପାଇଛି। ଆମେ ଏହି ପ୍ରକ୍ରିୟା ଏପରି ଏକ ସମୟରେ ଆରମ୍ଭ କରିଥିଲେ ଯେ ଆମର ଦେୟ ସନ୍ତୁଳନ (Balance of Payment) ମାତ୍ର ଦୁଇମାସ ପାଇଁ ଥିଲା।

ସିଧାସଳଖ ବିଦେଶୀ ପୁଞ୍ଜିବିନିଯୋଗର ମାତ୍ରା ବହୁତ କମ୍। ଏହି ସିଧାସଳଖ ବିନିଯୋଗ (Foreign Direct Investment) ଯେତେ ଅଧିକା ହେବ ବିଦେଶୀ ପୁଞ୍ଜି ସେତିକି ଦୀର୍ଘମିଆଦି ହେବ ବୋଲି ସାଧାରଣରେ ଏକ ଧାରଣା ରହିଛି। ତେଣୁ ବିଦେଶଗତ ପୁଞ୍ଜିର ସ୍ଥାୟିତ୍ୱ ଉପରେ ସନ୍ଦେହ ଲାଗି ରହିଛି।

ଏପରି ସନ୍ଦେହ ମଧ୍ୟ ଅମୂଳକ ନୁହେଁ। ମାଲେସିଆର ଅର୍ଥନୈତିକ ବିପର୍ଯ୍ୟୟର

ମୁଖ୍ୟ କାରଣ ହେଉଛି ଏହି ତରଳ ପୁଞ୍ଜି (Liquid Investment) । ଦ୍ୱିତୀୟ ବିଶ୍ୱଯୁଦ୍ଧ ପରବର୍ତ୍ତୀ ସମୟରେ ଅଧିକାଂଶ ଜାପାନୀ ପୁଞ୍ଜିନିବେଶକାରୀ ମାଲେସିଆରେ ପୁଞ୍ଜି ବିନିଯୋଗ କରିଥିଲେ ଅଥଚ ସାମାନ୍ୟ ରାଜନୈତିକ ପରିବର୍ତ୍ତନ, ଅର୍ଥନୀତିର ମନ୍ଥର ଅଭିବୃଦ୍ଧି ହାର ଓ ଉଦାର ଅର୍ଥନୀତିର ଦ୍ୱିତୀୟ ପର୍ଯ୍ୟାୟରେ ସରକାରୀ କଳର ଅଯଥା ହସ୍ତକ୍ଷେପ ଏବଂ ଅନ୍ୟପକ୍ଷରେ ମାଲେସିଆରେ ସ୍ଥାପିତ ଅଧିକାଂଶ ଶିଳ୍ପ ବ୍ୟବସାୟର ସମଗ୍ର ପୃଥିବୀ ବଜାରରେ ମଳିନ ଭବିଷ୍ୟତକୁ ଦେଖି ଏହି ବିଦେଶୀ ବିନିଯୋଗକାରୀମାନେ ହଠାତ୍ ତାଙ୍କର ଅର୍ଥ ଫେରାଇ ନେଇଗଲେ । ଗୋଟିଏ ଦେଶର ଅର୍ଥନୈତିକ ବ୍ୟବସ୍ଥାରେ ବିଦେଶୀ ପୁଞ୍ଜି ଥରେ ଏକ ଗୁରୁତ୍ୱର ଭୂମିକା ନେଇଗଲା ପରେ, ଏହାର ହଠାତ୍ ଉଠାଣ (Immediate Withdrawl) ପ୍ରଭାବରେ ସମ୍ପୂର୍ଣ୍ଣ ଅର୍ଥନୀତି ଧୂଳିସାତ୍ ହୋଇଯାଏ । ବ୍ରାଜିଲ ଓ ମାଲେସିଆରେ ଘଟି ଯାଇଥିବା ଅର୍ଥନୈତିକ ଚଡକ ଏହାର ପ୍ରକୃଷ୍ଟ ଉଦାହରଣ ।

ଭାରତୀୟମାନଙ୍କ ପାଇଁ ଚିନ୍ତାର ବିଷୟ କେବଳ ବିଦେଶୀ ପୁଞ୍ଜିର ପ୍ରକାର ଓ ବିନିଯୋଗ ପ୍ରକ୍ରିୟା ନୁହେଁ ବରଂ ମୁଣ୍ଡବ୍ୟଥାର କାରଣ ହେଉଛି ଦିଗଭ୍ରଷ୍ଟ ହେବାର ସୂଚନା । ଏଡ଼ିନ୍‌ବର୍ଗଠାରେ ଶେଷ ହୋଇଥିବା କମନୱେଲ୍‌ଥ ରାଷ୍ଟ୍ର ସମୂହର କାର୍ଯ୍ୟକ୍ରମରେ ଭାଷଣ ଦେଇ ପ୍ରଧାନମନ୍ତ୍ରୀ ଗୋଲକୀକରଣକୁ ଦୃଢ଼ ସମର୍ଥନ କରି ସ୍ୱତଃ ନିଜେ ବାହାବା ନେଇଥିଲେ । ଅଥଚ କୁଆଲାଲମ୍ପୁରଠାରେ ଅନୁଷ୍ଠିତ ଜି-୧୫ ରାଷ୍ଟ୍ର ସମୂହର ଅଭିଭାଷଣରେ ମାଲେସିଆର ପ୍ରଧାମନ୍ତ୍ରୀ ମହାଥିର ମହମ୍ମଦଙ୍କୁ ସମର୍ଥନ କରି ବିଦେଶୀ ପୁଞ୍ଜି ଓ ବହୁରାଷ୍ଟ୍ରୀୟ କମ୍ପାନୀ ବିରୁଦ୍ଧରେ ବିଷୋଦ୍‌ଗାର କରିଥିଲେ । ଏପରି ହେବାର କାରଣ କ'ଣ ? ଯଦି ଦେଶର ରାଷ୍ଟ୍ରମୁଖ୍ୟ ଅର୍ଥନୈତିକ ଧାରାକୁ ଏପରି ଦୋମୁହଁ ଛକପାଖରେ ନେଇ ଛାଡ଼ିଯାଆନ୍ତି ତେବେ ତାହା ଆମର ଦୁର୍ଭାଗ୍ୟ ନୁହେଁ ତ ଆଉ କ'ଣ ?

ବିଗତ କିଛିବର୍ଷ ମଧ୍ୟରେ ଅର୍ଥନୈତିକ ପ୍ରଗତିର ଧାରା ମଧ୍ୟ ମନ୍ଥର ହୋଇସାରିଲାଣି । ଏହାର କାରଣ ବ୍ୟାଖ୍ୟା କରିବାକୁ ଯାଇ ବିତ୍ତମନ୍ତ୍ରୀ ବାହ୍ୟପୁଞ୍ଜିର ଲାଭ, ଅର୍ଥନୈତିକ ବ୍ୟବସ୍ଥା ମଧ୍ୟରେ ହଜିଯାଇଛି ବୋଲି କହିବା ଦୁର୍ଭାଗ୍ୟଜନକ । ଭାରତୀୟ ଅର୍ଥନୀତିରେ ପରିବର୍ତ୍ତନଟି ଏବେବି ଗଣ ଦାରିଦ୍ର୍ୟ (Mass Poverty) ପାଖରେ ଅଟକି ରହିଛି । ଉଦାରୀକରଣ ପ୍ରକ୍ରିୟା ଏହି ଫାଙ୍କା (Gap)କୁ କମ୍ କରିବା ଜାଗାରେ ବୃଦ୍ଧି କରିବାରେ ଲାଗିଛି । ଯଦିଓ ମୁଦ୍ରାସ୍ଫୀତି ନିୟନ୍ତ୍ରଣରେ ଅଛି ବୋଲି କୁହାଯାଉଛି ତଥାପି ଏହାର ପ୍ରଭାବରେ ଦାରିଦ୍ର୍ୟ ସୀମାରେଖା ଉପରେ ଥିବା କିଛି ଶତାଂଶ ଲୋକ ଏବେ ସୀମାରେଖା ତଳେ । ତେଣୁ ପ୍ରକାରାନ୍ତରେ ଜୀବନ ଧାରଣ ମାନାଙ୍କ (Living Index) କମ ହେଉଛି ସିନା ବୃଦ୍ଧି ପାଇପାରୁନାହିଁ । ଯଦିଓ ଶତକଡା ଛଅରୁ ସାତ ଭାଗ ଅଭିବୃଦ୍ଧି ହାର କିମ୍ବା ସାମଗ୍ରିକ ସମ୍ପଦ

ସୃଷ୍ଟି ବିଷୟରେ କୌଣସି ତର୍କ ନାହିଁ ମାତ୍ର ଅର୍ଥନୈତିକ ତାରତମ୍ୟ ଏବେ ଚିନ୍ତାର ବିଷୟ ହୋଇଛି। ଗୋଲକୀକରଣ ଅର୍ଥନୀତିର ସଫଳ ଦେଶଭାବେ ଯୁକ୍ତରାଷ୍ଟ୍ର ଆମେରିକା ଓ ଇଂଲଣ୍ଡରେ ମଧ୍ୟ ଏହି ତାରତମ୍ୟ ବୃଦ୍ଧିପାଇଛି। ଅଥଚ ଗୋଲକୀକରଣ ବା ଉଦାରୀକରଣ ପ୍ରକ୍ରିୟାକୁ ମାଧ୍ୟମ କରି ସମାଜର ନିମ୍ନବର୍ଗକୁ ଉର୍ଦ୍ଧ୍ୱମୁଖୀ କରିବାରେ ଭାରତୀୟ ଅର୍ଥନୀତିର ସାମଗ୍ରିକ ବିଫଳତା ଚିନ୍ତାର ବିଷୟ। ତେଣୁ ଭାରତକୁ ସର୍ବନିମ୍ନ ଉନ୍ନତ ଦେଶ (Least Developed Counrty)ର ଦର୍ଜା ଦିଆଯିବା ଯୁକ୍ତି ଯୁକ୍ତ କି ?

ବିଗତ କିଛି ବର୍ଷ ମଧ୍ୟରେ ହୋଇଥିବା ମନ୍ଦି ଦ୍ୱାର ଗୋଲକୀକରଣର ଫଳାଫଳ ନିଶ୍ଚିତ ଭାବରେ ଉତ୍ସାହଜନକ ନୁହେଁ। ଏଥିପାଇଁ ଯେତିକି ମାତ୍ରାରେ ଯୋଜନାକାରୀମାନେ ଦାୟୀ, ସେତିକି ମାତ୍ରାରେ ଭାରତୀୟ ଚିନ୍ତାଶକ୍ତିର ବାର୍ତ୍ତାବହ ଅର୍ଥନୈତିକ ସମାଲୋଚକମାନେ ମଧ୍ୟ ଦାୟୀ। ଜନସଂଖ୍ୟା ଦୃଷ୍ଟିରୁ ଭାରତର ମାତ୍ରା ସହ ସମାନ, ଚୀନ ସହ ଆମେ ନିଜର ଅର୍ଥନୈତିକ ଅଭିବୃଦ୍ଧିକୁ ତୁଳନା କରିବା ସ୍ୱାଭାବିକ। ଆମେମାନେ ଭୁଲିଯିବା ଉଚିତ ନୁହେଁ ଯେ ଚୀନର ଆମେରିକା ସହ ବାଣିଜ୍ୟ ବଳକା ଭାଗ (Trade Surplus) ଭାରତର ସମୁଦାୟ ରପ୍ତାନିଠାରୁ ମଧ୍ୟ ଅଧିକ। ଏହାର ବାର୍ଷିକ ସିଧାସଳଖ ବିଦେଶୀ ପୁଞ୍ଜି ନିବେଶ (FDI) ମଧ୍ୟ ଭାରତଠାରୁ ବହୁତ ଅଧିକ। ଯେଉଁ ଛଅ-ସାତ ଶତାଂଶ ବୃଦ୍ଧିରେ ଆମେ ଆମର ଉନ୍ନୟନ ଧାରା ଗତିଶୀଳ ବୋଲି ଡିଣ୍ଡିମ ପିଟୁଛୁ, ସେହି କ୍ରମରେ ଗଲେ ଭବିଷ୍ୟତରେ ଭାରତୀୟ ଅର୍ଥନୀତି ଚୀନ ଅର୍ଥନୀତିର ଏକତୃତୀୟାଂଶ ହେଇ ସାରିଥିବ।

ଗ୍ୟାଟ ରାଜିନାମାର ବିରୁଦ୍ଧାଚରଣ କରି ବିଶ୍ୱ ବାଣିଜ୍ୟ ସଂଗଠନ (WTO) ସିଙ୍ଗାପୁର ସଭାରେ ଆମେ ନିଜର ଅପାରଗ ପଣିଆ ଯେପରି ଦେଖାଇଛୁ, କୁଆଲାଲମ୍ପୁରର ଜି-୧୫ ସମ୍ମିଳନୀରେ ଏହି ବହୁ ଭାଗ ସନ୍ଧି (Multilateral Treatement) ପ୍ରତି ବିରୋଧାଭାସ ପ୍ରକାଶ କରି ଆମର ଉଦାର ଅର୍ଥନୈତିକ ବ୍ୟବସ୍ଥା ପ୍ରତି ଥିବା ଘୃଣ୍ୟ ଦୃଷ୍ଟିପାତକୁ ବିଶ୍ୱ ବାଣିଜ୍ୟ ଦରବାରରେ ଉପସ୍ଥାପିତ କରିଛୁ।

ବିଶ୍ୱ ବାଣିଜ୍ୟ ସଙ୍ଗଠନର ପରିଚାଳନା ନିର୍ଦ୍ଦେଶକଙ୍କ ମତରେ ଆଉ କିଛିବର୍ଷ ମଧ୍ୟରେ ଏପରି ଏକ ଚୁକ୍ତିନାମା ସମ୍ପାଦିତ ହୋଇଯିବ।

ତେଣୁ ଆଭ୍ୟନ୍ତରୀଣ ଅର୍ଥନୈତିକ ପ୍ରକ୍ରିୟାରେ ଥିବା ନିଜର ଦୁର୍ବଳତାକୁ ନ ସୁଧାରି ସାମନାରେ ଆସୁଥିବା ସୁଯୋଗ ପ୍ରତି ଦ୍ୱାର ବନ୍ଦ କରିଦେବାର ଅର୍ଥ କେବଳ ବିଶ୍ୱ ବାଣିଜ୍ୟରେ ପଛେଇଯିବା ନୁହେଁ ବରଂଚ ଏକ ମଙ୍ଗଳକାରୀ ଗଣତାନ୍ତ୍ରିକ ରାଷ୍ଟ୍ର ହିସାବରେ ଧନୀ-ଦରିଦ୍ର ତାରତମ୍ୟ ଦୂର ହେବାରେ ଅନ୍ତରାୟ ନୁହେଁ ତ ଆଉ କ'ଣ ହୋଇପାରେ।

ମାନସିକ ଚାପ ଓ ବ୍ୟକ୍ତି ଚରିତ୍ର

ମାନସିକ ଚାପ ପରି ଏକ ଆପେକ୍ଷିକ ଶବ୍ଦର ବ୍ୟବହାର ବିଷୟରେ ଊଣା ଅଧିକେ ସମସ୍ତେ ସଚେତନ। ଏପରି ସଚେତନଶୀଳ ହେବା ପଛରେ ଯେଉଁ ଦୁଇଟି ପ୍ରମୁଖ କାରଣ ରହିଛି ସେଗୁଡ଼ିକ ହେଲା ଆମ ଜୀବନ ଧାରଣ ପ୍ରଣାଳୀର ଗତି ଓ ବ୍ୟକ୍ତି ଚରିତ୍ର। ମାନସିକ ଚାପର ବଶବର୍ତ୍ତୀ ହେବାର କାରଣ ବିଷୟରେ ଆପଣ ଯଦି ଚିନ୍ତା କରନ୍ତି ତେବେ ଜାଣିପାରିବେ ଯେ 'ସମୟର ଅଭାବ' ଏହାର ଏକପ୍ରକାର ସ୍ଥିର ଉତ୍ତର। ମାତ୍ର ଏ ସମୟର ଅଭାବ ହୁଏ କାହିଁକି ?

ପ୍ରକାରାନ୍ତରେ ଦେଖିବାକୁ ଗଲେ ଆମେ ଯେଉଁ ଶରୀରଟିର ଅଧିକାରୀ ତାହା ଏତେ ସବୁ ଚାପ ଓ କାର୍ଯ୍ୟ ସମ୍ଭାଳିବା ପାଇଁ ଅନୁପଯୁକ୍ତ। କେତେ ହଜାର ବର୍ଷ ତଳେ ଗଢ଼ାହୋଇଥିବା ଶରୀରଟି କେତେକ ସିଧାସଳଖ ଶାରୀରିକ ପ୍ରତିକ୍ରିୟା ପାଇଁ ସୃଷ୍ଟି। ଅଥଚ କେଇ ବର୍ଷ ମଧ୍ୟରେ ଆମେ ନିଜ ଜୀବନରେ ଏତେ ମାତ୍ରାରେ ଗତି ବା ବେଗ (ଯାହା କୁହନ୍ତୁ) ଯୋଡ଼ି ଦେଇଛୁ ଯେ ଜିଇଁବା ଦୁର୍ବିସହ ହୋଇ ସାରିଲାଣି। ଏକ ଶିଳ୍ପ ସମୃଦ୍ଧ ସହରୀ ସଭ୍ୟତାରେ ଯେଉଁ ଘୋଡ଼ାଦୌଡ଼ ଚାଲିଛି ସେଥିରେ ସାମିଲ ମଣିଷ ତା'ର ନିଜ ଭିତରର ଅସମର୍ଥ ଭାବକୁ ଭୁଲିଯାଉଛି। ଭୁଲି ଯାଉଛି ଯେ, ଯାହା ସେ କରି ନ ପାରୁଛି ସେଥିପାଇଁ ସେ ସୃଷ୍ଟି ହୋଇନାହିଁ ବରଂ ଯେତିକି କରିପାରିଛି ସେତିକି ହିଁ ତା'ର ସାମର୍ଥ୍ୟ।

ଡା. ଉଗାନ ହର୍ଣ୍ଣ ନାମରେ ଜଣେ ବୈଜ୍ଞାନିକ ଉଦାହରଣ ସହ ଅତ୍ୟନ୍ତ ଚମତ୍କାର ଭାବରେ ଏହି ପ୍ରତିକ୍ରିୟାର ପ୍ରକିୟାକୁ ବ୍ୟାଖ୍ୟା କରିଛନ୍ତି। ଧରି ନିଆଯାଉ କେଇ ହଜାର ବର୍ଷ ତଳେ ଆପଣ ଜଣେ ସମର୍ଥ ପୁରୁଷ ହିସାବରେ ଗୋଟିଏ ଭାଲୁଚମଡ଼ା ତଳୁ ଏବଂ ଏକ ଅନ୍ଧାରୀ ଗୁମ୍ଫାରୁ ବାହାରକୁ ବାହାରିଲେ। ହାତରେ ଗୋଟିଏ ବର୍ଚ୍ଛା ଧରି ଆପଣ ହଠାତ୍ ଗୋଟିଏ ଜଙ୍ଗଲୀ ବାର୍‌ହାକୁ କିଛିବାଟ ଗଲା ପରେ ଦେଖିପାରିଲେ। ବାର୍‌ହାଟି ବି ଆପଣଙ୍କ ଦେହଗନ୍ଧ ବାରିପାରି ଅତି ଦ୍ରୁତଗତିରେ ପଶ୍ଚାତ୍‌ଧାବନ କଲା। ଆପଣ ନିକଟସ୍ଥ ଗଛ ଉପରେ ଚଢ଼ିଗଲେ। ଆପଣଙ୍କର ଶରୀରରେ ରକ୍ତଚାପ ଅଧିକ ହୋଇଗଲା।

ଅଧିକ ଅମ୍ଳଜାନର ଆବଶ୍ୟକତା ହେବାରୁ ଆପଣ ଜୋର୍‌ରେ ନିଶ୍ୱାସ ନେଲେ। ଖାଦ୍ୟଯନ୍ତ୍ରରେ ଅଧିକ ଆଡେରଲିନ କ୍ଷରିତ ହେଲା। ଆପଣ ଗଛ ଉପରୁ ବର୍ଚ୍ଛା ସହ ବାର୍‌ହାଟି ଉପରକୁ ଡେଇଁଲେ। ଯଦି ସଫଳ ତେବେ କିଛିଦିନ ପର୍ଯ୍ୟନ୍ତ ଖାଦ୍ୟ ଚିନ୍ତା ରହିଲା ନାହିଁ। ଯଦି ବିଫଳ ହେଲେ ତେବେ ଆପଣ ଆଉ କାହାର ଖାଦ୍ୟ ହୋଇଗଲେ। ତେଣୁ ଆପଣଙ୍କର ପ୍ରତିକ୍ରିୟାଟି ସମ୍ପୂର୍ଣ୍ଣ ଭାବରେ ଶାରୀରିକ କାରଣ ଏହି ସ୍ଥୁଳ ଶରୀରଟି ସେଥିପାଇଁ ହିଁ ନିର୍ମିତ।

ସେଇ 'ଆପଣ'ଟି ସାମ୍ପ୍ରତିକ ସମୟରେ ଏକ ବ୍ୟସ୍ତ ବହୁଳ ସହରରେ ରୁହନ୍ତି। ଗତ ରାତିରେ ଗୋଟିଏ ପାର୍ଟିରେ ଅତ୍ୟଧିକ ମଦ୍ୟପାନ କରିଥିବାରୁ ସକାଳୁ ଉଠିଲାବେଳେକୁ ଡେରି ହୋଇଯାଇଚି। ତେଣୁ କିଛି ଖାଦ୍ୟ ଯାହିତାହି ଚୋବାଇ ଆପଣ ଅଫିସ ବାହାରିଲେ। ରାସ୍ତାରେ ଟ୍ରାଫିକ୍ ରହିଥିବାରୁ ଏକ ସର୍ଟ-କଟ ରାସ୍ତା ଦେଇ ଗଲାବେଳେ ଆପଣଙ୍କର କାର ଗୋଟିଏ ରିକ୍ସାରେ ଘଷି ହୋଇଗଲା ଓ ଆଞ୍ଚୁଡ଼ା ଦାଗ ପଡ଼ିଗଲା। ଅଫିସ୍‌ରେ ପହଞ୍ଚି ଦେଖନ୍ତି ଯେ, ଆପଣଙ୍କର ସେକ୍ରେଟାରୀ ମିଛ ବାହାନାରେ ଦାନ୍ତ ବିନ୍ଧୁଛି କହି ମାସରେ ପଞ୍ଚମଥର ପାଇଁ ଛୁଟିରେ ରହିଯାଇଛି। କିଛି ବ୍ୟବସାୟିକ ଅତିଥି ଆପଣଙ୍କ ସହ କଥାବାର୍ତ୍ତା ହେବାକୁ ଚାହାନ୍ତି। ମୁଖ୍ୟ ଦପ୍ତରକୁ ସମୁଦାୟ ମାସର ବ୍ୟବସାୟ ବିଷୟରେ ଫ୍ୟାକ୍ସ ଯୋଗେ ଜଣେଇବା ପାଇଁ ନିର୍ଦ୍ଦେଶ ଆସିଛି। ଏତେସବୁ କାମ ସାରିଲାବେଳକୁ ରାତି ନଅଟା ବାଜି ଯାଇପାରେ ଅଥଚ ସନ୍ଧ୍ୟାରେ ପିଲାମାନଙ୍କୁ ରାତ୍ରିଭୋଜନ ପାଇଁ ନେଇଯିବାକୁ ଆପଣ କଥା ଦେଇଛନ୍ତି।

ଏତେ ସବୁ ସମସ୍ୟାକୁ ଆପଣ ଏକା ସାଙ୍ଗରେ ସାମ୍ନା କରୁଛନ୍ତି ଅଥଚ ଆପଣଙ୍କର ପ୍ରତିକ୍ରିୟା କରିବାର ଉପାୟଟି କେବଳ ସେହି ପୁରୁଣା ଶାରୀରିକ (Physical Response)। ଯେହେତୁ ଆପଣ ତରବରରେ ଖାଇ ଆସିଛନ୍ତି ତେଣୁ ଆପଣଙ୍କର ଅଜୀର୍ଣ୍ଣ ହୋଇପାରେ। ଅଫିସରେ ଦୀର୍ଘସମୟ ଧରି କାମ କରିବା ହେତୁ ଆପଣ ମାନସିକ ସ୍ତରରେ କ୍ଳାନ୍ତ ହୋଇପଡନ୍ତି। ତେଣୁ ଅଧସ୍ତନମାନଙ୍କ

ପ୍ରତି ଯେତିକି ସମ୍ବେଦନଶୀଳ ହେବା କଥା ହୋଇପାରୁନାହାନ୍ତି। ସାରାଦିନ କାର୍ଯ୍ୟ କରିବା ହେତୁ ନିଜର ଖାଇବା ଭୁଲି ଯାଇଛନ୍ତି। ତେଣୁ କ୍ଷାରଜନିତ ଉଦରପୀଡ଼ାରେ ପଡ଼ିପାରନ୍ତି। ସନ୍ଧ୍ୟାରେ ପିଲାମାନଙ୍କୁ ଦେଇଥିବା କଥା ରଖି ପାରିନଥିବାରୁ ରାତିରେ ସୁନିଦ୍ରା ପାଆନ୍ତି ନାହିଁ। ତେଣୁ ଆପଣ ମାନସିକ ଚାପର ବଶବର୍ତ୍ତୀ ହେବା ସ୍ୱାଭାବିକ। ଏକ ବିଂଶ ଶତାବ୍ଦୀରେ ହେଉଥିବା ପ୍ରମୁଖ ରୋଗ ଯଥା କ୍ୟାନସର୍, ଏସିଡିଟି, ମାଇଗ୍ରେନ ଏବଂ ଆତ୍ମହତ୍ୟାର କାରଣ ମଧ୍ୟ ଏହି ମାନସିକ ଚାପ। ଏହା ପ୍ଲେଗ୍ ରୋଗ ପରି ଆମର ଆଧୁନିକ ଜୀବନକୁ ଗ୍ରାସ କରିଚାଲିଛି।

ମାନସିକ ଚାପର ବଶବର୍ତ୍ତୀ ତ ସମସ୍ତେ ହୁଅନ୍ତି ମାତ୍ର କେତେକଙ୍କ କ୍ଷେତ୍ରରେ ଏହାର କୁପ୍ରଭାବ ବାରି ହୋଇପଡ଼େ। ଏପରି ହେବାର କାରଣ ହେଉଚି ବ୍ୟକ୍ତି ଚରିତ୍ର ଓ ଚିନ୍ତନ। ଗୋଟିଏ ଉଦାହରଣ ଦିଆଯାଇପାରେ। ଗୋଟିଏ କମ୍ପାନୀରେ ଜଣେ ଯୁବକ ଓ ଅନ୍ୟଜଣେ ମଧ୍ୟବୟସ୍କ ଭଦ୍ର ମହିଳା ଏକା ସମୟରେ ଚାକିରିରେ ଯୋଗ ଦିଅନ୍ତି। ଯଦିଓ ଉଭୟଙ୍କର ବିଭାଗ ଅଲଗା ତଥାପି ଗୋଟିଏ ଅନୁଷ୍ଠାନର କର୍ମୀ ହିସାବରେ କ୍ରିୟା-ପ୍ରତିକ୍ରିୟା ରହିବା ସ୍ୱାଭାବିକ। ଯୁବକ ଜଣଙ୍କ କର୍ମନିଷ୍ଠ ଓ ଚାକିରି ସ୍ତର ନିର୍ବିଶେଷରେ ସମସ୍ତଙ୍କ ସହ ବନ୍ଧୁତ୍ୱପୂର୍ଣ୍ଣ, ଦରକାର ସମୟରେ ସାହାଯ୍ୟ ନିଷ୍ଠ ଓ ସର୍ବୋପରି କର୍ମସଚେତନ ହୋଇଥିବାରୁ ଜନପ୍ରିୟ ହେବା ସ୍ୱାଭାବିକ।

ମଧ୍ୟବୟସ୍କା ଭଦ୍ର ମହିଳା କିଛି ବର୍ଷ ଗୃହକର୍ମ କଲାପରେ କମ୍ପାନୀରେ ଯୋଗ ଦେଇଥିବାରୁ ଓ ନିଜଠାରୁ ବୟସରେ ସାନ ବ୍ୟକ୍ତିଙ୍କ ସହ କାର୍ଯ୍ୟ କରୁଥିବାରୁ ଏକ ପ୍ରକାର ମାନସିକ ନ୍ୟୁନତାର ଶିକାର ହୋଇଯାଆନ୍ତି। ଏହି ନ୍ୟୁନତା ହେତୁ ସେ ଅଧଃସ୍ତନମାନଙ୍କ ସହ ଦୁର୍ବ୍ୟବହାର କରିବା, ସାଧାରଣ ଶୀଳୀନତା ନ ରଖି କଥାବର୍ତ୍ତା କରିବା, ଅସୂୟାର ବଶବର୍ତ୍ତୀ ହୋଇ ଅନ୍ୟାର୍ଥ ମନ୍ତବ୍ୟ ଇତ୍ୟାଦି ଦେବାରେ ଲାଗନ୍ତି। ନିଜର କର୍ମ ସଚେତନତା ନ ଥିବାରୁ ଅନ୍ୟମାନଙ୍କ ମଧ୍ୟରେ ଶ୍ରଦ୍ଧାଭାଜନ ହୋଇପାରନ୍ତିନାହିଁ। ଫଳସ୍ୱରୂପ ପ୍ରତିଶୋଧ ପରାୟଣା ହୋଇ ନିଜ ସହ ଯୋଗ ଦେଇଥିବା ସହକର୍ମୀଙ୍କର ନିନ୍ଦାଗାନ କରନ୍ତି। ତେଣୁ ବ୍ୟକ୍ତି ଚରିତ୍ରର ବିକାଶ ଧାରାଟି ଆଉ କାର୍ଯ୍ୟକ୍ଷମ ହୋଇପାରେନାହିଁ। ସାଧାରଣ ସ୍ୱାର୍ଥର ସ୍ଥିତିଟିକୁ ବିପନ୍ନ କରି ଦିଅନ୍ତି। ଏହା କେବଳ ତାଙ୍କର ମାନସିକ ସନ୍ତୁଳନ ଓ ଶାନ୍ତିରେ ବ୍ୟାଘାତ ଆଣେ ନାହିଁ ବରଂ ସମଗ୍ର କମ୍ପାନୀର ବାୟୁମଣ୍ଡଳକୁ ପ୍ରଦୂଷିତ କରିଥାଏ।

ଏହି କ୍ଷେତ୍ରରେ ଅନ୍ୟ ବ୍ୟକ୍ତିଟି ଯେ ମାନସିକ ଚାପର ବଶବର୍ତ୍ତୀ ନ ହୁଏ ଏ କଥା ନୁହେଁ ଅଥଚ ନିଜର ଲକ୍ଷ୍ୟ ବୃହତ୍ତର ଥିବାରୁ ଓ ବ୍ୟକ୍ତିଗତ, ଜାଗତିକ ଦ୍ୱନ୍ଦ୍ୱର ଊର୍ଦ୍ଧ୍ୱରେ ଥିବାରୁ ଏପରି ବ୍ୟବହାର ତା' ଉପରେ ପ୍ରଭାବ ପକାଏ ନାହିଁ।

ଆଧୁନିକ ସମାଜରେ ବ୍ୟକ୍ତି ଚରିତ୍ରର ଅଧୋଃପତନ ହିଁ ସାମୁହିକ ଚରିତ୍ରର ଅଧୋଃପତନର କାରଣ। ଫଳସ୍ୱରୂପ କ୍ଷୁଧିତ ବାଜପକ୍ଷୀ ପରି ବସ୍ତୁକୈନ୍ଦ୍ରିକ ସମାଜରେ ମାନସିକ ଚାପ ଓ ତତ୍‌ଜନିତ ସମସ୍ୟାଗୁଡ଼ିକ ଡେଣା ମେଲାଇବାରେ ଲାଗିଛନ୍ତି।

ପୁରାତନ ସଂସ୍କାର, ସହନଶୀଳତା, ସଭ୍ୟ ଆଚରଣ ଇତ୍ୟାଦି ଆଧୁନିକ ସମାଜରେ ଆଉ ଉତ୍ତମ ମାନବତାର ମୂଲ୍ୟବୋଧ ହିସାବରେ ପରିଗଣିତ ହେଉନାହିଁ। ବରଂ ଔଦ୍ଧତ୍ୟ, ପରସ୍ପରକୁ ଯେନତେନ ପ୍ରକାରଣେ ଟପିଯିବାର ନିଶାରେ ନିତି ପ୍ରତିହତ ହେଉଥିବା ବ୍ୟକ୍ତି ଚରିତ୍ରର ଅବକ୍ଷୟ ଓ ଆକ୍ରମଣାତ୍ମକ ମନୋଭାବ (Aggression) ମନୁଷ୍ୟକୁ ଅତ୍ୟଧିକ ମାନସିକ ଚାପର ବଳୟ ଭିତରକୁ ଠେଲି ଦେଉଛି।

ପର୍ଯ୍ୟଟନ ବ୍ୟବସାୟର ଭବିଷ୍ୟତ

କୋଭିଡ୍ ମହାମାରୀର ପ୍ରଭାବ ସର୍ବାଧିକ ପର୍ଯ୍ୟଟନ ଓ ହୋଟେଲ ବ୍ୟବସାୟ ଉପରେ ପଡ଼ିଛି। ନଅ ଟ୍ରିଲିଅନ୍‌ର ପର୍ଯ୍ୟଟନ ଅର୍ଥନୀତି ହଠାତ୍ ଏକ ଅବ୍ୟବସ୍ଥିତ ପରିସ୍ଥିତିରେ ପହଞ୍ଚିଯାଇଛି। ଅନ୍ତର୍ଜାତୀୟ ପର୍ଯ୍ୟଟନ ସାମ୍ରଗିକ ଭାବରେ ବନ୍ଦ ହୋଇଯିବା ଫଳରେ ବହୁତ ଲୋକଙ୍କର ରୋଜଗାର ଛିନ୍ନ ହୋଇଯାଇଛି। ପର୍ଯ୍ୟଟନ ଶିଳ୍ପର ମୁଖ୍ୟ ବିଭାଗ ଯଥା ହୋଟେଲ, ରେଷ୍ଟୋରାଁ ଏବଂ ଆନୁସଙ୍ଗିକ ଶିଳ୍ପ ଉପରେ ନକାରାତ୍ମକ ପ୍ରଭାବ ଫଳରେ ଏହି ଶିଳ୍ପ ଚାଳିଶ ପ୍ରତିଶତ କମିଯାଇଛି।

ବିଭିନ୍ନ ଦେଶ ମଧ୍ୟରେ ଯାତାୟତ ବନ୍ଦ ହେବା ଫଳରେ ବିମାନ କମ୍ପାନୀମାନେ ମଧ୍ୟ ସେମାନଙ୍କ କ୍ଷତିଭରଣା କରିବାପାଇଁ ଲମ୍ବା ସମୟ ନେବେ। କିନ୍ତୁ ଏହିପରି ସମସ୍ୟା ମାନବଜାତିକୁ ସଦାସର୍ବଦା ଗ୍ରହଣ କରିବା ସହ ଆଗକୁ ବଢ଼ିବାରେ ପ୍ରେରଣା ଯୋଗାଇଛି। ତେଣୁ ଭବିଷ୍ୟତରେ ପର୍ଯ୍ୟଟନ ବ୍ୟବସାୟର ଆଧାର ସାମ୍ପ୍ରତିକ ପର୍ଯ୍ୟଟନ ବ୍ୟବସ୍ଥାଠାରୁ ନିଶ୍ଚିତ ଭାବରେ ଭିନ୍ନ ହେବ।

ପ୍ରଥମତଃ କୋଭିଡ୍‌ର ଭୟ ପରସ୍ପରକୁ ସ୍ପର୍ଶ କରୁଥିବାରୁ ବ୍ୟାପିବାର ଆଶଙ୍କା ରହିଛି। ତେଣୁ ଭବିଷ୍ୟତର ବ୍ୟବସାୟ ସ୍ପର୍ଶହୀନ (Contactless) ହେବ। ଏହାଦ୍ୱାରା ପର୍ଯ୍ୟଟକମାନେ ବହୁତ ଜନଗହଳି ଅଞ୍ଚଳରେ ଅବସ୍ଥିତ ହୋଟେଲ ଏବଂ ରେଷ୍ଟୋରାଁକୁ ଯିବେ ନାହିଁ। ବିଭିନ୍ନ ସହରରେ ଥିବା ଅପେକ୍ଷାକୃତ ଛୋଟ

ଛୋଟ ଓ ଜନବସତିଠାରୁ ଦୂରରେ ଥିବା ହୋଟେଲ ଏବଂ ରେସ୍ତୋରାଁରୁ ପସନ୍ଦ କରିବେ।

ଦ୍ୱିତୀୟରେ, କୋଭିଡ୍ ପୂର୍ବବର୍ତ୍ତୀ ସମୟରେ ଆନ୍ତର୍ଜାତିକ ଯାତ୍ରୀ ଓ ପର୍ଯ୍ୟଟକମାନେ ବିଭିନ୍ନ ସ୍ଥାନକୁ ସିଧାସଳଖ (Direct Flight) ବିମାନ ଯାତ୍ରା କରିବେ। ତେଣୁ ଛୋଟ ଛୋଟ ପର୍ଯ୍ୟଟନସ୍ଥଳୀ ପ୍ରତି ଲୋକମାନଙ୍କର ଆଗ୍ରହ ବଢ଼ିବ।

ଦ୍ୱିତୀୟ କୋଭିଡ୍ ପୂର୍ବର ପର୍ଯ୍ୟଟନରେ ମୁଖ୍ୟସ୍ଥଳ (Hub)ମାନଙ୍କର ଭୂମିକା ଅତ୍ୟନ୍ତ ମହତ୍ତ୍ୱପୂର୍ଣ୍ଣ ଥିଲା। ଏଠାରୁ ପର୍ଯ୍ୟଟକମାନେ ନାନାପ୍ରକାର ଆମୋଦ ପ୍ରମୋଦ ଯଥା ସ୍ପର୍ଶକାତର ଖେଳ (Contact Sports), ଗଣନୃତ୍ୟ ଇତ୍ୟାଦିରେ ଭାଗ ନେଇଥିଲେ। କରୋନା ଭୟରେ ଏହି ଶିଳ୍ପ ଉପରେ ପ୍ରଭାବ ପଡ଼ିବ। କେତେକ ପର୍ଯ୍ୟଟନସ୍ଥଳୀ ଯଥା ଦୁବାଇ, ଗୋଆ, ଲାସ୍‌ଭେଗାସ୍ ଓ ମାକାଉ ପରି ସ୍ଥାନମାନଙ୍କରେ କମ୍ ପର୍ଯ୍ୟଟକ ଦେଖିବାକୁ ମିଳିବ।

ପ୍ରାକ୍ କୋଭିଡ୍ ସମୟରେ ପର୍ଯ୍ୟଟକମାନେ ନୂତନ ପର୍ଯ୍ୟଟନସ୍ଥଳୀକୁ ଯାତ୍ରା କରୁଥିଲେ। ଗ୍ରାମ୍ୟ ପର୍ଯ୍ୟଟନ (Rural Tourism) ପର୍ଯ୍ୟାବରଣୀୟ ପର୍ଯ୍ୟଟନ (Eco-Tourism), ପ୍ରାକୃତିକ ପର୍ଯ୍ୟଟନ (Natural Tourism) ଇତ୍ୟାଦି ପର୍ଯ୍ୟଟନସ୍ଥଳୀ ପ୍ରତି ଆକୃଷ୍ଟ ହେଉଥିଲେ। କୋଭିଡ୍ ପରବର୍ତ୍ତୀ ସମୟରେ ପର୍ଯ୍ୟଟକମାନେ ଏହିପରି ପର୍ଯ୍ୟଟନ ବ୍ୟବସ୍ଥାକୁ ଅଧିକ ପସନ୍ଦ କରିବେ। ଏହାକୁ ବ୍ୟାବହାରିକ ଦିଗଟି ମଧ୍ୟ ଏକ ନୂତନ ବ୍ୟବସ୍ଥା ପ୍ରଚଳିତ କରିବାରେ ସହାୟକ ହେବ। ନିବେଶକାରୀମାନେ ବୃହତ୍‌କାୟ ପର୍ଯ୍ୟଟନ ଓ ହୋଟେଲମାନଙ୍କରେ ନିବେଶ କରିବେ ଯାହା ଫଳରେ ଦେଶରେ ନୂତନ ପ୍ରକାରର ନିବେଶ ଓ ବ୍ୟବସାୟ ସାମନାକୁ ଆସିବ।

କରୋନା ଓ ମୃତ୍ୟୁର ଭୟ ଲୋକମାନଙ୍କୁ ପ୍ରକୃତି କୋଳରୁ ଫେରିଯିବା ପାଇଁ ପ୍ରେରଣା ଯୋଗାଇବ। ପରିବାର ସହ ଅଧିକ ସମୟ କାଟିବା, ସପ୍ତାହାନ୍ତ ଯାତ୍ରା (Weekend Tour) କରିବାଦ୍ୱାରା ଅନ୍ତର୍ଦ୍ଦେଶୀୟ ପର୍ଯ୍ୟଟନ ବ୍ୟବସାୟରେ ବୃଦ୍ଧି ହେବ।

କରୋନା ପରବର୍ତ୍ତୀ ସମୟରେ ଇ-କମର୍ସ ବ୍ୟବସାୟରେ ଅହେତୁକ ବୃଦ୍ଧି ହେବାର ସମ୍ଭାବନା ଅଛି। ଜମାଟୋ, ସ୍ୱିଗି ପରି କମ୍ପାନୀମାନେ ହୋମ୍-ଡେଲିଭରୀ ବ୍ୟବସ୍ଥାରେ ପାରମ୍ପରିକ ହୋଟେଲ ଓ ରେସ୍ତରାଁମାନଙ୍କୁ ପଛରେ ଛାଡ଼ିଦେବେ। ନୂତନ ପ୍ରକାରର ହାଇବ୍ରିଡ୍ ବ୍ୟବସାୟ ମଡେଲ ଜନ୍ମଲାଭ କରିବ ଯାହା ଭବିଷ୍ୟତର ପର୍ଯ୍ୟଟନ ଶିଳ୍ପକୁ ଏକ ନୂତନ ଦିଗ୍‌ଦର୍ଶନ ଦେବ।

ଆଉ କିଛିଦିନ ପରେ ପ୍ରତ୍ୟେକ ଦେଶ ସେମାନଙ୍କର ସୀମା ଖୋଲିଦେବେ ଯାହା ଫଳରେ ଛାତ୍ର ଓ ବ୍ୟବସାୟ ସମ୍ବନ୍ଧୀୟ ଯାତ୍ରୀମାନେ ପ୍ରଥମେ ଯାତ୍ରା କରିବେ।

ପର୍ଯ୍ୟଟନ ଶ୍ରେଣୀର ଯାତ୍ରା ଶୀତ ଦିନରେ ଆରମ୍ଭ ହେବାର ସମ୍ଭାବନା ରହିଛି । ଯେହେତୁ ଅଳ୍ପମାତ୍ରାରେ ପର୍ଯ୍ୟଟକ ଯାତ୍ରା କରିବେ ଓ ଅପେକ୍ଷାକୃତ ବୟସ୍କ ଓ ଧନୀବ୍ୟକ୍ତିମାନେ ଯାତ୍ରା କରିବେ ନାହିଁ ତେଣୁ ମଧ୍ୟବୟସ୍କ ଓ ମଧ୍ୟବିତ୍ତ ପର୍ଯ୍ୟଟକମାନେ ବିଦେଶଯାତ୍ରା କରିବାର ସମ୍ଭାବନା ଅଧିକ ।

ଏହି ଶ୍ରେଣୀର ପର୍ଯ୍ୟଟକମାନଙ୍କୁ ଆକୃଷ୍ଟ କରିବା ପାଇଁ ଆମେରିକା ଓ ୟୁରୋପର ହୋଟେଲମାନେ ସେମାନଙ୍କ ହୋଟେଲର ଦର କମ୍ କରିବାକୁ ବାଧ୍ୟ ହେବେ । ତେଣୁ ବିଶ୍ୱ ପର୍ଯ୍ୟଟନରେ ଏକ ନୂତନ ଗତିପ୍ରଥା (Directional Change) ଦେଖାଯିବ । ଏପର୍ଯ୍ୟନ୍ତ ବିକଶିତ ଦେଶର ଧନୀ ଓ ବୟୋଜ୍ୟେଷ୍ଠ ପର୍ଯ୍ୟଟକମାନେ ବିକାଶଶୀଳ ରାଷ୍ଟ୍ରମାନଙ୍କୁ ଭ୍ରମଣ କରୁଥିଲେ ମାତ୍ର ଭବିଷ୍ୟତରେ ଏହାର ଓଲଟା ପ୍ରଥା ଦେଖିବାକୁ ମିଳିବ । ବିକଶିତ ଦେଶର ନାଗରିକମାନେ ଅଧିକ ଯାତ୍ରା କରିବେ । ତେଣୁ ଅନ୍ତର୍ଦେଶୀୟ ଓ ଆନ୍ତର୍ଜାତିକ ପର୍ଯ୍ୟଟନର ବ୍ୟାପକ ପରିବର୍ତ୍ତନ ଲକ୍ଷ୍ୟ କରାଯିବ ।

ଇ-କମର୍ସ ଓ ଇଣ୍ଟରନେଟର ବହୁଳ ପ୍ରସାର ଓ ବ୍ୟବହାର ହେତୁ ପର୍ଯ୍ୟଟକମାନେ ସେମାନଙ୍କ ଯାତ୍ରା ବିଷୟରେ ଅଧିକ ଯତ୍ନଶୀଳ ହେବେ ଓ ଅଧିକମାତ୍ରାରେ ଖବର ସଂଗ୍ରହ କରିବେ । ତେଣୁ ପର୍ଯ୍ୟଟନ ଶିଳ୍ପର ବ୍ୟକ୍ତିବିଶେଷ ଓ ବ୍ୟବସାୟ ପ୍ରତିଷ୍ଠାନମାନେ ନୂତନ ଉପାୟରେ ପର୍ଯ୍ୟଟକମାନଙ୍କୁ ଆକୃଷ୍ଟ କରିବେ । ନିଜେ ଯାତ୍ରା କରିବା ପୂର୍ବରୁ ପର୍ଯ୍ୟଟନସ୍ଥଳୀ ଓ ହୋଟେଲର ଭର୍ଚୁଆଲ୍ ଟୁର୍ କରିବା ପାଇଁ ପସନ୍ଦ କରିବେ ।

ପର୍ଯ୍ୟଟନ ଶିଳ୍ପର ବ୍ୟାପକ ପରିବର୍ତ୍ତନ ଆସିବ । ଯେଉଁ ବ୍ୟବସାୟ ଓ ଅନୁଷ୍ଠାନମାନେ ଏଥିପ୍ରତି ଯତ୍ନଶୀଳ ହେବେ ସେମାନଙ୍କର ଭବିଷ୍ୟତ ନିଶ୍ଚିତ ଭାବରେ ଉଜ୍ଜ୍ୱଳ ରହିବ ।

■

ପର୍ଯ୍ୟଟନ ଓ ଗ୍ରାମ୍ୟ ବିକାଶ

ଭାରତ ଏକ କୃଷିଭିତ୍ତିକ ଦେଶ ହୋଇଥିବାରୁ ଏହାର ୬୫% ଲୋକ ଗ୍ରାମାଞ୍ଚଳରେ ବାସ କରନ୍ତି । ଏମାନେ କୃଷି ଓ ପାରମ୍ପରିକ ଅଣକୃଷିଭିତ୍ତିକ କୌଳିକ ବୃତ୍ତିଦ୍ୱାରା ଜୀବନ ନିର୍ବାହ କରିଥାନ୍ତି । କୃଷିର ବିକାଶଦ୍ୱାରା ସେମାନଙ୍କର ଆର୍ଥିକ ପରିସ୍ଥିତିରେ ପରିବର୍ତ୍ତନ ସମ୍ଭବ ହୋଇପାରିବ । କିନ୍ତୁ ଗ୍ରାମ୍ୟବିକାଶ ପାଇଁ ଅଣପରମ୍ପରାଗତ ଶିଳ୍ପ ମଧ୍ୟରେ ପର୍ଯ୍ୟଟନ ଶିଳ୍ପର ବିକାଶ ଓ ପ୍ରଗତିର ପ୍ରଚୁର ସମ୍ଭାବନା ରହିଛି । ସାଧାରଣ ପର୍ଯ୍ୟଟକଟିଏ ଦେଶ କିମ୍ବା ବିଦେଶରୁ ଆସିଲେ କ'ଣ ଦେଖିବାକୁ ପସନ୍ଦ କରେ ? ଏହି ପ୍ରଶ୍ନର ଉତ୍ତର ମାଧ୍ୟମରେ ପର୍ଯ୍ୟଟକମାନଙ୍କୁ ବିଭିନ୍ନ ଶ୍ରେଣୀରେ ବିଭକ୍ତ କରାଯାଇଥାଏ । ଲୋକମାନଙ୍କର ଧାରଣା ଯେ, ପର୍ଯ୍ୟଟକଟିଏ କେବଳ ଐତିହ୍ୟସ୍ଥଳ ପରିଦର୍ଶନ କରିବାରେ ରୁଚି ରଖିଥାଏ । ତାହାର ଗନ୍ତବ୍ୟସ୍ଥଳର ଲକ୍ଷ୍ୟ କେବଳ ଭାସ୍କର୍ଯ୍ୟ ଓ ପ୍ରାକୃତିକ ସୌନ୍ଦର୍ଯ୍ୟ ଦେଖିବାରେ ସୀମାବଦ୍ଧ ହୋଇଥାଏ । ଏପରି ଏକ ଧାରଣା ହେବା ସ୍ୱାଭାବିକ ।

ଜଣେ ପର୍ଯ୍ୟଟକ ଓଡ଼ିଶା ଆସିଲେ କ'ଣ ଦେଖେ ? ଏପରି ପ୍ରଶ୍ନର ଉତ୍ତର ଦେବା ବହୁତ ସହଜ । ପୁରୀ ଶ୍ରୀମନ୍ଦିର, କୋଣାର୍କ, ଭୁବନେଶ୍ୱରର ଗୁମ୍ଫା ଓ ମନ୍ଦିର ଦେଖିବା ମୁଖ୍ୟ ଲକ୍ଷ୍ୟ ବୋଲି ଧରି ନିଆଯାଇପାରେ । ଏଥିରୁ ଅଧିକ ହେଲେ ସମୁଦ୍ରକୂଳରେ ବୁଲିବା, କିମ୍ବା ଲଳିତଗିରି ଓ ରତ୍ନଗିରିର ବୌଦ୍ଧ କୀର୍ତ୍ତିରାଜି ଦେଖିବା

ଲକ୍ଷ୍ୟ ହୋଇପାରେ। ହୋଟେଲ ଓ ଯାତ୍ରା ଶିଳ୍ପ ମଧ୍ୟ ଏହି ସ୍ଥାନମାନଙ୍କରେ ଗଢ଼ିଉଠି ଏକ ଯୌଥ ଶିଳ୍ପ ବ୍ୟବସ୍ଥାର ଧାରଣା ସୃଷ୍ଟି କରିଥାଏ।

ଓଡ଼ିଶା ପରି ରାଜ୍ୟରେ କ'ଣ ଏତିକିମାତ୍ର ପର୍ଯ୍ୟଟକଙ୍କ ପାଇଁ ଅଛି ? ପର୍ଯଟକ ବଣ ଜଙ୍ଗଲରେ ରହୁଥିବା ଆଦିବାସୀମାନଙ୍କୁ ଓ ତାଙ୍କର ଜୀବନଶୈଳୀକୁ ଦେଖିବା ପାଇଁ ଆସିଥାନ୍ତି। ପ୍ରାୟତଃ ଏମାନେ ବିଦେଶୀ ପର୍ଯ୍ୟଟକ। ଅନ୍ୟାନ୍ୟ ଦର୍ଶନୀୟ ସ୍ଥାନ ଭିତରକନିକା, ଶିମିଳିପାଳ ପରି ଅଞ୍ଚଳରେ ପର୍ଯ୍ୟଟକମାନଙ୍କର ଭିଡ଼ ଯଥେଷ୍ଟ ନ ଥିବାରୁ ଏଠାରେ ଭିତ୍ତିଭୂମିର ବିକାଶ ପର୍ଯ୍ୟାପ୍ତ ମାତ୍ରାରେ ହୋଇପାରିନାହିଁ। ତେଣୁ ଓଡ଼ିଶା ପର୍ଯ୍ୟଟନର ବିକାଶ ଅସନ୍ତୁଳିତ।

ଭାରତ ପରି ଓଡ଼ିଶାର ଅର୍ଦ୍ଧାଧିକ ଲୋକ କୃଷି ଉପରେ ନିର୍ଭର କରନ୍ତି। ଏମାନଙ୍କର ଗ୍ରାମ୍ୟଜୀବନ ଅତ୍ୟନ୍ତ ସୁନ୍ଦର। ଏକ ସ୍ଥିରିକୃତ ସାମାଜିକ ବ୍ୟବସ୍ଥା, ଭକ୍ତିପୂର୍ଣ୍ଣ ସାମୁଦାୟିକ ଜୀବନ ମଧ୍ୟରେ ଗ୍ରାମ୍ୟଜୀବନ ଚଳଚଞ୍ଚଳ ହୋଇଥାଏ। ଓଡ଼ିଶାର ଲୋକଗୀତ ଓ ଲୋକଗାଥା ମାଧ୍ୟମରେ ଗ୍ରାମ୍ୟଜୀବନର ସୁନ୍ଦର ବର୍ଣ୍ଣନା ରହିଛି। ପରସ୍ପର ମଧ୍ୟରେ ସୌହାର୍ଦ୍ଦ୍ୟ ଓ ନିର୍ଭରଶୀଳତାର ମାତ୍ରା ଅଧିକ ଥିବାରୁ ସହରୀ ଜୀବନ ଅପେକ୍ଷା ଗ୍ରାମ୍ୟଜୀବନ ଅତ୍ୟନ୍ତ ରୁଚିଶୀଳ।

ପରିବର୍ତ୍ତିତ ସମୟରେ ଗ୍ରାମର ଯୁବଶକ୍ତି କାମଧନ୍ଦା ପାଇଁ ସହରାଭିମୁଖୀ ହେବା, ଗ୍ରାମାଞ୍ଚଳର କୁଟୀର ଶିଳ୍ପ ନିଜର ସ୍ୱାତନ୍ତ୍ର୍ୟ ହରାଇବା ଓ ସ୍ଥାନୀୟ ସଂସାଧନର ଅପବ୍ୟବହାର ବା ଅଳ୍ପ ବ୍ୟବହାର ହେତୁ ଗ୍ରାମାଞ୍ଚଳର ଆର୍ଥିକ ବ୍ୟବସ୍ଥା କ୍ଷୟ ହେବାରେ ଲାଗିଛି। ସ୍ଥାନୀୟ ସଂସାଧନ ମଧ୍ୟରେ ସାମାଜିକ ଜଙ୍ଗଲ, ପୋଖରୀ ଓ ଜଳ ସଂସାଧନ ବ୍ୟବସ୍ଥା, ରାସ୍ତାଘାଟର ଅବସ୍ଥା ତଥା ବ୍ୟକ୍ତିକୈନ୍ଦ୍ରିକତାର ବୃଦ୍ଧି ହେତୁ ଗ୍ରାମୀଣ ସାମାଜିକ ଜୀବନ ମଧ୍ୟ ପ୍ରଭାବିତ ହେଉଛି। ସହରର ଲୋକମାନେ ଜୀବନ ଜଞ୍ଜାଳରେ ବ୍ୟତିବ୍ୟସ୍ତ ହୋଇ ପ୍ରକୃତି କୋଳକୁ ଫେରିଯବା ପାଇଁ ରାସ୍ତା ଖୋଜୁଛନ୍ତି। ଜୀବନର ଘୋଡ଼ାଦୌଡ଼ରେ ବ୍ୟସ୍ତ ମଣିଷମାନେ ସପ୍ତାହାନ୍ତ ପର୍ଯ୍ୟଟକ ହୋଇ ପ୍ରାକୃତିକ ବିଶ୍ରାମସ୍ଥଳ, ପର୍ଯ୍ୟାବରଣ ପର୍ଯ୍ୟଟନ ଓ ଗ୍ରାମ୍ୟ ପର୍ଯ୍ୟଟନ ପ୍ରତି ମନ ବଳାଉଛନ୍ତି। ତେଣୁ ଗ୍ରାମ ବିକାଶରେ ଏହି ଦୁଇ ପ୍ରକାର ପର୍ଯ୍ୟଟନ ଭବିଷ୍ୟତରେ ଗୁରୁତ୍ୱପୂର୍ଣ୍ଣ ଭୂମିକା ଗ୍ରହଣ କରିବେ।

ଦେଶୀ ଓ ବିଦେଶୀ ପର୍ଯ୍ୟଟକମାନେ ଅନୁଭୂତି ପର୍ଯ୍ୟଟନ ପାଇଁ ବେଶୀ ଆଗ୍ରହ ଦେଖାଉଛନ୍ତି। ଐତିହ୍ୟ, ସ୍ମାରକ ଓ ଆନନ୍ଦ ପ୍ରମୋଦଭିତ୍ତିକ ପର୍ଯ୍ୟଟକମାନେ ଏବେ ପର୍ଯ୍ୟାବରଣ ଓ ଗ୍ରାମ୍ୟ ପର୍ଯ୍ୟଟନ ପ୍ରତି ଆକୃଷ୍ଟ ହେଉଛନ୍ତି। ରାଜ୍ୟ ପର୍ଯ୍ୟଟନର ବିକାଶ ହେଲେ ଗ୍ରାମ୍ୟଭିତ୍ତିକ ଶିଳ୍ପର ବିକାଶ ହେବ। ପରମ୍ପରାଗତ କୁଟୀର ଶିଳ୍ପ କାଠ, ଶିଙ୍ଗକାମ,

କୁମ୍ଭାର କାମ, ହସ୍ତତନ୍ତ ଓ ଅନ୍ୟାନ୍ୟ ଶିଳ୍ପର ବିକାଶ ସମ୍ଭବ ହେବ। କୃଷି ଛଡ଼ା ଏହି ଆନୁଷାଙ୍ଗିକ ଶିଳ୍ପର ବିକାଶ ହେଲେ ଗ୍ରାମ୍ୟ ଅର୍ଥନୀତି ସୁଦୃଢ଼ ହେବ। ଗ୍ରାମ୍ୟ ପର୍ଯ୍ୟଟନର ବିକାଶଦ୍ୱାରା ଏହି ଶିଳ୍ପମାନଙ୍କୁ ହାତ ପାଖରେ ବଜାର ଉପଲବ୍ଧ ହେବ। ଗ୍ରାମ୍ୟ ପର୍ଯ୍ୟଟନର ମୁଖ୍ୟ ଆକର୍ଷଣ ଗ୍ରାମବାସୀଙ୍କ ଚାଲିଚଳଣି, ଐତିହ୍ୟ ଓ ପରମ୍ପରା। ଏମାନଙ୍କୁ ବାନ୍ଧିରଖିବା ପାଇଁ ପର୍ବପର୍ବାଣୀ, ନାଚଗୀତ, ପୂଜାପାଠ ଓ ଅନ୍ୟାନ୍ୟ ବ୍ୟବସ୍ଥାକୁ ପର୍ଯ୍ୟଟକ ସାମନାରେ ପ୍ରସ୍ତୁତ କରିବା ପାଇଁ ସ୍ୱୟଂସହାୟକ ଗୋଷ୍ଠୀ, ଗ୍ରାମୀଣ ସ୍କୁଲ ଓ କ୍ଲବମାନଙ୍କୁ ସାମିଲ କରାଯିବା ଉଚିତ। ପ୍ରତ୍ୟେକ ଗ୍ରାମର କିଛି ସ୍ୱତନ୍ତ୍ରତା ରହିଛି। ଏହି ସ୍ୱତନ୍ତ୍ରତା ଓ ଗ୍ରାମ୍ୟ ଜୀବନର ଝଲକ ଦେଖେଇବା ପାଇଁ ରାଜ୍ୟ ସରକାର ସାମୁହିକ ଭାବରେ ସାମାଜିକ ଓ ଡିଜିଟାଲ ମିଡିଆରେ ବହୁଳ ବ୍ୟବହାର କରିବା ଦରକାର।

ସାର୍ବଜନୀନ ଓ ବ୍ୟକ୍ତିଗତ ସହଭାଗିତା ମଡ଼େଲଦ୍ୱାରା ଏକ ସନ୍ତୁଳିତ ବ୍ୟବସ୍ଥା ଗଢ଼ାଯାଇପାରିବ। ପର୍ଯ୍ୟଟନ ପର୍ଯ୍ୟାବରଣ ନଷ୍ଟ କରୁନଥିବା ଉଦ୍ୟୋଗ। ଏହା ବହୁଳ ଭାବରେ ଜନସଂପଦ ଉପରେ ନିର୍ଭର କରୁଥିବାରୁ ଶିଳ୍ପ ମାଧ୍ୟମରେ ଅନେକ ରୋଜଗାର ସୃଷ୍ଟି କରାଯାଇପାରିବ। ସବୁଠାରୁ ଗୁରୁତ୍ୱପୂର୍ଣ୍ଣ ହେଲା, ସହରାଭିମୁଖୀ ଛିନ୍ନମୂଳ ନାଗରିକଙ୍କୁ ପୁଣି ଗ୍ରାମାଭିମୁଖୀ କରାଗଲେ ପ୍ରକୃତପକ୍ଷେ ଏକ ସାମୁହିକ ଗ୍ରାମୀଣ ବିକାଶ ହୋଇପାରିବ।

ପର୍ଯ୍ୟଟନର ସାମାଜିକ ଦିଗ - ୧

ଏପରି ଏକ ଶିରୋନାମା ଦେଖିଲେ ଯେ କେହି ନିଶ୍ଚୟ କହିବ ଯେ, ପର୍ଯ୍ୟଟନର ସାମାଜିକ ଦିଗଟି ନିଶ୍ଚୟ ଭାବରେ ଖରାପ କାରଣ ଏହା ସ୍ୱଚ୍ଛଳ ଓ ଧନୀକ ଶ୍ରେଣୀଙ୍କୁ ଉପଭୋଗର ମାଧ୍ୟମ ଯୋଗାଇ ଦେଉଥିବା ସହ ସାମଗ୍ରିକ ଭାବରେ ସମାଜର କ୍ଷତି କରୁଛି। ବିଶ୍ୱରେ ସାଂସ୍କୃତିକ ଅବକ୍ଷୟ, ପରମ୍ପରାର ଅବସାନ ଓ ଉପଭୋକ୍ତା ସଂସ୍କୃତିର ପ୍ରଚଳନ ପାଇଁ ଅନେକାଂଶରେ ପର୍ଯ୍ୟଟନକୁ ଦାୟୀ କରାଯାଇଛି। ଏହି ଶିଳ୍ପକୁ ଏକ ଧୂମହୀନ ଶିଳ୍ପ (Smokeless Industry) କୁହାଯାଉଥିଲେ ମଧ୍ୟ ଏହା ବିରୁଦ୍ଧରେ ଆନ୍ଦୋଳନ ସର୍ବାଧିକ। ସାମାଜିକ ଅବକ୍ଷୟରେ ପର୍ଯ୍ୟଟନର ଭୂମିକା ବିଷୟରେ ଉଦାହରଣର ମଧ୍ୟ ଅଭାବ ନାହିଁ।

ବିଶ୍ୱର ସର୍ବଶ୍ରେଷ୍ଠ ଧନୀ ରାଷ୍ଟ୍ର ଆମେରିକା କଥା ଦେଖାଯାଉ। ଏ ଦେଶର ନାଗରିକମାନେ ପ୍ରାଚୁର୍ଯ୍ୟର ପ୍ରାବଲ୍ୟ ହେତୁ ଛୁଟିଦିନ କଟାଇବା ପାଇଁ ବିଶ୍ୱର ବିଭିନ୍ନ ସ୍ଥାନକୁ ଯାତ୍ରା କରିଥାନ୍ତି। ଅର୍ଥନୈତିକ କ୍ଷମତାର ଅଧିକାରୀ ହୋଇଥିବାରୁ ଏମାନଙ୍କର ମନୋରଞ୍ଜନ ପାଇଁ ହୋଟେଲ ଓ ପର୍ଯ୍ୟଟନସ୍ଥଳମାନଙ୍କରେ ନାନାପ୍ରକାର ସୁବିଧା ସୁଯୋଗ ସୃଷ୍ଟି କରାଯାଇଥାଏ। ଏବେ ବ୍ରାଜିଲର ସମୁଦ୍ର କୂଳରେ ଏପରି ଏକ ସମସ୍ୟା ଦେଖାଦେଇଛି। ଆମେରିକାର ବିଅର କମ୍ପାନୀମାନେ ଆଉ ବୟସ୍କମାନଙ୍କୁ ତାଙ୍କର ଲକ୍ଷ୍ୟବଜାର (Traget Market) କରୁନାହାନ୍ତି। ସ୍କୁଲରେ ପଢୁଥିବା ଚଉଦରୁ ଅଠର

ବର୍ଷର ପିଲାମାନଙ୍କୁ ସେମାନେ ବିଅର ବିକ୍ରୀ କରୁଛନ୍ତି । ଆମେରିକାରେ ସ୍କୁଲମାନଙ୍କର ଛୁଟି ଶୀଘ୍ର ଆରମ୍ଭ ହୁଏ ତେଣୁ ଏହି ପିଲାମାନେ ଛୁଟି କଟାଇବା ପାଇଁ ଦକ୍ଷିଣ ଆମେରିକାର ଦେଶ ଓ ବାଜ୍ରିଲର ସମୁଦ୍ରକୂଳକୁ ଆସନ୍ତି । ଏଠି ବିଅର କମ୍ପାନୀମାନେ ନିଜର ବିକ୍ରୟ ବୃଦ୍ଧି କରିବା ପାଇଁ ଧାଡ଼ି ଧାଡ଼ି ବହିର୍ବିଜ୍ଞାପନ (Bill-boards) ଲଗାଇଥାନ୍ତି । ବ୍ରାଜିଲ ସମୁଦ୍ରକୂଳରେ ମାତାଲ ଆମେରିକୀୟ ସ୍କୁଲ ପିଲାମାନେ ନାନାପ୍ରକାର ଅପରାଧ ଘଟାନ୍ତି ମାତ୍ର ସବୁଠାରୁ ଦୁଃଖର ଖବର ହେଲା ଯେ, ସେମାନେ ସମଗ୍ର ସମୁଦ୍ର କୂଳକୁ ଭଙ୍ଗା କାଚ ଓ ବିଅର କ୍ୟାନରେ ଭର୍ତ୍ତି କରିଯାଆନ୍ତି । ଠିକ୍ ଏମାନଙ୍କର ଛୁଟି ସରିବାପରେ ବୟସ୍କ ଆମେରିକାନ ଓ ୟୁରୋପୀୟମାନେ ବୁଲି ବାହାରନ୍ତି ଏବଂ ବ୍ରାଜିଲର ବିଚ୍‌ମାନଙ୍କରେ ପହଞ୍ଚି କ୍ଷତାକ୍ତ ହୁଅନ୍ତି ।

ସେହିପରି ସମଗ୍ର ଏସିଆ ମହାଦେଶରେ ହେଉଥିବା ପର୍ଯ୍ୟଟନ ପ୍ରାୟତଃ ପାରମ୍ପରିକ ଓ ସାଂସ୍କୃତିକ । ଏହି ଦେଶମାନଙ୍କର ଏକ ଐତିହ୍ୟ ସମ୍ପନ୍ନ ଅତୀତ ରହିଥିବାରୁ ପର୍ଯ୍ୟଟକମାନେ ବୁଲିବା ପାଇଁ ଆସନ୍ତି । ଏମାନଙ୍କ ମଧ୍ୟରୁ ଅନେକ ବିକାଶଶୀଳ ଦେଶ । ସ୍ୱାଧୀନତା ପରିବର୍ତ୍ତୀକାଳୀନ ବିଳାଶୋନ୍ମୁଖୀ ଅର୍ଥନୀତିର ଅଭିବୃଦ୍ଧି ପାଇଁ ଆବଶ୍ୟକ ହେଉଥିବା ବିଦେଶୀ ପୁଞ୍ଜି (Foreign Exchange) ଲାଭ କରିବା ପାଇଁ ଏହି ଦେଶଗୁଡ଼ିକ ପର୍ଯ୍ୟଟନ ଉପରେ ସ୍ୱତନ୍ତ୍ର ଦୃଷ୍ଟି ଦେଉଛନ୍ତି । ଯାହାଫଳରେ ଥାଇଲ୍ୟାଣ୍ଡ, ହଂକଂ, ମାଲେସିଆ, ଇଣ୍ଡୋନେସିଆ ପରି ଦେଶମାନଙ୍କରେ ପର୍ଯ୍ୟଟକମାନଙ୍କୁ ଆକୃଷ୍ଟ କରିବା ପାଇଁ ବେଶ୍ୟାବୃତ୍ତିକୁ ପ୍ରୋତ୍ସାହନ ଦିଆଯାଉଛି । ଅଳ୍ପ ବୟସ୍କା ସୁନ୍ଦରୀ ଯୁବତୀମାନଙ୍କୁ ବିଭିନ୍ନ ଗଣମାଧ୍ୟମମାନଙ୍କରେ ଏପରି ଏକ ହୀନବୃତ୍ତି ଆଚରଣ କରିବା ପାଇଁ ଯେଉଁ ଉଦ୍ୟମ ଚାଲିଛି ତାହାର ଫଳସ୍ୱରୂପ ପଟ୍ଟାୟା ଏବେ ବିଶ୍ୱର ବୃହତ୍ ବେଶ୍ୟାକେନ୍ଦ୍ର ।

ପର୍ଯ୍ୟଟନ ଯେ ସାଂସ୍କୃତିକ ଅବକ୍ଷୟ କରାଉଛି ତାହା ଓଡ଼ିଶାର ପର୍ଯ୍ୟଟନ ଶିଳ୍ପକୁ ଅନୁଧ୍ୟାନ କଲେ ମଧ୍ୟ ବାରି ହୁଏ । ଆପଣ କୋଣାର୍କ ବୁଲିଗଲାବେଳେ ଦେଖିବେ ଛୋଟ ଛୋଟ ପିଲାମାନେ ବହି, କୋରାଲର ମାଳି ସହ ବିକ୍ରୀ କରୁଛନ୍ତି ମିଥୁନ ମୂର୍ତ୍ତିମାନଙ୍କୁ । ଗାଇଡ୍ ମଧ୍ୟ ନବବିବାହିତ ପର୍ଯ୍ୟଟକ ଦମ୍ପତିଙ୍କୁ ଅତ୍ୟନ୍ତ ନିର୍ଲଜତାର ସହ ବୁଝାଉଛି ମୂର୍ତ୍ତୀମାନଙ୍କର ଯୌନକ୍ରିୟା । ଏ ସବୁ ଶୁଣିଲେ ଲାଗିବ କୋଣାର୍କର ଯେମିତି ଆଉକିଛି ନାହିଁ ଜାଣିବା ପାଇଁ ଏହା କେବଳ ପଥରର ଏକ ବ୍ଲୁଫିଲ୍ମ । ପୁରୀରେ ବିଦେଶାଗତ ପର୍ଯ୍ୟଟକ ତଥା ହିପ୍‌ପୀମାନଙ୍କର ଆଡ୍ଡାସ୍ଥଳୀମାନଙ୍କରେ ମିଳୁଥିବା ଚରସ, ଗଞ୍ଜେଇ, ବ୍ରାଉନସୁଗାର ମଧ୍ୟ ଓଡ଼ିଶା ନିଶାକାରୀମାନଙ୍କୁ ପର୍ଯ୍ୟଟନର ଦାନ । ସାଧାରଣତଃ ମଦ, ଗଞ୍ଜେଇ, ଭାଙ୍ଗ ଇତ୍ୟାଦିର ବ୍ୟବହାର କରୁଥିବା ନଷ୍ଟ ଓଡ଼ିଆ

ଯୁବକ ହାତରେ ଏବେ ଚରସ ପାଇଁ ହାତରେ ଦିଆସିଲ ନ ହେଲେ ବ୍ରାଉନସୁଗାର ପାଇଁ ଇଞ୍ଜେକ୍‌ସନ୍ ସିରିଞ୍ଜ। ଏମାନଙ୍କ ଛଡ଼ା ସବୁଠାରୁ ଦୁଃଖର ଖବର ହେଲା ଆଦିବାସୀ ପର୍ଯ୍ୟଟନ (Tribal Tourism)। ପ୍ରକୃତିର କୋଳରେ ଅନାଦିକାଳରୁ ନିଜ ଇଚ୍ଛା, ପ୍ରବୃତ୍ତି ଓ ଜୀବନଧାରାକୁ ଗଢ଼େଇ ଆଣୁଥିବା ଆଦିବାସୀମାନେ ବ୍ୟବହାରିକ ସମାଜର ଆଧୁନିକତାଠାରୁ ନିଜକୁ ଦୂରେଇ ରଖିଥାଆନ୍ତି। ତେଣୁ ତାଙ୍କର ଜନ୍ମରେ, ପ୍ରଣୟରେ, ମୃତ୍ୟୁରେ ଏକ ସାଂସ୍କୃତିକ ସ୍ୱାତନ୍ତ୍ର୍ୟ। ଏହି ସ୍ୱାତନ୍ତ୍ର୍ୟକୁ ଦେଖିବା ପାଇଁ ଆସୁଥିବା ବିଦେଶୀ ପର୍ଯ୍ୟଟକମାନଙ୍କ ଆଖିରେ ଆଦିବାସୀମାନେ ଜଣେ ଜଣେ ଅହେତୁକ ପ୍ରହେଳିକା। ନିଜ ସମାଜ ମଧ୍ୟରେ ସୀମାବଦ୍ଧ ରହିବାକୁ ଚାହୁଁଥିବା ଏହି ଆଦିବାସୀମାନେ ସ୍ୱଭାବତଃ ଲାଜକୁଳା ତେଣୁ ପର୍ଯ୍ୟଟକକୁ ନିଜର ଜୀବନ ଓ ତାହାର ଆନୁଷଙ୍ଗିକ ଚର୍ଯ୍ୟା ପ୍ରକାଶ କରିବାରେ କୁଣ୍ଠାବୋଧ କରନ୍ତି।

ଅଥଚ ପର୍ଯ୍ୟଟକ ତା' ପରିଶ୍ରମ ଓ ଆର୍ଥିକ ବ୍ୟୟର ହିସାବ କରେ। କ୍ୟାମେରାର କ୍ଲିକ୍-କ୍ଲିକ୍-ଭିତରେ। ତେଣୁ ଅଚିରେ ଆଦିବାସୀମାନଙ୍କୁ ବଢେଇ ଦିଏ ଗୋଟାଏ ସିଗାରେଟ, ନ ହେଲେ ଦଶ ପନ୍ଦର ଟଙ୍କା। ଏତିକି ପାଇ ଆଦିବାସୀ ମଣିଷ କୃତଜ୍ଞତାରେ ଧାଡ଼ିଧାଡ଼ି ହୋଇ ଠିଆହୋଇଯାଏ ଫ୍ରିଜ୍ ହୋଇଯିବା ପାଇଁ ପର୍ଯ୍ୟଟକର କ୍ୟାମେରା ଲେନ୍‌ସରେ। ଧୀରେ ଧୀରେ ସାଂସ୍କୃତିକ ଅବକ୍ଷୟ ଆଡ଼କୁ ପାଦବଢ଼ାଏ ଆଦିବାସୀ ସମାଜ। ଆଧୁନିକ ସଭ୍ୟତାର ଯାଦୁ ପ୍ରତି ଆକର୍ଷିତ ହୋଇ ହରାଇବସେ ନିଜର ଐକାନ୍ତିକ ଓ ଅନନ୍ୟ ଭାବ। ବିଦେଶୀମାନଙ୍କର ଫଟୋ ଉଠାଇବାକୁ ନେଇ ଏପରି ଏକ କୌତୂହଳପୂର୍ଣ୍ଣ ଘଟଣା ଘଟିଥିଲା ରାୟଗଡ଼ା ଜିଲ୍ଲାର ଚଟିକୋଣା ଅଞ୍ଚଳରେ। ନିଜର ଛାତ୍ରମାନଙ୍କୁ ନେଇ ଆଦିବାସୀ ଉତ୍ପାଦର ବଜାର ପରିଚାଳନା ଓ ଋଣ ଆଦାନ ପ୍ରଦାନ ଶୈଳୀ ଉପରେ ଗବେଷଣା କରିବାକୁ ଯାଇଥିବା ଅବସରରେ ଏହି କଥାଟି ଶୁଣିବାକୁ ମିଳିଥିଲା।

କେବେ ଯାଉ ନ ଥିବା କିମ୍ବା ରାଜନୈତିକ ନେତାମାନଙ୍କର ଗସ୍ତ ପୂର୍ବରୁ ଏହି ଆଦିବାସୀ ଅଞ୍ଚଳକୁ ଯାଉଥିବା ଅଫିସରମାନେ କନ୍ଧମାନଙ୍କର ଫଟୋ ପରିଚୟ ପତ୍ର ପ୍ରଦାନ ପାଇଁ ଥରେ କୁଲରୀ ବୋଲି ଗୋଟିଏ ଗାଁରେ ପହଞ୍ଚିଲେ। ଅଥଚ ଗାଁର କେହି ଲୋକ ଫଟୋ ଉଠାଇବା ପାଇଁ ନାରାଜ। ଗାଁ ମୁଖିଆ କହିବାନୁସାରେ ଗୋରାବାବୁ ଫଟୋ ଉଠାଇଲେ ଦଶପନ୍ଦର ଟଙ୍କା ଦିଏ ଅଥଚ ସରକାରୀବାବୁ ବିନା ପଇସାରେ ଫଟୋ ଉଠାଇବା ପାଇଁ ଚାହୁଁଛି। ସରକାରୀ ବାବୁ କଥାରେ ପଡ଼ି ଗାଁରେ କିଛିଲୋକ କାଗଜରେ ଦସ୍ତଖତ ମାରିଦେଇଥିଲେ ଏବଂ କିଛିଦିନ ପରେ ବାବୁମାନେ ଋଣ ଆଦାୟ ପାଇଁ ଗାଁରେ ଆସି ପହଞ୍ଚିଗଲେ। ବିଚରା ଟିପ ମାରିଥିବା ଆଦିବାସୀଟି ଋଣ କେବେ

କଲା ବୋଲି ଚିନ୍ତା କରୁ କରୁ ସରକାରୀ ବାବୁମାନଙ୍କ ଉପରୁ ତା'ର ବିଶ୍ୱାସ ତୁଟିଗଲା। ତେଣୁ ଏଥର ବିନା ପଇସାରେ ଫଟୋ ଉଠାଇବା ପାଇଁ କୌଣସି ଆଦିବାସୀ ରାଜି ନୁହଁନ୍ତି। ଏଇ ହେଲା ପର୍ଯ୍ୟଟନର ସାମାଜିକ ଅଙ୍ଗୀକାର। ନିରୀହ ଆଦିବାସୀ ମନରେ ଜାଗତିକ ଅର୍ଥ ଓ ପ୍ରାଚୁର୍ଯ୍ୟ ପାଇଁ ଚାହିଦାଟିଏ ସୃଷ୍ଟି କରିପାରୁଛି ପର୍ଯ୍ୟଟନ!

ତେବେ ପର୍ଯ୍ୟଟନର ଯେଉଁ ସାମାଜିକ ଦିଗଟି ବିଷୟରେ ଏବେ ଆଲୋଚନା ହେଉଛି ତାହା ନକରାତ୍ମକ ନୁହେଁ। ସମଗ୍ର ବିଶ୍ୱରେ ବର୍ତ୍ତମାନ ଏପରି ଗବେଷଣା ହେଉଛି ଯାହାଦ୍ୱାରା ପର୍ଯ୍ୟଟନକୁ ସମାଜରେ ରହିଥିବା ନାନାପ୍ରକାର ଦୁର୍ଗତି ଓ ସମସ୍ୟାର ସମାଧାନ ପାଇଁ ବ୍ୟବହାର କରାଯାଇପାରିବ। ଆଧୁନିକ ମଣିଷ ବିଜ୍ଞାନର ଅଗ୍ରଗତି ସାଙ୍ଗରେ ଆଉ ତାଳ ଦେଇ ଚାଲିପାରୁନାହିଁ। ମଣିଷ ନିଜ ପାଇଁ ନର୍କ ତିଆରି କରିସାରିଲାଣି। ଜୀବନରେ ହେଉଥିବା ବ୍ୟାପକ ପରିବର୍ତ୍ତନ ସହ ତାଳଦେଇ ଚାଲିପାରୁ ନ ଥିବାରୁ ମଣିଷ ଅନେକ ଦ୍ୱନ୍ଦ୍ୱର ସମ୍ମୁଖୀନ ହେଉଛି। ଏହି ଦ୍ୱନ୍ଦ୍ୱଗୁଡ଼ିକ ତାହାର ସାମାଜିକ, ଅର୍ଥନୈତିକ, କାର୍ଯ୍ୟଜୀବନ ଇତ୍ୟାଦିରେ ସୃଷ୍ଟି ହୋଇଛି। ଏମାନଙ୍କର ସାମନା କରିବା ପାଇଁ ମଣିଷ ପ୍ରବଳ ମାନସିକ ଚାପର ସମ୍ମୁଖୀନ ହେଉଛି। ଏହି ଚାପର ପ୍ରଭାବରେ ଯେଉଁ ବିକ୍ଷେପ (Stress) ସୃଷ୍ଟି ହେଉଛି ତାହାର ଫଳସ୍ୱରୂପ ସାମାଜିକ ବ୍ୟାଧିମାନେ ଜ୍ୟାମିତିକ ଗତିରେ ବୃଦ୍ଧି ପାଇବାରେ ଲାଗିଛନ୍ତି। କ୍ରୋଧଜନିତ ହତ୍ୟା, ଆତ୍ମହତ୍ୟା, ହତାଶାବୋଧ, ନିଶାସେବନ ଓ ଶୂନ୍ୟତାବୋଧ ଜନିତ ମାନସିକ ବିକୃତି ଆଧୁନିକ ସମାଜର ଅଙ୍ଗ ହୋଇଗଲାଣି।

ଏମାନଙ୍କର ଅକ୍‌ଟୋପସ ବନ୍ଧନରୁ ମୁକ୍ତି ପାଇବା ପାଇଁ ମଣିଷ ନିଜ କାର୍ଯ୍ୟକ୍ଷେତ୍ରରୁ କିଛିଦିନ ଦୂରେଇ ଯିବାକୁ ଚାହେଁ। ସଦା ସଂଘର୍ଷରତ ବାୟୁମଣ୍ଡଳରୁ ମୁକ୍ତହୋଇ ଦୂର କେଉଁ ସମୁଦ୍ର କୂଳ, ପାହାଡ଼ି ସହର, ଜଙ୍ଗଲ ଭିତରେ ଶାନ୍ତି ଖୋଜୁଛି ମଣିଷ। ପରିବାର ସହ ପର୍ଯ୍ୟଟନ କରିବାର ପରମ୍ପରା ପ୍ରାୟ ପ୍ରତ୍ୟେକ ଦେଶ ଓ ଧର୍ମରେ ଅଛି। ତାହା ତୀର୍ଥ କରିବା, ହଜ୍‌ରେ ଯାତ୍ରା କରିବା ଇତ୍ୟାଦି ବିଭିନ୍ନ ଧାର୍ମିକ ଅବୟବରୁ ଆରମ୍ଭ ହୋଇ ଛୁଟିଦିନରେ ନୂଆଜାଗାକୁ ବୁଲି ଦେଖିବାର ମାନସିକତା ପର୍ଯ୍ୟନ୍ତ ବ୍ୟାପ୍ତ। ତେଣୁ ଏପରି ମାନସିକ ଓ ସାମାଜିକ ସମସ୍ୟାମାନଙ୍କର ସମାଧାନ କରିବାରେ ପର୍ଯ୍ୟଟନ ସାହାଯ୍ୟ କରିପାରିବ କି? ପାଠକଟିର ମାନସିକତାରେ ଏପରି ଧାରଣାଟିଏ ସୃଷ୍ଟି କରିପାରିଲେ ଲେଖାଟି ସଫଳ ହେବ ବୋଲି ଆଶା। ପର୍ଯ୍ୟଟନର ସକାରାତ୍ମକ ସାମାଜିକ ଦିଗ ବିଷୟରେ ଓଡ଼ିଶାରେ ହେଉଥିବା ପ୍ରଚେଷ୍ଟା ବିଷୟରେ ଆସନ୍ତୁ ଜାଣିବା।

■

ପର୍ଯ୍ୟଟନର ସାମାଜିକ ଦିଗ - ୨

ପର୍ଯ୍ୟଟନର ସାମାଜିକ ଦିଗ ବିଷୟରେ ପ୍ରାୟତଃ ସମସ୍ତେ ଊଣାଅଧିକେ ସଚେତନ। ମାତ୍ର ଏହି ସଚେତନତାର ସୀମା ପର୍ଯ୍ୟଟନର ନକାରାତ୍ମକ ଦିଗ ପ୍ରତି ଆଙ୍ଗୁଠି ଦେଖାଏ। ପାରମ୍ପରିକ ଚିନ୍ତାଧାରା ଅନୁସାରେ ପରିବର୍ତ୍ତନ ସଦାବେଳେ ମାନବ ସଭ୍ୟତାର ଜାଗତିକ ଉତ୍କର୍ଷର ପରିପ୍ରେକ୍ଷୀ ମାତ୍ର ଏହି ବସ୍ତୁକୈନ୍ଦ୍ରିକ ଉତ୍କର୍ଷ ଫଳରେ ମଣିଷର ସୂକ୍ଷ୍ମ ଚୈତନ୍ୟ ଓ ମୂଲ୍ୟବୋଧ ଗଭୀର ଭାବରେ ଆଘାତପ୍ରାପ୍ତ ହୁଏ।

ପର୍ଯ୍ୟଟନକୁ ବସ୍ତୁକୈନ୍ଦ୍ରିକ ସମାଜର ଉନ୍ନତି ଓ ଅଭିବୃଦ୍ଧିର ନମୁନା ହିସାବରେ ଧରାଯାଇଛି। ଯନ୍ତ୍ରଭିତ୍ତିକ କାର୍ଯ୍ୟଶୈଳୀର ପ୍ରଚଳନ ହେତୁ ଅଳ୍ପ ପରିଶ୍ରମରେ ଅଧିକ ଉତ୍ପାଦନ ହୋଇପାରେ। ଏହି ଉତ୍ପାଦନର ଉଚ୍ଚ ସାନ୍ଦ୍ରତା ମଣିଷକୁ ସ୍ୱଚ୍ଛଳ କରାଏ। ସ୍ୱଚ୍ଛଳ ମଣିଷ ଆନନ୍ଦ ଉପଭୋଗ ପାଇଁ ଦେଶ ଭିତରେ ଓ ବାହାରେ ବୁଲିବାକୁ ଯାଏ। ବୁଲିବାର ଲକ୍ଷ୍ୟ ଓ ସ୍ଥାନକୁ ନେଇ ପର୍ଯ୍ୟଟନର ପ୍ରକାର ଭେଦ କରାଯାଇଛି। ଧରନ୍ତୁ ଦୁଇଜଣ ବୟସ୍କ ବ୍ୟକ୍ତି ପୁରୀ ଆସିଲେ। ପାଠକୀୟ ଧାରଣାଟି ଏହି ଯେ ସେମାନେ ନିଶ୍ଚୟ ତୀର୍ଥଦର୍ଶନରେ ଆସିଥିବେ। ତେଣୁ ପୁରୀକୁ ଧାର୍ମିକ ପର୍ଯ୍ୟଟନ ବା ସାଂସ୍କୃତିକ ପର୍ଯ୍ୟଟନ (Cultural Tourism) ଶ୍ରେଣୀଭୁକ୍ତ କରାଯାଇପାରେ।

ସଦ୍ୟ ବିବାହିତ ଦମ୍ପତ୍ତି ଯଦି ପୁରୀ ଭ୍ରମଣରେ ଆସିଲେ ତେବେ ଧାରଣାଟି ଏହି ଯେ, ସମୁଦ୍ରକୂଳର ଏକ ଭଲ ହୋଟେଲରେ ସେମାନେ ମଧୁଚନ୍ଦ୍ରିକା ଯାପନ କରିବା

ପାଇଁ ଆସିଛନ୍ତି। ହୁଏତ ପୁରୁଷଟି କିମ୍ବା ଉଭୟେ କର୍ମକ୍ଷେତ୍ରରୁ କିଛିଦିନ ଛୁଟିରେ ଆସି ତାଙ୍କ ଭବିଷ୍ୟତ ଜୀବନର ସୁନେଲି ସ୍ୱପ୍ନମାନଙ୍କୁ ସଜାଡୁଛନ୍ତି। ତେଣୁ ପୁରୀକୁ ଅବସର ପର୍ଯ୍ୟଟନ (Leisure Tourism) କେନ୍ଦ୍ରର ଶ୍ରେଣୀଭୁକ୍ତ କରାଯାଇପାରେ। ତେଣୁ ଗୋଟିଏ ଲକ୍ଷ୍ୟସ୍ଥଳକୁ ଗ୍ରାହକ ବା ପର୍ଯ୍ୟଟକର ବୁଲିଆସିବାର କାରଣକୁ ନେଇ ପର୍ଯ୍ୟାୟଭୁକ୍ତ କରାଯାଇପାରେ। ପ୍ରଶ୍ନଟି ହେଲା ପର୍ଯ୍ୟଟନର ସାମାଜିକ ଦିଗଟି ନକାରାତ୍ମକ ହେବାର କାରଣ କ'ଣ ?

ପର୍ଯ୍ୟଟନର କାରଣଟି ବୁଝିଗଲେ ହୁଏତ ଏ ପ୍ରଶ୍ନର ସମାଧାନ ହୋଇଯିବ। ମନୁଷ୍ୟ ଏକ ସାମାଜିକ ପ୍ରାଣୀ ହୋଇଥିବାରୁ ଓ ଅତୀତରେ ଏକ ବାରବୁଲା (Nomadic) ସମ୍ପ୍ରଦାୟରୁ ସ୍ଥାୟୀ ବସତି ଓ ସମାଜ ସ୍ଥାପନ କରିଥିବାରୁ ତା' ଭିତରର ବାରବୁଲା ପ୍ରବୃତ୍ତିଟି ହୁଏତ ଅବଦମିକତ ହୋଇଛି ମାତ୍ର ସମ୍ପୂର୍ଣ୍ଣ ଭାବରେ ମରିନାହିଁ। ଅବଚେତନରେ ଥିବା ଧାରଣାଟି ତାକୁ ପର୍ଯ୍ୟଟନ ପାଇଁ ପ୍ରେରିତ କରୁଛି। ଏପରି ଯୁକ୍ତି ହୁଏତ ଏହି ଶତାବ୍ଦୀରେ ଅବାନ୍ତର ହୋଇପାରେ।

ଅନ୍ୟ ଯେଉଁ କାରଣଗୁଡ଼ିକ ପର୍ଯ୍ୟଟନର ସାମାଜିକ ଦିଗ ସପକ୍ଷରେ ଯୁକ୍ତି ବାଢ଼େ ତାହା ହେଲା ମଣିଷର ଆତ୍ମିକ, ମାନସିକ ତଥା ବ୍ୟକ୍ତିଗତ ଦ୍ୱନ୍ଦ୍ୱ ଓ ହାବଭାବ (Attitude)। ସାମାଜିକ ପରିବର୍ତ୍ତନର ଦୁଇଟି ଫଳ ରହିଛି। ଗୋଟିଏ ସାମାଜିକ ମୂଲ୍ୟବୋଧ ଓ ଅନ୍ୟଟି ସମସ୍ୟା। ପ୍ରତ୍ୟେକ ସମୟରେ ସମାଜରେ ମନୁଷ୍ୟର ଅନ୍ୟ ସହ ସମ୍ପର୍କ ପ୍ରତିଷ୍ଠିତ ହେଉଛି ଓ ଭାଙ୍ଗୁଛି। ଏହି କ୍ଷଣଭଙ୍ଗୁର ସମ୍ପର୍କର ଚକ୍ରରେ ସାମାଜିକ ସ୍ଥିରତା (Social Order) ଆଣିବା ପାଇଁ ମନୁଷ୍ୟକୁ ଅର୍ଥନୈତିକ, ଜ୍ଞାନକୌଶଳଜନିତ ଓ ରାଜନୈତିକ ସନ୍ଧି କରିବାକୁ ପଡୁଛି। ମନୁଷ୍ୟ ମନରେ ନୈରାଶ୍ୟ, ହତାଶବୋଧ ଇତ୍ୟାଦି ଭାବର ଜନ୍ମ ହେଉଛି ଯାହା କିଛିଦିନ ପରେ ସାମାଜିକ ବ୍ୟାଧିରେ ପରିଣତ ହେଉଛି। ଏହି ସାମାଜିକ ବ୍ୟାଧିଗୁଡ଼ିକ ଗଣହତ୍ୟା, ଗଣ ଆତ୍ମହତ୍ୟା, ନିଶାସେବନ, ଅପହରଣ, ଧର୍ଷଣ, ମାନସିକ ବିକୃତିଜନତ ଯୌନ ବ୍ୟଭିଚାର ଓ ବେଶ୍ୟାବୃତ୍ତିର ରୂପ ଧାରଣ କରିଥାଏ।

ସାମାଜିକ ସମସ୍ୟାଗୁଡ଼ିକର ଦୁଇଟି ଦିଗ ଅଛି। ଗୋଟିଏ ହେଲା ଏଗୁଡ଼ିକ ସାମାଜିକ ବ୍ୟବସ୍ଥା ଓ ସ୍ତରର ପ୍ରଚଳନ ବେଳେ କିପରି ସୃଷ୍ଟି ହୁଅନ୍ତି ଓ ଦ୍ୱିତୀୟଟି ହେଉଛି ଏକ ଗଣ ବ୍ୟବସ୍ଥାଦ୍ୱାରା ଏଗୁଡ଼ିକ ସମାଜରେ କ୍ଷିପ୍ରଗତିରେ କିପରି ମାତନ୍ତି। ତେଣୁ ଏହି ସମସ୍ୟାଗୁଡ଼ିକର ଜନ୍ମ ସାମାଜିକ (Social) ହୋଇଥିଲାବେଳେ ଦୋଷ ଦିଆଯାଏ ଏକ ବଜାରଭିତ୍ତିକ ବ୍ୟବସାୟ (Market Dominated Business)କୁ।

ମଣିଷର ଅନ୍ୟ ସହ ଓ ନିଜ ସହ ରହିଥିବା ଜାଗତିକ ଦ୍ୱନ୍ଦ୍ୱ (Earthly

Confilict)ରୁ ଏହି ସମସ୍ୟାମାନଙ୍କର ଜନ୍ମ । ଅଥଚ ପର୍ଯ୍ୟଟନର ମାଧ୍ୟମ ଦେଇ ଏଗୁଡ଼ିକ ପ୍ରତିଫଳିତ ହୋଇଥାଏ । ପର୍ଯ୍ୟଟନ ବ୍ୟବସାୟ କେବଳ ଦର୍ପଣ ପରି କାମ କରେ । ଏହା ଅଣ-ସାମାଜିକ କିମ୍ବା ସମାଜ ବହିର୍ଭୂତ ବ୍ୟବସ୍ଥା ନୁହେଁ । ଏକ ଅସୁନ୍ଦର ଓ କଦାକାର ମୁହଁକୁ ଯଦି ଦର୍ପଣ ସାମନାରେ ଧରି ରଖାଯାଏ ତେବେ ଦର୍ପଣର ପ୍ରତିଫଳନ କେବେ ହେଁ ସୁନ୍ଦର ହେବ ନାହିଁ । ମାତ୍ର ଏଥିପାଇଁ ଦର୍ପଣକୁ ଦୋଷ ଦେବା ଉଚିତ କି ?

ସାମାଜିକ ସମସ୍ୟାଟିର ମୁଖ୍ୟ ଆଧାର ହେଲା ବ୍ୟକ୍ତିଟି ଏକ ସାମୂହିକ ବ୍ୟବସ୍ଥା ପାଇଁ ସମାଜ ଗଢ଼େ ଓ ନିଜେ ବ୍ୟକ୍ତି ହିସାବରେ ଏହି ନିୟମ ସହ ତାଳ ଦେଇ ଚାଲିପାରେନାହିଁ ଫଳତଃ ସମସ୍ୟାର ସୂତ୍ରପାତ ହୁଏ । ନିଶାସେବନର ବ୍ୟାପକତା ନେଇ ପର୍ଯ୍ୟଟନକୁ ସମଗ୍ର ବିଶ୍ୱରେ ନିନ୍ଦିତ କରାଯାଇଛି । ଆମେରିକୀୟ ଓ ୟୁରୋପୀୟମାନେ ଏସୀୟ ଦେଶମାନଙ୍କରେ ଚରସ, ହେରୋଇନ, ଗଞ୍ଜେଇ ଇତ୍ୟାଦିର ପ୍ରଚଳନ କରୁଛନ୍ତି ବୋଲି ବାରମ୍ବାର ପ୍ରଚାର କରାଯାଉଛି ଓ ପର୍ଯ୍ୟଟନଗତ କାରଣରୁ ଆସି ସେମାନେ ଏହା ବହୁଳ ବ୍ୟବହାର କରାଉଛନ୍ତି ବୋଲି ସନ୍ଦେହ କରାଯାଏ ମାତ୍ର ବଜାର ଗବେଷଣାରୁ ଜଣାଯାଇଛି ଯେ ଏହି ନିଶାପଦାର୍ଥର କଞ୍ଚାମାଲ ଏସୀୟ, ବ୍ରାଜିଲ ଓ କଲମ୍ବିଆ ପରି ଦକ୍ଷିଣ ଆମେରିକୀୟ ଦେଶମାନଙ୍କରେ ଉତ୍ପାଦିତ ହୁଏ ।

ତୃତୀୟ ତତ୍ତ୍ୱଟି ହେଉଛି ମଣିଷର ହାବଭାବଜନିତ ସମସ୍ୟା । ନିଜେ ଅଧ୍ୟାପନାରେ ଥିବାରୁ ଓ ଗ୍ରାହକର ବ୍ୟବହାର (Consumer Behaviour) ବିଷୟରେ ଗବେଷଣା କରୁଥିବାରୁ ଏହି ହାବଭାବର ତୀବ୍ରତା ଆମର ପର୍ଯ୍ୟଟନ ବ୍ୟବହାରରେ କିପରି ଅନୁଭବ କରିହୁଏ ତାହା ଏକ ଅଙ୍ଗେନିଭା ଘଟଣାରୁ ବୁଝିହେବ । ଗୋଆ ଭାରତର ଏକ ପ୍ରସିଦ୍ଧ ପର୍ଯ୍ୟଟନସ୍ଥଳୀ । ଅବସରକାଳୀନ ପର୍ଯ୍ୟଟନ ପାଇଁ ଏହା ସମଗ୍ର ବିଶ୍ୱରେ ଲୋକପ୍ରିୟ । ଗୋଆର ଏକ କୁଖ୍ୟାତ ବିଚ୍ ହେଉଛି ବାଇନା ବିଚ୍ । ହୁଏତ ପରିବାର ନେଇ ଗୋଆ ଯାଇଥିବା ଲୋକମାନେ ଏ ବିଚ୍ ବୁଲିବା ପାଇଁ ଯାଇନଥିବେ କାରଣ ବେଶ୍ୟାବୃତ୍ତି ପାଇଁ ଏଠାରେ ବିରାଟ ଆୟୋଜନ । ଛାତ୍ରମାନଙ୍କର ଗୋଆ ଭ୍ରମଣ କାଳରେ ବାଇନା ଏକ ପ୍ରମୁଖ ଆକର୍ଷଣ (!) ।

ସେହିପରି ଭ୍ରମଣ କାଳରେ ଗାଇଡ୍ ଆପଣଙ୍କୁ ଭାଗାନ୍ଦୋର ବିଚ୍‌ରେ ପହଞ୍ଚିଲା ପରେ ଘୋଷଣା କରେ ଯେ ବିଚ୍‌ର ଦକ୍ଷିଣପଟ ହେଉଛି ନିରାମିଷାଶୀ (Vegetarian) ଅର୍ଥାତ୍ କେବଳ ପରିବାର ପାଇଁ । ଉତ୍ତରପଟ ହେଉଛି ନିଶା ସେବନକାରୀ, ନଗ୍ନ ବିଦେଶୀ ପର୍ଯ୍ୟଟକମାନଙ୍କର ଆଡ୍‌ଡାସ୍ଥଳୀ । ଆଶ୍ଚର୍ଯ୍ୟ ହେବାର ଏଥିରେ କିଛି ନାହିଁ ଯେ ସମୁଦାୟ ବସ୍‌ର ଯୁବଯାତ୍ରୀମାନେ ଉତ୍ତରପଟକୁ ହିଁ ଯିବାକୁ ପସନ୍ଦ କରନ୍ତି । ତେଣୁ

ଏହି ହାବଭାବ ହିଁ ସାମାଜିକ ସମସ୍ୟା ପାଇଁ ମୁଖ୍ୟତଃ ଦାୟୀ। ଅବଶ୍ୟ ସାଧାରଣ ଜୀବନର କର୍ମବ୍ୟସ୍ତତା, ମାନସିକ ବିକ୍ଷେପ (Stress) ଓ ପାରିବାରିକ ବିଘଟନ (Familial Decomposition) ଫଳରେ ମଣିଷର ପର୍ଯ୍ୟଟନ ପ୍ରତି ଆକର୍ଷଣ ବଢୁଛି ଓ ପର୍ଯ୍ୟଟକକୁ ଆକୃଷ୍ଟ କରିବା ପାଇଁ ଏପରି ବ୍ୟବସ୍ଥା ସ୍ୱତଃ ଗଢ଼ିଉଠୁଛି।

ପ୍ରବୃତ୍ତି ଓ ଶାରୀରିକ ସୁଖ ପାଇଁ ଚିନ୍ତିତ ମଣିଷ ଅବସର ସମୟରେ ପର୍ଯ୍ୟଟନ ମାଧ୍ୟମରେ ନିଜର ଇଚ୍ଛାଶକ୍ତିକୁ ଚରିତାର୍ଥ କରିପାରୁଛି। ଏଥିପାଇଁ ପର୍ଯ୍ୟଟନର ଭୂମିକା ନଗଣ୍ୟ। ସମଗ୍ର ବିଶ୍ୱରେ ବର୍ତ୍ତମାନ ପର୍ଯ୍ୟଟନର ବ୍ୟବହାରଦ୍ୱାରା ସାମାଜିକ ବ୍ୟାଧି ଓ ସମସ୍ୟାଗୁଡ଼ିକ କିପରି ସମାଧାନ କରାଯାଇପାରିବ ସେଥିପାଇଁ ଉପାୟ ବାହାର କରାଗଲାଣି।

■

ଜାତୀୟ ଶିକ୍ଷାନୀତିରେ ପ୍ରାକ୍-ବାଲ୍ୟାବସ୍ଥା ଶିକ୍ଷା : ଏକ ନୂତନ ଦିଗ

ସମ୍ପ୍ରତି ଜାତୀୟ ଶିକ୍ଷାନୀତି-୨୦୨୦ କେନ୍ଦ୍ରସରକାରଙ୍କ ତରଫରୁ ପ୍ରକାଶିତ ହୋଇଛି । ଗୋଟିଏ ନୀତି ପ୍ରଣୟନର ବହୁତ ଉଦ୍ଦେଶ୍ୟ ଥାଏ । ପ୍ରମୁଖ ଉଦ୍ଦେଶ୍ୟ ହେଉଛି ସାମ୍ପ୍ରତିକ ବିକାଶ ଓ କାର୍ଯ୍ୟାନ୍ୱୟନ । ଏକ ସଂଘୀୟ ବ୍ୟବସ୍ଥାରେ ଶିକ୍ଷାର ବିକାଶ ଓ ଗୁଣାତ୍ମକମାନ ବୃଦ୍ଧି ପାଇଁ କେନ୍ଦ୍ର ଓ ରାଜ୍ୟ ସରକାରଙ୍କର ଯୁଗ୍ମ ଭୂମିକା ରହିଛି । ନୀତି ପ୍ରଣୟନ, ଆର୍ଥିକ ପ୍ରୋତ୍ସାହନ ଓ ଏହାର କାର୍ଯ୍ୟାନ୍ୱୟନରେ ବିଶ୍ଳେଷଣ କରିବା କେନ୍ଦ୍ର ସରକାରଙ୍କ ଦାୟିତ୍ୱ ଥିଲାବେଳେ ରାଜ୍ୟସରକାର ନିଜର ଆନୁଷ୍ଠାନିକ ଢାଞ୍ଚା ମାଧ୍ୟମରେ ଏହାର ସଫଳ ରୂପାୟନର ଭାଗିଦାରୀ ଅଟନ୍ତି ।

କେବଳ ଯେ ଗୋଟିଏ ଶିକ୍ଷାନୀତି ପ୍ରଣୟନ କରିଦେଲେ ସାମଗ୍ରିକ ପରିବର୍ତ୍ତନ ସମ୍ଭବ ହୋଇପାରିବ ଏହା ଭାବିବା ଭୁଲ ଓ ଏକ ଅପରିଣାମ ଦର୍ଶୀ ଅଭିପ୍ରାୟ ବୋଲି କୁହାଯାଇପାରିବ । ତଥାପି ସମାଜରେ ପରିବର୍ତ୍ତନ ପାଇଁ ଦିଗ ଓ ଦାୟିତ୍ୱ ନିର୍ଦ୍ଧାରଣ କରିବା ଗଣତାନ୍ତ୍ରିକ ବ୍ୟବସ୍ଥାରେ ଗଣାଯାଏ । ଶିକ୍ଷାକୁ ମୌଳିକ ଅଧିକାର ହିସାବରେ ସମ୍ବିଧାନରେ ସାମିଲ କରାଯିବା ପରେ ଏଥି ପ୍ରତି ସରକାର ଯତ୍ନଶୀଳ ହେବା ଆରମ୍ଭ କରିଛନ୍ତି ।

ଜାତୀୟ ଶିକ୍ଷାନୀତି-୨୦୨୦ ବହୁତ ଦିନରୁ ଅପେକ୍ଷିତ ଥିଲା କାରଣ ମାନବ ସମ୍ବଳ ବିକାଶ ମନ୍ତ୍ରାଳୟ ଗଠନ ସମୟରେ ହିଁ ଆମର ଶ୍ରେଷ୍ଠ ଶିକ୍ଷାନୀତି ଘୋଷିତ ହୋଇଥିଲା। ନୂତନ ଶିକ୍ଷା ନୀତିରେ କେତେଗୁଡ଼ିଏ ପ୍ରମୁଖ ଦିଗପ୍ରତି ଧ୍ୟାନ ଦିଆଯାଇଛି ଯଥା, ବିବିଧତା ଓ ସ୍ଥାନୀୟବ୍ୟବସ୍ଥା ପ୍ରତି ସମ୍ବେଦନଶୀଳ ହେବା, ନ୍ୟାୟସଙ୍ଗତ ଓ ସମବେଶୀ (equity and inclusion) ବ୍ୟବସ୍ଥାଦ୍ୱାରା ଶିକ୍ଷା ବ୍ୟବସ୍ଥାର ବାହାରେ ଥିବା ଓ ସ୍କୁଲରୁ ବାହାରି ଯାଇଥିବା ବିଦ୍ୟାର୍ଥୀମାନଙ୍କୁ ଫେରାଇ ଆଣିବା, ପ୍ରାଦେଶିକ ବିକାଶର ସୁଫଳ ଛାତ୍ରମାନଙ୍କୁ ପ୍ରଦାନ କରିବା, ଜନ ସମୁଦାୟର ଭାଗିଦାରୀରେ ଏକ ସମ୍ବେଦନ ପ୍ରିୟ ଶିକ୍ଷା ବ୍ୟବସ୍ଥାର ପ୍ରଚଳନ, ସୃଜନଶୀଳ ଓ ମହତ ଚିନ୍ତାଧାରା ସମ୍ବନ୍ଧୀୟ ପାଠ୍ୟଶାସ୍ତ୍ରର ପ୍ରଚଳନ, ନିରନ୍ତର ଭାବରେ ଗବେଷଣା, ଅନୁଶୀଳନ ଓ ପୁନଃ ସୃଜନର ବ୍ୟବସ୍ଥା ନିଶ୍ଚିତ ଭାବରେ ଏକ ଯୁଯୋଗପଯୋଗୀ ଶିକ୍ଷା ସମଗ୍ର ପରିସ୍ଥିତିକ ତତ୍ତ୍ୱ (Ecosystem) ଗଢ଼ିବାରେ ପ୍ରମୁଖ ଭୂମିକା ଗ୍ରହଣ କରିବ।

ଅନ୍ୟ ଦିଗଟି ହେଲା ବିକାଶ ପ୍ରକ୍ରିୟାରେ ଜାଗତିକ ସୂଚନାଙ୍କ (Global Index)ରେ ପଛରେ ପଡିଯାଇଥିବା ସାମ୍ପ୍ରତିକ ଶିକ୍ଷାବ୍ୟବସ୍ଥା। ଆମ ଦେଶର ଜାତୀୟ ଉତ୍ପାଦର ଏକ ଛୋଟଭାଗ (୧୦%) ଶିକ୍ଷା ପ୍ରତି ନିବେଦିତ। ସରକାରୀ ଶିକ୍ଷା ବ୍ୟବସ୍ଥା ପ୍ରତି ବଜେଟରେ ଚରମ ଅବହେଳା ହେତୁ ଶିକ୍ଷା ସମ୍ବନ୍ଧୀୟ ଆଧାରିକ ସଂରଚନା (Infrastructure) ଦୟନୀୟ ଅବସ୍ଥାରେ ରହିଛି। ଶିକ୍ଷା ବ୍ୟବସ୍ଥା ହିଁ ସମାଜରେ ଅସମାନ୍ତର ଅନ୍ୟାୟ (Inequitable injustice) ଆରମ୍ଭ କରିଥାଏ। ତେଣୁ ଏପରି ଦୟନୀୟ ଅବସ୍ଥାରେ ନୂତନ ଶିକ୍ଷାନୀତି ଯେଉଁ ସୁଦୁର ପ୍ରସାରୀ ଲକ୍ଷ୍ୟ ରଖିଛି, ତାହା କେତେ ଦୂର ଯେ ପ୍ରାପ୍ତି ହେବ ସେଥିପାଇଁ ସନ୍ଦେହ ରହିବା ସ୍ୱାଭାବିକ। ସରକାରୀ ଖର୍ଚ୍ଚରେ ବିଧିବଦ୍ଧ ବୃଦ୍ଧି ଘରୋଇ ଉଦ୍ୟୋଗର ପ୍ରବେଶ, ଏକ ଜାତୀୟ ଶିକ୍ଷା ଉନ୍ନୟନ ଅଧିକାରୀ (National Education Development Authority)ର ଗଠନ ପରି ବୈପ୍ଳବିକ ଓ ଚାରିତ୍ରିକ ପରିବର୍ତ୍ତନ ଆଣିଲେ ହିଁ ଏପରି ମହାନ୍ ଲକ୍ଷ୍ୟ ପ୍ରାପ୍ତି ହେବ। ପ୍ରାକ୍ ବାଲ୍ୟାବସ୍ଥା ଶିକ୍ଷା ପ୍ରତି ଗୁରୁତ୍ୱ-ନୂତନ ଶିକ୍ଷାନୀତି-୨୦୨୦ର ସବୁଠାରୁ ପ୍ରମୁଖ ଅଙ୍ଗ କହିଲେ ଅତ୍ୟୁକ୍ତି ହେବ ନାହିଁ। ଏହାର ବିଶଦ୍ ଆଲୋଚନା କରିବା ପୂର୍ବରୁ ଆମ୍ଭମାନଙ୍କୁ ବୁଝି ନେବାକୁ ହେବ ଯେ ମାନବ ଶିଶୁର ବିକାଶରେ (୩-୬) ବର୍ଷ (ତିନିରୁ ଛ' ବର୍ଷ) ସବୁଠାରୁ ଗୁରୁତ୍ୱପୂର୍ଣ୍ଣ ସମୟ।

ଏହି ସମୟରେ ଶିଶୁଟିର ମସ୍ତିଷ୍କର ପରିବର୍ତ୍ତନ ଓ ବିକାଶ ହୋଇଥାଏ। ତାହାର ସମାଜ, ପରିବାର ଓ ସମ୍ପର୍କୀୟମାନଙ୍କୁ ବୁଝିବାର ଓ ଏକ ବଦ୍ଧ ଧାରଣା ଗଢ଼ିବାର ପ୍ରମୁଖ ସମୟ ହେଉଛି ଏହି ବର୍ଷମାନ। ମସ୍ତିଷ୍କର ବିକାଶ ସହ ଏହି ସମୟରେ

ମୋଟର କୌଶଳ (Motor Skill) ବୃଦ୍ଧି ହୋଇଥାଏ। ମୋଟର କୌଶଳର ବିକାଶର ଅର୍ଥ ହେଲା ଶରୀରର ବିଭିନ୍ନ ମାଂସପେଶୀର ପ୍ରୟୋଗ ଓ ଏହାର ନିୟନ୍ତ୍ରଣ କରିବା। ମୋଟର କୌଶଳ ସବୁଠାରୁ ସମ୍ବେଦନ ଶୀଳ ବିଷୟ। ଏକ ମାନବ ଶିଶୁର ପ୍ରଗତି ଓ କାର୍ଯ୍ୟ କ୍ଷମତା ଏହି ସାମଗ୍ରିକ ମୋଟର କୌଶଳ (Gross Motor Skill) ଓ ସୂକ୍ଷ୍ମ ମୋଟର କୌଶଳ (Fine Motor Skill) ଉପରେ ନିର୍ଭର କରିଥାଏ। ତେଣୁ ମାନସିକ ଓ ଶାରିରୀକ ବିକାଶ ପାଇଁ ଏହି ତିନିରୁ ଛ' ବର୍ଷ ବହୁତ ଗୁରୁତ୍ୱପୂର୍ଣ୍ଣ। ଦୁର୍ଭାଗ୍ୟବଶତଃ ବହୁତ ଭାରତୀୟ ଶିଶୁ ଏହି ସମୟରେ କୁପୋଷଣର ଶିକାର ହୋଇଥାନ୍ତି। ଆବଶ୍ୟକୀୟ ପ୍ରୋଟିନ୍ ଓ ଭିଟାମିନର ଅଭାବରେ ତାଙ୍କର ମାନସିକ ଓ ଶାରୀରିକ ବିକାଶ ଧିମେଇ ଯାଇଥାଏ। ଯାହା ଫଳରେ ଆମେ ଭବିଷ୍ୟତରେ ସୁସ୍ଥ ନାଗରିକଟିଏ ପାଇବାର ସୁଯୋଗ ହରେଇ ଥାଉ।

ଏହି ସମସ୍ୟାର ସମାଧାନ ପାଇଁ ଶିଶୁ ଓ ମହିଳା ବିକାଶ ବିଭାଗଦ୍ୱାରା ବିଭିନ୍ନ ଅଙ୍ଗନବାଡ଼ି ଏବଂ ବିକାଶ କେନ୍ଦ୍ରମାଧମରେ ଶିଶୁମାନଙ୍କର ଲାଳନପାଳନ, ଟୀକାକରଣ, ପୋଷଣର ମାତ୍ରା ଓ ଦର ବୃଦ୍ଧିର ପ୍ରଚେଷ୍ଟା ଇତ୍ୟାଦି କରାଯାଇଥାଏ। ଏହି ବ୍ୟବସ୍ଥାର ମୁଖ୍ୟ ଲକ୍ଷ୍ୟ ଶିଶୁର ଶାରୀରିକ ଅଭିବୃଦ୍ଧିକୁ ଯାଞ୍ଚ କରିବା ଓ ଯୋଜନାର ସଫଳ ରୂପାୟନ ପ୍ରତି ଯତ୍ନଶୀଳ ହେବା। ସାମ୍ପ୍ରତିକ ପ୍ରାକ୍-ବାଲ୍ୟାବସ୍ଥା ଶିକ୍ଷା (Early Child Care Education) ବ୍ୟବସ୍ଥାରେ ଶିକ୍ଷାଦାନ ଏକ ଗୌଣ ଭୂମିକା ନେଇଅଛି। ମୁଖ୍ୟ ଲକ୍ଷ୍ୟ ହେଉଛି ଶିଶୁର ଶାରୀରିକ ଓ ମାନସିକ ବିକାଶ ଓ ଏକ ରୋଗ ମୁକ୍ତ ଜୀବନର ମୂଳଦୁଆ ସ୍ଥାପନ। ନୂତନ ଶିକ୍ଷା ନୀତି-୨୦୨୦ରେ ଏକ ଯୁଗାନ୍ତକାରୀ ପରିବର୍ତ୍ତନର ଖସଡା ପ୍ରସ୍ତୁତ କରାଯାଇଛି। ବିଦ୍ୟାଳୟ ଶିକ୍ଷାକୁ ମୌଳିକ ଅଧିକାରରେ ଅନ୍ତର୍ଭୁକ୍ତ କଲା ପରି ପ୍ରାକ୍ ବାଲ୍ୟାବସ୍ଥା ଯତ୍ନ ଓ ଶିକ୍ଷାକୁ ସାମଗ୍ରିକ ପହଞ୍ଚ (Universal Access) ଦିଆଯାଇଛି, ଯାହାଫଳରେ ତିନରୁ ଛଅ ବର୍ଷର ଶିଶୁମାନଙ୍କୁ ବାଳବାଟିକା, ବାଲୱାଡ଼ି ଓ ଅଙ୍ଗନୱାଡ଼ି ମାଧମରେ ଏଣିକି ଶିକ୍ଷା ଦିଆଯିବ। ଏହା ମୁକ୍ତ, ସୁରକ୍ଷିତ ଏବଂ ଉଚ୍ଚମାନର ହେବା ବିଧେୟ।

ଏଥିପାଇଁ ଏକ ମୂଳଭୂତ ଶିକ୍ଷା (Foundational Learning)ର ପାଠ୍ୟଖସଡ଼ା ପ୍ରସ୍ତୁତ କରାଯିବ। ଏହି ଶିକ୍ଷା ତିନିରୁ ଛଅ ବର୍ଷ ପର୍ଯ୍ୟନ୍ତ ଓ ଛଅରୁ ଆଠବର୍ଷ ପର୍ଯ୍ୟନ୍ତ ଶିଶୁର ବୟସକୁ ନେଇ ଦୁଇଭାଗରେ ବିଭକ୍ତ କରାଯାଇଛି। ପ୍ରଥମ ଓ ଦ୍ୱିତୀୟ ଶ୍ରେଣୀକୁ ଏହି ବ୍ୟବସ୍ଥାରେ ନିଆଯାଇଛି। ଏହି ମୂଳଭୂତ ଶିକ୍ଷାର ଆଚାର ବିଚାର ବହୁବିଧ, ପରିବର୍ତ୍ତନଶୀଳ ଓ ଖେଳକୁଦ ଫର୍ମାଟ୍‌ରେ ପ୍ରସ୍ତୁତ କରାଯିବା ଦରକାର ଯାହା ଗତିବିଧି (Activity) ଉପରେ ପର୍ଯ୍ୟବେସିତ ହେବା ଉଚିତ। ଏହି ସ୍ୱଚ୍ଛ ବୟସରୁ କୋମଳମତି

ଶିଶୁମାନଙ୍କ ମଧ୍ୟରେ ପ୍ରଶ୍ନ ପଚାରିବା ଓ କୌତୁହଳ ପ୍ରିୟ ହେଲେ ସେମାନଙ୍କର ବୃଦ୍ଧିର ବିକାଶ ହୋଇପାରିବ। ପ୍ରଥମ ଶ୍ରେଣୀରେ ପ୍ରବେଶ ପୂର୍ବରୁ ପ୍ରତ୍ୟେକଟି ଶିଶୁ ଏକ ପ୍ରାରମ୍ଭିକ ଶିକ୍ଷା (Preparatory Education) ବ୍ୟବସ୍ଥା ଦେଇ ଯିବାର ପ୍ରାବଧାନ ରହିଛି। ଏହି ନୂତନ ବ୍ୟବସ୍ଥାରେ ସଫଳ ପରିଚାଳନା ପାଇଁ ତିନୋଟି ବିଭାଗକୁ ଦାୟିତ୍ୱ ଦିଆଯାଇଛି ଯଥା ଶିକ୍ଷା, ମହିଳା ଓ ବାଳବିକାଶ ଓ ସ୍ୱାସ୍ଥ୍ୟ ମନ୍ତ୍ରାଣାଳୟ।

ଏହି ତିନୋଟି ବିଭାଗର ସମନ୍ୱୟ ଓ ଏକ ସାଧାରଣ ପ୍ରୟୋଗବିଧି ଗଢ଼ିବା ନିହାତି ଆବଶ୍ୟକ। ପ୍ରାକ୍ ବାଲ୍ୟାବସ୍ଥା ଶିକ୍ଷା ପ୍ରତି କେନ୍ଦ୍ର ସରକାରଙ୍କ ସମ୍ବେଦନଶୀଳତା ସ୍ପଷ୍ଟ ଅନୁମେୟ କରିହୁଏ। ଏହାଦ୍ୱାରା ସମସ୍ତଙ୍କୁ ପ୍ରାକ୍‌ବ୍ୟଲ୍ୟାବସ୍ଥା ଶିକ୍ଷାରୁ ପ୍ରାଥମିକ ଶିକ୍ଷା ବ୍ୟବସ୍ଥାକୁ ଉତ୍ତୀର୍ଣ୍ଣ କରିବା ସହଜ ହେବ। ସମାନତା (Equity) ଓ ସମାବେଶ (Inclusion)ର ଲକ୍ଷ୍ୟ ପୂରଣ ହେବା ସହ ଜାତିସଂଘର ସତତ ବିକାଶ ଲକ୍ଷ୍ୟ (Sustainable Development Goal) ମଧ୍ୟ ଏହି ନୀତିରେ ଅନ୍ତର୍ଭୁକ୍ତ କରାଯାଇଛି। ପ୍ରଚଳିତ ଶିକ୍ଷା ବ୍ୟବସ୍ଥା ବାହାରେ ରହିଥିବା ପ୍ରାୟ ଦୁଇ କୋଟି ଶିଶୁଙ୍କୁ ପୁଣି ଫେରେଇ ଆଣିବାର ଲକ୍ଷ୍ୟ ରହିଛି। ମୂଳଭୂତ ସାକ୍ଷରତା ଓ ଗଣକୌଶଳ (Fundamental Litcracy and Numeracy Skill) ପ୍ରାକ୍‌ବାଲ୍ୟାବସ୍ଥା ଶିକ୍ଷା କାର୍ଯ୍ୟକ୍ରମରେ ଏକ ମହାନ୍ ଲକ୍ଷ୍ୟ।

ଏହା ଫଳରେ ପ୍ରଥମ ଶ୍ରେଣୀକୁ ଯିବା ପୂର୍ବରୁ ଶିଶୁଟିର ସାକ୍ଷରତା ଓ ଗଣିତ ପ୍ରତି ଜ୍ଞାନ ବୃଦ୍ଧି ହୋଇପାରିବ। ଏପରି ଏକ ବହୁମୁଖୀ ନୀତିର ସଫଳ ରୂପାୟନ ପାଇଁ ପ୍ରଥମେ ଏକ ଆନୁଷ୍ଠାନିକ ଢାଞ୍ଚା ତିଆରି ହେବା ବିଧେୟ। ପ୍ରତ୍ୟେକ ରାଜ୍ୟ ସରକାର ପ୍ରାକ୍‌ବ୍ୟାଲାବସ୍ଥା ଶିକ୍ଷା ଅଧିକାରିର ସଂସ୍ଥା (Early Child Care Education Development Authority) ଗଠନ କରିଲେ ଏହି ଅନୁଷ୍ଠାନ ନିଜର ପ୍ରଣୟନଜନିତ ଚିଠା ଓ ପାଠ୍ୟଖସଡ଼ା ପ୍ରସ୍ତୁତ କରିପାରିବ। ସାଧାରଣ ଓ ନିଜ ଉଦ୍ୟୋଗର ସହଭାଗିତା (Public Private Partnership)ରେ ଏକ ସଫଳ, ଶକ୍ତିଶାଳୀ ଶିକ୍ଷା ବ୍ୟବସ୍ଥା ଗଠନ କରାଯାଇପାରିବ।

ଏଭଳି ଏକ ସୈଦ୍ଧାନ୍ତିକ ପରିବର୍ତ୍ତନ ଆଣିବା ପାଇଁ ସଂଘୀୟ ଓ ରାଜ୍ୟ ବଜେଟ୍‌ରେ ଶିକ୍ଷା ଉପରେ ହେଉଥିବା ବିନିଯୋଗ (Investment) ଦୁଇଗୁଣ ହେବା ଦରକାର। ସୂଚନା ଓ ପ୍ରଦ୍ୟୌଗିକ ବିକାଶର ଲାଭ ପିଲାମାନଙ୍କୁ ମିଳିଲେ ହିଁ ଖେଳକୁଦ ପ୍ରଥା (Playful Method) ଓ କାର୍ଯ୍ୟକ୍ରମ ଭିତ୍ତିକ ଶିକ୍ଷା (Activity Based Learning)ଦ୍ୱାରା ଏହି ଶିଶୁ ଶିକ୍ଷାର୍ଥୀମାନଙ୍କର ଶାରୀରିକ ଓ ମାନସିକ ବିକାଶ ସମ୍ଭବ। ଯେହେତୁ ସାମଗ୍ରିକ ପହଞ୍ଚ (Universal Access) ଏକ ପ୍ରମୁଖ ଲକ୍ଷ୍ୟ ରଖାଯାଇଛି

ପ୍ରାକ୍ ବାଲ୍ୟାବସ୍ଥା ଶିକ୍ଷା କାର୍ଯ୍ୟକ୍ରମ ବିଦ୍ୟାଳୟରେ ମଧ୍ୟ ପ୍ରଚଳିତ ହେବା ଉଚିତ।

ସମ୍ପ୍ରତି ଅଙ୍ଗନୱାଡ଼ି, ବାଲବାଡିରେ ସୀମିତ ନ ହୋଇ ଏହା ବିଦ୍ୟାଳୟ ଶିକ୍ଷା ସହ ଯୋଡ଼ି ହେଲେ ସଂସାଧନ (Resource)ର ବହୁଳ ବ୍ୟବହାର ହୋଇପାରିବ। ସମ୍ପ୍ରତି ବାଲବାଡ଼ି, ଅଙ୍ଗନୱାଡ଼ିରେ କାମ କରୁଥିବା ଶିକ୍ଷକମାନଙ୍କର ଜ୍ଞାନ ଓ କୌଶଳ ବୃଦ୍ଧି କେବଳ ନୂତନ ପ୍ରଶିକ୍ଷଣଦ୍ୱାରା ସମ୍ଭବ। କେବଳ ନୀତି ସୁଫଳ ଆଣିପାରିବ ନାହିଁ ଏଥିପାଇଁ କାର୍ଯ୍ୟାନ୍ୱୟନ ଓ ପରିଚାଳନା ପ୍ରତି ତୀକ୍ଷ୍ଣ ଧ୍ୟାନ ଦେବା ବିଧେୟ।

ଜାତୀୟ ଶିକ୍ଷା ନୀତି – ୨୦୨୦ର ଲକ୍ଷ୍ୟ

ପରିବର୍ତ୍ତନଶୀଳ ସମାଜରେ ଶିକ୍ଷାର ଭୂମିକା ଓ ପ୍ରାସଙ୍ଗିକତା ସର୍ବୋପରି । ଏକ ଦକ୍ଷ ଶିକ୍ଷା ବ୍ୟବସ୍ଥା ସୁସ୍ଥ ଓ ସମର୍ଥ ସମାଜ ଗଠନ କରିବାରେ ପ୍ରମୁଖ ଭୂମିକା ଗ୍ରହଣ କରିଥାଏ । ସମାଜ ଏହାର ଭବିଷ୍ୟତର ନାଗରିକମାନଙ୍କର ଦୃଷ୍ଟିକୋଣ ଏହି ଦିଗ ନିର୍ଦ୍ଧାରଣ କରିବାରେ ଏକ ବଳିଷ୍ଠ ଶିକ୍ଷାନୀତିର ଅବଦାନ ଅପୂରଣୀୟ । କିନ୍ତୁ ସବୁ ପ୍ରକାର ପରିବର୍ତ୍ତନ ଗ୍ରହଣଶୀଳ ହେବା ଅନୁଚିତ । ଏହି ପରିପ୍ରେକ୍ଷୀରେ ଜାତୀୟ ଶିକ୍ଷାନୀତି ଏକ ଚରମ ପଦକ୍ଷେପ କହିଲେ ଅତ୍ୟୁକ୍ତି ହେବ ନାହିଁ । ଏକ ଦୀର୍ଘ ଶିକ୍ଷାନୀତିର ଖସଡ଼ା ଆଲୋଚନା କରିବାର ପ୍ରାସଙ୍ଗିକତା ଯଦିଓ ଅଧିକ ତଥାପି ସ୍କୁଲ ଶିକ୍ଷା ବିଷୟରେ ସମ୍ୟକ୍ ଆଲୋକପାତ କରାଯାଇପାରେ ।

ଏହି ଶିକ୍ଷାନୀତି ମୁଖ୍ୟତଃ ଦୃଷ୍ଟି (Vision) ଓ ସିଦ୍ଧାନ୍ତ (Principle), ପ୍ରାକ୍ ପ୍ରାଇମେରୀ ଶିକ୍ଷାର ସାର୍ବଭୌମିକ ପହଞ୍ଚ (Universal Access), ପିଲାମାନେ କେମିତି ପଢ଼ିବେ ଓ ସେଥିପାଇଁ ପାଠ୍ୟକ୍ରମ (Curriculum) ଓ ଶିକ୍ଷଣୀୟ (Pedagogy, ଶିକ୍ଷାର ପ୍ରତିଫଳନ (Learning Outcome), ଗୋଟିଏ ବିଦ୍ୟାଳୟ ଓ ଏହାର ଆନୁଷଙ୍ଗିକ ସ୍ଥିତି, ଶିକ୍ଷକମାନଙ୍କର ଶିକ୍ଷା ଓ ଉନ୍ନତି ଏବଂ ସର୍ବୋପରି ନୂତନ ଶିକ୍ଷାନୀତିର ମୁଖ୍ୟ ଲକ୍ଷ୍ୟ ଉପରେ ପର୍ଯ୍ୟବସିତ ।

ଅନ୍ୟ ସମସ୍ତ ନୀତି ପରି, ଜାତୀୟ ଶିକ୍ଷାନୀତି ମଧ୍ୟ କେତେକ ଶୀର୍ଷସ୍ତରୀୟ ବିଚାର ଉପରେ ଧ୍ୟାନଦେବା ପାଇଁ ବାଧ୍ୟ କରାଏ ।

ପ୍ରଥମ କଥା ହେଲା ସମଗ୍ର ଘରୋଇ ଉତ୍ପାଦର ମାତ୍ର ୪.୬% ଶିକ୍ଷା ଉପରେ ଖର୍ଚ୍ଚ ହୋଇଥାଏ। ଶିକ୍ଷା ଓ ସାଧାରଣ ସ୍ୱାସ୍ଥ୍ୟରେ କମ୍ ବଜେଟ୍ ହେବାର ଫଳ କରୋନା ସଂକ୍ରମଣରେ ଆମେ ଅନୁଭବ କରିପାରୁଛେ। ସାଧାରଣ ଭିତ୍ତିଭୂମିର ଅଭାବ ବିଦ୍ୟାଳୟସ୍ତରୀୟ ଶିକ୍ଷା ବ୍ୟବସ୍ଥାକୁ କିପରି ଆଘାତ ଦେଇଛି ତାହା ଯେ କୌଣସି ସରକାରୀ ସ୍କୁଲର ଆଧାରିକ ସଂରଚନା (Infrastructure), ଶିକ୍ଷାଦାନର ମାନ ଓ ପ୍ରଣାଳୀ ଓ ଛାତ୍ରଛାତ୍ରୀଙ୍କ ଉପସ୍ଥାନର ନିମ୍ନଗାମୀ ମାତ୍ରା ଦେଖିଲେ ସହଜରେ ଅନୁମେୟ କରିହୁଏ। ଏପରି ବିପର୍ଯ୍ୟୟ ବ୍ୟବସ୍ଥାରେ ଏକ ନୂତନ ଶିକ୍ଷାନୀତି ପ୍ରଣୟନରେ ତ କିଛି ଅସୁବିଧା ନାହିଁ କିନ୍ତୁ ଏହାର ସଫଳ ରୂପାୟନ ପ୍ରଶ୍ନବାଚୀ ସୃଷ୍ଟି କରିବା ସ୍ୱାଭାବିକ। ଯାହା ସଜାଡ଼ିବା ପାଇଁ ପ୍ରଭୂତ ଅର୍ଥର ଆବଶ୍ୟକତା ଅଛି ତାହାକୁ ସାମଗ୍ରିକ ପରିବର୍ତ୍ତନ କରିବା ନିଶ୍ଚିତ ଏକ କଷ୍ଟସାଧ ବ୍ୟାପାର। ନୀତି ପ୍ରଣୟନ କରିବା ସହଜ ମାତ୍ର ଏହାର ପ୍ରଚଳନ ଓ କାର୍ଯ୍ୟାନ୍ୱୟନ (Implementation) କଲେ ହିଁ ସୁଫଳ ମିଳିପାରିବ। ଶିକ୍ଷା ବ୍ୟବସ୍ଥାର ଫଳାପଳ ସ୍ୱଳ୍ପସ୍ଥାୟୀ ନୁହେଁ, ତେଣୁ କୌଣସି ନୀତିର ଫଳାଫଳ ନିର୍ଣ୍ଣୟ କରିବା ପାଇଁ ଦୀର୍ଘକାଳ ଅପେକ୍ଷା କରିବାକୁ ପଡିଥାଏ।

ନୂତନ ଶିକ୍ଷାନୀତିର ମୂଳ ଲକ୍ଷ୍ୟ ଏପରି ଏକ ଶିକ୍ଷା ବ୍ୟବସ୍ଥାର ପରିକଳ୍ପନା କରିବା ଯାହାର ପ୍ରାସଙ୍ଗିକତା ଏକ ନ୍ୟାୟ ସଙ୍ଗତ (Equitable), ଜୀବନ୍ତ (Vibrant) ଓ ଜ୍ଞାନବର୍ଦ୍ଧିଷ୍ଣୁ ସମାଜ ଉପରେ ପର୍ଯ୍ୟବସିତ। ଏହା ବ୍ୟକ୍ତିର ମୌଳିକ ଅଧିକାର, ଦାୟିତ୍ୱ ଓ ସମ୍ବିଧାନରେ ଲିଖିତ ଗୁଣାତ୍ମକ ମାନ ବୃଦ୍ଧି କରିବାରେ ପ୍ରମୁଖ ଭୂମିକା ଗ୍ରହଣ କରିବା ଉଚିତ। ଏକ ବ୍ୟକ୍ତିର ଦେଶ ସହ ସମ୍ବନ୍ଧକୁ ସୁଦୃଢ଼ କରି ଜାତୀୟତାବାଦର ଧାରଣାକୁ ବଳିଷ୍ଠ କରିବା ଦରକାର। କ୍ରମ ପରିବର୍ତ୍ତନଶୀଳ ପୃଥିବୀରେ ଜଣେ ନାଗରିକର କର୍ତ୍ତବ୍ୟ, ଦାୟିତ୍ୱ ଏବଂ ଭୂମିକା ବିଷୟରେ ଶିକ୍ଷିତ କରିବା ଆବଶ୍ୟକ। ଏହି ଶିକ୍ଷାନୀତିର ପ୍ରମୁଖ ଉପାଦାନ ହେଉଛି ଭବିଷ୍ୟତର ନାଗରିକମାନଙ୍କର କୌଶଳ (Skill) ବଢ଼ାଇବା, ମାନବୀୟ ଅଧିକାର ବିଷୟରେ ଦାୟିତ୍ୱବୋଧ ଯତ୍ନଶୀଳ ଭାବରେ ବୃଦ୍ଧି କରି ସତତ ବିକାଶ (Sustainable Development) ପଥରେ ଆଗେଇ ନେବା ସହ ଜାଗତିକ ମଙ୍ଗଳ (Global Wellbeing) ପ୍ରତି ସମ୍ବେଦନଶୀଳ କରିବା। ସମଗ୍ର ଶିକ୍ଷା ନୀତିଟି ଏହିପରି ସୁଦୂରପ୍ରସାରୀ ଲକ୍ଷ୍ୟ ଉପରେ ପର୍ଯ୍ୟବସିତ।

ଜାତୀୟ ଶିକ୍ଷାନୀତି-୨୦୨୦ର ମୂଳ ସିଦ୍ଧାନ୍ତ ଆଠୋଟି ଭାଗରେ ବିଭକ୍ତ କରାଯାଇପାରେ। ପ୍ରଥମତଃ, ବିବିଧତାକୁ ସମ୍ମାନ ଓ ସ୍ଥାନୀୟ ସଂଦର୍ଭ ପ୍ରତି ଧ୍ୟାନ ସମସ୍ତ ପାଠ୍ୟକ୍ରମ ଓ ଶିକ୍ଷାଶାସ୍ତ୍ର ନୀତିରେ ଏହା ସାମଗ୍ରିକ ନାଭିକେନ୍ଦ୍ର ହେବା ଦରକାର। ଦ୍ୱିତୀୟ ସିଦ୍ଧାନ୍ତଟି ହେଲା ନୀତିଟିର ଧ୍ୟାନ ନ୍ୟାୟ ସଙ୍ଗତ (Equitable) ଓ ସମାବେଶୀ

(Inclusive) ଉପରେ ରହିଛି । ସମସ୍ତ ଶୈକ୍ଷିକ ନୀତି ନିର୍ଦ୍ଧାରଣରେ ଏହି ଦୁଇଟି ଉପାଦାନ ଉପରେ ଧ୍ୟାନ ଦିଆଯାଇଛି । ତୃତୀୟତଃ ସମୁଦାୟ ଭାଗିଦାରୀ (Community Participation) । ଏହି ଲକ୍ଷ୍ୟରେ ପହଞ୍ଚିବା ପାଇଁ ସମୁଦାୟ, ପରୋପକାରୀ ସଂସ୍ଥା ଓ ନିଜ ଉଦ୍ୟୋଗ (Private Entity)ର ସହଭାଗିତା ରହିବାଦ୍ୱାରା ଅର୍ଥ ଓ ନିବେଶର ପଥ ଉନ୍ମୁକ୍ତ କରାଯାଇପାରିଛି । ଚତୁର୍ଥ ସିଦ୍ଧାନ୍ତରେ ଘୋଷାପାଠ ଓ କେବଳ ପରୀକ୍ଷାରେ ଭଲ ନମ୍ବର ରଖିବା ଲକ୍ଷ୍ୟରେ ପଢ଼ାଯାଉଥିବା ଶିକ୍ଷା ବ୍ୟବସ୍ଥାରୁ ବାହାରି ବୈଚ୍ୟିକ ଶିକ୍ଷା (Conceptual Learning) ଉପରେ ଗୁରୁତ୍ୱ ଦିଆଯାଇଛି । ପ୍ରଥମଥର ପାଇଁ ଶିକ୍ଷା ବ୍ୟବସ୍ଥାରେ ପ୍ରାଦୌଗିକ (Technology) ବିକାଶର ପ୍ରୟୋଗ ପାଇଁ ଲକ୍ଷ୍ୟ ରଖାଯାଇଛି । ଶିକ୍ଷାଦାନ ଓ ଅଧ୍ୟୟନ, ଭାଷା ଜନିତ ଅବରୋଧ (Barrier), ଦିବ୍ୟାଙ୍ଗ ଛାତ୍ରଛାତ୍ରୀଙ୍କ ଶିକ୍ଷା, ଶିକ୍ଷା ବ୍ୟବସ୍ଥାର ଯୋଜନା ଓ ପରିଚାଳନା ପାଇଁ ପ୍ରଦୌଗିକ ପ୍ରୟୋଗ ଉପରେ ଧ୍ୟାନ ଦିଆଯାଇଛି ।

ପ୍ରତ୍ୟେକ ଛାତ୍ରଛାତ୍ରୀଙ୍କ ପାଖରେ କିଛି ନା କିଛି ସ୍ୱତନ୍ତ୍ର ଗୁଣ ରହିଛି । ଚଳିତ ନୂତନ ଶିକ୍ଷାନୀତିରେ ଏହି ଛାତ୍ରଛାତ୍ରୀଙ୍କ ଏହି ସ୍ୱତନ୍ତ୍ର ଗୁଣ (Unique abilities)କୁ ଆବିଷ୍କାର କରିବା ଓ ଏହାର ବିକାଶ ଦିଗରେ କାର୍ଯ୍ୟରତ ହେବା ପାଇଁ ଏକ ସ୍ଥିରୀକୃତ ପଥ ନିର୍ଦ୍ଧାରଣ କରିବାର ଲକ୍ଷ୍ୟଟିଏ ପ୍ରତୀୟମାନ ହୁଏ । ସପ୍ତମ ଓ ଅଷ୍ଟମ ସିଦ୍ଧାନ୍ତ ମଧ୍ୟ ସମୟୋପଯୋଗୀ ଗହନ ଚିନ୍ତାଧାରା (Critical Thinking) ଏବଂ ସୃଜନଶୀଳ (Creativity) ଅନୁଶୀଳନ କରି ଛାତ୍ରଛାତ୍ରୀଙ୍କ ମଧ୍ୟରେ ଅଣାଯାଇପାରିବ ତାହା ପ୍ରତି ଜାଗରୁକତା ବଢ଼ାଇବା ଓ ଯତ୍ନଶୀଳ ହେବା ପାଇଁ ଲକ୍ଷ୍ୟ ରହିଛି ।

ଶେଷ ସିଦ୍ଧାନ୍ତଟି ସ୍ଥୁଳ ସିଦ୍ଧାନ୍ତ ସହ ଯୋଡି ହୋଇଛି । ତାହାହେଲା ନିରନ୍ତର ସମୀକ୍ଷା (Continuous Review) । ଅନୁସନ୍ଧାନ (Research) ଓ ନିୟମିତ ମୂଲ୍ୟାଙ୍କନଦ୍ୱାରା ଶିକ୍ଷାଶାସ୍ତ୍ରୀମାନେ ସମୟାନୁସାରେ ଯୁଗୋପଯୋଗୀ ପାଠ୍ୟକ୍ରମ ଓ ଶିକ୍ଷାଶାସ୍ତ୍ର ପ୍ରସ୍ତୁତ କରିପାରିବେ । ଋତୁଚକ୍ର ପରି ଏହି ମୂଲ୍ୟାଙ୍କନ ବ୍ୟବସ୍ଥା ଅବାରିତ ଭାବରେ ନୂତନ ପାଠ୍ୟକ୍ରମ ପ୍ରସ୍ତୁତ କରି ଶିକ୍ଷାଦାନର ପ୍ରଣାଳୀକୁ ଜାଗତିକ ଶିକ୍ଷା ବ୍ୟବସ୍ଥା ସହ ସମକକ୍ଷ କରିପାରିବ ।

ଏହି ଶିକ୍ଷାନୀତିର ଏକ ପ୍ରମୁଖ ଅବଦାନ ହେଉଛି ପ୍ରାରମ୍ଭିକ ବାଲ୍ୟାବସ୍ଥାରେ ଯତ୍ନ ଓ ଶିକ୍ଷା (Early Childhood Care and Education) ବ୍ୟବସ୍ଥାର ସାର୍ବଭୌମିକ ଉପଲବ୍ଧି (Universal Access) । ଶିକ୍ଷା ଏକ ମୌଳିକ ଅଧିକାର ହିସାବରେ ସମ୍ବିଧାନରେ ଅନ୍ତର୍ଭୁକ୍ତ କରାଯାଇଥିଲେ ବି ପ୍ରାରମ୍ଭିକ ବାଲ୍ୟାବସ୍ଥାର ଯତ୍ନ ଓ ଶିକ୍ଷା (ECCE)କୁ ଶିକ୍ଷା ଅଧିକାରରେ ଆଗରୁ ଅନ୍ତର୍ଭୁକ୍ତ କରାଯାଇନଥିଲା ।

ମୂଳତଃ ପ୍ରାରମ୍ଭିକ ବାଲ୍ୟାବସ୍ଥାରେ ଯତ୍ନ ଓ ଶିକ୍ଷାର ଲକ୍ଷ୍ୟ କୁପୋଷଣକୁ ଦୂର କରିବା ରଖାଯାଇଥିଲା। ଅଙ୍ଗନବାଡ଼ି ଓ ବାଲଓ୍ୱାଡିରେ ପିଲାମାନଙ୍କୁ ଆଣି ଖାଇବାକୁ ଦେବା ଓ କୁପୋଷଣକୁ ରୋକିବା ମୁଖ୍ୟ ଲକ୍ଷ୍ୟ ଥିଲା।

ସାଧାରଣ ଆପ୍ଲିକେଶନ୍ ସଫ୍‌ଟଓ୍ୱେୟାର (Common Application Software (CAS)) ମାଧ୍ୟମରେ କେବଳ ପ୍ରୋଟିନ୍ ଖାଦ୍ୟର ବ୍ୟବହାର ଓ ଶିଶୁର ଶାରୀରିକ ବୃଦ୍ଧି ବିଷୟରେ ସୂଚନା ମାପ କରାଯାଇଥିଲାବେଳେ ନୂତନ ଶିକ୍ଷାନୀତିରେ ଶିକ୍ଷା ଉପରେ ଧ୍ୟାନ ଦିଆଯାଇଛି। ଏହା ଏକ ସ୍ୱାଗତଯୋଗ୍ୟ ପଦକ୍ଷେପ।

ଏଥିପାଇଁ ଶିକ୍ଷା ବିଭାଗ, ମହିଳ ଓ ବାଳ କଲ୍ୟାଣ ବିଭାଗ, ସ୍ୱାସ୍ଥ୍ୟ ଓ ପରିବାର କଲ୍ୟାଣ ବିଭାଗକୁ ମିଳିତ ଭାବରେ ଦାୟିତ୍ୱ ଦିଆଯାଇଛି। ଏକ ଶିଶୁର ମାନସିକ ଓ ଶାରୀରିକ ବିକାଶ (୩-୬) ବର୍ଷ ମଧ୍ୟରେ ହୋଇଥାଏ। ତାହାର ମାନସିକ ଶାରୀରିକ ଓ କ୍ରିୟାତ୍ମକ (Motor) ବିକାଶରେ ଏହି ଦୁଇ ତିନିବର୍ଷ ଅତ୍ୟନ୍ତ ସମ୍ବେଦନଶୀଳ ସମୟ। ତେଣୁ ନୂତନ ଶିକ୍ଷାନୀତିରେ ବାଲବାଡ଼ି, ବାଲବାଟିକା ଓ ଅଙ୍ଗନଓ୍ୱାଡ଼ି ମାଧ୍ୟମରେ ପ୍ରାରମ୍ଭିକ ବାଲ୍ୟବସ୍ଥାର ଶିକ୍ଷାଦାନର ପ୍ରଣାଳୀ, ପ୍ରଥା ଓ ଉପାଦାନ ଉପରେ ଗଭୀର ଧ୍ୟାନ ଦିଆଯାଇଛି ଯାହା ଏକ ସ୍ୱାଗତଯୋଗ୍ୟ ପଦକ୍ଷେପ।

ନୂତନ ଶିକ୍ଷାନୀତି-୨୦୨୦ ଲକ୍ଷ୍ୟ ସୁଦୂର ପ୍ରସାରୀ ଓ ମହାନ। ଏଥିରେ ସମସାମୟିକ ଗବେଷଣା ଲବ୍ଧ ଜ୍ଞାନର ପ୍ରୟୋଗ କରାଯାଇ ବିକାଶର ଲକ୍ଷ୍ୟ ସ୍ଥିର କରାଯାଇଛି। ମାତ୍ର ଭିତ୍ତିଭୂମି, ଅର୍ଥ ଓ ଇଚ୍ଛାଶକ୍ତିର ଅଭାବ ଏହି ଲକ୍ଷ୍ୟ ପୂରଣ ହେବା ଦିଗରେ ବାଧକ ହେବାର ଆଶଙ୍କା ରହିଛି। ତଥାପି ଏକ ମହତ୍ତର ଲକ୍ଷ୍ୟ ଦିଗରେ ଧାବିତ ହେବା ଦିଗରେ ଏହା ଏକ ଯୁଗୋପଯୋଗୀ ପଦକ୍ଷେପ କହିଲେ ଅତ୍ୟୁକ୍ତି ହେବ ନାହିଁ।

■

BLACK EAGLE BOOKS

www.blackeaglebooks.org
info@blackeaglebooks.org

Black Eagle Books, an independent publisher, was founded as a nonprofit organization in April, 2019. It is our mission to connect and engage the Indian diaspora and the world at large with the best of works of world literature published on a collaborative platform, with special emphasis on foregrounding Contemporary Classics and New Writing.